NICHOLAS LOVE

THE MIRROR OF
THE BLESSED LIFE OF JESUS CHRIST

A Reading Text

A revised critical edition, based on
Cambridge University Library Additional MSS 6578 and 6686
with Introduction, Notes and Glossary

edited by Michael G. Sargent

UNIVERSITY
of
EXETER
PRESS

First published in 2004 by
University of Exeter Press
Reed Hall, Streatham Drive
Exeter, Devon, EX4 4QR
www.ex.ac.uk/uep/

British Library Cataloguing in Publication Data
A catalogue record of this book is available from the British Library.

ISBN 0 85989 741 9

Research for this volume was financed by a grant from
the Research Foundation of the City University of New York
and the Professional Staff Congress / C.U.N.Y., with further assistance from
the Nicholas Love Manuscript Research Group, Waseda University, Tokyo.

Printed and bound by CPI Group (UK) Ltd, Croydon, CR0 4YY

CONTENTS

ILLUSTRATIONS

FOREWORD AND ACKNOWLEDGEMENTS

In producing a fully critical modern edition of Nicholas Love's *Mirror of the Blessed Life of Jesus Christ*, I have come to realize that I should be addressing myself to two audiences. The first comprises the research-oriented academic readers who wish to see the results of the collation of all the manuscripts of the *Mirror* that supports my construction of the text, the description of the many surviving medieval manuscripts and early prints of the *Mirror*, and the documentary evidence of the historical situation in which it was first written and transmitted. The second audience comprises those who are more interested in the text itself than in the rather large amount of material that sustains it. For Love's *Mirror* was one of the most important books in England in the late-medieval period, and worth reading because of its place in ecclesiastical history, in the development of the English tradition of spirituality, and in the development of the modern English educated prose style. These readers would need the same text as the research scholars, but not the same amount of supplementary material. It is for that audience that the present volume was written. For ease of reference to the introductory material, the critical apparatus and the fuller explanatory notes in the critical text that is also being published in this series, the text of *The Mirror of the Blessed Life of Jesus Christ* in these two volumes is identical, word-for-word and line-for-line. For any readers of the present edition whose interest leads them to want to explore further (and I hope they are not few), the material should be easy to find in the critical text.

* * *

I wish to thank the Syndics of Cambridge University Library for permission to base my text upon Cambridge University Library MSS Add. 6578 and 6686, and all of the other institutional and private owners of the manuscripts and early prints of Nicholas Love's *Mirror*, and their librarians and other officials, for allowing me to use their manuscripts for the collation on which this edition is based. There are also a number of personal and professional acknowledgements that I must make, to those whose assistance and support was necessary to me in carrying out this long labour: to Ian Doyle, Kantik Ghosh, Vincent Gillespie, Marion Glasscoe, Anne Hudson and Michael Swanton, to Lisa Darien, Martha Driver, Mary Agnes Edsall, Marlene Villalobos Hennessy, Nicole Rice, Elizabeth Weinstock and Laviece Ward.

vii

Many thanks also to Anna Henderson, my editor at Exeter, to Victor Giganti and Ann Day, to David Shapiro, Paul Snowden, and all of the contributors to the 1995 Waseda University Nicholas Love conference, and, most importantly, to the convenor of that conference – a good friend and a constant furtherer of research on *The Mirror of the Blessed Life of Jesus Christ*, Professor Shoichi Oguro of Waseda University, Tokyo.
    – Arigato Gozaimasu!

INTRODUCTION

Nicholas Love's *Mirror of the Blessed Life of Jesus Christ* was the most important literary version of the life of Christ in English before modern times. In fact, to judge by the number of surviving manuscripts and early prints, it was one of the most well-read books in late-medieval England. Only the Wycliffite Bible translation, the *Prick of Conscience* (a discursive poem of moral instruction an exhortation, some 9,600 lines in length) and Chaucer's *Canterbury Tales* survive in greater numbers of manuscripts; and before the Reformation, none of these was printed as often as Love's *Mirror*.[1] On the other hand, the *Mirror* identified itself so well with pre-Reformation religious values that since that time, it has nearly disappeared from sight.

It is important to note that *The Mirror of the Blessed Life of Jesus Christ* is not a translation of the gospels, nor even a simple retelling of the life of Christ as such: it is a translation of a Latin book of meditations on the narrative of the life of Christ. Poetic versions of biblical material had, indeed, existed from relatively early in the Christian period. The mid-fourth-century woman poet Proba composed a "cento", a pastiche of lines and half-lines from Virgil, on subjects drawn from both the Old and the New Testament; in 329-30, the Spanish priest Juvencus wrote a Virgilian epic, *Evangeliorum Libri IV*, based on the Gospel of Matthew, with additional episodes drawn from the other evangelists; Alcimus Avitus (*ca.* 450-518), Bishop of Vienne, retold five great episodes from the books of Genesis and Exodus (the Creation, the sin of Adam and Eve, the Judgement of God, the Deluge, and the Crossing of the Red Sea) in the five books of his epic *Poematum de Mosaicae Historiae Gestis*. This poem may, in fact, have served as a source of the Anglo-Saxon poems of *Genesis* and *Exodus* in the Junius Manuscript. A third

---

[1] The Wycliffite Bible survives in over 200 manuscripts, the *Prick of Conscience* in 123, of which 115 were originally, or were intended originally to be, complete copies, and eight are extracts; the *Canterbury Tales* survives in 82 manuscripts, of which 55 were originally complete and 27 extracts; Love's *Mirror* survives in 64 manuscripts, of which 60 were originally complete, three contain extracts, and one further extract was used in a composite text with *The Life of the Virgin Mary and the Christ*. The Wycliffite Bible and the *Prick of Conscience* were not printed until modern times; the *Canterbury Tales* was printed six times before 1535, and Love's *Mirror* nine times.

poem in the same manuscript tells the story of *Daniel*; the fourth, *Christ and Satan*, is episodic – even fragmentary – in form, dealing with the Fall of the Angels, the Redemption, Resurrection and Ascension, and, in its climactic episode, with the Temptation of Jesus in the Desert. One other Anglo-Saxon poem, the acephalous tale of *Judith* in the Beowulf manuscript, is likewise based on an apocryphal Old Testament text.

Scholastic retellings of the gospel narrative, on the other hand, such as Clement of Llanthony's twelfth-century *Unum ex Quatuor* and the *Historia Scholastica* of Peter Comestor (d. 1179), took as their primary purpose the reduction of the disparate accounts of the events of the life of Jesus in the gospels to a single narrative line – incorporated, in the latter case, into a textbook of world history. *The Mirror of the Blessed Life of Jesus Christ*, however, and the pseudo-Bonaventuran *Meditationes Vitae Christi* on which it is based, derive from a later medieval tendency, made popular particularly by the Franciscan order of friars – the imaginative picturing of the events of the life of Christ as a meditative exercise.

As Jean Leclercq has pointed out,[2] the early medieval, monastic contemplative technique of reading, meditation and prayer laid primary emphasis upon the pondering – the rumination, to use the common metaphor – of the Latin words of the scriptures, and the verbal association of texts in a memory reinforced by the daily chanting of the divine office, the repetition of the psalter at least once a week in choir, and a major part of the Bible at least once a year. This technique reached its flowering in the monastic renaissance of the late eleventh and twelfth centuries: its most systematic form may be found in the Victorine school of biblical exposition, and its most florid use generally among the reforming religious houses and orders of the time. For writers in this tradition, as can be seen in St. Bernard of Clairvaux's *Sermons on the Song of Songs*, in the *Letter to the Brothers of Mont-Dieu*, written by the Victorine William of St.-Thierry to an early Carthusian community, and long attributed to St. Bernard, and in the *Rule of Life for a Recluse*, written by the English Cistercian Aelred of Rievaulx for his sister, meditation on the life of the incarnate Christ was advisable primarily for the physically minded, who were unable to think of spiritual things – for carnal men, for novices, and for women.

The basic exercise of Franciscan meditation was thus already in existence before the birth, late in the twelfth century, of the founder of the order. In the life of St. Francis of Assisi (d. 1226), however, and in the spirituality of his followers, what had been an exercise for spiritual beginners was raised to a level where it took on meaning and became an end in itself. This is due in part – even primarily – to the extra-claustral nature of the Franciscan vocation: the liturgical devotions of the monastic tradition could play no part in the life of radical poverty embraced by Francis himself and those who followed him most strictly; and the public, vernacular mission embraced even by those under whom the Franciscans became a conventual

---

[2] Leclercq, *The Love of Learning and the Desire for God*, trans. Catharine Misrahi (New York: Fordham University Press, 1961; originally published in French as *L'Amour des lettres et le désir de Dieu* (Paris: Editions du Cerf, 1957).

order still took its tone from the personal spirituality of the *poverello* of Assisi.[3] In this devotional tradition, as in so many other aspects of Franciscan spirituality, the personal example and inspiration of Francis himself took on a definitive form under the influence of St. Bonaventure (*ca.* 1217-74). For Bonaventure, as Ephrem Longpré has pointed out, "the adorable humanity of Christ is the royal road which leads to contemplation".[4] The high value that Bonaventure placed on the contemplation of the events of the life of Christ, and most of all of the Passion, is evident particularly in the collections of devotional meditations which make up such works as the *Lignum Vitae* or the *Vitis Mystica*,[5] and in two other works that circulated widely throughout western Europe, in both the original Latin and vernacular translations, under Bonaventure's name: the *Stimulus Amoris* and the *Meditationes Vitae Christi*.

The *Meditationes Vitae Christi*, which was probably written early in the fourteenth century by Johannes de Caulibus, a Franciscan friar of San Gemigniano in Tuscany, comprises a series of devotions arranged according to the gospel narrative of the life of Christ, including as well a few completely apocryphal episodes, such as the "Debate of the Four Daughters of God" to decide the appropriateness of the Incarnation and death of the second person of the Trinity as the means of the redemption of human kind, or those of the occupation of Mary and the Apostles on the eve of the Resurrection, and of Christ's appearance to his mother first on Easter morning, before any of the appearances recorded in scripture. The purpose of these episodes, as of the imaginative presentation of the events of the gospel narrative, is not to supplant the words of scripture, but rather to increase the devotion of the reader or hearer of the book by presenting not merely the story of Christ's life, but even the basic doctrines of Christianity in such a way that they can be held in the mind's eye and recalled at will. One of the most often cited examples of this devotional emphasis is the dual presentation of the nailing of Christ to the cross: after describing Christ's ascent of a ladder to be nailed to an upright cross, the author alternatively describes his lying down to be nailed to a prostrate cross which must then be raised. The reader is told to choose whichever she finds most effective in her own meditations.

The *Meditationes* was originally written in Latin, and survives in three primary versions, in more than a hundred manuscripts.[6] The long version of the text comprises

---

[3] See John Moorman, *A History of the Franciscan Order from its Origins to the Year 1517* (Oxford: at the Clarendon Press, 1968), esp. p. 256.

[4] Longpré, "La Théologie mystique de Saint Bonaventure", *Archivum Franciscanum Historicum* 14 (1921), 36-108; the citation is from p. 52, quoted in Moorman's translation, *History*, p. 260.

[5] Bonaventure, *The Tree of Life*, trans. Vinck, *Works*, vol. 1, pp. 95-144; *The Mystical Vine (Treatise on the Passion of the Lord)*, trans. Vinck, *Works*, vol. 1, pp. 145-205.

[6] See Columban Fischer, "Die 'Meditationes Vitae Christi'", ihre handschriftliche Ueberlieferung und die Verfasserfrage", *Archivum Franciscanum Historicum* 25 (1932), pp. 3-35, 175-209, 305-48, 449-83. The vernacular transmission is further surveyed in Michael G. Sargent and E. Gordon Whatley, "The *Meditationes Vitae Christi* and the *Legenda Aurea* in translation in Medieval Europe", in *Übersetzung*

approximately ninety-five chapters besides the prologue, varying according to the inclusion or exclusion of a tract on active and contemplative life immediately following the meditation of Martha and Mary, and the usual scribal variation in division of the material. A short chapter at the end notes that the sequence of meditations can be read over the course of the feasts of the ecclesiastical year, from Advent through Pentecost, or over the course of a week: the "Debate of the Four Daughters of God", the Annunciation and the Visitation on Monday; the Nativity through the Purification on Tuesday; the Flight into Egypt through the Baptism of Christ and the Temptation in the Desert on Wednesday; the public ministry, culminating with the Last Supper, on Thursday; the Passion on Friday; the Harrowing of Hell on Saturday; and the Resurrection through Pentecost on Sunday. The text in manuscripts of the long version tends, in fact, to be divided into sections according to this scheme. A shorter version contains only forty chapters, lacking all specifically Franciscan passages and certain legends and special revelations, the meditation of Martha and Mary with the succeeding tract on the active and contemplative lives, and the closing meditation on the descent of the Holy Spirit. The third form of the text, known as the *Meditationes de Passione Domini*, comprises only the material from the Last Supper through the Descent into Hell, with no prologue. The long version of the text was the original, and the various shorter forms, including the *Meditationes de Passione*, which originated in England in the mid-fourteenth century, all derive from it. Another hundred manuscripts preserve various translations made into the western European vernaculars: Italian (several translations: more than 60 manuscripts), French and Provençal (several translations: approximately 30 manuscripts) German and Dutch (at least 7 separate translations: 11 manuscripts), as well as Gaelic, Swedish, Spanish, Catalan, and Bulgarian. The *Meditationes Vitae Christi* enjoyed an immense popularity and influence in the later Middle Ages: it has indeed been described by various scholars as:[7]

> ... a life of Christ, a biography of the Blessed Virgin, the fifth gospel, the last of the apocrypha, one of the masterpieces of Franciscan literature, a summary of medieval spirituality, a religious handbook of contemplation, a manual of Christian iconography, one of the chief sources of the mystery plays.

In her studies of Nicholas Love's *Mirror* and the *Meditationes Vitae Christi*, Elizabeth Salter identified no fewer than ten separate Middle English translations, particularly of the *Meditationes de Passione*.[8] Probably the best-known of these is the *Meditations of the*

---

* Translation * Traduction: An International Handbook of Translation Studies, ed. Armin Paul Frank *et al.* (Berlin: De Gruyter, forthcoming).

[7] Cainneach O'Maonaigh, *Smaointe Beatha Chríost* (Dublin: Institute for Advanced Studies, 1944), pp. 325-26.

[8] See Elizabeth Salter, *Nicholas Love's "Myrrour of the Blessed Lyf of Jesu Christ"*, Analecta Cartusiana 10 (Salzburg, 1974); "The Manuscripts of Nicholas Love's *Myrrour of the Blessed Lyf of Jesu Christ* and Related Texts", in A.S.G. Edwards and Derek Pearsall, eds., *Middle English Prose: Essays on Bibliographical Problems* (New York: Garland, 1981), pp. 115-27; (as Elizabeth Zeeman)

Supper of our Lord (incorrectly attributed to Robert Mannyng of Brunne), which survives in nine manuscripts. The second is the prose free translation known as *The Privity of the Passion,* which survives in four manuscripts. A third translation, which Salter and Jason Reakes designated "The Middle English *Meditationes de Passione Christi*", is extant in nine manuscripts, in three of which it is conflated with Love's *Mirror*. In fact, it is probable that Nicholas Love originally used this passion meditation in his *Mirror*, perhaps to bring his work more quickly to completion, but that he eventually replaced this with his own translation of the same material. The only complete translation of the *Meditationes Vitae Christi* into English in the medieval period, however, was *The Mirror of the Blessed Life of Jesus Christ*, written, probably in the first decade of the fifteenth century, by Nicholas Love, the prior of the Carthusian house of the Assumption of Our Lady in Mount Grace, in Yorkshire.

The Carthusian vocation, we should note, is in many ways the direct opposite of the Franciscan:[9] where the Franciscan movement brought the life of contemplative devotion out of the monastic or collegiate community and into the roadways and hospitals of the common world, the Carthusian movement retreated further into the solitude of the desert. The Grande-Chartreuse, the mother house of the order, was founded in the last decades of the eleventh century by St. Bruno of Cologne on a virtually uninhabitable tract of land in a valley of the Chartreuse massif above Grenoble. The community that evolved there took a shape that would hereafter be recognizable as distinctively Carthusian: twelve hermit-monks dwelling in separate houses (cells), each with its own garden, around a central cloister. Vowed to silence, they met only in the chapel for the night hours of the liturgy and conventual mass (the day hours were sung separately, but in unison, in the individual cells); they ate together only at noon on Sundays and major feasts and spoke only, of serious subjects, during the communal exercise walk following that meal. Besides the regular monastic practice of fasting, they ate no meat, and fish and cheese only when these were given to them. Once having made his profession, the Carthusian monk was to be considered dead to the world, living in solitude and prayer, and never again seeing or speaking to anyone from outside his community. The only exceptions to this were the prior and the procurator, whose responsibilities required them to deal with the outside world. Such was – and is – the ascetic strictness of the order that its numbers have never been great; but its small numbers have ensured that the strictness of its vocation has not

---

"Nicholas Love – A Fifteenth-Century Translator", *Review of English Studies* n.s. 6 (1955), pp. 113-27. See also Jason Reakes, "A Middle English Prose Translation of the *Meditationes de Passione Christi* and its Links with Manuscripts of Nicholas Love's *Myrrour*", *Notes & Queries* n.s. 27 (1980), pp. 199-202; "Non-Love Versions of the *Meditationes Vitae Christi*", in Valerie M. Lagorio and Michael G. Sargent, "English Mystical Writings", in *A Manual of the Writings in Middle English 1050-1500* vol. 9, ed. Albert E. Hartung (New Haven: Connecticut Academy of Arts and Sciences, 1993), item [62].

[9] For background information on the Carthusian Order, and particularly its English province, see E. Margaret Thompson, *The Somerset Carthusians* (London: SPCK, 1896); *The Carthusian Order in England* (London: SPCK, 1930). On the history and spirituality of Mount Grace Charterhouse, see David Knowles, *The Religious Orders in England*, vol. 2 (Cambridge, 1955), pp. 223-26; vol. 3 (Cambridge, 1959; corrected repr. 1971), pp. 239-40.

declined. As the unofficial motto of the order states, it has never been reformed, because never deformed: Numquam reformata, quia numquam deformata.

The foundation of Mount Grace was begun in 1397 by Thomas Holland, Duke of Surrey, the nephew of King Richard II. Surrey's affairs were disrupted, however, by the events of the times. Together with his uncle, John Holland, Duke of Exeter, he sided with the king against Bolingbroke in 1399, and died in a rebellion against the latter, now crowned Henry IV, in January, 1400. The newly founded charterhouse of Mount Grace was thus left in a precarious position: its patron was dead, and his lands and titles had been awarded to others. Mount Grace was maintained for a number of years by annual royal subsidy, and by the patronage of Thomas Arundel, Archbishop of Canterbury, and of Thomas Beaufort, one of the king's brothers, whom he raised to the title of Duke of Exeter in succession to Holland. Arundel and Beaufort were, in fact, prominent benefactors of the Carthusian Order generally: their munificence is recorded annually in the *cartae* of the General Chapter, and they were granted trentals throughout the Order on their deaths, in 1415 and 1427, respectively. Although Mount Grace Charterhouse did not flourish in its early years, it did not languish, either; and it was formally incorporated into the Order in 1410. This act of incorporation normally takes place when a new "plantation" reaches sufficiency in numbers to carry out the full cycle of the divine office, the monks are appropriately housed and at least an adequate chapel exists for services. At this point, the rector, or head of the community, is named prior, or is succeeded by another nominated as prior by the General Chapter of the Order or the provincial visitors. The rector-become-prior named in the incorporation of the foundation at Mount Grace into the Carthusian Order is "Dom Nicholas Love".

We know nothing of Love's career before that time: presumably, he was a Carthusian monk of some maturity in some other house, in order for him to be named prior of a new foundation, but there is no record of his origins or earlier vocation. Love is named as prior of Mount Grace in three documents, one of which is dated 1415, but it is not known when his priorate ended. His obituary, which occurs in the *carta* of the General Chapter of 1424, records only that he was a former prior of Mount Grace. We do not know, either, when Love first came to know Archbishop Arundel.[10] A document in the archbishop's register records that on 15 January, 1509/10, the prior and convent of Mount Grace, "mindful

---

[10] Jonathan Hughes, *Pastors and Visionaries: Religion and Secular Life in Late Medieval Yorkshire* (Boydell, 1988), pp. 186, 230-41, hypothesizes a relationship between Love and Arundel dating to the years of the latter's archepiscopate in York (1388-96) – when there was no Mount Grace for Love to be prior of – or even earlier, to his episcopate in Ely (1378-88); and dates Love's beginning work on the *Mirror* to 1408 because that is the year of the founding of the Guild of Corpus Christi in York, for whom, "possib[ly]", he suggests, Love wrote the *Mirror*, with which, "perhaps", he further conjectures, Love hoped to influence the York plays – both of which observations are repeated elsewhere as fact, without the qualifying references to "possibility" or "perhaps". None of these arguments is based on any evidence whatsoever; and, in fact, it was the N-Town, not the York plays, that contain text influenced by Love's *Mirror*. Indeed, Hughes's remarks are generally such a mix of fact, perceptive observation, unsupported conjecture, and sloppy errors as to be untrustworthy whenever they cannot be supported from other sources.

of the magnificent benefits [or 'benefices'] that he had conferred and would confer upon us and our house especially," granted him participation in all of the masses, services, prayers and penitential practices performed in the house as if he were himself a choir monk there – that is, confraternity – and perpetual anniversary services on the day of his death, "according to the custom of the Order for founders and dearest friends". What the "magnifica beneficia" were that the archbishop bestowed upon them was unspecified – in fact, it would have been inappropriate to specify them – but in medieval monasticism, grants of confraternity were a common form of spiritual repayment for material support, and we are probably correct in seeing in this document the final transfer of Mount Grace Charterhouse from Ricardian to Lancastrian patronage and allegiance. It may equally probably be taken as evidence of the achievement of the degree of financial solvency that allowed the incorporation of Mount Grace into the Order at the General Chapter that took place in mid-April of the same year.

The primary evidence, for our purposes, of a relationship between Love and Arundel comes in a Latin memorandum that came to be attached to copies of *The Mirror of the Blessed Life of Jesus Christ* which records:[11]

> Memorandum: that around the year 1410, the original copy of this book, that is, *The Mirror of the Life of Christ* in English, was presented in London by its compiler, N, to the Most Reverend Father and Lord in Christ, Lord Thomas Arundel, Archbishop of Canterbury, for inspection and due examination before it was freely communicated. Who after examining it for several days, returning it to the above-mentioned author, commended and approved it personally, and further decreed and commanded by his metropolitan authority that it rather be published universally for the edification of the faithful and the confutation of heretics or lollards.

Nicholas Love's intention in composing *The Mirror of the Blessed Life of Jesus Christ* was thus not merely to supply a set of devout meditations in the vernacular: his work also played a major role in Archbishop Arundel's campaign against the Wycliffite heresy. Wycliffism was a complex movement,[12] with intellectual roots in the "hermeneutics of doubt" implicit in scholastic treatment of the *auctoritas* of authoritative documents, and social roots in the dissatisfaction of many with the corruption of the medieval church – or at least with the tendency to bureaucratic expansion and clerical aggrandizement, to the detriment – to the exclusion, some critics would have said – of the works of Christian charity. Particular targets of criticism were the giving of alms to representatives of the

---

[11] For the original Latin text, see below, p. 7.

[12] The best work on the Wycliffite movement is Anne Hudson's *The Premature Reformation: Wycliffite Texts and Lollard History* (Oxford: at the Clarendon Press, 1988), and her collection of papers *Lollards and Their Books* (London: The Hambledon Press, 1985); see also Margaret Aston, *Thomas Arundel*, and her collection of papers *Lollards and Reformers: Images and Literacy in Late Medieval Religion* (London, 1984). Somewhat less useful are K.B. McFarlane, *John Wyclif and the Beginnings of English Nonconformity* (London, 1952) and *Lancastrian Kings and Lollard Knights* (Oxford, 1972).

church hierarchy in the name of the poor, rather than to the poor themselves; the accumulation of property by the religious orders; the arrogation of all rights to teach or preach to members of the clergy; the expansion of the papal court, in particular by the creation of a higher level of bishops – the cardinals – whose duties lay not in the oversight of any particular Christian community, but in general ecclesiastical administration;[13] the requirement that penitence for sins be shown in auricular confession (confession "in the ear" of a priest), rather than simply between the sinner and God; the worship of images – statues, crucifixes, paintings and windows – in churches; the cult of saints, including particularly pilgrimages and gift-offerings; and the cult of the Eucharist – a criticism that ranged from rejection of the practices of Eucharistic devotion that most resembled the objectionable aspects of the cult of the saints (e.g. processions, benedictional services, hours of adoration) to disagreement with the philosophical language used – especially the Thomistic terminology of transubstantiation – to describe the manner of the presence of Christ in the sacrament.[14]

The Wycliffite objection to these aspects of the institutional church was not only to the corruption, or the possibility of corruption, that they manifested, but also to what they saw as their lack of support in the text of the gospels. As reform movements within Christianity have done historically, they sought a return to the life of the original apostolic community – as they read it in the text of scripture. Yet the Wycliffite reading of scripture was separated from that of the ecclesiastical hierarchy by the heuristic revolution implicit in the scholastic method. Where the earlier medieval reading of the text may be characterized by an exuberant multiplication of layers of meaning – literal, historical, allegorical, anagogical – scholasticism was marked by a positivist tendency to interrogate the text to discover what it "really" meant. Inevitably, this led to a privileging of literal and historical reading, stripped, in the case of scripture, of a centuries-long accretion of interpretive tradition. As Kantik Ghosh has pointed out, Wycliffite argument from scripture tended to base itself upon what it referred to as its "open" meaning, and its "reasonable" interpretation.[15] Further, this kind of reading and interpretation did not depend on the use of the Vulgate Latin text of scripture: for those without Latin, an English translation, and a mind guided by the Holy Spirit (as were, of course, the minds of the evangelists, no great

---

[13] A problem exacerbated by the fact that, at the end of the fourteenth century, there were in fact two papal courts, one at Rome, and one at Avignon, each claiming authority over, and alms from, the entire western Christian church.

[14] I have tried here to give a general list of what many – even most – of the followers of John Wyclif would have found objectionable in the church of their day. Obviously, not all Wycliffites, nor Wyclif himself, would always have found all of them equally objectionable.

[15] Ghosh, *The Wycliffite Heresy: Authority and the Interpretation of Texts*, Cambridge Studies in Medieval Literature 45 (Cambridge University Press, 2002); "Manuscripts of Nicholas Love's *The Mirror of the Blessed Life of Jesus Christ* and Wycliffite Notions of 'Authority'", in *Prestige, Authority and Power in Late-Medieval Manuscripts and Texts*, York Manuscripts Conferences: Proceedings Series IV, ed. Felicity Riddy (York Medieval Press, 2000), pp. 17-34.

scholars themselves), were perfectly sufficient. As Ghosh demonstrates, Nicholas Love adopted the hermeneutic terminology of Wycliffite reading of scripture in a quite problematic way, describing as "open" and "reasonable" whatever agreed with traditional theological positions, and embedding the authoritative interpretation of the text in the narrative itself.

Wyclif's theological positions seem first to have come to the attention of authorities outside of Oxford in the late 1370s, when they became useful to royalty and the aristocracy in supporting their rights against the claims of the church; condemnations of his theological positions began in 1377. His name was associated with the Peasants' Revolt of 1381, although evidence of direct involvement is far from clear. The final condemnation of his teachings came at the Blackfriars' Council of 1382: in the letter from William Courtenay, Archbishop of Canterbury, which is prefixed to the council's list of errors, these doctrines are described as being preached "in churches as much as in the fields and other public places". With the Lancastrian accession, Wycliffite criticism of the hierarchy became more dangerous politically, for the security of Lancastrian rule depended largely on an ideology of stability according to which the thought of (further) usurpation – in church or state – had to be considered unthinkable. Thomas Arundel, who succeeded Courtenay as archbishop in 1397, had, after all, been deposed, although by politics, not by heretics.[16] In 1401, the danger of Wycliffism to the state was considered great enough to justify the Parliamentary statute *De Heretico comburendo*; in the same year, its penalty fell upon the Norfolk priest William Sawtry, and in 1410, on the Evesham tailor John Badby.

In 1407, as part of his campaign against Lollardy (the popular name by which Wycliffism became known), Archbishop Arundel called a convocation at Oxford that was to lead to the promulgation of the Lambeth Constitutions of 1409.[17] These constitutions stipulated the terms for licensing of preachers in the vernacular and in Latin, and the examination of their orthodoxy; they required further that any chaplain celebrating mass in the Canterbury province also be licensed; they demanded that preachers keep their comments appropriate to their audience (clerical vices were not to be criticized before the laity, and vice versa); they forbade preachers to discuss the sacraments beyond the simple presentation of the determinations of the church on them, and forbade anyone teaching others to deal with theological material; they regulated university debate on theological questions, and required the monthly examination of the theological views of all students in the Oxford halls. The Lambeth Constitutions also specified that no books or tracts written by Wyclif, nor any written since his time, be read in the schools or elsewhere before they had been examined for orthodoxy, and:

---

[16] In 1397, when Richard II avenged himself on the Lords Appellant of 1388, Arundel's brother Richard, Earl of Arundel, was executed, and the archbishop exiled to France. He was returned to his see upon the accession of Henry IV, whom he served as chancellor.

[17] The following discussion draws upon Anne Hudson, "Lollardy: The English Heresy?", *Studies in Church History* 18 (1982), pp. 261-83, repr. in *Lollards and Their Books*, pp. 141-63; see also Hudson's discussion of Love's *Mirror* in *The Premature Reformation*, pp. 437-40.

... that no one from now on should translate any text of holy scripture on his own authority into the English language or any other, by way of book, pamphlet or tract, nor should anyone read such a book, pamphlet or tract newly composed since the time of John Wyclif, or in the future to be composed, in part or in whole, publicly or privately, under pain of excommunication, until that translation be approved by the local diocesan, or, if need be, by provincial council.

As Anne Hudson has pointed out, the force of the stipulation "by way of book, pamphlet or tract" appears to have been – and indeed was taken at the time to be – that not only were direct translations of the scriptures to be examined and licensed for publication, but that all theological literature of the type that would have been written in Latin heretofore was to be so examined and licensed.

It was presumably to meet this requirement that Nicholas Love submitted his translation of the *Meditationes Vitae Christi* to Arundel himself, according to the "Memorandum of Approbation". Yet this submission was not performed out of fear that his work would not be approved; for Love had altered the text substantially, turning it into a weapon for the archbishop's campaign. *The Mirror of the Blessed Life of Jesus Christ* may have begun as a simple translation of the pseudo-Bonaventuran *Meditationes Vitae Christi*, but it became an anti-Lollard polemic as well: Nicholas Love's *Mirror* and Archbishop Arundel's anti-Wycliffite programme were a perfect match. What the Lollards required were the words of scripture themselves, without the – as they would have thought it – self-serving superstructure of interpretation that they had come to bear. What Love produced, and the archbishop not merely licensed, but commanded to be published, was a set of meditations on the entire story of the life of Christ with the interpretations embedded in the narrative itself – and more, specifically anti-Lollard, arguments added to that.

The earlier chapters of the *Mirror* contain relatively few alterations, and most of these do not seem overtly polemical, although even they do refer to the Lollards. The greatest alteration in the chapter on the Annunciation, for example, is the addition of a meditation on the *Ave Maria*, but the chapter also contains a brief discussion from Bernard in which Love notes that the true members of Christ's people are those who give due allegiance to the ecclesiastical hierarchy. The chapter on the Sermon on the Mount is transformed into a discussion of the *Pater noster* and a defence of the ordained prayers of the church. A number of short chapters on the life and ministry of Christ in the earlier and middle sections of the *Meditationes* are also omitted. The major alterations, however, all lie in the "Thursday" section of the text: the long discussion of the active and contemplative lives is truncated and referred to Walter Hilton; the chapters on the Conversion of Mary Magdalen and the Raising of Lazarus are rewritten completely into defences of auricular confession; the chapter on Christ's discussion of his Last Supper and death is replaced with a treatment of the sin of scandal, which includes a reference to obedience even to "pharisaic" ecclesiastical leaders; and the chapter on the Last Supper is expanded into a defence of the sacrament of the Eucharist. Except for the minor displacement of the "Meditation of the Passion in General", the later chapters of the *Mirror*, like those at the beginning, are substantially unaltered. At the end of *The Mirror of the Blessed Life of Jesus Christ*, Love returns to the theme of the defence of the doctrine of the real presence of the body and blood of Christ in the Eucharist in the "Treatise on the Sacrament". It is impossible to say how much the intention to write "for the comfort of the faithful and the confusion of heretics and Lollards" lay in Nicholas Love's original decision to translate the *Meditationes Vitae Christi*; but it certainly underlies his entire work as it came to be, and probably explains a good deal of the influence it was to have in the last century-and-a-quarter before the Reformation in England.

Nicholas Watson has recently argued that Arundel's Lambeth Constitutions "worked (as was, no doubt, the hope) not by being wielded in public, but by creating an atmosphere in which self-censorship was assumed to be both for the common good and (for one's own safety) prudent," and that Love's *Mirror*, "which was the first work to take advantage of the protection offered by the Constitutions, seems to embody their ideology so well that it is tempting to speculate (with Jonathan Hughes) that it was written in part to order".[18] The effect of the Constitutions, as Watson sees it, was to end the creative growth of theological writing in the vernacular that had occurred throughout the fourteenth century, reducing its flow to a dribble of works that he characterizes as "derivative", "pragmatic", "less intellectually challenging" than their "original", "distinctive", "daring", "difficult", "theologically complex" predecessors and Reformation-era successors:[19]

> There was plenty of vernacular theological writing available in the fifteenth century for professional religious and laypeople of rank: intellectually challenging texts, which were no doubt eagerly studied by readers who had become used to having a constantly expanding array of choice in almost every other field of literary endeavour. But to a remarkable extent these texts dated from what had clearly been canonized as a theological golden age, an age of vernacular *auctores*, not from the age of brass in which fifteenth-century readers were actually living. It was evidently an inadvertent side effect of the Constitutions to help precipitate this creation of a canon of theological writing by simply sealing it up, making it so hard for later writers to contribute further to this literature that it is fair to say that original theological writing in English was, for a century, almost extinct.

It would be more accurate to say that vernacular theological writing in England in the period between Wyclif and the Reformation was profoundly changed. In fact, just as Anne Hudson has perceptively described the Wycliffite movement as "The Premature Reformation", we may see the movement that Arundel and Love led and exemplified as, in effect, a "Premature Counter-Reformation". Vernacular theological writing in England in this period was characterized by a polarization that involved both the continued spread of Wycliffite literature on the one side, and, on the other, by a closing of ranks around precisely those kinds of literature to which the Wycliffites most objected. If the primary

---

[18] Watson, "Censorship and Cultural Change in Late-Medieval England: Vernacular Theology, the Oxford Translation Debate, and Arundel's Constitutions of 1409", *Speculum* 70 (1995), pp. 822-64; quotations in the present discussion are from pp. 831, 852-53.

[19] Watson, p. 835.

aim of the Lambeth Constitutions concerning vernacular theology was to put an end to Wycliffite translation of the Bible, then it was precisely in this aim that they failed: not only did the Wycliffite Bible become the most popular single text in Middle English, so far as we can measure by manuscript survival, but probably the most prominent orthodox form of religious writing in English in the fifteenth century, as Watson notes, was the production of translations and didactic compilations of earlier Latin theological writing, as well as sermon collections, saints' lives and religious drama. The modern critic may not think of this kind of literature as "daring" or "theologically complex", but this is what existed – and flourished – throughout the fifteenth century; and, particularly under the influence of the Brigittine house of Syon, played a remarkably large part in the print publication of vernacular theological literature in England until the very eve of the Reformation.[20]

In arguing against the Lutheran Bible translator William Tyndale in 1532, Thomas More suggested that uneducated people ought not to spend their time attempting to learn how to argue against heretics, but rather:[21]

> ... to occupye them selfe besyde theyr other busynesse in prayour, good medytacyon, and redynge of suche englysshe bookes as moste may norysshe and encrease deuocyon. Of whyche kynde is Bonauenture of the lyfe of Cryste, Gerson of the folowynge of Cryste, and the deuoute contemplatyue booke of Scala perfectionis with suche other lyke.

The books More names, as Roger Lovatt has pointed out, were all readily available in print: Nicholas Love's *Mirror of the Blessed Life of Jesus Christ* was in fact printed as Bonaventure's *Speculum Vite Christi*; the attribution to Gerson ought to identify the translation of the *Imitation of Christ* as that produced by William Atkynson and Lady Margaret Beaufort, or the succeeding revision by Richard Whitford, the prolific self-styled "wretch" of Syon; the third book, whose author is not named, is assuredly Walter Hilton's *Scale of Perfection*. These works had thus become a major part of the ecclesiastical rear-guard action of Roman Catholicism in England; and Nicholas Love's *Mirror* was still being invoked, more

---

[20] An adequate study of the role of Syon in the production and transmission of vernacular theological writings in England in the fifteenth and early-sixteenth centuries, in manuscript and print, has yet to be written, but important work has been done by Vincent Gillespie, especially "Vernacular Books of Religion", in Jeremy Griffiths and Derek Pearsall, eds., *Book Production and Publishing in Britain 1375-1475* (Cambridge University Press, 1989), pp. 317-44, and "Syon Abbey", *Corpus of Medieval Library Catalogues* 9 (London: The British Library, in association with The British Academy, 2001); and by Mary C. Erler, *Women, Reading and Piety in Late Medieval England* (Cambridge University Press, 2002).

[21] More, *Confutation of Tyndale's Answer*, in *The Complete Works of St. Thomas More*, ed. Louis A. Schuster *et al.*, vol. 8 (New Haven: Yale University Press, 1973), p. 37; see Roger Lovatt, "The *Imitation of Christ* in Late Medieval England", *Transactions of the Royal Historical Society* 5th ser. 18 (1968), pp. 97-121.

than a century after its composition, "for the edification of the faithful, and the confutation of heretics or Lollards" – or Lutherans – and their translations of the Bible.

THE TEXT OF THIS EDITION

In 1992, I published the first critical edition of Nicholas Love's *Mirror of the Blessed Life of Jesus Christ* (New York: Garland, 1992). This edition was "critical" in the limited sense that it incorporated the results of a full collation of my base-text, from Cambridge University Library MS Add. 6578 – a manuscript belonging to Mount Grace and written during the period that Nicholas Love was alive there – with two others: CUL Add. 6686, which is identical in dialect with Add. 6578, and Oxford, Brasenose College MS e.ix, the base-text of Lawrence F. Powell's edition of 1908 (Oxford: the Clarendon Press, for the Roxburghe Club), and a partial collation of all surviving complete manuscripts to which I had access. Further work made it obvious that a fully critical edition must be based on a complete collation of all manuscripts, for it has become increasingly apparent that two of the three surviving manuscript families are authorial, not scribal, in origin.[1] The β family, comprising the Brasenose College manuscript and fourteen others, plus four of mixed affiliation – and best represented by Tokyo, Professor T. Takamiya's MS 8, which had belonged to Joan, Countess of Kent, the widow of the founder of Mount Grace – represents Nicholas Love's original version. Presumably the "original copy of this book" presented to Archbishop Arundel "around the year 1410", according to the "Memorandum of Approbation", was of this version of the text. In it, the "Memorandum" follows the text, the chapter on the Annunciation has a unique closing section, the paragraph in the chapter on the Last Supper in which Love states his intention to add the "Treatise on the Sacrament" at the end of the work is lacking, the independent "Middle English *Meditationes de Passione Christi*" occurs in place of, or alongside of, Love's version of the same material, and the "Treatise" itself may not have been present. The α family, comprising the two base-manuscripts and eighteen others – including Bodleian MS e Museo 35, which probably belonged to Margaret Neville, the wife of Thomas Beaufort, the "second founder" of Mount Grace – plus two manuscripts of mixed affiliation, and all nine pre-Reformation prints, represents a version revised by Love, perhaps to conform more fully to Arundel's anti-Wycliffite programme. In it, the "Memorandum" precedes the

---

[1] See the Table of Affiliations below, p. xxxv.

text, the "Treatise" was certainly an integral part of the work, as demonstrated particularly by the presence of the paragraph in the chapter on the Last Supper stating his intention to add it, and there is no trace of any inclusion of the text of the "Middle English *Meditationes de Passione*". The third manuscript family, γ, comprising ten manuscripts, plus two of mixed affiliation, is most certainly scribal in origin. All three families include manuscripts from the beginning of the fifteenth century. The earliest copies of all families lack the "Memorandum"; in CUL Add. 6578, it has been added in, in another hand.

The present edition is based on the α text in CUL MS Add. 6578 (A1), supplemented by CUL MS Add. 6686 (A2) where it is deficient through the excision of decorated leaves. All of the manuscripts have been collated, however, and the text published here has been corrected when A1, or the α manuscript group, can be seen to be in error. The justification of the corrections made here will be found in the textual discussion and the apparatus of the critical edition cognate with this volume. All readings supplied from manuscripts other than A1 or A2 are printed in [square brackets] in the text; in two places, conjectural readings are supplied [*italicized and in square brackets*].

The spelling and capitalization of the edition are those of the base-manuscripts; word-division has generally followed that of the manuscripts. The combination or division of reflexive pronominal compounds with "self", certain prepositional and verbal compounds (e.g. "after-warde", "al-þoh", "vp-on", "wiþ-in/out-forth"; "vouch-saue",) four adjectival compounds with the noun "man" (i.e. "olde-man", "pore-man"," "riȝtwis-man" and "sinful-man"), which represent single words in the underlying Latin text ("senex", "pauper", "justus", "peccator"), two compounds with the prefixed adjective "holy" ("holigost" and "holychirch"), the adverbial compound "euere-lastyng", and the compounding of "Goddus-sone" and "kynges-douhteres" are taken as intentional, and reproduced here. Two-word idioms that occur as single words in other Middle English texts, or in present-day English, but are normally written as separate words in the base-manuscripts (e.g. "with[-]stand", "to[-]drawen") are so transcribed in the text, but are entered in hyphenated form in the Glossary, below. With the exception of the ampersand, all abbreviations are expanded silently, according to the scribe's normal practice. Orthographic confusion of "y" and "þ", which occurs particularly in the engrossed version of the A1 scribe's hand, and in rubrics, will be corrected silently. The more serious confusion of "þ" and "ȝ", which may have resulted orthographically, particularly in dialectal translation of 3rd-person verb forms, or phonetically, from the substitution of the dental for the recessive palatal/velar fricative (e.g. "steþen" for "steȝen", "steyen"), or "ȝei"/"þei", "ȝat"/"þat", is corrected, in square brackets, in the text, and noted in the Apparatus. The spelling "ff" is transcribed as "F" initially, "ff" elsewhere. Occasional word-final upper-case "A" (e.g. "MariA") is silently reproduced as lower-case, according to present-day usage.

Underlining in the base-manuscripts, particularly of quotations from scripture and editorial notes of differences between Love's *Mirror* and the underlying *Meditationes Vitae Christi*, has been transcribed here in italics; rubrication of chapter-titles and hebdomadal divisions in the text, and coloured chapter initials, are transcribed in bold face. In a small number of cases, editorial notes between chapters and hebdomadal divisions of the text (e.g. those between Chapters xxiv and xxv) are not underlined or rubricated as usual in the base-manuscripts; these have been silently regularized to conform with usage elsewhere. Because chapter-titles and -numbers were added later in A1, they often extend into the margins; unlike other marginal (and interlinear) additions and corrections, they are not described in the Apparatus. Italicized running titles in the published text reflect those of the manuscripts, and identify the hebdomadal division of the work; this division according to the days of the week can also be seen in the Table of Contents. Page references to the published text are also added in the right-hand margin of the Table of Contents.

Since, as Elizabeth Salter pointed out, the scribe of MS A1 (probably reflecting Nicholas Love's own usage) appears to have taken some care in the punctuation of his text,[2] what appears in this edition is that of the base-manuscript: the simple *punctus* is transcribed as a full-stop or a comma, depending on whether it is followed by an upper- or a lower-case letter, except in cases of direct quotation. There, it is transcribed as a colon or a comma, depending on whether or not the quotation is marked by the scribe to stand as a separate paragraph. Queries and exclamation marks are self-explanatory. In a small number of cases, the query is not followed by an upper-case letter: these have been silently normalized. The *punctus elevatus* is transcribed so: [˙]. Paragraphing in the manuscript is marked by a paraph: ¶, or by a double virgule: //. The paragraphing of this edition follows that of the manuscript, but only the paraphs are transcribed. Folio and page turn-overs are marked in the text by a single upright line : |. Folio numbers are given in the inside margin. In the two cases where a section of text from MS A2 has been substituted for a missing folio in MS A1, the alteration of base-text is signalled so: |*|.

Because the apparatus of marginal annotations is authorial, it is presented in this edition as it occurs in MS A1. Capitalization and punctuation of the marginalia in this manuscript, which appear to follow no system, have been silently regularized. The grammatical form employed in citations of earlier authors in the marginalia, when not abbreviated in the manuscript, generally refers to the specific *locus* of the citation in the ablative, and names the work and author in the genitive (e.g. "Bernardi sermone quinto"). This form is also employed in expanding those citations which are abbreviated in the manuscript. In the case of biblical citations, this has meant that references to chapter or verse are transcribed in the ablative, and the name of the writer in the genitive. This is not the standard form of reference for the gospels, which are usually cited in Latin with the reference "secundum Mattheum (Marcum, etc.)"; but because references to the gospels are made in the same form as all other references in the manuscript, and the "secundum ... " form is never employed here, the present edition follows the usage of the manuscript.

---

[2] (Zeeman) Salter, "Punctuation in an Early Manuscript of Love's *Mirror*". *Review of English Studies* n.s. 7 (1956), pp. 11-18. Malcolm Parkes has provided a more sophisticated view of how various scribes imposed a reading on the text, or refrained from doing so, in their punctuation: see Parkes, "Punctuation in Copies of Nicholas Love's *Mirror of the Blessed Life of Jesus Christ*", in *Nicholas Love at Waseda*, ed. Oguro, Beadle and Sargent, pp. 47-59.

SELECT BIBLIOGRAPHY

Barratt, Alexandra. "The Revelations of Saint Elizabeth of Hungary: Problems of Attribution". *The Library*, 6th ser. 14 (1992), pp. 1-11.

Bartlett, Anne Clark. *Male Authors, Female Readers: Representation and Subjectivity in Middle English Devotional Literature*. Ithaca, NY: Cornell University Press, 1995.

Beadle, Richard. "'Devoute ymaginacioun' and the Dramatic Sense in Love's *Mirror* and the N-Town Plays". In *Nicholas Love at Waseda*, ed. Oguro, Beadle and Sargent, pp. 1-17.

Bestul, Thomas H. *Texts of the Passion: Latin Devotional Literature and Medieval Society*. Philadelphia: University of Pennsylvania Press, 1996.

Blake, Norman. "Middle English Prose and its Audience". *Anglia* 90 (1972), pp. 437-553.

-----. "Varieties of Middle English Religious Prose". In *Chaucer and Middle English Studies in honour of Rossell Hope Robbins*, ed. Beryl Rowland. London: Allen & Unwin, 1974: pp. 348-56.

-----. "Some Comments on the Style of Love's *Mirror of the Blessed Life of Jesus Christ*". In *Nicholas Love at Waseda*, ed. Oguro, Beadle and Sargent, pp. 99-114.

[Pseudo]-Bonaventure. *Meditationes Vitae Christi*, in *S. Bonaventurae Opera Omnia*, ed. A.C. Peltier, vol. 12 (Paris, 1868), pp. 509-630. See also *Iohannis de Caulibus Meditationes Vite Christi*.

Chambers, R.W. "On the Continuity of English Prose from Alfred to More and his school", introduction to E.V. Hitchcock and Chambers, eds., *Nicholas Harpsfield: The Life and Death of Sir Thomas More*. EETS o.s. 186 (1932); issued separately as EETS 191A, (1932).

Colledge, Edmund. "'Dominus cuidam devotae suae': A Source for Pseudo-Bonaventure". *Franciscan Studies* 36 (1976), pp. 105-07.

Cowper, J. Meagows, ed. *Meditations on the Supper of our Lord, and the Hours of the Passion by Cardinal John Bonaventura. Drawn into English Verse by Robert Manning of Brunne*. EETS o.s. 60. London, 1875.

Davis, Norman. "Styles in English Prose of the Late Middle and Early Modern Period". *Langue et Littérature*, Bibliothèque de la Faculté de Philosophie de l'Université de Liège, 1961: pp. 165-84.

Deanesly, Margaret. *The Lollard Bible and Other Medieval Biblical Versions*. Cambridge: Cambridge University Press, 1920.

-----. "Vernacular Books in England in the Fourteenth and Fifteenth Centuries". *Modern Language Review* 15 (1920), pp. 349-58.

-----. "The Gospel Harmony of John de Caulibus, or S. Bonaventura". In *Collectanea Franciscana* 2, ed. C.L. Kingsford. Manchester: British Society of Franciscan Studies, 1922: pp. 10-19.

Doyle, A.I. "A Survey of the origins and circulation of theological writings in English in the 14th, 15th, and early 16th centuries with special consideration to the part of the clergy therein". Doctoral dissertation No. 2301, Cambridge University (1953).

-----. "Reflections on Some Manuscripts of Nicholas Love's *Myrrour of the Blessed Lyf of Jesu Christ*". *Leeds Studies in English* n.s. 14 (Essays in Memory of Elizabeth Salter) (1983), pp. 82-93.

-----. "The Study of Nicholas Love's *Mirror*, Retrospect and Prospect". In *Nicholas Love at Waseda*, ed. Oguro, Beadle and Sargent, pp. 163-74.

-----. "Recusant Versions of the *Meditationes Vitae Christi*". *Bodleian Library Record* 15 (1996), pp. 411-13.

-----. "English Carthusian Books not yet Linked with a Charterhouse". In *'A Miracle of Learning': Studies in manuscripts and Irish learning. Essays in honour of William O'Sullivan*, ed. Toby Barnard, Dáibhí Ó Cróinín and Katharine Simms. Aldershot: Ashgate, 1998, pp. 122-36.

-----. "Libraries of the Carthusians". *Corpus of Medieval Library Catalogues* 9. London: The British Library, in association with The British Academy, 2001.

Erler, Mary C. *Women, Reading and Piety in Late Medieval England*. Cambridge: Cambridge University Press, 2002.

Fischer, Columban. "Die 'Meditationes Vitae Christi," ihre handschriftliche Ueberlieferung und die Verfasserfrage". *Archivum Franciscanum Historicum* 25 (1932), pp. 3-35, 175-209, 305-48, 449-83.

-----. "(Pseudo-)Bonaventure". In *Dictionnaire de spiritualité ascétique et mystique*, vol. 1. Paris, 1936: cols. 1848-56.

Fleming, John. *An Introduction to the Franciscan Literature of the Middle Ages*. Chicago, Franciscan Herald Press, 1977.

Frank, Robert Worth. "*Meditationes Vitae Christi*: The Logistics of Access to Divinity". In *Hermeneutics and Medieval Culture*, ed. Patrick J. Gallacher and Helen Damico. Albany: State University of New York Press, 1989: pp. 39-50.

Furnish, Shearle. "Nicholas Love, Carthusian: Writing as Apostolic Witness". *American Benedictine Review* 45 (1994), pp. 22-32.

Ghosh, Kantik. *The Wycliffite Heresy: Authority and the Interpretation of Texts*. Cambridge: Cambridge University Press, 2002.

-----. "Manuscripts of Nicholas Love's *The Mirror of the Blessed Life of Jesus Christ* and Wycliffite Notions of 'Authority'". In *Prestige, Authority and Power in Late-Medieval Manuscripts and Texts*, ed. Felicity Riddy. York Manuscripts Conferences: Proceedings Series. York: York Medieval Press, 2000, pp. 17-34.

Gibson, Gail McMurray. "Bury St. Edmunds, Lydgate, and the *N-Town Cycle*". *Speculum* 56 (1981), pp. 56-90.

-----. *The Theater of Devotion: East Anglian Drama and Society in the Late Middle Ages*. Chicago: University of Chicago Press, 1989.

Gillespie, Vincent. "Vernacular Books of Religion". In *Book Production and Publishing in Britain 1375-1475*, ed. Jeremy Griffiths and Derek Pearsall. Cambridge: Cambridge University Press, 1989: pp. 317-44.

-----. "Syon Abbey". *Corpus of Medieval Library Catalogues* 9. London: The British Library, in association with The British Academy, 2001.

-----. "The Haunted Text: Reflections in *The Mirrour to Deuote Peple*", paper delivered at the September, 2001 Notre Dame Manuscripts Conference, and to be published in the proceedings, ed. Jill Mann.

Hogg, James. "Mount Grace Charterhouse and Late Medieval English Spirituality". In *Collectanea Cartusiensia 3*, ed. James Hogg. Analecta Cartusiana 82, vol. 3. Salzburg, 1983: pp. 1-43.

Horstman, Carl, ed. *Yorkshire Writers: Richard Rolle of Hampole, an English Father of the Church*, vol 1. London: Swan, Sonnenschein, 1895, pp. 198-218 (*The Privity of the Passion*).

Hudson, Anne. *Lollards and Their Books*. London: Hambledon Press, 1985.

-----. *The Premature Reformation: Wycliffite Texts and Lollard History*. Oxford: Clarendon Press, 1988.

Iohannis de Caulibus Meditaciones Vitae Christi, olim S. Bonauenturo attributae, ed. M. Stallings-Taney. Corpus Christianorum Continuatio Medievalis, vol. 153. Turnhout: Brepols, 1997.

Jeffrey, David L. *The Early English Lyric and Franciscan Spirituality*. Lincoln: University of Nebraska Press, 1975.

Keiser, George R. "Middle English Passion Narratives and their Contemporary Readers: The Vernacular Progeny of *Meditationes Vitae Christi*". In *The Mystical Tradition and the Carthusians* vol. 10, ed. James Hogg. Analecta Cartusiana 130:10, Salzburg, 1996, pp. 85-99.

Knowles, David. *The Religious Orders in England*. 3 vols. Cambridge: Cambridge University Press, 1955-59; corr. repr. 1971.

-----. *The English Mystical Tradition*. London: Burns & Oates; New York: Harper, 1961.

LeVert, Laurelle. "'Crucifye hem, Crucifye hem': The Subject and Affective Response in Middle English Passion Narratives". *Essays in Medieval Studies* 14 (1997), pp. 73-87 (www.luc.edu/publications/medieval/).

Lovatt, Roger. "The *Imitation of Christ* in Late Medieval England", *Transactions of the Royal Historical Society* 5th ser. 18 (1968), pp. 97-121.

Mâle, Émile. "Le Renouvellement de l'art par les mystères à la fin du moyen âge". *Gazette des beaux-arts* 31 (1904), pp. 89-106.

-----. *L'Art réligieux de la fin du moyen âge en France*. 4th edn, Paris: Armand Colin, 1931.

McNamer, Sarah. *The Two Middle English Translation of the Revelations of Elizabeth of Hungary*. Middle English Texts, no. 28. Heidelberg: Universitätsverlag C. Winter, 1996.

Meale, Carol M. "'oft siþis with grete deuotion I þought what I miȝt do pleysyng to god': The Early Ownership and Readership of Love's *Mirror*, with Special Reference to its Female Audience". In *Nicholas Love at Waseda*, ed. Oguro, Beadle and Sargent, pp. 19-46.

-----, ed. *Women and Literature in Britain 1150–1500*. Cambridge: Cambridge University Press, 1993.

Moorman, John. *A History of the Franciscan Order from its Origins to the Year 1517*. Oxford: at the Clarendon Press, 1968.

O'Connell, Patrick. "Love's *Mirrour* and the *Meditationes Vitae Christi*". In *Collectanea Cartusiensia 2*, ed. James Hogg. Analecta Cartusiana 82, vol. 2. Salzburg, 1980: pp. 3-44.

Oguro, Shoichi, Richard Beadle and Michael G. Sargent, eds. *Nicholas Love at Waseda: Proceedings of the International Conference, 20–22 July, 1995*. Cambridge: D.S. Brewer, 1997.

Owst, G.R. *Preaching in Medieval England: An Introduction to Sermon Manuscripts of the Period 1350-1450*. Cambridge: Cambridge University Press, 1926.

-----. *Literature and Pulpit in Medieval England: A Neglected Chapter in the History of English Letters & of the English People*. Cambridge: Cambridge University Press, 1933; rev. edn, Oxford: Blackwell, 1961.

Peltier, A.C., ed. *S. Bonaventurae Opera Omnia*, vol. 12. Paris, 1868: pp. 509-630 (Latin text of *Meditationes Vitae Christi*).

Pfander, Homer G. *The Popular Sermon of the Medieval Friar in England*. New York: New York University Press, 1937.

Powell, L[awrence] F., ed. [at the expense of Henry Hucks Gibbs, Lord Aldenham]. *The Mirrour of the*

Blessed Lyf of Jesu Christ. Oxford: Clarendon Press, for the Roxburghe Club, 1908.

Ragusa, Isa and Rosalie Green, eds. *Meditations on the Life of Christ: An Illustrated Manuscript of the Fourteenth Century*. Princeton, NJ: Princeton University Press, 1961.

Reakes, Jason. "A Middle English Prose Translation of the *Meditaciones de Passione Christi* and its Links with Manuscripts of Love's *Myrrour*". *Notes & Queries* n.s. 27 (1980), pp. 199-202.

Renevey, Denis, and Christiania Whitehead, eds. *Writing Religious Women: Female Spiritual and Textual Practices in Late Medieval England*. University of Toronto Press, 2000.

Riggio, Milla Cozart, ed. *The* Wisdom *Symposium:* Papers from the Trinity College Medieval Festival. New York: AMS Press, 1986.

Roy, Émile. *Le Mystère de la passion en France du xive au xve siècle: étude sur les sources et le classement des mystères de la passion*. 2 vols. Paris and Dijon, 1903, 1904.

Ruh, Kurt. *Bonaventura deutsch: Ein Vertrag zur deutschen Franziskaner-mystik und -scholastik*. Bibliotheca Germanica 7. Bern, 1956.

-----. "Meditationes Vitae Christi". In *Die deutsche Literatur des Mittelalters: Verfasser-lexicon*, vol. 6. Berlin: de Gruyter, 1985: cols 282-90.

Salter, Elizabeth. See also Zeeman, Elizabeth.

-----. "Ludolphus of Saxony and his English Translators". *Medium Ævum* 33 (1964), pp. 26-35.

-----. *Nicholas Love's "Myrrour of the Blessed Lyf of Jesu Christ"*. Analecta Cartusiana vol. 10. Salzburg, 1974.

-----. "The Manuscripts of Nicholas Love's *Myrrour of the Blessed Lyf of Jesu Christ* and Related Texts". In *Middle English Prose: Essays on Bibliographical Problems*, ed. A.S.G. Edwards and Derek Pearsall. New York: Garland, 1981, pp. 115-27.

Sargent, Michael G. "The Transmission by the English Carthusians of some Late Medieval Spiritual Writings". *Journal of Ecclesiastical History* 27 (1976), pp. 225-40; revised version in *James Grenehalgh as Textual Critic*, Analecta Cartusiana 85 (1984), pp. 15-55.

-----. "Bonaventura English: A Survey of the Middle English Prose Translations of Early Franciscan Literature". In *Spätmittelalterliche geistliche Literatur in der Nationalsprache*, ed. James Hogg. Analecta Cartusiana 106 vol. 2. Salzburg, 1984, pp. 145-76.

-----. "The Textual Affiliations of the Waseda Manuscript of Nicholas Love's *Mirror of the Blessed Life of Jesus Christ*". In *Nicholas Love at Waseda*, ed. Oguro, Beadle and Sargent, pp. 175-74.

-----. "Versions of the Life of Christ: Nicholas Love's *Mirror* and Related Works". *Poetica* (Tokyo) 42 (1994), pp. 39-70.

Schleich, G. "Über die Entstehungszeit und den Verfasser der mittelenglischen Bearbeitung von Susos Horologium". *Archiv* n.s. 57 (1930), pp. 26-34.

Sticca, Sandro. "The Literary Genesis of the Latin Passion Play and the *Planctus Mariae*: A New Christocentric and Marian Theology". In *The Medieval Drama*. Albany: State University of New York Press, 1972, pp. 39-68.

Thompson, E. Margaret. *The Carthusian Order in England*. London: SPCK, 1930.

Traver, Hope. *The Four Daughters of God: A Study of the Versions of this Allegory with special reference to those in Latin, French and English*. Bryn Mawr College Monographs: Monograph series vol. 6. Philadelphia, 1907.

Walsh, James. *Pre-Reformation English Spirituality*. London: Burns & Oates, 1965.

Watson, Nicholas. "Censorship and Cultural Change in Late-Medieval England: Vernacular Theology, the Oxford Translation Debate, and Arundel's Constitutions of 1409". *Speculum* 70 (1995), pp. 822-64.

-----. "The Middle English Mystics". In *The Cambridge History of Medieval English Literature*, ed.

David Wallace. Cambridge: Cambridge University Press, 1999, pp. 539-65.

Wilson, R.M. "On the Continuity of English Prose". In *Mélanges de linguistique et de philologie: Fernand Mossé in Memoriam*. Paris: Didier, 1959, pp. 486-94.

Zeeman, Elizabeth. See also Salter, Elizabeth.

-----. "Nicholas Love – A Fifteenth-Century Translator". *Review of English Studies* n.s. 6 (1955), pp. 113-27.

-----. "Continuity in Middle English Devotional Prose". *Journal of English and Germanic Philology* 55 (1956), pp. 417-22.

-----. "Punctuation in an Early Manuscript of Love's *Mirror*". *Review of English Studies* n.s. 7 (1956), pp. 11-18.

-----. "Continuity and Change in Middle English Versions of the *Meditationes Vitae Christi*". *Medium Ævum* 26 (1957), pp. 25-31.

-----. "Two Middle English Versions of a Prayer to the Sacrament". *Archiv* n.s. 194 (1957), pp. 113-21.

LIST OF MANUSCRIPTS AND EARLY PRINTS

A1.   Cambridge University Library MS Additional 6578

A2.   Cambridge University Library MS Additional 6686

Ad1.   British Library MS Additional 19901

Ad2.   British Library MS Additional 21006

Ad3.   British Library MS Additional 30031

Ad4.   British Library MS Additional 11565

Ar1.   British Library MS Arundel 112

Ar2.   British Library MS Arundel 364

Bc.   Oxford University, Brasenose College MS E.ix

Bo1.   Oxford University, Bodleian Library MS Bodley 131

Bo2.   Oxford University, Bodleian Library MS Bodley 207

Bo3.   Oxford University, Bodleian Library MS Bodley 634

Cc1.   Cambridge, Corpus Christi College MS 142

Cc2.   Cambridge, Corpus Christi College MS 143

Ch.   Manchester, Chetham's Library MS 6690

Cx1.   Caxton print, 1484 [*S.T.C.* 3259]

Cx2.   Caxton print, 1490 [*S.T.C.* 3260]

Et1.   Oxford University, Bodleian Library MS Eng. th. c.58.

Et2.   Oxford University, Bodleian Library MS Eng. th. f.10

Ex.   London, P.R.O. Exchequer K.R. Misc. Book 1.26

Fo.   Foyle MS

Fw.   Cambridge, Fitzwilliam Museum MS McClean 127

Gl.   Glasgow University Library MS Gen. 1130

Ha.   Oxford University, Bodleian Library MS Hatton 31

Hh.   Cambridge University Library MS Hh.i.11

Hm1.   San Marino CA, Huntington Library MS HM 149

Hm2.   San Marino CA, Huntington Library MS HM 1339

Hr.   British Library MS Harley 4011

Ht.   Glasgow, University, Hunterian Library MS T.3.15

Ii.   Cambridge University Library MS Ii.iv.9

Il.   Illinois University Library MS 65

Ld.   Leeds Diocesan Archives MS

Ll.   Cambridge University Library MS Ll.iv.3

Lm.   London, Lambeth Palace MS 328

Ln.	Longleat House, Library of the Marquess of Bath, MS 14
Mm.	Cambridge University Library MS Mm.v.15
Mo.	Columbia MO, University of Missouri Library Fragment No. 174
Mu.	Oxford University, Bodleian Library MS e Museo 35
Nc.	Chapel Hill NC, University of North Carolina Fragment
Oo.	Cambridge University Library MS Oo.vii.45(i)
Pm1.	New York, Pierpont Morgan Library MS 226
Pm2.	New York, Pierpont Morgan Library MS 648
Pr.	Princeton University Library MS Kane 21
Py1.	R. Pynson print, 1494 [*S.T.C.* 3262]
Py2.	R. Pynson print, 1506 [*S.T.C.* 3263]
Ra.	Oxford University, Bodleian Library MS Rawlinson A.387B
Ro.	British Library MS Royal 18.c.x
LRy1.	Manchester, John Ryland's Library MS Eng. 94
Ry2.	Manchester, John Ryland's Library MS Eng. 98
Ry3.	Manchester, John Ryland's Library MS Eng. 413
Sc.	Edinburgh, National Library of Scotland, Advocates' 18.1.7
Sx.	Brighton, East Sussex Record Office Fragment
Tk1.	Tokyo, Prof. T. Takamiya MS 4
Tk2.	Tokyo, Prof. T. Takamiya MS 8
Tk3.	Tokyo, Prof. T. Takamiya MS 20
Tk4.	Tokyo, Prof. T. Takamiya MS 63
Tr1.	Cambridge, Trinity College MS B.15.16
Tr2.	Cambridge, Trinity College MS B.15.32
Tr3.	Cambridge, Trinity College MS B.2.18
Uc.	Oxford University, University College MS 123
Wa.	Tokyo, Waseda University Library NE 3691
Wc.	Oxford University, Wadham College MS 5
Wo.	Worcester Cathedral Library MS C.1.8
Ww1.	Wynkyn de Worde print, 1494 [*S.T.C.* 3261]
Ww2.	Wynkyn de Worde print, 1507 [*S.T.C.* 3263.5]
Ww3.	Wynkyn de Worde print, 1517 [*S.T.C.* 3264]
Ww4.	Wynkyn de Worde print, 1525 [*S.T.C.* 3266]
Ww5.	Wynkyn de Worde print, 1530 [*S.T.C.* 3267]
Ya1.	New Haven CT, Yale University, Beinecke Library MS 324
Ya2.	New Haven CT, Yale University, Beinecke Library MS 535

TABLE OF AFFILIATIONS

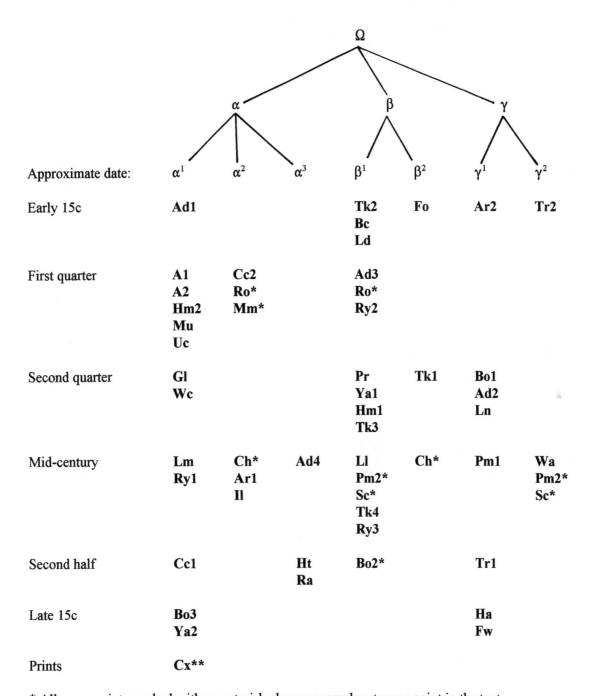

Approximate date:	α^1	α^2	α^3	β^1	β^2	γ^1	γ^2
Early 15c	Ad1			Tk2 Bc Ld	Fo	Ar2	Tr2
First quarter	A1 A2 Hm2 Mu Uc	Cc2 Ro* Mm*		Ad3 Ro* Ry2			
Second quarter	Gl Wc			Pr Ya1 Hm1 Tk3	Tk1	Bo1 Ad2 Ln	
Mid-century	Lm Ry1	Ch* Ar1 Il	Ad4	Ll Pm2* Sc* Tk4 Ry3	Ch*	Pm1	Wa Pm2* Sc*
Second half	Cc1		Ht Ra	Bo2*		Tr1	
Late 15c	Bo3 Ya2					Ha Fw	
Prints	Cx**						

* All manuscripts marked with an asterisk change exemplar at some point in the text.
** All later prints derive textually from **Cx1**.

PLATES

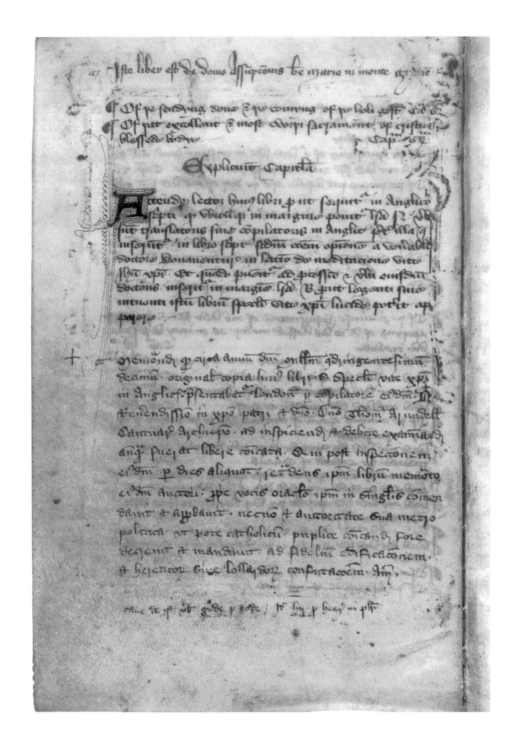

Plate 1: MS A1, f. 2ᵛ. End of the Table of Contents, with the "Attende" note and "Memorandum", *ex libris* of Mount Grace Charterhouse at top of page; the offset of the illuminated initial on the original f. 3ʳ can be seen in the right margin (compare with the facing page). Published by the permission of the Syndics of Cambridge University Library.

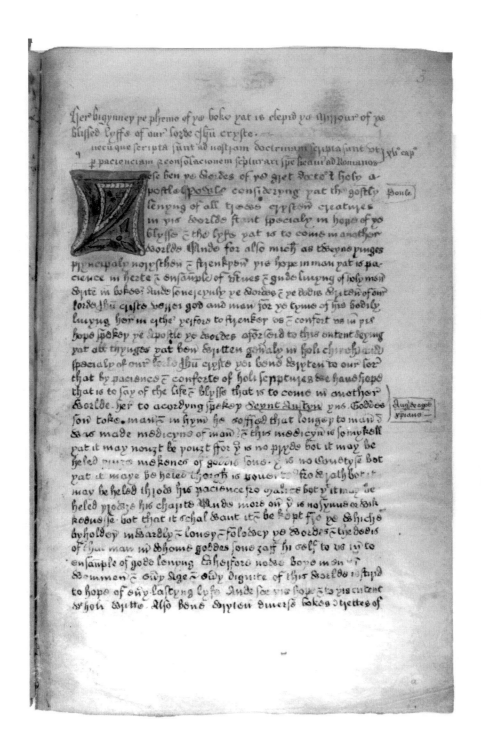

Plate 2: MS A1, f. 3^r. Opening of the Text; a (nineteenth century?) forgery of the original hand of the text. Published by the permission of the Syndics of Cambridge University Library.

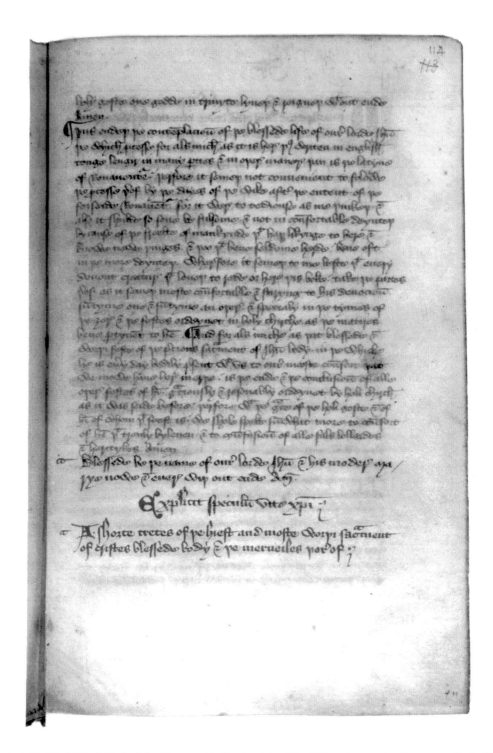

Plate 3: MS A1, f. 114ʳ. End of the Text, with the *incipit* of the "Treatise on the Sacrament". Published by the permission of the Syndics of Cambridge University Library.

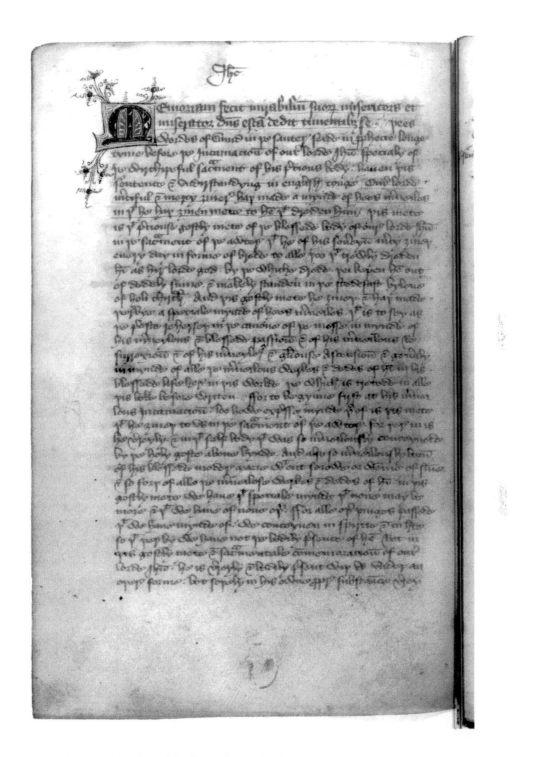

Plate 4: MS A1, f. 114ᵛ. Opening of the "Treatise on the Sacrament". This is the only ornamental initial remaining in the manuscript. Published by the permission of the Syndics of Cambridge University Library.

Plate 5: MS A2, p. 1. Opening of the Table of Contents. Published by the permission of the Syndics of Cambridge University Library.

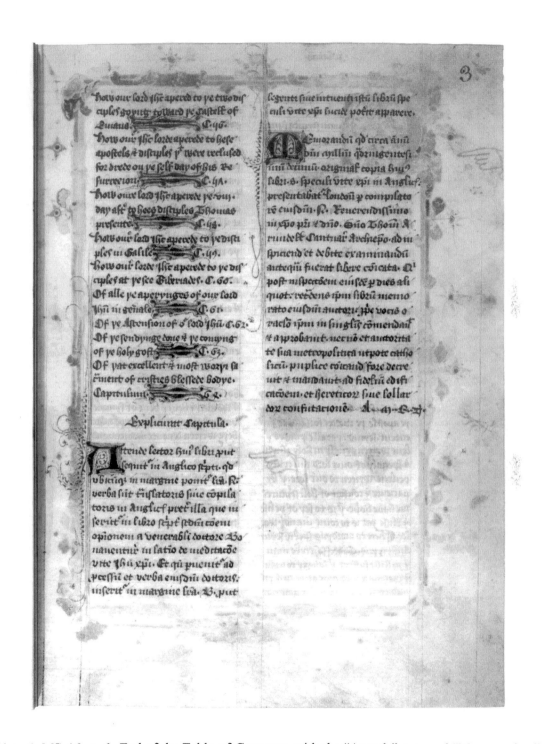

Plate 6: MS A2, p. 3. End of the Table of Contents, with the "Attende" note and "Memorandum".
Published by the permission of the Syndics of Cambridge University Library.

Plate 7: MS A2, p. 158. Opening of the Passion section of the Text, with full-page border decoration. Published by the permission of the Syndics of Cambridge University Library.

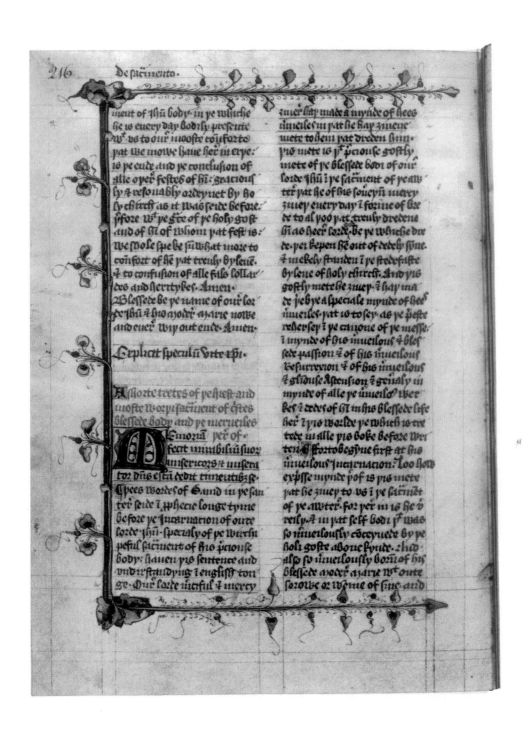

Plate 8: MS A2, p. 216. End of the Text, with the *incipit* and opening of the "Treatise on the Sacrament".
Published by the permission of the Syndics of Cambridge University Library.

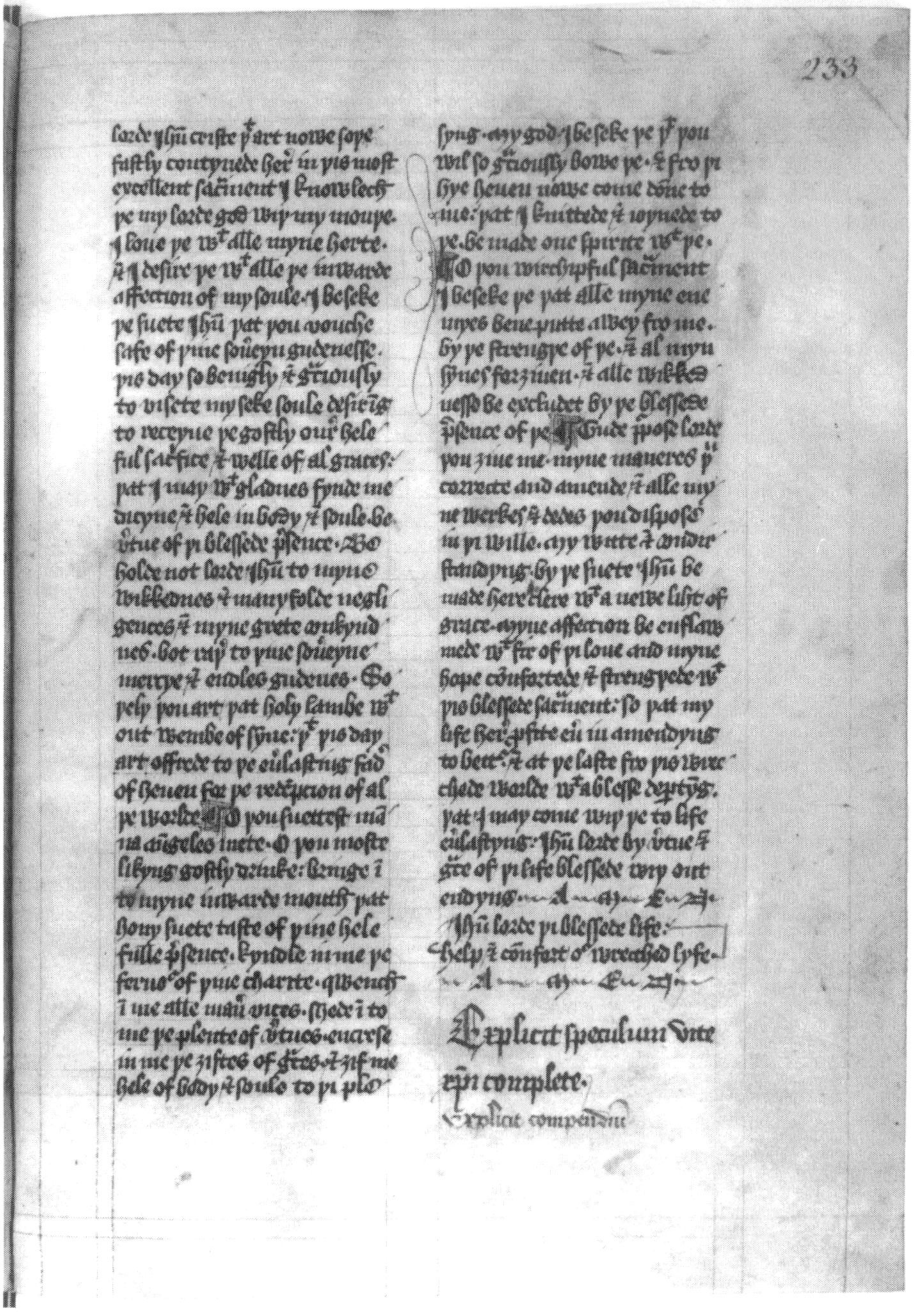

lorde ihū criste þ art nowe sope
fastly contynued her in þis most
excellent saraument j knowlech
þe my lorde god wiþ my moupe.
ʒ j loue þe wᵗ alle myne herte.
ʒ j desire þe wᵗ alle þe inwarde
affeccion of my soule.j beseke
þe suete ihū þat you vouche
safe of þine souȝeyn gudenesse.
þis day so benygly ʒ graciously
to visete my seke soule desirig
to receyue þe gostly our sele
ful saꝛfice ʒ welle of al graces:
þat j may wᵗ gladnes fynde me
dicyne ʒ hele in body ʒ soule.be
vtue of þi blessede presence.Bo
holde not lorde ihū to myne
wikkednes ʒ manyfolde negli
gences ʒ myne grete vnkynd
nes.bot wiþ to þine souȝeyne
mercye ʒ endeles gudenes·So
pely you art þat holy laumbe wᵗ
out wemme of synne:þᵗ þis day
art offrede to þe eulastyng fad
of heuen for þe redempcion of al
þe worlde.O you suettest ma
 in aungeles mete·O you moste
likyng gostly drinke:Brynge j
to myne inwarde mouth þat
þony suete tast of þine hele
fulle presence.kyndole in me þe
feruo of þine charite.quenche
j me alle mau vices.shede j to
me þe plente of vtues.euarse
in me þe zistes of graces.ʒ ʒif me
hele of body ʒ soule to þi plo

syng·any god·j beseke þe þᵗ you
wil so graciously bowe þe·ʒ fro þi
hye heuen nowe come dune to
me:þat j knittede ʒ ioynede to
þe.be made one spirite wᵗ þe.
O þou wirchipful saraument
j beseke þe þat alle myne ene
myes beue putte awey fro me.
by þe strenȝþe of þe.ʒ al myn
synnes forziuen.ʒ alle wikked
nesse be excludet by þe blessede
presence of þe.Gude jhesu lorde
you ʒiue me·myne maneres þᵗ
conuerte and amende.ʒ alle my
ne werkes ʒ dedes you dispose
in þi wille.any wisse ʒ vndir
standyng.by þe suete ihū be
made here clere wᵗ a newe liȝt of
grace·myne affeccion be enflam
mede wᵗ fer of þi loue and myne
hope confortede ʒ strengþede wᵗ
þis blessede saraument:so þat my
life her ʒitte eū in amendyng
to bett.ʒ at þe laste fro þis wrec
chede worlde wᵗ a blesse deytys.
þat j may come wiþ þe to life
eulastyng·ihū lorde by vtue ʒ
ȝite of þi lyfe blessede wiþ out
endyng·A·men·En·ʒ·
jhū lorde þi blessede life:
help ʒ confort o wrecched lyfe·
A·men·En·ʒ·

Explicit speculum vite
ryn complete·
Explicit compendiu

Plate 9: MS A2, p. 233. End of the "Treatise on the Sacrament". Published by the permission of the Syndics of Cambridge University Library.

Plate 10: MS A2, p. 190 (lower half). Opening of the "Sunday" section of the Text, with border decoration including frames for three coats of arms. That on the right has been scored in drypoint with a saltire (and chief?), the latter charged with a mullet. Published by the permission of the Syndics of Cambridge University Library.

TEXT

¶ SPECULUM VITE CHRISTI

¶ Þe vj part for þe Saturday

¶ What oure lady & oþer with hir diden on þe saturday. Capitulum
        49ᵐ   189

¶ Þe vij part for þe sonday.

Expliciunt Capitula

Attende lector huius libri prout sequitur in Anglico scripti, quod vbicumque in margine ponitur litera N. verba sunt translatoris siue compilatoris in Anglicis preter illa que inseruntur in libro scripto secundum communem opinionem a venerabili

5 doctore Bonauentura in Latino de meditacione vite Jesu Christi. Et quando peruenitur ad processum & verba eiusdem doctoris. inseritur in margine litera B, prout legenti siue intuenti istum librum speculi vite Christi lucide poterit apparere.

    Memorandum quod circa annum domini Millesimum

10 quadringentesimum decimum, originalis copia huius libri, scilicet Speculi vite Christi in Anglicis. presentabatur Londoniis per compilatorem eiusdem .N. Reuerendissimo in Christo patri & domino, Domino Thome Arundell, Cantuarie Archiepiscopo, ad inspiciendum & debite examinandum antequam fuerat libere

15 communicata. Qui post inspeccionem eiusdem per dies aliquot. retradens ipsum librum memorato eiusdem auctori. proprie vocis oraculo ipsum in singulis commendauit & approbauit, necnon & auctoritate sua metropolitica, vt pote catholicum, puplice communicandum fore decreuit & mandauit, ad fidelium

20 edificacionem, & hereticorum siue lollardorum confutacionem. Amen

f. 3^r | Here bigynneþ þe proheme of þe boke þat is clepid þe Mirroure of þe blissed lyffe of oure lorde Jesu cryste.

Quecumque scripta sunt ad nostram doctrinam scripta sunt
5 vt per pacienciam & consolacionem scripturar[um] spem habeamus, ad Romanos xvº capitulo.

Þese ben þe wordes of þe gret doctour & holy apostle *Powle* consideryng þat the gostly leuyng of all trewe crysten Poule.
creatures in þis worlde stant specialy in hope of þe blysse & the
10 lyfe þat is to come in another worlde.

¶ Ande for also mich as tweyne þinges pryncipaly noryschen & strenkþen þis hope in man þat is pacience in herte & ensaumple of vertues & gude liuyng of holy men writen in bokes.͘ Ande souereynly þe wordes & þe dedis writen of oure lorde Jesu
15 criste verrei god and man for þe tyme of his bodily liuyng here in erthe.͘ þerfore to strenkeþ vs & confort vs in þis hope spekeþ þe Apostle þe wordes aforseid to this entent seying þat all thynges þat ben written generaly in holi chirche ande specialy of oure lorde Jesu cryste þei bene wryten to oure lore that by pacience &
20 conforte of holi scriptures we haue hope that is to say of the Life & Blysse that is to come in anothere worlde. Here to acordyng spekeþ *Seynt Austyn* þus, Goddes son toke man & in hym he Augustinus
soffred that longeþ to man & was made medicyne of man.͘ & this de agone
medicyne is so mykell þat it may nouȝt be þouȝt. For þer is no Christiano.
25 pryde bot [þat] it may be heled þruȝe [þe] mekenes of goddis sone. Þer is no Couetyse bot þat it maye be heled thorgh is pouerte.͘ [No] Wrath bot [þat] it may be heled throw his pacience. [No] Malice bot þat it may be heled þrowȝe his charite.

¶ Ande more ouer þer is no synne or wikkednesse, bot that
30 [he] schal want it & be kept fro [it] þe whiche byholdeþ inwardly & loueþ & foloweþ þe wordes & the dedis of that man in whome

9

goddes sone ȝaff himself to vs in to ensaumple of gode leuyng.
Wherfore nowe boþe men & women & euery Age & euery dignite
of this worlde is stirid to hope of euery lastyng lyfe. Ande for þis
hope & to þis entent with holi writte also bene wryten diuerse
bokes & trettes of | devoute men not onelich to clerkes in latyne,   *f. 3ᵛ*
but also in Englyshe to lewde men & women & hem þat bene of   6
symple vndirstondyng. Amonge þe whiche beþ wryten deuovte
meditacions of cristes lyfe more pleyne in certeyne partyes þan is
expressed in the gospell of þe foure euaungelistes. Ande as it is
seide þe deuoute man & worthy clerke *Bonauentre* wrot hem to A   10
religiouse woman in latyne þe whiche scripture ande wrytyng for
þe fructuouse matere þerof steryng specialy to þe loue of Jesu
ande also for þe pleyn sentence to comun vndirstondyng [s]emeþ
amonges oþere souereynly edifiyng to symple creatures þe whiche
as childryn hauen nede to be fedde with mylke of lyȝte doctryne   15
& not with sadde mete of grete clargye & of h[ye] contemplacion.
Wherfore at þe instance & þe prayer of some deuoute soules to
edification of suche men or women is þis drawynge oute of þe
forseide boke of cristes lyfe wryten in englysche with more putte
to in certeyn partes & [also] wiþdrawyng of diuerse auctoritis   20
[and] maters as it semeth to þe wryter hereof moste spedefull &
edifyng to hem þat bene [of] symple vndirstondyng to þe which

Bernardus
ad fratres
Cartusie de
monte dei.

symple soules as seynt *Bernerde* seye contemplacion of þe
monhede of cryste is more likyng more spedefull & more sykere
þan is hyȝe contemplacion of þe godhed ande þerfore to hem is   25
pryncipally to be sette in mynde þe ymage of crystes Incarnacion
passion & Resurreccion so that a symple soule þat kan not þenke
bot bodyes or bodily þinges mowe haue somwhat accordynge vnto
is affecion where wiþ he maye fede & stire his deuocion

De sano
intellectu
huius libri.

wherefore it is to vndirstonde at þe bygynyng as for [a] pryncipal 30
& general rewle of diuerse ymaginacions þat folowen after in þis
boke þat þe discriuyng or speches or dedis of god in heuen &
angels or oþere gostly substances bene only wryten in þis manere,
& to þis entent þat is to saye as devoute ymaginacions &
likenessis styryng symple soules to þe loue of god & desire of   35

Gregorius |
Gregorius
in omelia
Simile est
regnum celi
thesauro.

heuenly þinges for as *Seynt Gregory* seiþ, | þerfore is þe   *f. 4ʳ*
kyngdome of heuene likenet to erþly þinges: þat by þo þinges þat
bene visible & þat man kyndly knoweþ: he be stirede & rauyshede
to loue & desire gostly inuisible þinges, þat he kyndly knoweþ not.
Also seynt Jon seiþ þat alle þo þinges þat Jesus dide, bene not   40
writen in þe Gospelle. Wherfore we mowen to stiryng of deuotion
ymagine & þenk diuerse wordes & dedes of him & oþer, þat we

fynde not writen, so þat it be not aȝeyns þe byleue, as seynt
Gregory & oþer doctours seyn, þat holi writte may be expownet
& vndurstande in diuerse maneres, & to diuerse purposes, so þat
it be not aȝeyns þe byleue or gude maneres.

5   ¶ And so what tyme or in what place in þis boke is writen   Nota bene.
þat þus dide or þus spake oure lorde Jesus or oþer þat bene spoken
of, & it mowe not be preuet by holi writ or grondet in expresse
seying of holy doctours: it sal be taken none oþerwyes þan as a
deuoute meditacion, þat it miȝt be so spoken or done. And so for
10 als miche as in þis boke bene contynede diuerse ymaginacions of
cristes life, þe which life fro þe bygynnyng in to þe endyng euer
blessede & withoute synne, passyng alle þe lifes of alle oþer
seyntes, as for a singulere prerogatife, may worþily be clepede þe
blessede life of Jesu crist, þe which also because it may not be
15 fully discriuede as þe lifes of oþer seyntes, bot in a maner of
liknes as þe ymage of mans face is shewed in þe mirrroure:
þerfore as for a pertynent name to þis boke, it may skilfully be
cleped, þe *Mirrour of þe blessed life of Jesu criste*. Forþermore   Nomen libri.
fort speke of þe profitable matire of þis boke: þe forseide clerke
20 Bonauenture spekyng to þe woman forseide in his proheme
bygynneþ in þis manere sentence.

¶ Bonauentura incipit.   **B.**

Amonge oþer vertuese commendynges of þe holy virgine
Cecile it is writen þat she bare alwey þe gospel of criste hidde in
25 her breste, þat may be undirstand þat of þe blessed lif of oure lord
Jesu criste writen in þe gospele, she chace certayne parties most
deuoute. In þe which she set her meditacion & her þouht niȝt &
day with a clene & hole herte. And when she hade so fully alle þe
f. 4ᵛ manere of his life ouer gon, she began aȝayne. And | so with a
30 likyng & swete taste gostly chewyng in þat manere þe gospell of
crist: she set & bare it euer in þe priuyte of her breste. In þe same
manere I conseil þat þou do. For among alle gostly exercyses I
leue þat þis is most necessarye & most profitable, & þat may
bringe to þe hyest degre of gude liuyng þat stant specialy in perfite
35 despysing of þe worlde, in pacience, suffryng of aduersitees, & in
encrese & getyng of vertues. For soþely þou shalt neuer finde,   Nota tria
where man may so perfitely be taght, first for to stable his herte   utilia de
aȝeynus vanitees & deceyuable likynges of þe worlde, also to   vita Christi.
strengh him amongis tribulacions & aduersitees, & forþermore to

be kept fro vices & to getyng of vertues. as in þe blissede life of oure lorde Jesu, þe which was euere withoute defaut most perfite.

Primum.

¶ First I say þat bisy meditacion & customable of þe blessede life of Jesu, stableþ þe saule & þe herte aȝeynus vanitees & deceyuable likynges of þe worlde. þis is opunly shewede in þe 5

Exemplum de beata Cecilia.

blessed virgine *Cecile* before nemede, when she fillede so fully her herte of þe life of crist. þat vanytees of þe worlde miȝt not entre in to her. For in alle þe grete pompe of weddyngis, where so many vanytees bene usede, whene þe organes blewene & songene, she set hir herte stably in god, seying & praying, *Lord be my herte* 10 *& my body clene, & not defilede.* so þat I be not confondet.

Secundum. Bernardus de mar- tyribus.

¶ Also as to þe seconde. whereof hauen martires here strengh, aȝayns diuers tormentees. bot as seynt bernarde seiþ, in þat þei setten alle here herte & deuocion in þe passione & þe wondes of criste. 15

¶ For what tyme þe Martire stant with alle þe body to rent, & neuer þe lesse he is ioiful & glade in alle his peyne, where trowest is þan his soule & his herte? soþely in þe wondes of Jesu, ȝee þe wondes not closed, bot opun & wide to entre inne, & elles he shuld fele þe harde yryn, & not mowe bere þe peyne & þe 20 sorow, bot sone faile & denye god. And not onlich Martires. bot also Confessours, Virgynes, & alle þat liuen riȝt wisely despisyng þe | worlde. in many tribulacions infirmytees & dedes of penance, *f. 5ʳ* boþe kep[en] pacience, & also more ouere þerwiþ bene ioyful & glade in soule as we mowen se alday. And whi so, bot for hire 25 hertes bene more proprely in cristes body by deuoute meditacion of his blessed lif. þan in hir awne bodies.

Tercium.

¶ And as to þe þridde poynt, þat hit kepeþ fro vices, & disposeþ souereynly to getyng of vertues. preueþ wele in þat þe perfection of alle vertues is fonden in cristes lif. [For] where salt 30 þou fynde so opun ensaumple & doctrine, of souereyn charite, of perfite pouerte, of profonde mekenes of pacience & oþer vertues, as in þe blessed lif of Jesu crist.

Bernardi Super cantica sermo 22.

¶ Herefore seiþ seynt Bernard, þat he trauaileþ in vayn aboute þe getyng of vertues. who so hopeþ to fynde hem owhere 35 bot in þe lord of vertues, whose lif is þe mirrour of temperance & alle oþer vertues.

¶ Lo here grete confort & gostly profite in deuoute contemplacion of cristes blessede lif.

Nota.

¶ Wherefore þou þat coueytest to fele treuly þe fruyt of þis 40 boke. þou most with all þi þought & alle þin entent, in þat manere make þe in þi soule present to þoo þinges þat bene here writen seyd or done of oure lord Jesu, & þat bisily, likyngly & abydyngly, as þei þou herdest hem with þi bodily eres, or sey þaim with þin eyen don. puttyng awey for þe tyme, & leuyng alle oþer occupacions & bisynesses.

5   And þouh hit so be þat þe bigynnyng of þe matire of þis boke, þat is þe blessede lif of Jesu crist, be at his Incarnation. neuereles we mowen first deuoutly ymagine & þenk sume þinges done before, touchyng god & his angeles in heuene, & also as anentes þe blessed virgyne oure lady seynt Marie in erþe, of þe 10 whech is to bygynne. And for als mich as þis boke is dyuydet & departet in vij parties, after vij dayes of þe wike, euery day on partie or sume þerof to be hade in contemplacion of hem þat hauen þerto desire & deuocion. þerefore at þe Moneday as þe first werke day of þe wike, bygynneþ þis gostly werke, tellyng first of 15 þe deuoute instance & desire of þe holy angeles in heuen for mans *f. 5ᵛ* restoryng, | and his sauacion, to stire man amongis oþer þat day specialy to wyrshipe hem, as holy chirch þe same day makeþ speciale mynde of hem. Also not onelych þe matire of þis boke is pertynent & profitable to be hade in contemplacion þe forseide 20 dayes, to hem þat wolen & mowen. bot also as it longeþ to þe tymes of þe ȝere, as in aduent to rede & deuoutly haue in mynde fro þe bigynnyng in to þe Natiuite of oure lorde Jesu, & þere of after in þat holy feste of Cristenmesse, & so forþ of oþer matires as holy chirch makeþ mynde of hem in tyme of þe ȝere.

25   ¶ And amongis oþere who so rediþ or heriþ þis boke felyng any gostly swetnes or grace þereþorth. pray he for charite specialy for þe auctour, & þe drawere oute þereof, as it is writen here in english, to þe profite of symple & deuoute soules as it was seide before. And þus endiþ þe proheme, & after foloweþ þe 30 contemplacion for Moneday in þe first partie, & þe first chapitre.

¶ A deuout meditacione of þe grete conseile in heuen for þe restoryng of man & his sauacione. Capitulum primum & prima pars.

Aftire þe tyme þat man was exilet oute of þe hie cite of
5   heuen by þe [ri3twis dome] of almi3ty god souereyn kyng þerof,
for his trespasse & his synne, & so wrecchedly lay in prison &
was halden in þe bandes of þat Tyrant þe deuel of helle, þat none
mi3t come a3eyne to þat blessed Cite þe space of fyue þowsande
3ere & more˙ alle þe blessede spirites of heuene, desyrynge þe
10   restoryng of hir companye, þat was fallen don with Lucifere,
hadden grete compassion of so longe meschefe of manne, þat was
made to hire restoring, & prayden often for his restorynge, bot
specialy & with more instance when þe tyme of grace was comen˙
what tyme as we mowen deuoutly ymagine˙ alle [þat] blessede
15   companye of angeles gederet to gedire with one wille & souereyn
deuocion fellen done prostrate to fore þe Throne of almi3ti gode
kyng of heuen, & Gabriel to whome as seynt *Bernard* seiþ was
made speciale reuelacion of cristes Incarnacion in hire al name | **N. B.**

f. 6ʳ   seyde in þis manere:

20   ¶ Almi3ty lorde it liked to 3our hie maieste of 3our endles   Proposicio
gudenes, to make of no3t þat noble & resonable creature man, for   Gabrielis.
oure comfort & oure gudenesse, þat of him suld be made þe
restoryng of oure fals companye Lucifere & his felaghes, þat
fellen done fro vs by apostasie, so þat he shuld dwelle here in þis
25   blessed place with vs, louyng & wyrchipyng 3owe with outen
ende. Bot lo gude lorde, now alle þei peryshen & none is sauet, &
in so many þousande 3ere passede˙ we sene none of hem alle here.
Oure enmyes hauen þe victory, & of hem oure party is not
restoret, bot þe prison of helle continuelich filled.
30   ¶ Where to lord be þei born to so grete myschefe? For

15

þough it be done after ʒour riʒtwisnesse. neuerles lorde it is now
tyme of mercy. Haue in mynde þat ʒhe made þaim after ʒour
awne liknesse, & þough hire formfadres folily & wrecchedly
breken ʒour maundment. neuereles ʒour mercy is aboue alle
þinge. Wherefore hir alle eyen ben sett vpon ʒow as þe seruantes   5
on þe lordes handes, til ʒe haue mercy & help hem with a spedeful
& heleful remedye.

De contencione inter misericordiam et veritatem

HErewiþ began a maner of altercation & disputeson by
twix þe foure kyngesdouhteres, þat is to say Mercye & soþfastnes,   10
Pees & riʒtwisnes. Of þe whech foure Mercy & Pees, acordyng to
þe Angeles prayere forseide, were fauorable to mannus restoryng.
But þat oþere tweyn sistres, Soþfastnes & riʒtwisnesse aʒeyn

Bernardus
in sermone
de Anun-
ciatione.

seiden. Als seynt bernarde by deuoute ymaginacion makeþ hereof
a faire processe & longe. Bot for to take þerof shortly as to oure   15
purpose at þis tyme. sumwhat in oþer manere & in oþere wordes
we mowen ymagine & þenk þus. First Mercye & Pees knelyng to
fore hire fadre kyng of heuen by þe prophetes wordes, Dauid,
seiden þus, *Lord shalt þou kast awey fro þe man withouten ende?*

Numquid
in eternum
proieciet
deus?

Or hast þou forʒeten to do mercye? And þis often & longe tyme   20
þei reherseden. Þan seide oure lorde, Let clepe forþ ʒour oþer
tweyn sistres, þe whech ʒe seen redy aʒeynus ʒow, & let vs [here]
also what þei wole say hereto. And when þei were cleped &
comen alle to gedire, Mercy began & seide in þis wise, My fadere

Miseri-
cordia.

of Mercye it | was ʒour wille euere with outen ende, among ʒour   *f. 6ᵛ*

Misericordia
eius super
omnia opera
eius.

oþere douhteres my sisteres to ʒif me þat prerogatif aboue alle   26
ʒour werkes þat not onlich I sulde specialy regne here with ʒow
in heuen. bot also þat þe erþe suld be repleynyshede & filled with
me, to so mykel vertue. þat whoso wold treuly & bisily aske my

Misericordia
domini
plena est
terra.

help in any myschef or nede. he suld with outen faile fynde ʒour   30
socour & help þorh þe mediacion of me. Bot lo now my dere fader
þat worþi partye of erþe & ʒoure noble creatour man, in his grete
wrecchednes & myschef so longe tyme liggyng crieþ continuelich
& askeþ after my help, & now tyme is comen, in þe which bot ʒe
help & saue him, I perish & lese my name.   35

Veritas.

Principium
verborum
tuorum
veritas.

¶ Here aʒeynus þat oþer sistere soþfastnes seide, And ʒe
knowen wele my fadere soþfast god, þat I am þe bygynnyng of
ʒour wordes, & after ʒe made man in so grete worþinese ʒe
weddet me to him in þat condition þat what tyme he breke ʒour

hest⸝ he & alle þat come of him shold lese hire blessed life & be
dampnet & done to deþ. Wherefore siþen he forsoke me & betoke
him to ȝour enemy & myn, þe fadere of lesyng⸝ witness[ynge] my
sistere Riȝtwisnes, I perisch & lese my name bot he haue þe deþ
5 þat he haþ deseruet.

¶ Þan spake Riȝtwisnesse & seyde, Riȝtwise lorde my
fadere, þou hast ordynet me gouernour of þi dome lastyng with
oute ende & my sistere treuþe techere of þi lawe, & al þoh it so be
þat oure sistere Mercye be stirede of pitee & a gude zele for mans
10 sauacion⸝ neuerles in þat she wold saue him þat haþ so gretly
forfeted aȝeynus ȝow & vs also⸝ withouten dewe satisfaccion⸝ she
wolde destruye vs boþe hire sistren, þat is to sey treuþe &
riȝtwisnes, & fordo oure name.

¶ Herewiþ þe ferþe sistere [Pees] came forþ, & first
15 soburly blamyng her sisteres for hire contrarious wordes & hire
strif seide to hem þus, know ȝe not wele sistres þat oure fadere
haþ ordeynet & made his place onlich þere as I am, & I may not
abide nor dwele þer as is strif [or] dissencion, & þat is not semely
but fully aȝeynus kynde to be among vertues? Wherefore bot ȝe
20 cesen of strif & be acordet⸝ I most forsake ȝow & my fadere also.

¶ Lo here a grete controuersy by twix þees foure doghteres
f. 7ʳ | of oure lorde, & so grete resouns, þat it was not seyn how þat in
mannus sauacion Mercy & soþfastnes, Pees & riȝtwisnes myȝt
fully be kept & acordet.

25 ¶ Þan badde þe fader of heuen, þat for als mich as he hade
committede & ȝifen alle his dome to his dere son souereyn
wisdome, kyng euerlastyng with hym in one godhede⸝ þat þees
foure douhteres shuld go to him he to termyne þis question & ȝif
a dome þeron.

30 ¶ And þan þe kyng souereyn wisdome wrote þe sentence
& þe dome in þis matire, & toke it to his Chancelere Resone to
rede it in his name seying in þees wordes:

¶ Þis douhter soþfastnes seiþ þat she perish & lese hire
name bot man haue þe deþ þat he haþ deseruet, & with hire
35 acordeþ hire sister riȝtwisnes. And on þat oþer side Mercie seiþ
þat she perish & lese hire name bot man haue mercye & be saued,
& with hir acordeþ þe ferþe sistere Pees.

¶ Wherefore to acorde alle þees to gedir, & for a finale
dome in þis matire, let be made a gude deþ of man, so þat one be
40 fonden withouten synne, þat may & wole innocently & for charite
suffre deþ for man⸝ & þan haue þei alle þat þei asken. For þan
may not deþ lengire hald hym þat is with oute synne or trespasse,

Justicia.

Justicia tua
iusticia
ineternum,
& lex tua
veritas.

Pax.

In pace
factus est
locus eius.

Pater dedit
omne
iudicium
filio.

Iudicium
regis.

& so he shale pers him makyng in him a hole & a way þorow þe which man may passe & be sauede. In þis sentence & dome alle þe court of heuen wondryng & commendyng þe souereyn wisdome꞉ assentiden wele hereto, bot forþermore askeden among hem self where þat one miȝt be fonden þat shold fulfille & do þis 5 dede of charite. And þan Mercy toke with hire reson & souht among alle þe ordres of angeles in heuen, to se wheþer any of hem were able to do þis dede, bot þer was none.

Domine in celo misericordia tua &c.

¶ Also soþfastnes souht fro heuen to þe cloudes beneþen, wheþer þere were any creature þat miȝt performe it, & þei weren 10 alle vnable.

¶ Riȝtwisnes went doone to erþe & souht among þe hie hilles & in to þe depe pitt of helle, wheþer þere were any man þat miȝt take þis gude & innocent deþ, bot þer was none fonden clene of synne, no not þe child of one dayis birþe, & so she went | 15 aȝeyne vp to hire sisteres tellyng þat alle men hade forfetede & *f. 7ᵛ* weren vnable, & þer was none þat miȝt do þat gude dede. Wherefore þei weren alle ful sory & heuy þat þei miȝt not fynde þat one þat þei desirede.

Omnes de-clinauerunt &c.

Þan seide Pees, witte ȝe not wele þat þe profete þat seide 20 þer is none fonden þat may do gude. After warde he putteþ to more & seiþ til hit come to one. Þis one man may be he þat ȝaf þe sentence forseide of mannus sauacion. Wherefore pray we him, þat he wille help & fulfille it in dede. For to him spekeþ þe profete [after] in þe forseide psalme, seiyng, *Lord þou shalt saue man &* 25 *bestes after þi mikel mercy.*

Non est qui faciat bo-num, non est usque ad vnum.

Homines & iumenta saluabis domine &c.

¶ Bot þan was a question among þe sistres committed to Reson fort termyne which person of þre fader & son & Holigost one god sholde become man & do þis mercifull dede.

Þan seide Reson þat for als mych as þe person of þe fadere 30 is proprely dredeful & miȝty, þe person of þe son all wise & witty, & þe person of þe holygost most benyng & godely꞉ þe seconde persone semeþ most conuenient as to þe ful acorde of þe forseide sistres to þe skilful remedye of man, & to þe most resonable victorye of þe enemye. For as anentys þe first, if þe person of þe 35 fadere shuld do þis dede꞉ for his drede & miȝt, Mercy & Pees miȝt sumwhat haue him suspecte, as not fully fauorable to hem, & so on þat oþer side, for þe souereyn benygnyte & gudenes of þe holigost, trewþ & Riȝtwisnes miȝt drede of not ful satisfactione bot to mikel mercy [of him]. Wherfore as a gude meyn euen to 40 boþe parties, þe person of þe son is most conuenient to performe þis dede þorough his souereyn witte & wisdome.

Racio in-carnacionis filij dei.

Also it semeþ most skilful remedye to man for als mich as
he forfeted by vnwitte & folye, þat satisfaction be made for him
by soþfast wisdome þat is þe son, so þat as he felle to deþ by þe
fals worde of þe feende, þat he rise aȝeyne to life by þe trew
5 worde of gode. And as for most resonable victory of þe enmy it is
skilful þat as he conquered man by wikked sleght & fals wisdome,
so he be ouercomen & venkisched by gude sleght & trew
wisdome.

¶ And when Reson hade seide þis verdeit̓ þe fadere seide
10 it was his wille þat it shuld be so, þe son ȝaf gladly his assent
þerto, & þe holigost seide he wolde wirch þerto also. And þan
fallyng done alle þe [holy] spirites of heuen & souereynly |

f. 8ʳ þankyng þe holi trinyte, þe foure sistres forseide weren kyssed &
made acorde, & so was fulfilled þat þe profete dauid seid, *Mercy*
15 *& soþfastnes metten louely to gedere. Riȝtwisnes & Pees hauen*
kyssed. And þus was termynet & endet þe grete conseil in heuen
for þe restoryng of man & his sauacion.

¶ Þe which processe sal be taken as in liknes & onlich as
a manere of [a] parable & deuoute ymaginacion, stiryng man to
20 loue god souereynly for his grete mercy to man & his endles
gudnes. Also to honour & wirchipe þe blessede angels of heuen
for hire gude wille to man & for his sauacion hauyng continuele
bysinesse, & also to loue vertues & hate synne, þat broght man to
so gret wrecchednes.

25 ¶ And þus mykel & in þis maner may be seide & þought
by deuoute contemplacion of þat was done aboue in heuen byfore
þe Incarnacion of Jesu̓ now go we done to erþe, & þenk we how
it stode wiþ his blessed modere Marie, & what was hire liuyng
here before þe Incarnacion of Jesu þat foloweþ aftere.

Misericordia
& veritas
obuiauerunt
sibi; iusticia
& pax &c.

30 Of þe manere of lyuyng of þe blessede virgine Marie.
Capitulum secundum.

As it is writen in þe life of oure lady seynt Marie whan she
was þre ȝere olde, she was offrede in þe temple of hire fadere &
modere, & þere she abode & dwellet in to þe fourtene ȝere. And
35 what she dide & how she lyued þere in þat tyme, we mowen
knowe by þe reuelationes made of hire to a deuoute woman [þe]
which men trowen was seynt Elizabeth. In þe whech reuelationes
is contynet amongis oþere, þat oure lady tolde to þe same woman

Bonauen-
tura.

& seide in þis manere:

¶ Whan my fader & my modere laften me in þe temple, I
purposed & set stably in my herte to haue god [vn]to my fadere,
& oft siþis with grete deuotion I þought what I miȝt do pleysyng
to god, so þat he wold vouchsafe to sende me his grace. And   5
herwiþ I was taght & I lerned þe lawe of my lord god. In þe which
lawe of alle þe hestes & biddynges principaly I kept þre in my
herte.

Þe first is, þou shalt loue þi lord god with alle þi herte,
with all þi soule, with alle þi mynde & with alle þi miȝtes.   10

Þe seconde, þou shalt luf þi neiȝborh as þi self. & þe
þridde is, þou shalt hate þin enmye.

¶ Þees [þre] I kept trewly in herte, & anone I conceyued &
toke alle þe vertues | þat beþ contyned in hem. For þere may no   *f. 8ᵛ*
soule haue any vertue bot it loue god with alle þe herte, for of þis   15
loue comeþ alle þe plente of grace. And after it is comen, it abideþ
not in þe soule, bot renneþ oute as water, bot it so be þat he hate

hees enmyes, þat is to say vices & synnes. Wherefore he þat wole
haue grace & kepe it. hit behoueþ þat he dispose & ordeyn his
herte to loue & to hate, as it is seide. And so I wole þat þou do in   20
manere as I dide.

¶ I rose vp al gate at mydnyȝt & went forþ before þe autere
of þe temple, & þere with als grete desire & wille & affection as
I koude & miȝt. I asked grace of almiȝty god to kepe þo þre
hestes, & alle oþer biddynges of þe lawe. And so standyng to fore   25

þe autere I made vij peticiones to god, þe whech bene þees:

¶ First I asked grace of god, þorh þe which I miȝt fulfil þe
heste of loue, þat is to sey, fort loue him with all my herte &c.

¶ Þe seconde. I asked þat I miȝt loue my neiþborh after his
wille & his likyng, & þat he wolde make me to loue alle þat he   30
loueþ.

¶ Þe þridde, þat he wolde make me to hate & to eschewe
alle þinge þat he hateþ.

¶ Þe ferþe. I asked meknes pacience, benignyte & swetnes,
& alle oþer vertues by þe whech I miȝt be graciouse & plesyng to   35
goddus siȝt.

¶ Þe fift peticion I made to god, þat he wolde let me se þe
tyme in þe whech þat blessed maiden shold be born, þat shuld
conceyue & bere goddus son, & þat he wolde kepe myn eyene þat
I miȝt se hire. Min eres. þat I miȝt here hire speke. My tonge. þat   40
I miȝt praise hire. Myn handes. þat I miȝt serue hire wiþ. Myn
fete þat I miȝt go to hire seruice, & myn kneene. with þe whech

I miȝt honour & wirchip goddus son in hire barme.

¶ In þe sexte peticion. I asked grace to be obeschante to þe biddynges & þe ordinances of þe bischope of þe temple. And in þe vij. I prayed god to kepe alle þe peple to his seruyce.

5   ¶ And whan þe forseide [woman] cristes seruant hade herde þees wordes. she seide aȝeyne, A swete lady, were not ȝe ful of grace & of alle vertues? And þe blessed mayden marie answerede, Wit þou wele for certayne, þat I held myself als gilty, most abiecte, & vnworþi þe grace of god. as þou. And more ouere,

10   trowest þou doghter, þat alle þe grace þat I hade, I hade withoute

f. 9ʳ trauaile? Nay, not | so. Bot I telle þe & do þe to witte þat I hade no grace, ȝifte nor vertue of god, withoute grete trauaile, continuele praiere, ardant desire, profonde deuocion, & with many teres & mich affliccion spekyng, þenkyng & doyng alwey as I kuoþe &

15   miȝt, þat was plesyng to god, þat is to sey, outake þe holy grace, þorh þe which I was halowed in my modere wombe.

¶ And forþermore oure lady seid wit þou wele in certayn,   Nota. þat þere comeþ no grace in to mannus soule bot by prayere & bodily affliccion. And after þat we haue ȝiuen to god þo þinges

20   þat we mowen, þouh þei bene litel & fewe. þan comeþ he in to þe soule, bryngyng with him so grete & so hye ȝiftes of grace, þat it semeþ to þe soule, þat she faileþ in hire self, & leseþ mynde & þenkeþ [not] þat euer she seide or dide any þinge plesyng to god, & þan she semeþ in hire awne siȝt more foule & more wrecched

25   þan she was euer before. Alle þis sentence is contyned in þe forseide reuelaciones.

¶ Also seynt Jerome writyng of hire life seiþ in þis maner,   Jeronimus. þat þe blessed maiden Marie ordynet to hire self þis maner of reule in lyuyng, þat fro þe morn tyde in to þe terce of þe day. she

30   ȝaf hire alle to prayeres, & fro terce in to none. she occupied hire bodily with weuyng werke. And eft fro none she went not fro prayeres, to þe angele of god came & apperede to hire, of whose hande she toke mete to þe bodily sustynance. And so she profited algate bettur & better in þe werk & [in] þe loue of god. And so it

35   befel þat she was fonden in wakyng, þe first. In þe wisdome of goddus lawe. most kunnyng. In mekenes. most lowe. In þe song & þe salmes of dauid. most conuenyent & semelich. In charite. most graciouse. In clennes. most clene & in alle manere vertue. most perfite.

40   ¶ Sche was sadde & inuariable, so fer forþ. þat as she profited alday bettur & bettur. so was þer none, þat euer seih or herde hire wroþ. Alle hire spech was so ful of grace. þat god was

knowen by hire tonge. Sche was continuelich dwellyng in prayere
& in þe lore of goddes lawe, & algate bisy aboute hire felaghes þat
none of hem shold trespasse or synne in any worde, & þat none
shold lawh dissolutly. & also þat none of hem shold offend oþer.
þorh pride or any wronge, & euer withouten failyng | she blessed   *f. 9ᵛ*
god, & lest perchance by any gretyng or preysyng she suld be   6
letted fro þe loouyng[es] of god. what tyme any man gret hire. she
answered aȝeyn, *Deo gracias.* þat is to sey, þonked be god.
Wherefore of hir sprange first, þat what tyme holi men bene gret,
þei seyen aȝeyn, *Deo gracias*, as she [dide].   10

¶ Sche was fedde of þe mete þat she toke of þe angeles
hande, & þat mete þat she toke of þe bischope of þe temple, she
ȝaf to pore men. Euery day goddus angele spake with hire & als
he shuld to his derworþ sister or modere. so he serued & was
obeschant to hire. *Þus mich seiþ seynt Jerome of hire life.*   15

¶ Forþermore in hire xiiij ȝere þat blessed maiden marie
was weddet to Joseph by þe reuelacion of god, & þen went she
home aȝeyn into Nazareth als it is writen by processe in þe story
of hir Natiuite. Bot þus mich at þis tyme sufficeþ to haue in
mynde & in contemplacioune of þo þinges þat befellen before þe   20
Incarnacion, þe whech whoso wole wele þenk & haue deuoutly in
mynde & folowe vertuesly in dede. he shal fynd hem full of gostly
fruyt.

¶ Now come we to speke of þe Incarnacion of oure lord
Jesu.   25

Of þe Incarnacion of Jesu, & þe feste of þe Annunciacion, & of þe gretyng Aue Maria. Capitulum tercium.

WHen þe plente of tyme of grace was come in þe which
þe hie Trinite ordeynet to saue mankynd þat was dampnet þorh þe   30
synne of Adam, for þe grete charite þat he hade to mankynd,
s[t]iryng him his grete mercy, & also þe prayere & þe instance of
alle þe blessed spirites of heuen, after þat þe blessed maiden
Marie weddet to Joseph was gone home to Nazareth. þe fadere of
heuen called to him þe archangel Gabriel & seid to him in þis   35
manere:

Petrus   ¶ Go to oure dere doghter Marie þe spouse of Joseph þe
rauenensis.   which is most chere to vs of alle creatures in erþe, & sey to hire

þat my blessed son haþ coueyted hire shape & hire bewtye & chosen hire to his modere & þerfore pray hir þat she receyue him gladly. For by hir I haue ordeynet þe hele & þe sauacion of al mankynd, & I wole forȝete & forȝiue þe wrong þat haþ be done

5 to me of him here before.

f. 10ʳ ¶ Now take hede, & ymagine of gostly þinge as it | were bodily, & þenk in þi herte as þou were present in þe siȝt of þat blessed lord, with how benyng & glad semblant he spekeþ þees wordes. And on þat oþer side, how Gabriel with a likyng face &

10 glad chere vpon his knen knelyng & with drede reuerently bowyng receueþ þis message of his lord. And so anone Gabriel risyng vp glad & iocunde, toke his fliȝt fro þe hye heuen to erþe, & in a moment he was in mannus liknes before þe virgine Marie, þat was in hire pryue chaumbure þat tyme closed & in hir prayeres, or in

15 hire meditaciones perauentur redyng þe prophecie of ysaie, Bernardus.
touchyng þe Incarnacion. And ȝit also swiftly as he flewe, his lord was come before, & þer he fonde al þe holy Trinite comen or his messagere.

¶ For þou shalt vndurstand þat þis blessed Incarnacion was

20 þe hie werke of al þe holy Trinite, þouh it so be þat al only þe person of þe son was incarnate & bycame man. Bot now beware here þat þou erre not in imaginacion of god & of þe holi Trinite, supposyng þat þees þre persones þe fadere þe son & þe holi gost bene as þre erþly men, þat þou seest with þi bodily eye, þe whech

25 ben þre diuerse substances, ech departed fro oþere, so þat none of hem is oþer. Nay it is not so in þis gostly substance of þe holi trinyte, for þo þre persones ben on substance & on god, & ȝit is þere none of þees persones oþer. Bot [þis] maiþ þou not vndirstande by mannes reson ne conceyue with þi bodily wit, &

30 þerfore take here a generale doctrine in þis mater now for algate. What tyme þou herest or þenkest of þe trinyte or of þe godhede or of gostly creatours as angeles & soules þe whech þou maist not se with þi bodily eye in hire propre kynde, nor fele with þi bodily witte, study not to fer in þat matere occupy not þi wit þerwiþ als

35 þou woldest vndurstande it, by kyndly reson, for it wil not be while we be in þis buystes body lyuyng here in erþe. And þerfore when þou herest any sich þinge in byleue þat passeþ þi kyndly reson, trowe soþfastly þat it is soþ as holy chirch techeþ & go no ferþer.

40 ¶ And so þou shalt byleue in þis matere of þe Incarnacion, þat þe seconde person in trinyte goddus son of heuen cam in to erþe & toke flesh & blode of þe blessed virgyne Marie, & becam

verray man & ȝit was he neuer departed fro þe fader | or þe holi *f. 10ᵛ*
gost in his godhed, bot euer was dwellyng stille with hem one
verray god in heuen.

¶ Bot now fort go to oure purpose of þe Incarnacion before
seide: take hede & haue in mynde as þou were present in þe pryue 5
chaumbur of our lady where þe holi trinyte is present with his
angele Gabriel.

A lord what house is þat, where sech gestes bene & sech
þinges ben don. For þouh þat þe holy trinyte is euery where by
presence of his godhede, neuerlese þou maiþ þenk & vndurstand, 10
þat he is þere in a more speciale manere by reson of þis hie werke,
of þe Incarnacion.

Bernardus.   ¶ Gabriel þan entred in to Maries chaumbure þat was
stoken fro men bot not fro angeles as seynt Bernerde seiþ, knelyng
with reuerence beganne his message in þees wordes & seid, *Heile* 15
ful of grace, Oure lord is with þe. Blessed be þou in women or
aboue al women.

¶ Marie þan heryng þis message, & þis new gretyng, þat
she neuere herd before: was astoned & abashed & noȝt answered,
bot þouht what þis gretyng myȝt be. Sche was not abasched or 20
disturblet by any viciouse or synful disturblyng nor agast of his
presence, for she was wont to angeles presence & to þe siȝt of
hem: bot as þe gospel seiþ, *She was astoned in his worde,* þat was
a new gretyng. For he was neuer wont before to grete hire in þat
maner. And for als mich as in þat gretyng she saye her self 25
comend & praised specialy [of] þre grete þinges, in þat she was
perfitely meke: she most nede be abasched in þat hye gretyng. For
she was comend þat she was ful of grace, & þat oure lord was
with hire, & þat she was blessed aboue al women. And for als
mich as þe perfite meke may not here his praisyng without 30
abaschement & shamfastnes: þerfore she was abasched &
astonede with a honest shamfastnes, & also with drede, for þouh
she trowed wele þat þe angele seid soþ: neuerles she dred his
worde, for as mich as þei þat been perfitly meke, han þat proprete
þat þei reward not hire awne vertues, bot raþer taken hede to hir 35
awne defautes, whereþorh þei mowen algate profite vertuesly
haldyng in hemself a grete vertue litel & a litel defaute grete. And
so as wise & warre as schamfast & dredful she held hire pees &
| answered not.   *f. 11ʳ*

¶ Here þan maiȝt þou take ensaumple of Marie, first to 40
loue solitary praiere & departyng fro men þat þou mowe be worþi
angeles presence, & forþermore, lore of wisdome to here or þou

speke, & fort kepe silence & loue litil spech, for þat is a ful gret
& profitable vertue. For Marie herde first þe angele twis speke or
she wold answere ones aȝeyn. And þerfore it is abhominable
þinge, & gret reproue to a maiden or virgyne to be a gret iaunglere
5   & namly a religiouse.

¶ Forþermore after þe gospel, þe angele biholdyng hire
semblande & knowyng þe cause of hire abaishment & drede.́
answered to hire þouht & spake more homelich, callyng hire be
name & seide, *Drede þou noȝt Marie*, & be þou noȝt abashed or
10 ashamet of þe praisyng[es] þat I haue gret þe wiþ, for so is þe
treuþ, & not only þou art ful of grace in þi self, bot also *þou hast*
fonden special grace of god & rekeuerde grace to alle mankynde.
Forwhi, *Lo þou shalt conceyue & bere a childe, & þou shalt calle*
his name Jesus, þat betokenneþ sauioure, for he sal saue fro synne
15 & fro dampnacion alle his peple þat treuly hopen in him.

¶ Here seiþ sent Bernerd, God graunt þat my lord Jesus
vouch saue to noumbre me among his peple, so þat he saue me fro
my synnes. For soþly I drede þat many shewen hem as þei were of
his peple, þe whech he knoweþ not ne haþ not as his peple. And
20 as I dred he may sey to many þat semen in his peple more
religiouse & more holi þan oþere.́ þis peple wirchipeþ me with
lippes, bot soþly hire herte is ferre fro me. Bot wolde þou know
wheþer þou be of his peple or wilt þou be of his peple.́ do þat he
oure lord Jesus biddeþ in þe gospel & þe lawe & þe prophetes, &
25 also þat he biddeþ by his ministres, & be buxum to hes vikeres,
þat bene in holy chirch þi souereyns, not only gude & wele
lyuyng.́ bot also schrewes & yuel lyuyng, & so lerne of Jesu to be
meke in herte & buxom & þen shalt þou be of his blessed peple.

¶ Bot here now forþermore what þe angel, spekeþ in
30 praisyng of þis child Jesus, *He shal be grete*, noȝt in temporele
lordshipe & worldly dignite, for þat he shal forsake, bot he shal be
grete god & man, grete prophete in miracles worching, grete
doctour in soþfast prechynge, & grete conquerour in miȝtyly þe
deuel ouercomyng, & so worþily *He sal be cleped, þe son of þe*
f. 11ᵛ   *alþer hiest | lord god*, þe whech *sal ȝiue him þe sete of Dauid his*
36 *fadere*, for he sal take mankynde & be born in flesh by desent of
his ansetrye. *And he sal regne in þe house of Jacob euermore &*
of his kingdom sal be none ende. Þis hous of Jacob is gostly
holychirch, in þe which Jesus sal reigne in trew soules, first
40 ouercomyng synnes & þe deuel here in erþ by grace, & after in
heuen in blisse withoute ende.

¶ Here maiȝt þou sey with seynt Bernard, desiryng in þe þe

kyngdom of Jesu. þus:

¶ Come my lord Jesu & put awey alle sklandres of synne
fro þi reume, þat is my soule, so þat þou may regne þerin as þe
oweþ to do. For coueytise comeþ & chaulengeþ his rewme in me.
Presumption coueteþ to be my lord. Pride wolde be my qwene. 5
Lechery seiþ I wole reigne. Detraction, Enuy, Wraþ & Glotony
stryuen which of hem sal principaly reigne in me, & I in als mych
as I may aȝeyn stand hem. Bot þou my lord Jesu destruye hem in
þi vertue, & take þou þi rewme & þi kyngdom in me, for I haue no
trew kyng bot þe my lord Jesu.   10

¶ And when þe angel hade tolde þes conditiones & þe
worþines of þis blessed child Jesus to þat meke maiden Marie þat
was chosen to his modere. þan she spake first to þe angele noȝt
dredyng of his wordes or of hire conceyuyng nor knalechyng nor
forsakyng þe preysynges before seide of his gretyng. bot willyng 15
to be certified more pleynly of þat she dredde most, þat was þat
she shuld not lese hire maidenhede, asked of þe angel þe manere
of hire conceyuyng in þees wordes. *How & [in] what maner sal*
þis be done, siþen I know no man fleshly, & I haue made a vowe
to kepe me chast to my lord god, without faile, & I sal neuer dele 20
with man fleshly. *And þen þe angel answered & seid to hire, It sal*
be done be þe worching of þe holi gost, þat sal liȝten in to þe in
a singulere manere, & þorh his vertue þat is alþerhiest. þou shalt
conceyue sauyng þi maidenhede & þerfore þat holi þinge þat sal
be born of þe, sal be named goddus son. And in confort 25
forþermore hereof, *Lo, Elizabeth þi cosyn þat is olde & was baren*
haþ conceyued a child nowe sex moneþes apassed, for þer sal no
þinge be impossible to god.

¶ Now take here gude hede & haue in mynde, how first al
þe holy trinyte is þere abydyng a finale answere & assent | of his *f. 12ʳ*
blessed douhtere Marie takyng hede & beholdyng likyngly hire 31
shamefast sembland hir sad maneres & hir wise wordes. And
forþermore how alle þe blessed spirites of heuen, & alle þe
riȝtwislyuyng men in erþe & alle þe chosen soules þat weren þat
tyme in helle as Adam Abraham Dauid & alle oþer desireden here 35
asent in þe which stode þe sauacion of alle mankynde. And also
how þe angele Gabriel standyng wiþ reuerence before his lady
enclynande & with mylde semblande abideþ þe answere of his
message. And on þat oþere side take hede how marie stant saddely
with drede & meknes in grete auysment hauyng no pride nor veyn 40
glorye for alle þe hye praisyng before seide. Bot þo souereyn
ȝiftes of grace þat she haþ herd ȝiuen to hire þat neuer were ȝiuen

to creatour byfore.´ alle she aret only to þe grace of god.

¶ Lerne þou þen by ensaumple of hire to be shamefast
vertuesly & meke, for without þees tweyn vertues.´ maidenhede or
virginyte is litel worþ.

5 ¶ For as seynt Bernerd seiþ, virginite is a faire vertue, bot   Bernardus.
mekenes is more necessary. For þou maiþt be saue without þe first
bot without þat oþer þat is mekenes þou maist not. In so mich þat
I dar herdly sey, þat without meknes þe virginyte of Marie had
no3t be plesyng to god. For bot Marie had be meke.´ þe holi gost
10 hade not rested vp on hire, seiþ seynt Bernerd.

¶ At þe last os þe ende of þe gospel seiþ, þe myld maiden
Marie when she hade herd & wisely vndirstand þe angeles wordes
by gude auysement.´ 3af hire asent in þis manere, as it is writen in
hire reuelaciones, she kneled done with souereyn deuocion &
15 haldyng vp boþe hire handes & liftyng vp hire eyen to heuen seid
þees wordes, *Lo here þe hande maiden & þe seruant of my lord be
it done to me & fulfilled after þi worde.* And so in þees meke &
lowe wordes of Marie at þe ende þou hast ensaumple of grete
mekenes, as þou haddest in hire silence at þe bygynnyng.

20 ¶ Lo she is chosen goddus modere & of þe angele cleped
ful of grace.´ & she nemeþ hireself his hande maiden. And no
wondere, for as seynt Bernerd seiþ, mekenes is euere wont to be   Bernardus.
felawe with þe grace of god. Bot þis mekenes was not litel, for as
he seiþ, it is not much to praise mekenes in abiectioun, bot it is a   Nota.
f. 12ᵛ grete vertue & seldom seen | mekenesse in wirchipe.

26 ¶ Also sone þen as she hade 3iue here answere [and
assente in þe wordes forseide, anone wiþoute dwellynge], goddus
son entred in to hire wombe, & þorh wirching of þe holi gost was
made man in verrey flesh & blode taken of hire body & not as
30 oþer children conceyued & boren by kynde ben shapen membre
aftere membre & after þe soule shedde in to þe body.´ bot anone
at þe first instance, he was ful shapen in alle membres & alle hole
man in body & soule, bot neuerles ful litel in quantite. For aftere
he waxed more & more kyndly as oþer children done. So þat at þe
35 first he was ful perfite god & man als wise & als mi3ty as he is
now.

¶ And when þis was done Gabriel knelyng done wiþ oure
lady & sone after wiþ here risyng vp.´ toke curteysly his leue of
hire with a deuout & lowe bowyng to þe erþe, & so vanyshed
40 awey fro hire wiþ a swift fli3t & toke his wey to heuen a3eyn
tellyng & certifiyng þe holy court of heuen his message fulfilled,
& þat þat was done in erþe, & þen was þere a new ioy & a new

fest & ful miche mirþ & solempnyte.

¶ Afterward oure lady fulfilled & enflaumede with þe holi gost, & in þe loue of god more brennyng þen she was before. felyng þat she hade conceyued. kneled don & þonked god of þat grete ʒifte, mekelich besekyng him & deuoutlich praiyng þat he 5 wold send hire grace & tech hire so. þat alle þat were after to come & to be done about his blessed son þat she miʒt fulfille hem & do hem without defaute.

¶ And þus mich touchyng þe gospel & þe processe of þe Incarnacion of Jesu criste. 10

Of þe feste of þe Annunciacion and of þoo þinges þat befelle þat day.

Nowe take gode hede & vndurstande how worþi þis fest & þis solempnite is, & haue þerfore a gostly mirþ & make a speciale fest in þi soule, þonkyng god inwardly, for sech was neuer herde 15 before. For þis is þe solempnite of alle þe holi trinite fadere & son & holi gost by whom þis souereyn dede of þe Incarnacion was wroʒt & fulfilled as it is seide before. Þis also is a speciale fest of oure lady seynt Marie þe which as þis day was chosen of þe fadere of heuen in to his dere douhter & of þe son in to his mylde 20 modere, & of þe holi gost in to his speciale spouse. Þis day is also a special solempnite of alle þe blessed spirites of heuen for þis day was begunne þe restoryng of hire company & felaschipe | þat felle *f. 13ʳ* done by synne of Lucifere. Bot souereynlich þis day is a hye fest & a special solempnite of al mankynde. For þis day was mankynd 25 souereynly wirchiped in þat [it] was oned & knyt to þe godhede in crist without departyng. And þis day began þe hele & þe redemption of mankynd & þe reconcilyng to þe fadre of heuen, for in to þis tyme god was wroþ to mankynd for þe synne & þe trespase of oure forme fadres, bot fro þis tyme forþ, he may no 30 lengire be wroþ seyng his dere son bycome man. And þerfore is þis day skilfully called þe plente of tyme to man.

¶ And so þis day oweþ euer to be hade in mynde of man & woman, for þis day was man made to þe liknes & þe ymage of god & set in þat ioyful place of Paradise & fort haue lyued euer 35 without deþ. And þis day þe first man Adam by þe frute of þe tre forboden, deformede in him þat ymage of god, & lost þat ioyful place, & was dampnet to deþ without endyng.

¶ Bot þis day þe seconde Adam crist god & man reformed

þis ymage in his Incarnation, & after by vertue of þe blessed fruyt of his body, hangyng on þe tre of þe crosse.́ restorede man to blisse & life euerlastyng.

¶ Also þis day þe first woman Eue þorh pride assentynge
5   to þe serpent þe deuel of helle was cause of mannus dampnacion.́ & þis day þe blessed maiden Marie þorh mekenes trowyng to þe angele Gabriel was cause of mannus sauacion.

¶ And so þis day haþ man matere of gret ioy & of grete sorow. First of gret ioy.́ for þe souereyn gudenes, wirchipe &
10   grace of god done to him. And also of grete sorow, for his grete synne & vnkyndnes done to god aȝeynward.

¶ And þus maiȝt þou haue þi contemplacion of þis day & of þis blessed fest of cristes Incarnacion & oure ladies Annunciacion.

15   ¶ And for als miche as þat blessed gretyng of þe angele Gabriel where wiþ we honouren & greten oure lady euery day is grondet in þis gospel as þou hast herde before.́ þerfore I sal telle þe sumwhat more hereof as me þenkeþ to stire þi deuocion þe more in seying of þat gretyng, *Aue maria &c.*

20   **A**s I conceyue þis gretyng in maner as holi chirch haþ ordeynet it to be seide, haþ fyue parties in þe which mowen be vndurstand specialy þe fyue ioyes of oure lady, & in þo fyue ioyes.́ fyue vertues þat she hade in hem souereynly aboue alle
f. 13ᵛ   erþly creatours, þe whech ben, Meknes | Chastite, Feiþ, Hope &
25   Charite.

¶ In þe first part of þis gretyng þat stant in þees tweyn   Aue maria.
wordes, *Heyl Marie.́* þow maiȝt vndirstond þe first ioy þat she   Annunciatio.
hade in hire Annunciacion of Jesu gracious conceyuyng, of þe   Humilitas.
which.́ mekenes was þe grounde as þou hast herde before. And as
30   þees wordes *Heil Marie,* bene þe first & þe bygynnyng of þis gretyng.́ so þis fest was þe bygynnyng & þe gronde of al oþere. And as it was þe bygynnyng of Maries ioy & al mankynd.́ so is meknes þe bygynnyng & gronde of al vertues. And þerfore in þees first wordes *Heyl Marie,* skilfully þou maist vndurstande þe first
35   ioy þat she hade in hire Annunciation, of þe conceyuyng of hire blessed son Jesu, & þat specialy þorh þe vertue of Mekenes.

¶ In þe seconde party þat stant in þees wordes, *Ful of*   Gratia plena.
grace, may be vndurstonde þe seconde ioy þat Marie hade in Jesu   Natiuitas.
Natiuyte & hire ioyfulle berynge. In þe which she hade souereynly   Castitas.
40   þe vertue of Chastite & of clennesse. & þerfore þen was she specialy ful of grace, in þat þat sche clene maiden & modire bare

without sorowe þat neuer dide woman bot sche alonly.

Dominus
tecum.
Resurreccio.
Fides &c.

¶ In þe þridde parte þat is in þes wordes, *Oure lord is with
þe* may be vndirstonde þe þridde ioy þat sche hade in hire son *Jesu*
gloriouse vprisyng speciali be þe vertue of stedfast feiþ & trewe
by leue. For fro his deþ into þat time he dwelled al only with hire   5
by stedfast byleue þat sche had [in him as god when] þat alle his
aposteles & disciples weren departed fro him by mysbyleue &
despeire þat he was god. And þerfore þe feiþ of holy chyrch þo þre
daies stod al only in hire so [þat] in þat tyme it my3t specialy be
seide to hire *Oure lord is with þe* þat is to sey by trew feiþ &   10
byleue. And after at his vprising more speciali bi his bodily
presence first to hire aperyng was fulfilled Oure lord is with þe.

Benedicta
tu in muli-
eribus.
[Ascensio.]
Spes.

¶ In þe ferþe parte þat is in þes wordes, *Iblessed be þou in
women or elles aboue al women* may be vndirstonde þe ferþ ioy
þat she hade, in þe siht of hire sone Jesu mi3teli to heuen vp   15
steing. In þe which si3t þe hope þat sche hadde in his godhede was
fullich strengþede & confermede seying þat oþer women neuer
dide þat was þat part þat he toke of hire in fleisch & blode bodily
þoru3 þe mi3t of þe godhed boren vp to heuen & so hoping
withoute | drede þat she sholde folow aftere. Wele þan miht it be   *f. 14ʳ*
seid þat tyme & now may to hire, *Blessed be þou souereynly in
women*, seing þi son Jesu mihtily to heuen vpsteynge.

Benedictus
fructus ven-
tris tui.
Assumptio.
Caritas.

¶ In þe fift part, þat is *Blessed be þe fruyt of þi wombe
Jesus*, may be vndurstond þe last ioy þat she hade in hire blessed
sone Jesu when he toke hire vp with him to blis, & þere   25
wirchipfully coronede hire qwene of heuen euerelastynge, þan was
hire desire [of] loue fulfillede, when she was endlesly þorh plente
of Charite knyt to hire blessed son Jesu & he to hire, & so fedde
with þat blessed fruyt þat she couated nomore, for she was
þereþorh filled of al gudenes, blisse & ioy without ende.   30

¶ And þus shortly in þe fyue parties of þis gretyng *Aue
maria* mowen be vndurstonde þe fyue ioyes of blessed Marie with
fyue vertues þat sche hade souereynly in hem, as I haue now seide,
þe which gretyng after þe comune vndurstandyng may be þus
seide in englishe tonge, *Heyl Marie, Ful of grace, Oure lord is*   35
with þe, Blessed be þou souereynly in women, & þe fruyt of þi
wombe Jesus euere blessede be.

¶ And if þe lust in þis gretyng specifie þe fyue ioyes with
þe fyue vertues before seide.́ þow maiht sey þus in short wordes:

Heil Marie.́ maiden mekest.   40
Gret of [þe] angel gabriel in Jesu graciouse conceyuyng.

Ful of grace. as modere chast
without sorow or peyne þi son, Jesu blessed beryng.
Oure lord is & was with þe
by trew feiþ [& byleue] at Jesu ioyful vprysyng.
5 *Blessed be þou souereynly in women,*
by sadde hope seying þi sone Jesu to heuen mihtily
vpsteyng.
And blessed be þe fruyt of þi wombe Jesus,
in euerlastyng blisse þorh perfite charite þe quene of
10 heuen gloriously cronyng.
Be þou oure help in al oure nede, & socour at our last
endynge. *Amen.*

¶ Siþen þen þe processe of þe blessed Incarnacion of Jesu,
& þe bygynnyng & mynde of þe ioyes of his blessed modere
15 Marie, & þe gronde of sauacion of mankynd is contened in þis
gospell, *Missus est*, as it is seide, & þou hast herd before. wiþ gret
deuocion & gostly desire owest þou & euery cristien creature here
þis gospel & wirchipe þerin Jesu þat so bycame man for oure
sake, & his blessed modere Marie to whose wirchipe & profite of
20 þi soule & myn. þis short tretyse be wryten. *Amen.*

f. 14ᵛ | **How oure lady went to Elizabeth & mekely grett hire. Capitulum iiijᵐ**

After þe processe of þe Incarnacion of Jesu before seide.
þe blessed maiden Marie hauyng in mynde þe wordes of þe angele
25 touching hire cosyn Elizabeth. she purposed to viset hire fort
þonke god with hire & also to ministre & to serue hire. And so
with hire spouse Joseph, she went fro Nazareth to hire house
beside Jerusalem, þat is þe space of sixty Mile & fourtene or þere
aboute. Sche taried not & lettid not for þe longe & disesy wey. bot
30 anone with hast she went, for she wold not longe be seene in opun
among folk. And so she was not heuyed or chargied by þe
conceyuyng of hire sone as comunely beþ oþer women, for oure
lorde Jesus was not chargant to his modere.
Now take hede how þ[is] blessed lady qwene of heuen &
35 of erþe goþ alone with hire spouse & þat not vp on hors bot on
fote. She ledeþ not with hire many knyȝtes & barones nor þe grete
companye of boure maidenes & damyseles, bot soþely þere goþ

Nota humi-
litatem
Marie &
contra
pompam
seculi.

with hire a wele better companye, & þat is Pouert, Mekenes, & honest Shamefastnes, ȝei & þe plente of alle vertues, & þe best of alle þat is oure lorde god is with hire. She haþ a grete & wirchipful company, bot not of þe vanyte & pompe of þe world.

And what tyme she came & entred in to þe house of 5 Zakarye: she gret his wife Elizabeth in þis manere, *Alheyle my dere sistere Elizabeth.* And anone herewiþ Elizabeth glad & ioyful & liȝtnet þorh þe holy gost: rose vp & clepped hire dereworþly & tendurly criyng for ioy & seying þus: *Blessed be þou amonge women & blessed be þe fruyt of þi wombe. And wherfore or of* 10 *what desert is þis befallen me, þat þe modere of my lord shold come to me?* &c. and so forþ in þe wordes of þe gospelle.

And so what tyme þat oure blessed lady gret Elizabeth: Jone in his modere wombe was fulfilled with þe holi gost, & also his modere, & noȝt first þe modere þan þe sone: bot þe sone 15 fulfilled [filled] þe modere þorh his desert, in als mich as in him was more fully þe grace of þe holigost, & first he feld & receyued grace, for as [s]he felt þe comyng & þe presence of oure lady: so he felt þe comyng of oure lord. And þerfore he withinne forþ ioied & she spake & prophecied without forþ. 20

¶ Beholde now & take hede what & howe mich vertue is in þe wordes of oure lady in þat at one prononcyng of hem is ȝiuen þe holi gost. For she was so fully repleneshede with him, | þat þorh hire merites & deserte, þe same holigost also filled oþere. *f. 15ʳ*

Magnificat. Þen to þe wordes of Elizabeth Marie answered & seide: 25 *My soule magnifieþ oure lord, & my spirite is glade & reioycede in god my sauyour* &c. and so forþ seying & fulfillyng þat Canticle of gostly ioying & louyng, þat is *Magnificat* as it is contyned in þe gospell.

And when she had done: þei wenten to sitte to gedire. And 30 oure lady of hire souereyn mekenes, sette hire doune in þe lowere place at Elizabeth feet. Bot she anone risyng vp: suffred not bot toke hire vp & so þei setten downe to gedire. And þan asked oure lady of Elizabeth þe manere of hire conceyuyng, & she aȝeyn of þe maner of hire conceyuyng, & so þei tolden eiþere to oþere 35 gladly þe grete gudenesse of oure lord, & lowedon & wirchipedon god of eiþer conception, & so in þonkyng god & gostly myrþ þei contynueden dayes & nyȝtes. For oure laidy duelled þere þe [terme] of þre moneþes seruyng Elizabeth in al þat she myȝt,

Nota humilitatem Marie. mekely, reuerently & deuoutly as a seruant, forȝetyng þat she was 40 goddis modere & qwene of alle þe world.

A lord god what house was þat, what Chaumbur & what

bedde in þe whech duelleden to gedire & resteden so worþi
Moderes with so noble sones, þat is to sey Marie & Elizabeth,
Jesus & Jon. And also with hem duellyng þo wirchipful olde men,
Zakarie & Joseph. Þis was a blessed companye of men & women
5 & of children.

In þis forseid processe of þe visitacione of oure lady we
hauen ensaumple þat it is leueful & oft spedful, deuout men &
women to viset oþer for edificacion & gostly recreacion, &
namelich þe ȝongere to þe eldire, so þat it be done in dewe tyme,
10 & with oþere leueful menes. And also þat þe ȝiftes of grace
mowen be notifiede to oþere for edificacion, in tyme so þat it be
not done for vayn ioy, bot [only to] goddus wirchipe.

Also if we take gude entent to þe wordes of Marie &
Elizabeth, alle þei weren in lowyng of hem self, & to wirchipyng
15 of god & magnifiyng him in alle hese werkes, & tellyng his grete
mercy shewed to mankynd to stire man to þe loue & þe wirchipe
of god.

N.

¶ De natiuitate sancti Johannis baptiste

¶ Forþermore when þe tyme of Elizabeth was come she
20 was liȝtnet & bare hir child, þe which in token of his grete
holynes, oure lady first lift vp fro þe gronde, & after bisily diȝt &
f. 15ᵛ treted as it longet to him. | And þe child as vndurstondyng what
she was, sette hees eyene saddely vpon hire, & when she wolde
take him to his modere⸲ he turned his hed & his face to hire, als
25 hauyng in hir al only his likyng, & she gladly pleide with him, &
louely clipped & kissed him. And here mowe we se þe grete
worþines of þis child, for þere was neuer none oþer before þat had
so worþi a berere.

After in þe viij day as þe lawe wold þe child was
30 circumcised & nomed Jon by myracle of god as þe gospel telleþ,
& þe mouþe & [þe] tonge of þe fadere Zacarie before closed for
vntrowyng was þan oponned & so he prophecyed, seyng, *Blessed*
be oure [lord] god of Israel, for he haþ visited þorh grace & made
redemption of his peple and so forþ as it is contyned in þe gospel.
35 And so in þat house þees tweyn noble & worþi Canticles, þat is to
sey *Magnificat & Benedictus* weren first spoken & made, & oure
lady standyng þat tyme withinne sume curtyne for she wold not be
seen of hem þat weren come to þe circumcision of þat child Jon,
listnet bisily & herd entently þat Canticle *Benedictus*. In þe which

[B.]

Benedictus
dominus
deus Israel.

was made mynde of here blessede sone Jesus, & alle she kept in hire herte as she þat was most wise & ful of grace.

And at þe last when al þis was done: she toke hire leue at Elizabeth & zacarie, & blessed þe child Jon, & so went home aȝeyn to hire awne house in Nazareth.   5

Now here beþenk [we] & haue in mynde þe grete pouert of hire in þis goyng aȝeyne to hire owne house. For þere she sal neþere fynde brede nor wyne nor oþer necessaries, & þerwiþ she hade neþere possessiones nor money. And when she hade al þo þre moneþes dwellet with hem þat weren plentyuous & hauyng: 10 now she turneþ aȝeyn to hire owne pouerte & bare house, where she behoueþ to gete hire lyuelode with hir awne handes & bodily trauaile. And here of, mich owht we to haue compassion, & be stired to þe loue of vertuouse pouerte by þe ensaumple of hire. Blessed mot sche euere be. Amen.   15

How Joseph þouht to leue priuely oure lady seynt Marie. Capitulum v[m]

What tyme þat oure lady & Joseph hire spouse duelleden to gedire, & hire blessed son Jesus day by day encresed bodily in his modere wombe: at þe last Joseph seyng hire grete with child 20 & beholdyng hire not | ones bot oft siþes: was wondur sory &   *f. 16[r]* gretly disturblet, made hir heuy chere & turned awey hees eyene

N.   oft siþes fro hir. And as in a perplexite þouht what he miȝt best do. For on þat one side, he sawh hir life so holi, & none token of synne in hire neyþer in contenance nor in worde[, in speche] nor 25 in dede: þat he durst no[t] opunly accuse hire of auoutrie. And on þat oþer side he knew not how þat she miȝt conceyue bot by man: wherfore he þouht þat he wolde pryuely leue hir.

B.   Soþely it may wele be seide of him þat is writen in þe gospel to his preisyng, þat is to sey, þat he was a riȝtwise man, þat 30 shewed wele þis dede of grete vertue.

For siþen comunely auoutre of þe woman is to þe man occasion of most shame, most sorow, & os a maner of wodenesse: neuerles he vertuesly tempered him self, & wold not acuse hire nor venge him self, bot paciently suffryng þat semyng wrong, & 35 ouercomyng himself with pite: þouht þat he wold priuely leue hire.

N.   Þis is an opun ensaumple of reproue to gelouse men, þat bene so suspiciouse, þat at þe leste contenance o[r] louely spech of hir wifes wiþ oþer men, haue hem suspecte of avoutre.

Also if we take here gude entent, we mowen se boþe in Joseph & also in Marie a fructuouse doctrine, how þat we sholen

5 paciently suffre tribulacion, & how þat god suffreþ hees chosen soules to be disesed & tempted for hir beste, & to hir mede.

For wite we wele [also þat] oure lady was not here without gret disese & tribulacion what tyme þat she sawh here hosbande so disturblet, & neuerles she suffrede & held hire pees mekely, &

10 kept pryue þat grete ȝifte of god, & chase raþere to be holde as wikked, viciouse & vnworþi. þan she wold make opun þat gret sacrament of god, & to speke & telle þinge þat miȝt seme to hir praisyng, boste or iactance.

Bot herwiþ she praied god þat he wold send remedy in þis

15 case, & þat he wold as it were his wille put awey fro hir & fro hir hosbande þis tribulacion & þis disese.

And so our lord þat suffreþ & ordineþ al þinge for þe best, to confort of boþe, send his angel þe which apered to Joseph in his slep & seide, þat he shold not dred to take [to] him Marie his

20 spouse, bot tristily & gladly duelle with hir, for þat þat she hade
f. 16ᵛ conceyued, | was not by man, bot by þe werching of þe holy gost, & so after tribulacion came gret ioy & confort.

¶ In þe same manere it shold falle with vs, if we kuowþe wele kepe pacience in tyme of aduersite, for oure lord god after

25 tempest, sent soft & myry weþure, & it is no doute þat he suffreþ no temptacion falle to hese chosen. bot for hir profite.

¶ Þan after þis reuelacion, Joseph asked oure lady of þis wondurful conceyuyng, & she gladly told him þe ordere & þe maner þerof. And so Joseph duelled & stode ioyfuly with his

30 blessed spouse Marie, & with chaste & trew loue so feruently loued hire, þat it may not be tolde, & bisily in alle þinges toke hede to hir, & oure lady aȝeynward tristily duelled with him, & so in here boþe pouerte þei lyueden to gedir with gret gostly mirþe.

¶ Herewiþ also oure lord Jesus as recluse & stoken in his

35 modere wombe þe space of ix moneþes in manere of oþere children. paciently & benyngly suffreþ & abideþ, þe dew tyme of his birþe.

¶ Lord god how mich oweþ we to haue compassion, þat he wold for oure sake enclyne to so profonde mekenes. Mich oweþ

40 we to desire & loue þ[at] vertue of mekenes, & if we wolde haue bisily in mynde how þat hie lord of so gret maieste so miche lowed himself. shold we neuer be lift vp to veyn pride &

reputacion of oure self. For of þis one benefice of so longe
reclusion for our sake we mowe neuer worþily do satisfaction or
recompensacion to him. Bot neuerles knowe we þis trewly in
herte, & with alle oure affeccion deuoutly þonke we him specialy

Nota pro
reclusis &
religiosis.

we þat bene religiouse, þat he wold take vs fro oþer, & graciously   5
depart vs fro þe world. So þat in þis þouh hit litel be, sumwhat we
ȝeld him, þat is to sey, þat we stande perseuerantly recluse in his
seruyce. For soþely þis is alonly his benefice of grace & not oure
desert, & þat a gret benefice & wirchipful in þat þat we bene not
recluse to peyne: bot to gret sikernesse. For we be sette as in a hie   10
& strong towre of religion, vnto þe which: þe venemous arwes of
þis wikked world, & þe disturblyng tempestes of þat bitter see
mowe not attyne or neihe: bot in oure awne defaute & foly.

N.   ¶ Bot for als mich as bodily enclosyng is litel worþe or
noȝt, without gostly enclosyng in soule: þerfore þou þat art   15
enclosed bodily in Celle or in Cloystre, if þou wilt be with Jesu
vertuesly enclosed in soule: First þou moste | with him anentish   *f. 17ʳ*
þi self in þin owne reputacion, & bycome a child þorh perfite
mekenes. Also þou most kepe & loue silence not spekyng bot in
tyme of nede or edificacion. And forþermore or þou be born, þat   20
is to sey, or þou shew þi self outward by word or by opinion of
perfeccion: þou most abide þe tyme of ix moneþes, þat is while
þou art not perfitely grondet in vertues, & in knowyng of goddus
lawe, for þe nombre of [þe] x commandmentes tokeneþ
perfeccion of þe lawe, & þerfore þat þat is lasse: tokeneþ   25
imperfeccion.

Wherfore as þe child þat is born before his kyndly tyme is
vnable to þrife: so whoso wole shew him outwarde by worde or by
dede holi & perfite or þe tyme þat he be perfitely growen &
shapen in vertues, withinneforþ: he is vnable to stant as a man in   30
tyme of temptacion by gostly strengh & to profite of oþer & of
himself. Wherfore closyng & withdrawyng to oure powere al
oure mynde fro vanyte & lustes of þe worlde: bisy we vs to
conforme vs in clannes of hert to oure lord Jesu, þat for oure sake
wold be so closed in þe wombe of his blessed modere Marie.   35

B.   ¶ Also to stire vs to compassion & to suffre with Jesu
penance & disese in þis world: we shole considere & haue in
mynde þat he was in continuele affliccion fro þe first tyme of his
concepcion in to þe last tyme of his deþ, specialy & principaly for
þat he knewe his fadere of heuen, whom he louede souereynly: so   40
inworchipede of sinful men & forsaken, for mawmentry &
misbeleue, & of þat gret compassion þat he had to þe soules made

to his ymage so wrecchedly & for þe most parte dampnet. þis was
to him more peyne, þan his bodily passion & deþ. Forwhi. to put
awey misbyleue & destruye þis dampnacion, he suffret þat deþ &
þat passion.

5 ¶ And so shold euery trew louere of Jesu haue compassion **N.**
& be inwardly sory not onely for þe misbyleue of Jues &
saracenes & here dampnacion. bot also & mich more for þe
wikked lyuyng of vntrew cristen men. In so mich þat it suld be to
him more passion & gostly disese, when he knewe or sawh a soule
10 perishe, þorh dedly synne. þan þe losse of any worldly catel or þen
his owne bodily deþ, for þat wole perfite charite.

¶ And so in þis forseid processe we haue profitable Nota
doctrine & gude ensaumple first in oure blessed lord Jesu. of vtilitatem
f. 17ᵛ penance suffrynge of perfite Charite | & trew compassion. Also in preceden-
cium.
15 his modere Marie. of profonde mekenes & pacience in
tribulacion, & in hire hosbande Joseph. of vertuese riȝtwisnes
aȝeynus fals suspicion.

And if we wolt witte whi & wherto oure lady was weddet, Quare virgo
to Joseph, siþen he hade not to do with hir bodily, bot she was Maria fuit
20 euer clene maiden. hereto answeryng bene þre skylles. First. for desponsata
she shold haue confort & solace of man, to hir bodily seruyce & Joseph.
witnes of hir clene chastite. Þe seconde is. þat þe meruelouse
birþe of goddus son shold be heled & priuey fro þe deuel. And þe
þridde. þat she shold not be defamed of avoutre, & so as worþi þe
25 deþ after þe lawe. be stoned of þe Jues.

And þus endiþ þe first party of þis boke, þat stant in
contemplacion for þe Moneday, & for þe tyme of Aduent in to þe
Natiuite of oure lord Jesu. Whose name with his modere Marie.
be euere blessede wiþout ende. Amen.

30 Of þe natiuite of oure lorde Jesu. Capitulum vjᵐ

What tyme þat ix moneþes fro þe conception of blessed
Jesu drowen to ende. Cesar Auguste þe emperoure of Rome send
oute a mandment or an heste, þat alle þe world suget to him shold
be descryuet, so þat he miȝt knowe þe noumbre of Regiones, of
35 Cites & of þe hedes longyng to hem, þat weren subdite to þe
Empire of Rome. And herfore he ordeynet & badde þat al men
where so euere þei duelleden, shold go to þe Citee of hire first
birþe & propre lynage. Wherefore Joseph þat was of þe lynage of

Dauid, whose Citee was Bethleem. toke with him his spouse
blessede Marie þat was þat tyme gret with child, & wente fro
Nazareth vnto þat Citee Bethleem, þere to be noumbret among
oþere als suget to þe Emperoure. And so ledyng with h[e]m an Ox
& an Asse, þei wenten al þat longe wey to gedire, als pore folk   5
hauyng no more worldly gude bot þo tweyn bestes. And what tyme
þei comen to Bethleem. for þe gret multitude þat was þerinne þ[e]
same tyme for þe self cause. þei miȝt gete none herbere in none
hous, bot in a comune place by twix tweyn houses, þat was hiled
aboue, men fort stand þere for þe reyne, & was cleped a   10
Diuersorie. þei were nedet to rest inne, & abide al þat tyme. In þe
which place Joseph þat was a carpentary made hem a closere & a
crach for | hire bestes.   *f. 18ʳ*

　　　Now take here gude hede & haue inwardly compassion of
þat blessed lady & maiden Marie, how she so ȝonge & of so   15
tendire age, þat is to sey of xv ȝere & gret with child as nehe þe
birþe trauaileþ þat longe wey of lxᵗⁱ Mile and x or more, in so gret
pouerte, & ȝit when she came to þe Cite forseide þere she shold
rest & asked herburgh in diuerse place[s] shamefastly [as] among
vnkeþ folk. alle þei werned hem & let hem go. And so for nede at 20
þe last þei toke as for herborgh, þat comune place aforseide.

　　　Bot now forþermore [to] speke of þe blessed birþe of Jesu
& of þat clene & holi delyuerance of his dere modere Marie, as it
is writen in party by reuelacion of oure lady made hereof to a
deuout man, when tyme of þat blessed birþe was come, þat is to   25
sey þe soneday at midniȝt, goddus son of heuen as he was
conceyued in his modere wombe by þe holi gost, without sede of
man, so goyng oute of þat wombe without trauaile or sorowe.
sodeynly was vpon hey at his modere feet, & anone she deuoutly
enclinande with souereyn ioy toke him in hire armes, & swetly   30
clippyng & kissyng, leide him in hir barme, & with a fulle pap, as
she was taght of þe holi gost, weshe him alle aboute with hir
swete milke, & so wrapped him in þe kerchif of her hede, & leide
him in þe crach, & anone þe Ox & þe Asse knelyng done leiden
hir mouþes on þe crach, breþing at hir neses vpon þe child, at þei 35
knewen by reson þat in þat colde tyme þe child so simply hiled
hade nede to be hatte in þat manere. And þan his modere knelyng
done wirchiped & loued god, inwardly þonkyng & seying in þis
manere, Lord god holi fadere of heuen, I þonke þe with al my
miȝt, þat hast ȝiue me þi dere sone, & I honour þe almiȝty god   40
goddus son & myn. Joseph also honouryng & wirchipyng þe child
god & man, toke þe sadel of þe Asse, & made þerof a qwischyn

oure lady to sitte on & a suppoyle to leyn to. And so sat þe lady of
al þe worlde in þat simple araye byside þe crach, hauyng hir mild
mode & hir louely eyene, with her inward affeccion, vpon hir
swete derworth child.

5   Bot in þis pore & symple worldly aray what gostly riches
f. 18ᵛ & inward confort & ioy she hade: may no tonge telle. | Wherfore
if we wole fele þe trew ioy & confort of Jesu: we most wiþ him &
wiþ his modere loue: pouerte, mekenes & bodily penance os he
gaf vs ensaumple of alle þese here in [h]is birþe & first comyng
10   in to þis world.

For of þe first þat is pouerte seynt *Bernard* in a sermon of
þe Natiuite of oure lord tellyng how he was born to confort of
mankynd, seiþ in þis manere:

¶ Goddusson conforteþ his peple. Wolt þou knawe his
15   peple? þat is of whom spekeþ Dauid in þe sautre & seiþ, *Lord to*
þe is belaft þe pore peple, and he him self seiþ in þe gospel, *Wo*
to ʒow rich men þat hauen ʒour confort here. [For] how suld he
confort hem, þat hauen here hir awne confort. Wherfore cristes
innocens & childhode: conforteþ not iangeleres & gret spekers,
20   cristes wepyng & teres: conforteþ not dissolute lagheres. His
simple cloþing: conforteþ not hem þat gone in proude cloþing, &
his stable & crache: conforteþ not hem þat louen first setes &
worldly wirchipes. And also þe angeles in cristes Natiuite
apperyng to þe wakyng shepherdes: conforten none oþere bot þe
25   pore trauaileres, & to hem tellen þei þe ioy of newe liʒt & not to
þe rich men, þat haue hir confort here.

¶ Also as to þe seconde, we mowen se at þis birþe boþe in
crist & in his modere perfite mekenes. For þei were not sqweymes
of þe stable, nor of þe beestes nor of hey, & seche oþer abiecte
30   symplenes. Bot þis vertue of mekenes boþe oure lord & oure lady
kepten perfitely in alle hir dedes & commende it souereynly to vs.
Wherfore be we aboute with alle oure miʒt to gete þis vertue,
knawyng þat without it is non sauacion. For þer is no werke or
dede of vs þat may pleys god with pride.

35   ¶ Also as to þe þridde we may se in hem boþe, & namelich
in þe child Jesu noʒt a litel bodily penance. Of þe whiche seynt
bernarde seiþ þus:

¶ Goddus son when he wold be born þat hade in his owne
fre wille to chese what tyme he wold take þerto: he chese þe tyme
40   þat was most noyus & hard, as þe cold wyntour, namelich to a
ʒonge childe & a pore womans son, þat skarsly hade cloþes to
wrappe him inne, & a cracche as for a credile to lay him inne, &

Marginal notes:

Primum. De
paupertate:
Bernardus
sermone vᵗᵒ
de natiuitate.

2ᵐ.
Humilitate.

3ᵐ.
Corporalis
afflictio.

Bernardus
sermone 2°
de natiuitate.

ȝit þouh þer was so mich nede: I fynde no mynde of fureres or
pilches. And siþen crist þat is not bygilet chase þat is most harde
to þe flesh: soþely þat is best, most profi- | table & raþere to be   *f. 19ͬ*
chosen, & whoso techeþ or biddeþ oþere: he is as a fals
deceyuere, to be fledde & forsaken.   5

        ¶ *Al þis seiþ sent Bernard* and þus miche of þese vertues
at þis tyme.

        ¶ Go we now forþermore to speke of þe forseid blessed
Natiuite of crist. What tyme þat oure lord was so born, þe gret
cumpany of angeles þat þere weren honourying & wirchipyng hir   10
lord god: wenten anone to þe shepherdes, þat weren þere byside
aboute a myle fro bethleem, tellyng hem þat birþe of hir sauioure,
& also þe place þerof by one of hem aperyng wiþ gret liȝt,
perauenture Gabriel þat was special messagere of þis werke. And
þerwiþ al þat multitude of angeles token vp þat newe ioyful songe, 15
seying as þe gospel telleþ in þees wordes, *Joy withoute ende be*
aboue in alþerhiest heuen to god, & in erþe pees to al men þat
bene of gude wille. And so with þat ioyful songe & miche mirþe
þei wenten vp in to heuen, tellyng hir oþere felaghes þese newe
ioyful tiþinges of hir lordes blessed birþe. Wherof al þe court of 20
heuen ioyful & glade more þan tonge may telle or hert þenk:
makyng a solempne fest & deuoutly þonkyng þe fadere almiȝty
god, as we mowen deuoutly þenk & ymagine: comene alle after
by ordre aftere ordre to se þat louely face of goddus son hir lord,
with gret reuerence wirchipyng him & his blessed modere.   25

        ¶ Hereto acordyng spekeþ þe apostle seynt Poule in his
pistele *ad hebreos* [-i-] seying *þat when þe fadere of heuen brouht*
his first goten [*sone*] *in to þis world.ˊ he badde þat alle þe angeles*
of god shold wirchipe him.

        ¶ Also þe herdmen aftur þe angeles weren passed fro hem, 30
comen & wirchipede þ[e] child tellyng opunly what þei herden of
þe angeles, & his dere modere, as she þat was souereynly wise &
witty, toke gude hede of alle þat was done, & kept priueyly in hir
herte al þe wordes þat weren spoken of hir blessed son.

        ¶ Þus miche & in þis maner, we mowen haue in   35
contemplacion touchyng þe processe of þe blessed Natiuite of
oure lord Jesus.

        ¶ And forþermore touchyng þe solempnyte & þe
worþinesse of þis feste & þis hie day, we sholen haue in mynde
þat þis [day] is born þe kyng of blysse, & þe son of almiȝty god, 40
lord of al lordes & makere & gouernere of alle þe world, whose
name is cleped specialy Prynce of Pees, | for by hym was made þat *f. 19ᵛ*

gret & endles pees, þat is told before in þe Incarnacion. Wherfore þis day þe angeles songen þat ioyful songe. *Gloria in excelsis deo &c.* as it is seide before.

5 ¶ Þis day as holi kirke singeþ in þe [office of þe] messe after þe prophecye of ysaie, *A child is born to vs, þat is like to vs in his manhede, & a son is ȝiuen to vs, þat is euen to þe fadere of heuen in his godhede.*

¶ Also þis day þe sonne of riȝtwisnes þat was first vndur cloude, sprang opunly his bemes of mercy & þe liȝt of his grace 10 in alle þe world, & so þis day was seen þat blessed newe siȝt, þat neuer ere was seen in erþe, þat is to sey, god almiȝty in mannus likenes.

¶ Þis day also befelle þo twey gret wondres þat passen al kynde & al mannus witte, þe whech mowe alonly be conceyued 15 þorh trew byleue, þat is to sey, þat god is born, & a maiden without sorow or blemyshyng of hir maydenhede haþ born a child. Wherfore þis day hade she þat seconde souereyn ioy in felyng done in dede þat she ȝaf feiþ to spoken before & beheyȝt by þe angel at hire conceyuyng, & so to alle mankynd þis is a day of gret 20 ioy, & a gret fest boþe of god almyȝty & of his blessed moder Marie, as it was seid before in þe feste of þe Incarnacion, for al þe skiles þat þere were seid began, & here more pleynly fulfilled. Ioyn þat to þis & þan it wole shewe pleynly.

¶ In token also & in witness[ynge] of þis wondurful birþe 25 aȝeynus kynde, at Rome þat day out of a taverne sprange a welle of oyle, & in þe same Cite an ymage of golde, with a temple þat was cleped þe euerlastyng temple of pees, for als miche as it was propheciede þat it shold neuer fal done til a maiden bare a son. þis day felle done boþe to gedire anone as crist was born. In þe which 30 place is now made a chirch in þe wirchipe of oure lady seynt Marie. Whose name with hire blessed son oure lord Jesus blessed be now & euer withoute ende. Amen.

Of þe Circumcision of oure lord Jesu. Capitulum vij^m

In þe viij day þat þe child was born. he was Circumcised 35 aftur þe byddyng of þe lawe. And so in þis day twey gret þinges were done þat we owen to haue deuoutly in mynde.

f. 20^r   ¶ Þe first is þat þe blessed name *Jesus* þat was | euere wiþ   Primum.
out bygynnyng ȝiuen to him of þe fadere of heuen, & also of þe

angele cleped & tolde or he were conceyued. þis day was opunly
declared & nemede, & he þerwiþ specialy cleped *Jesus,* þat is als
mich to sey as sauioure, & þis name resonably is aboue al names,
for as þe apostle Petur seiþ, þer is none oþere name vndur heuen
in þe which we owen to be sauede.   5

Bernardus
super
cantica.
Secundum.

¶ Of þe whiche name & [þe] gret worþines & vertue þerof,
seynt *Bernard* spekeþ deuoutly by processe þat sal be seid aftur.

¶ Þe seconde þinge þat was done þis day, worþi to be hade
in mynde is. þat þis day oure lord Jesus began to shede his
preciouse blode for oure sake. He began betyme to suffre for vs, 10
& he þat neuer dide synne. began þis day to bere payne in his
swete tendire body for oure synne.

¶ Miche owht we to haue compassion & wepe with him,
for he wept þis day ful sore, & so in þees gret festes &
solempnites, we sholde make miche mirþe, & be ioyful for oure 15
hele, & also haue inwarde compassion & sorowe for þe peynes &
anguysh þat he suffret for vs. For as it is seid before, þis day he
shedde his blode, when þat aftur þe rite of þe lawe, his tendere
flesh was kut, with a sharp stonen knife, & so þat ȝonge child
Jesus kyndly wept for þe sorow þat he felt þerþorh in his flesh. For 20
without doute he hade verrey flesh & kyndly suffrable as haue
oþer children. Shold we þan not haue compassion of him? ȝis
soþely, & also of his dere modere. For wele mowe we wit, þat
when she sey hir louely sone wepe. she miȝt not withhold
wepyng, & þan mowe we ymagine & þenk how þat litel babe in 25
his modere barme seynge hir wepe, put his litel hande to hire face,
als he wold þat she shold not wepe, & she aȝeynward inwardly
stired & hauyng compassion of þe sorowe & þe wepyng of hir
dere son, with kissyng & spekyng, comforted him as she miȝt, for
she vndurstode wele by þe inspiracion of þe holi gost þat was in 30
hire þe wille of hir son, þouh he speke not to hir, & þerfore she
seid, Dere sone if þou wolt þat I sees of wepyng. sese þou also of
þi wepyng. For I may not bot I wepe. what tyme þat I se þe wepe,
& so þorh þe compassion of þe modere, þe child sesed of sobbyng
& wepyng. And þan his modere wipyng his face, | & kyssyng him *f. 20ᵛ*
& puttyng þe pappe in his mouþe. conforted him in alle þe 36

Cause
ploratus
Christi.

maneres þat she miȝt, & so she dede als oft os he wept. For as we
mowen suppose he wept oft siþes as oþer children done, to shew
þe wrecchednes of mankynd þat he verreyly toke, & also to hide
him fro þe deuel, þat he shold not knawe him as for god.   40

¶ And þus mich sufficeþ seide at þis tyme of þe
Circumcision of our lord Jesu.

¶ Bot now in tyme of grace ceseþ þis circumcision of þe
olde lawe, & we hauen in þat stede baptisme ordeynet by criste,
þat is þe sacrament of more grace, & lesse peyn. Bot for þat bodily
circumcision, we sholen haue gostly circumcision, þat is kuttyng
5 awey fro vs al superflue þinges þat disposen to synne, & haldyng
with vs as in affeccion onelich þat is nedfull to vertues lyuyng. For
he þat is treuly pore: is vertuesly circumcised, þe whiche
circumcision þe apostle techeþ in þees wordes, when he seiþ þat
we hauyng mete & drinke & cloþ[ing], we shold hold vs paied.
10 ¶ Þis also gostly circumcision nedeþ to be in alle oure
bodily wittes, as in seyng heryng, touching & oþer þat is to sey,
þat we in alle þees eschue superfluite & kepe skarsyte & namelich
in spekyng, for miche spech without fruyte is a grete vice, &
displesyng to god & to gude man, & a token of an vnstable & a
15 dissolute herte, as aȝeynwarde silence is a gret vertue, & for gret
cause of gudenes ordeynet in religione, of þe which vertue diuerse
clerkes speken þat we shole passe ouer at þis tyme, and þus endiþ
þis chapitre.

Of þe Epiphany þat is þe opune shewyng of oure
20   lorde [Jesu]. Capitulum viij^m

First touchyng þis solempne day & worþi feste we shole
vndurstande þat þere is none feste þat haþ so miche diuerse
seruice in holy chirch longyng þerto, as þis fest haþ, not for it is
more worþi þan oþer: bot for many gret þinges befelle & were
25 done in þis day specialy touchyng þe stat of holi chirch.
¶ As first vndurstondyng þat holi chirch here in erþe stant   Primum
in twey maner of peple, þat one is of hem þat comen of þe Jues   factum.
þat hadden moyses lawe & weren circumcised, þat oþer is of þe
remenant þat weren not circumcised & were cleped Jentiles: þis
30 day, þat is to sey, þe xiij day fro þe Natiuite acontyng þat self day:
f. 21ʳ þe blessed child Jesus shewed him as god & man specialy | to þe
kynges þat weren of þe Gentiles. And in here persone holi chirche
nowe cristened þat is principaly gederet of þe multitude of
Jentiles: was þis day receyued & acceptede of god to trew byleue.
35 For þe day of his Natiuite, he aperede & shewed him specialy to
þe Jewes, in þe persone of þe herdmen, þe whech Jues for þe
mo[re] part receyuet not goddus worde & byleue, bot þis day he
shewed him to þe Jentiles of whom we comen þat bene now his

chosen chirch. Wherefore þis feste is specialy & proprely þe feste
of holi chirch of trewe cristen men.

2ᵐ factum.   ¶ Þe seconde þinge þat was done þis day touchyng holi
chirch, is, þat she was þis day gostly weddet to crist & treuly knyt
to him, by þe baptisme þat he toke þis day xxix ȝere aftur   5
complete. For in þe baptisme bene soules weddet to crist, & þe
congregacion of cristen soules is cleped holi chirch, þat by
baptisme is washen & made clene of þe filþe of synne, & cloþed
new in vertues.

3ᵐ factum.   ¶ Þe þridde þinge is þat, þat same day a twelfmoneþ, þat   10
is to sey, a ȝere aftur þe baptisme of crist, he wrouht þat first
Miracle at þe brydale, turnyng watere in to wyne, by þe whech is
vndurstonde also þe gostly brydale of holy chirch.

4ᵐ factum.   ¶ Þe ferþe þinge þat befel in þat day‧ is, as bede seiþ, þat
in þat same day a ȝere aftur‧ oure lord Jesus wrouht þat gret   15
myracle, fedyng þe gret multitude of peple with a fewe loues & a
fewe fishes. Bot þe first þre bene rehersede þis day in holi chirch,
& not þe ferþe.

Contempla-   ¶ Lo how wirchipful þis day is, þe which oure lord god
tio.   chese specialy to wirch þereinne so many gret & wondurful   20
þinges. Wherefore holi chirch consideryng so many gret benefices
done to hir þis day of hir gostly spouse Jesu crist‧ by wey of dewe
kyndnes, makeþ gret mirþe & solempnite in þis day.

¶ Bot for als mich as principaly & most specialy þe
solempnite of þis day, stant in þe mynde of þe first‧ þat is þe   25
wirchepyng of þe kynges, & hir offryng to Jesu‧ þerfore speke we
forþermore of þe contemplacion hereof, leuyng þe remnant at þis
tyme.

And so ymagine we & set we oure mynde & our þouht as
we were present in þe place [þ]ere þis was done at Betheleem‧   30
beholdyng how þees þre kynges comen with gret multitude & a
wirchipful company of lordes & oþer seruantes, & so by token of
þe Sterre firste | ledyng & after restyng vp on þat place, þat þe   *f. 21ᵛ*
child Jesus was inne‧ þere þei liȝted done of þe dromedaries þat
þei rydene vpon‧ byfore þat simple house & maner of stable in þe   35
which oure lord Jesus was born. And þan oure lady heryng gret
noys, & stiryng of peple‧ anone toke hire swete child in to hir
barme, & þei comyng in to þat house, als so soon as þei seene þe
child‧ þei kneled done & reuerently & deuoutly honoured him as
kyng, & wirchiped him as god. Lord god how gret & how sadde   40
was here feiþ & byleue, þat sich a litel child so simple cloþed,
fonden with so pore a modere in so abiecte a place withoute

cumpanye, withoute meyny & without al worldly aray shold be
verrey god & kyng & lord of al þe world. & naþeles þei byleued
soþefastly boþe two. Þis was a gret gudenes of oure lord
ordeynyng sech forledars & sech bygynnars of oure byleue, & so
5 it behoued to be.

¶ Forþermore touching þe processe we mowe þenk how þe
kynges aftur þe first honouryng of þe child speken with his
modere reuerently askyng of þe condiciones of him, in what
maner he was conceyued & born, & so of oþere þat þei desireden
10 to knowe, & oure lady mildly answeryng told hem of alle as it
nedet, & þei 3[auen] ful credence & byleue, to al þat she seide.
And for als miche as þei weren clerkes & men of gret wisdome,
þerfore we mowe suppose þat þei kowþen þe langage of hebrewe,
& speken in þat tonge þat was þe modere tonge of our lady & alle
15 Jues.

¶ Now take we here gude entent to þe manere of spekyng
in boþe parties, first how reuerently & how curteysly þei speken,
& asken hir questiones, & on þat oþere side, how oure lady with
a maner of honest shamefastnes, holdyng done hir eyene toward
20 þe erþe spekeþ & answereþ sadly & shortly to hir askynges, for
she haþ no likynge to speke mekyl or [elles] to be seene. Neuerles
oure lord 3af hir strengh & special confort to speke more homely
to hem, because þat þei representeden holi chirch, þat was þan to
come of þe Jentiles as it is seid before.

25 ¶ Behald also þe child Jesus. how he spekeþ not, bot stant
with a maner of sad semblant & glad chere & als he vndurstode
hem louely lokyng vpon hem, & þei haue gret likyng in þe siht of
him, no3t only gostly in soule of his godhed, as illumynet & tauht
f. 22ʳ of him. bot also in his bodily si3t, withoute | forþ, for as Dauid
30 witnesseþ, *He was faire & louely in body before al mennus*
sonnes.

¶ And so when þei were gretly conforted by him, þei
maden here offryng to him in þis manere as we mowen suppose,
þei opuneden hire cofres with hir tresoure, & spredyng a tapet or
35 a cloþe before þe childes feet oure lord Jesu. þei leyden þer vpon
& offreden ich on of hem, golde, encense & myrre, & þat in gret
quantite, namelich of golde, for elles as for a litel offryng it hade
not nedet hem, fort haue oponede here tresour cofres, as þe gospel
seiþ, but her awmoneres or here tresoureres mi3t li3tly haue hade
40 it in hande & taken it hem, bot þerfore þe 3iftes & þe quantites
were gret, by reson as it is seide. And when þei haden þus offred
& leide here 3iftes before him. þen reuerently & deuoutly fallyng

done þei kisseden his feet, & þan perauenture þe child ful of
wisdome fort confort hem more & strengh hem in his loue. ʒaf
hem his hande to kysse & aftur blessed hem þerwiþ, & so þei
reuerently enclynyng & also takyng here leue at his modere &
Joseph. with gret ioy & gostly mirþe as þe gospel seiþ, turnede 5
aʒeyn in to hir owne cuntre by an oþere wey.

What þat þees þre ʒiftes offred of þese kynges bytoken
gostly & many oþere þinges þat þe gospel more ouere telleþ at it
is expownet by holy doctours. is sufficiantly & fully writen in
many oþer places, wherefore we passen ouer alle þat here. 10

Nota de
paupertate.
¶ Bot what hope we was done with þat gold of so gret
prise? Wheþer oure lady reserued it & put it in tresory or elles
bouht þerwiþ londes & rentes? Nay nay god forbede. For she þat
was a perfite louere of pouerte, toke none hede of sech worldly
godes. Bot what? She louyng pouerte & vndurstondyng also hir 15
blessed sonnes wille, not onlich þorh his inspiracion teching hir
in soule withinne forþ. bot also by signe shewyng his wille,
without forþ, þat he loued not sech riches, perauentere turnyng
awey oft siþes his face fro þat gold, or spittyng þer vpon. withinne
a fewe dayes & short tyme, she ʒaf it al to pore men. For þe 20
kepyng þerof þat litel tyme, was to hir bot a gret burþen, & heuy
charge, & þat semeþ wele. for she made hem so bare of money,
þat when she schold go to þe temple forto be | purifiede. she hade *f. 22ᵛ*
not wherwiþ to bigge a lombe fort offre for hir sone, bot only
bouht turtures or dowues of litel prys, þat was þe offryng of pore 25
folk aftur þe lawe. And so we mowen resonably byleue, þat þe
offryng of þe kynges was gret & riche, & þat oure lady louyng
pouert & ful of charite ʒaf it in haste to pore men, as it is seide. So
þat here is shewed a gret preconye & worþi ensaumple of pouerte.

Nota de
perfecta
humilitate.
¶ Also if we take here gude hede. we mowe se opune 30
ensaumple of perfite mekenes. For þere beþ many þat halden hem
self lowe & abiecte in her owne herte, & bene not eleuate be pride
as in her owne siʒt, bot neuerles þei wold not be [seene] sech in
oþer mennus siht, nor mowen not suffre to be despised or skorned
of oþere, & also þei wold not þat hir vnworþines & hir defautes 35
weren knowne of oþer lest þei were dispised [or] reproued of hem.
Bot þus dide not þis day þat child Jesus lord of alle oþer, for he
wold þat his lowenes & abieccion were knowen, & seen to hese
& to oþer, & þat not to simple & fewe. bot to gret & many þat is
Nota. to sey, to kynges & lordes, & her meyne many & feel. And also 40
þat is more to wondur in sich a case & tyme, in þe whech by reson
it was mich to dred, þat is to sey, lest þei comyng fro so ferr &

fyndyng him þat þei souhten kyng of Jewes, & whom þei trouden Nota.
almiȝty god, liggyng in so simple aray, & so gret abieccione: by
þat simple siȝt supposyng hem deceyuet & haldyng hem self as
foles: sholden go awey without deuocion & byleue. Bot not forþi
5 þe maistre of mekenes & louere of symplenes laft not to fulfille
þe perfeccion þerof, ȝiuyng to vs ensaumple þat we shold not go
fro þe grounde of trewe mekenes, by colour of any semelich
profite or gude, bot þat we sholden lerne, to wille fort apere & be
seen symple & abiecte in þe siȝt of oþer.
10   ¶ Þat vertue of perfite meknes he graunt vs þorh his grace,
þat so wolde meke him for oure sake oure blessed lord Jesus.
Amen.

       De mora domine apud presepe, continetur in proximo
capitulo, excepta meditacione, de ministerio suo & solicitudine
15 *circa puerum Jesum, de quibus poterit quis faciliter meditari.*

Of þe purificacion of oure Laydye seynt Marie. Capitulum nonum.

f. 23ʳ | Aftere þe kynges hadden performede hir offeryng &
werene gone home aȝeyne in to hir owne cuntre as it is seide: ȝit
20 stode þat worþi lady of al þe worlde in þat simple herbour with hir
blessed sone Jesu, & hir husband þat holi oldman Joseph, at þe
cracche paciently abidyng vnto þe xl day ordeynet by þe lawe to
hire Purificacion, as she were anoþer woman of þe peple defoylet
þorh synne, & as þe childe Jesus were a pure man & noȝt god,
25 nedy to kepe þe obseruance of þe lawe. Bot whi hope we þat þei
diden þus? Soþely for ensaumple to vs, shewyng þe trewe wey of Nota conta
obedience, & for þei wolde none singulere prerogatif: þei kepten singulares.
þe comune lawe as oþer.
       ¶ Bot þus done not many þat liuen in comune
30 congregacion, þe which desiren to haue speciale prerogatifes, &
þerby wole be seen more wirchipful þan oþer, & singulere aboue
oþer, bot þis suffreþ not trew mekenes.
       ¶ When þe xl day was comen of hir Purificacion aftur þe
lawe: þan went oure lady out with hire sone Jesus, & Joseph &
35 toke þe wey fro Bethleem in to Jerusalem, þat is aboute v or vj
myle þere to present þe child & offre him to god in þe temple,
after þat it is writen in þe lawe of god.

Contempla-
tio.

¶ Now lat vs here go with hem by deuout contemplacion, & help we to bere þat blessed birþen þe child Jesus in oure soule by deuoucion, & take we inwardly gude entent to alle þat bene here seide & done, for þei bene ful deuoute. In þis manere þen þei beryng & bringyng þe child Jesus, in to Jerusalem, & þe lord of þe temple in to þe temple of god. at þe entre þerof þei bouhten tweyn turtures or elles tweyn douf briddes to offre for him as þe maner was for pore folk, & þerfore þe gospel spekeþ not of a lombe þat was þe comune offryng of rich men. in token þat þei weren with þe porest folk. And herwiþ þat riȝtwisman Symeon, lad in spirite by þe holi gost. came in to þe temple, to se þat he hade longe tyme desiret, crist goddus son, aftur þe byhest & answere of þe holi gost. And anone as he came & hade þe siȝt of him, knowyng him by [þe] spirite of prophecie, he kneled done & deuoutly honourede & wirchiped him as he was in his modere armes born, & þe | child blessed him & lokyng vpon his modere, bowed towarde him in token þat he wold go to him, and so þe modere vndirstondyng þe childes wille, & þerof wonduryng. toke him to symeon, & he with gret ioy & reuerence clippyng him in hees armes. ros vp blessyng god & seying with glad spirite, *Lord I þonk þe, for nowe þou letest þi seruant aftur þi word in pece. Forwhi I haue seene with myn eyen þi blessed son oure sauyoure &c.* And afterwarde he prophecied of his passione, & of þe sorow þerof þat shold as a swerde perce & wonde þe moder herte.

f. 23ᵛ

Herewiþ also þat worþi widewe Anne þe prophetisse came to hem into þe temple, & wirchipyng þe child she prophecied also of him & spake of redempcion þat was to come by him to mankynde. And þe modere wonderyng of alle þees wordes. kept hem by gude entent priueyly in hir herte. And þan þe child Jesus strecchyng hese armes towarde his modere, was betaken to hir aȝeyne. Afterwarde þei ȝeden in maner of procession toward þe autere, with þe childe, þe which procession is represented þis day in alle holi chirch, with liȝt born to goddus wirchipe. And þan þei wenten in þis manere. First þo tweyn wirchipful olde men Joseph & Symeon goon before, ioyfuly eyþer haldyng oþer by þe handes,

Suscepimus
deus &c.

& with gret mirþe singyng & seying, *Lord god we haue receyuet þis day þi gret mercy in middes of þi temple, & þerfore after þi gret name so be þi louyng & þi wirchippe in to þe ferþest ende of alle þe world.* Aftur hem foloweþ þe blessed modere & maiden Marie, beryng þe kynge of heuen Jesus, & with hir on þat one side goþe þat wirchipful widowe Anne with gret reuerence & vnspekable ioy louyng & preysyng god.

Þis is a solempne & [a] wirchipful procession of so fewe persones, bot gret þinges bytokenyng & representyng. For þer bene of alle states of mankynde sume, þat is to sey of men & women, olde & ȝonge, maidenes & widowes.

5   Forþermore when þei weren come to þe autere of þe temple: þe modere with reuerence knelyng done offreþ hir swete sone to þe fader god of heuen, seying in þis maner, Takeþ now hiest fadere ȝour awne dere sone, whom I offre here to ȝow after þe biddyng of ȝour lawe for he is þe first born of his modere. Bot

f. 24ʳ gude fadere I beseke ȝow þat ȝe | ȝiue him to me aȝeyne. And þan
11 she risyng vp, laft him vp on þe awtere.

    A lord god what offeryng is þis? Soþely þer was neuer [seen] sich a noþer fro þe bygynnyng of þe world, nor shal neuer after in to þe ende.

15   Now take we here gode hede how þe child Jesus sit vpon þe autre, as it were a noþer child of þe comune peple, & with þat louely face & sadde chere he lokeþ & beholdeþ vpon his dere modere & oþer þat þere were present paciently & mekely abidyng what þei wolden do with him. And þerwiþ were brouht þe prestes

20 of þe temple & þe child lord of alle þe world was bouht aȝeyn as a seruant for v penys þat weren cleped cicles a maner of money aftur þe lawe as oþere. And when Joseph hade paiede þat money for him: þe modere oure lady toke aȝeyn with ful glade wille hir blessed sone, & after she toke þe forseid briddes of Joseph &

25 knelyng done & liftyng vp hir eyene, deuoutly in to heuen haldyng hem in hir handes, offrede hem seying þus:

    Almiȝty & mercyful fadere of heuen vndurfong ȝe þis litel ȝift & offryng, & þe first ȝift, þat ȝour litel child þis day presenteþ to ȝour hie maieste of his symple pouerte. & þerwiþ also þe child

30 Jesus puttyng hese handes to þe briddes & liftyng vp hese eyene to heuen, speke not bot shewe[d] contenance of his offring with þe modere, & so þei leyden hem vpon þe awtere.

    Now here takyng hede what þei bene þat þus offrene þat is to say þe modere & þe sone: trowe we wheþer þat offryng þouh

35 it were litel miȝt be forsake? Nay god forbede. Bot we shol fully trowe þat it was by angeles presented vp in to þe court of heuen, & þere of þe fadre of heuen ful gladly acceptede, so þat alle þe blessed cumpanye of heuen, þereþorh was reioycede & gladed.

    Aftur þis was done, & so þe lawe fully kept as it is seide
40 in alle þat longed to þe childe fro his birþe in to þis tyme: oure lady with hir blessed sone, & hir spouse Joseph toke þe wey fro þat Cite of Jerusalem homewarde in to Nazareth.

¶ Bot by þe way she visited hir Cosyn Elizabeþ, desiryng
also to se Jon her sone þat she loued specialy. And what tyme þei
metten to gedire þei maden gret ioy & namelich Elizabeth, when
she sawh þat blessed siȝt of þe child [Jesu] by vertue of whome in
his first concepcion | Jon in hir wombe reioycede & she also   *f. 24ᵛ*
replenishede with þe holi gost.   6

¶ Also þe children Jesus & Jon, when þei weren brouht to
gedire þei kisseden oþer louely & with lawhyng chere, & maden
miche mirþe to gedire, bot Jon as vndurstandyng his lorde⸫ hade
him allewey in cuntenance as with reuerence to him.   10

¶ And what tyme þei hade rested hem þere certayn dayes⸫
oure lady with hir child & Joseph wenten forþ on hir wey, towarde
Nazareth as to hir home & rest. Bot ȝit [felle] no rest to hem as it
shale shewe after.

¶ Nowe if we take gude entent to þe forseid processe &   15
how longe tyme þei hauen lyen out of hir owne house in so gret
pouerte & simplenes⸫ by reson we shold be stired to compassion,
& to lerne by ensaumple of hem mekenesse pouerte &
buxumnesse þat were opunly shewed in hir symple duellyng, in
her pore offryng, & in þe lawe kepyng.   20

¶ And forþermore as worldly men maken bodily mirþe in
þis tyme of Cristenmesse fro þe Natiuite in to þis fest of þe
Purificacion þat is cleped Candelmesse⸫ so shold euery deuout
soule in þis tyme specialy with deuocion & gostly mirþe in soule,
wirchipe & honour þat blessed child Jesus, & his modere Marie,   25
visityng hem by contemplacion & sume deuoute prayere, at þe
leste ones on þe day as þei seene in spirite oure lady with hir child
liggyng at þe cracche, hauyng þerwiþ in mynde, þe mekenes þe
pouerte & þe buxumnesse of hem, as it is seide, & louyng hem &
kepyng hem vertuesly in dede. Amen.   30

¶ And þus endiþ þe first part of þis boke in contemplacion
for þe Moneday.

Of þe fleyng of oure lord Jesu in to Egipte.
Capitulum x^m

WHen oure lady with hir child & Joseph weren towarde
Nazareþ as it is seid before.ʼ not knowyng ȝit þe priuey consele of
5 god hereof, [&] þat Heroude þe kyng purposed to sle þe child
Jesus.ʼ þe angel of god appered to Joseph in his slepe, biddyng þat
he shold fle in to Egipte with þe child & his modere for Heroude
wolde seche þe child to sle him. And anone Joseph wakyng of his
slepe, cleped oure lady & tolde hir þees harde tydynges, & she in
10 alle haste toke vp hir dere son & began to go, for she was ful sore
agast of þis worde, & she wolde not as she miȝt not be seene
f. 25ʳ negligent in þe kepyng of him, wherefore anone | in þat niȝt þei
token þe wey towarde Egipte. And so fledde þat gret lord þe
pursuet of his seruant, ȝe more proprely þe deueles seruant,
15 trauailyng with him his ȝonge & tendire modere, & þat olde man
Joseph, by a nuyes wey & herd & diuerse, þat was not inhabited
& also a wey ful longe, þat is to sey aftur þe comune sawe þe
space of xij or xv dayes iurney of a comune Currour perantre to
hem it was þe trauaile of two moneþes & more. And þat wey as it
20 is seid was by þat deserte in þe which þe children of Israel lad out
of Egypte, duelleden xl ȝere.

Lord how dide þei þere of hire lyuelode, or where rested
þei & were herbored in þe nyȝtes, for in þat wey fonde þei ful
seldome any house. Here ouht we to haue inwardly compassion of
25 hem, & noȝt be loþe or þenk trauailous to do penance for our self.ʼ
siþen oþer token so gret & so oft trauaile for vs, namely þei þat
weren so noble & so worþi.

Also in þis forseid processe if we take gode hede.ʼ we   iiij^{or}
mowe se many gode ensaumples & notable doctrines to vs.   notabilia.
30   First if we take hede, how oure lorde Jesus toke in his   Primum.
owne persone sumtyme prosperite & welþe, & sumtyme

51

Paciencia
inter
prospera
& aduersa.
aduersitee & woʻ. we shold not be stired to impacience, what tyme
þat it befalle to vs in þe same maner, bot in tyme of temptacion &
disconfortʻ. abide with pacience, þe tyme of prosperite & of
confort, so aʒeynward on þat oþer side, & if þou wolt se
ensaumple hereof in Jesuʻ. lo first in his birþe he was magnifiede 5
to þe herdmen as god & honoured & wirchiped of hem as god
with ioy, & sone aftur he was circumcised as a simple sinful man
with sorow. Aftur, þe kynges comyng to him wirchiped him
souereynly boþe in hir persones, & in gret ʒiftes, & ʒit duelled he
stille in þat stable among bestes in pouerte, wepyng as a noþer 10
child of a simple manne. Aftur, he was presented in þe temple
with ioy, & gret þinges w[ere] prophecied [& spoken] of him as
of god almiʒtyʻ. & now he is beden of þe angele to fle fro Heroude
in to Egipte, as he were a pore man withoute miʒht.

  And so forþermore we mowe fynde in alle his life 15
prosperite & aduersite meyned to gedire to ensaumple & techyng
of vs. For he sent vs diuerse confortes to lift vp oure hope þat we
falle not by despeire & þerwiþ he sent vs tribulacion &
disconfortes to kepe vs in | mekenes þat þerby knowyng oure owne *f. 25ᵛ*
wrecchednesʻ. we stand algate in his drede.   20

2ᵐ.
Humilitas.
  Þe seconde lesson þat we mowe lerne in þis forseid
processe is touchyng þe benefices & þe speciale confortes of god,
þat he þat feleþ hem specialy be not þerby eleuate in his owne
siʒht, as haldyng him more worþi þen [an]oþer þat haþ hem noʒt,
& also he þat feleþ not sech speciale ʒiftes or confortesʻ. be not 25
þerfore kast done by sorow or enuy to him þat haþ hem. For as we
Nota bene.
se here þe angeles apperyng & spekyng of þe childʻ. weren to
Joseph & not to oure lady, & neuerles ʒit was he miche lasse in
merite & more vnworþi þan she. Also here we mowe lerne, þat he
þat feleþ sech special ʒiftes of god, þouh he haue hem not algate 30
as he wold & aftur his desire, þat þerþorh he grucche not, nor be
not heuy be vnkyndnes aʒeyns god. For not withstandyng þat
Joseph was so nyhe & acceptable to godʻ. neuerles þe apperynges
of þe angele & þe reuelaciones were not done to him opunly & in
wakyngʻ. bot in maner of dremes, & in his slepyng.   35

3ᵐ.
Tribulacio
electorum.
  Þe þridde notable þinge þat we haue ensaumple of here isʻ.
how þat oure lord suffreþ hees derlynges to be disesed here þorh
persecuciones & tribulaciones, & þat sheweþ wele here in Marie
& Joseph. What tyme þei knewen þe child souht to be slayn, what
miʒt þei here more sorowful? For þouh it so were, þat þei knewen 40
& wisten wele þat he was goddus son, neuereles þe sensualite &
þe reson of hem miht kyndly be disturblet & meuede to sey in þis

maner, Lord god fader almihty what nede is it to þi blessed sone
þat here is, to fle, as þou mihtest not defende him fro hees
enmyes, & kepe him saue here? And also hir tribulacion & disese
was in so miche þe more: þat hem behoued to go in to so ferre a
5 londe, þat þei knew not, & þat by harde wayes & nuyes, siþen þei
were miche vndisposet to goyng & trauailyng, oure lady for ȝouþe
& tendurnesse, & Joseph for eld & feblenesse, & also þe child þat
þei shold bere & kary: was vnneþ twey moneþes olde, & ȝit here
wiþ þei ȝeden in to þat londe, in þe which þei as pore &
10 vnknowen hade noht to help hemself wiþ.

    Alle þees diseses weren to hem matire of gret tribulacion
f. 26ᵛ & affliccion, & þerfore | þou þat suffrest here tribulacion: kepe
þerinne pacience, & loke not to haue hereof a priuilege of him þat
wolde not take hit him self, nor ȝife it is modere.

15   Þe ferþe notable þinge þat we mowe considere here is þe
gret benyngnite & mercy of oure lorde. For þere as he miht anone
in a momente haue destrued hees enmyes þat pursuede him, ȝit
wolde he not, bot benyngly & swetly he chace raþere to fle, & ȝif
stede for þe tyme to þe malice & þe wodenesse of þat wikked
20 Heroude: þen to be venged as he miht riȝtwisely of him, & þis
was a profonde mekenes & a gret pacience. In þe same manere
shold we do, þat is to say not wilfully wiþstonde & seke vengance
of hem þat done wrong & pursuen vs: bot paciently for þe tyme
bere hem, & fle hir malice, & more ouer specialy pray for hem, as
25 god techeþ vs also in a noþer place of þe gospel, to do to oure
enemyes.

    Forþermore as to þe processe of þe fleyng of Jesu, with his
modere & Joseph. When þei comen to Egipte, anone at þe first
entre alle þe mawmentes of þat land felle done as it was
30 prophecied before by þe prophete ysaye.

    And þan went þei to a Cite of þat londe þat hiȝht
Hermopolis or Lymopolis & þer þei hired hem sume symple house
where þei dwelleden vij ȝere, as pilgrymes & strangeres pore &
nedy.

35   Here mowe we deuoutly ymagine & þenk of þe maner of
lyuyng of hem in þat vncouh londe, & how oure lady wrouht for
hir lyuelode, þat is to sey with nedil sewyng & spinnyng as it is
writen of hir, & also Joseph wirching in his craft of Carpentary,
& how þe child blessed Jesus aftur he came to þe age of v ȝere or
40 þere aboute, ȝede on hir erndes, & halpe in þat he miht, as a pore
child to hem, shewyng in alle hese dedes buxumnesse, lowenesse
& mekenesse. And siþen hem behoued to gete hir lyuelode in þat

4ᵐ.
Benignitas
erga inimi-
cos.

manere with hir trauaile, & perantur with reprofe oft siþes of hem
þat þei dwelled among, as it falleþ comunely to straungeres, &
also with shame.' what hope we of hir housholde as of beddyng,
cloþing, & oþer necessaries wheþer þei hadden in þis superfluyte
or curiosite? Nay with oute doute, þei þat loueden perfite pouerte,   5
wold | not haue þouh þei miht þat, þat is contrarye to pouerte as   *f. 26ᵛ*

Nota
vicium
curiositatis.
[is] superfluite & curiosite. And namelich touching curiosite.
Trowe we þat oure lady in hire sowyng or oþer manere wirchyng
made curyouse werkes as miche folk doþe? Nay god forbede. For
þouh þei wirchene sech curyositees, þat taken none hede to lese   10
þe tyme.' she þat was in þat nede miht not nor wold not spende þe
tyme in veyn, as many done, namelich in þees dayes. For þis vice
of curiosite is one þe most perilouse vice þat is.' & þat by many
skilles may be shewed.

Prima racio.
¶ First by lesyng of tyme þat is ordeynet to þe wirchipe of   15
god, for siche curiose werke occupieþ miche more tyme þan
wolde oþer pleyn & simple werke do þat were sufficiant to þe
nede, & þat is a gret harme, & contrarie to goddus wille.

2ᵃ [racio].
¶ Þe seconde harme þat comeþ of curiosite is cause &
matire of veyn ioy to þe wirchere. As what tyme þat a man makeþ   20
siche a curiouse werke.' oft lokeþ he þeron with likyng, & þenkeþ
& ymagineþ in his þouht bisily also when he wircheþ not &
specialy in tyme of goddus seruice, & when he shold haue his
herte to god.' þenkeþ or spekeþ fort make þat curiouse [werke] &
þerby halt himself sotile & witty, & so wold be seen passyng oþer.   25

3ᵃ [racio].
¶ Also it is cause of pride to him þat þe curiouse werke is
made to. For as simple, pleyn & buystes werkes bene occasion of
lowenes & mekenes.' so bene curiouse werkes as oile, nurishyng
þe fire of pride in þe halderes & haueres of hem.

4ᵃ [racio].
¶ Also it is to hem þat haue likyng in siche curiosite.'   30
matire fort drawe hir hertes fro god & heuynly þinges. For as seynt
Gregory seiþ, In als miche as a man haþ delite here beneþe in
erþely þinges, in so miche he is departed fro þe loue aboue of
heuenly þinges.

5ᵃ [racio].
¶ Also it is one of þ[e] pre, by þe whech alle þe world is   35
infecte in synne, þat is þe foule lust of þe eyene, for sech
curiositees seruene of nouht elles bot to fede þe eyen, & als oft as
a man likyngly & in vayn with sech curiosite fedeþ hese eyene.' so
oft þe makere & þe vsere offendeþ god. Wherfore men shold be
eschew to make seche curiositees for ӡiuyng occasion of synne.   40

6ᵃ [racio].
For a man shold not asente to synne for any cause.' bot in alle
maner abstine | fro þe offence of god, & siþen god ӡaf ensaumple   *f. 27ʳ*

& comendeþ & loueþ pouerte, as it is oft seide. without doute it
foloweþ þat he is gretly offendet in þat þinge þat is directe
contrarie to pouerte, þat is specialy curiosite.

¶ Also with alle oþer harmes, more ouer þis is þat it is a
5 token of a veyn & a liȝht & an vnstable herte, & soule. Wherefore
he þat wole lyue in clennesse of conscience & without defilyng of
his soule. him behoueþ to abstine him boþe fro þe makyng & also
fro þe vsyng of sech veyn curiositees, & to fle þerfro, as fro a
venymowse serpent.

viijᵃ racio &
viijᵐ malum.

10 ¶ Neuerles by þis forseid reprofe of curiosite. we shole not
vndirstonde generaly forbeden to make faire werkes & honest
apparaile. for þat is leueful so þat it kepe a gude mene, & namely
in þo þinges & werkes þat longen to goddus seruice. In þe which
it is nedeful to be warre & to eschew alle corrupte entent of veyn
15 ioy & alle fals affection & foule likyng of worldes vanite, so þat
þe vertues mene of sufficiant honeste passe not in to þe excesse of
viciouse curiosite. And þus mich sufficeþ seid of þis matire at þis
tyme.

Nota de
honestate.

Of þe turnyng aȝeyn of oure lord Jesu fro Egipte.
20 ## Capitulum xjᵐ.

Aftere þat Heroude was dede & vij ȝere were at ende, in
þe whech oure lorde Jesus hade duelled in egipte. þe angele of
oure lorde apperede to Joseph in his slepe, & bad þat he shold
take þe child & his modere, & go in to þe londe of Israel, for þei
25 weren dede þat souhten to sle þe childe. And he anone rose vp, &
with þe child & his modere as þe angele bad turned aȝeyne in to
þe londe of Israel. And when he came þere & herd þat archelaus
þe sone of Heroude reigned in þat party þat was cleped Judea. he
dred & durst not go þidere, bot as he was [o]ft beden of þe angel
30 in his slepe, he went to þe cuntre of Galilee, in to þe cite of
Nazareþ.

¶ Here mowe we se in þe comyng aȝeyn of Jesu as it was
seid in his goyng, drede & disese meyned with confort & ese. For
what tyme þei beyng in a strange londe herd of þe deþ of hire
35 enemyes, & þat þei shold come aȝeyn in to hir owne londe. no
doute, bot þat it was gret confort & hope of ese, bot takyng hede
f. 27ᵛ þerwiþ to þe hard trauaile by þe wey, & aftur when þei comen | in
to hir owne londe in hope of pees, tydynges of a newe enmye, &

for drede of him byden fort eschew his cuntry. þer was disconfort
& disese, & al to oure lore as it is seide.

Lord Jesu þou faire ȝonge child þ[at] art lord & kyng of
heuen & erþe. What disese & what trauaile suffre[de]st þou for
oure sake, & how sone þou began! Soþely wele spake þe prophete   5

Pauper sum
ego &c.

in ȝour persone, when he seiþ þus, *I am pore & in diuerse*
trauailes fro my first ȝouht. Swete Jesu how ȝedest þou or was
cariede alle þat longe & harde wey, & namely þorh þat horrible
desert, passyng ouer þe rede se, & also þe flode Jordan, in so
tendur age. for as it semeþ þis aȝeyn comyng is more trauailouse   10
& more nuyes to þe, & to þi lederes. þan was þi first goyng. For
whi, þat tyme þou were so litel þat þou mihtest esily be born in
armes. bot now þou art eldere & more waxen, as in þe tyme of vij
ȝere, þou maiȝt not so, & go miche maiȝt þou noht for tendere
age, & to ride art þou noȝt vsed. Soþely it semeþ þat al only þis   15
trauail þat we speken now of, were sufficiant vnto ful redempcion
for mankynde.

De Johanne
baptista.

Forþermore as to þe processe of hir wey, we mowe þenk
þat what tyme þei comen toward þe ende of þat desert. þere þei
fonden John baptiste, þe which þat tyme hade begune þere to lyue   20
in desert penance doyng, þouh it so were þat he hade no synne
penance worþi. For as it is seide þat place of Jordan in þe which
John baptizede. is þat same place whereby þe children of Israel
ȝedene dry fote when þei comen by þat desert oute of Egipte, &
þat nihe þat place in desert John liuede in penance. Wherfore it is   25
likely þat Jesus & his modere fonden him þere, & þat þei maden
gret ioy & gostly mirþe comyng to gedire. And no wondur, for he
was an excellent & a worþi child fro his [first] birþe. He was þe
first hermet & þe byginnyng of religiouse lyuyng in þe newe lawe.
He was clene maiden & grettest prechour after crist. He was a   30
prophete & more þan a prophete, & a preciouse & gloriouse
martire. Wherfore we deuoutly honouryng & wirchipyng him.
take we oure leue [of] him at þis tyme, & go we forþ with oure
lord Jesu & his modere, in þe forseid wey.

After þei weren passed þe flome Jordan, þen come þei   35
forþermore to þe house of oure lady Cosyn Elizabeth, | where þei   *f. 28ʳ*
weren specialy refreshed, & maden to gedire a gret & [a] likyng
fest. And þere Joseph heryng þat Archelaus reigned aftur his
fadere Heroude, in þe cuntre clepede Judea, by biddyng of þe
angel as it is seid before. went with þe child & his modere in to þe   40
Cite of Galile cleped Nazareþ, & þere þei duelled as in hir owne
home ledyng a symple & a pore lyfe to gedire. bot in þat gret

gostly richesse of Charite.

Lo þus is þe child Jesus brouht [home] out of Egipte, & þan as we mowen þenk, þe sistres of our lady & oþer kynnes folk & frendes comen to hem, welcomyng hem home & visityng hem 5 with presentes & ȝiftes as it was nede to hem, þat fonden of hir owne bare housholde.

Also among oþer we mowe specialy haue in mynde, þat John Euangelist came with his modere oure lady sistere to viset & se Jesus, þe which John was þat tyme aboute fyue ȝere olde. For 10 as it is writen of him, he diede þe ȝere fro þe passion of oure lorde lx^ti & vij, þat was þe ȝere of his age XC & viij. So þat at þe passion of crist he hade in elde xxxj ȝere & crist himself xxxiij, or litel more. And so at þis aȝeyn comyng of Jesu þat was þen vij ȝere olde. John was fyue ȝere olde. And as he was aftur among 15 oþer chosen apostles & disciples, specialy byloued of oure lord Jesus. so it is likly þat in þis tyme of hir child hode, he was more chere þan oþer, & as most special pleifere to Jesu.

De Johanne euangelista.

Fro þis tyme [vn]to þe xij ȝere of Jesu age. þe gospel makeþ none mynde of þe child Jesu, neuerles it is writen & seid 20 þat þere is ȝit in þat place a welle, whereof þe child Jesus fet oft siþes watir to his modere. For þat meke lorde refused not to do sech lowe seruices to his modere. And also she hade none oþer seruant. Alle hir lyuyng was in mekenes & pouert to oure ensaumple fort folowe hem. *Amen.*

25 How þe child Jesus laft alone in Jerusalem. Capitulum xij^m

When þe child Jesus was xij ȝere olde. & his modere with Joseph [ȝede vnto] Jerusalem, for þe feste day þat lastede & continuede viij dayes aftur þe biddyng & þe custome of þe lawe. 30 he went also with hem in þat tendire age trauailyng [eft] al þat longe wey before seide, | to honour & wirchipe his fadere of heuen in hese fest dayes as reson wolde, for þer is souereyn loue by twix þe fadere & þe sone.

f. 28^v

Neuerles þer was more inwarde sorow of herte & 35 compassion to þe sone, of þe vnwirchipyng of his fadere þat he sawh in doyng of many manere synnes. þan was any ioy withoutforþ in þe pompe & solempnite of þat feste. Bot so stode he with his parens in þe tyme of þat feste kepyng þe lawe mekely

as a noþer of þe pore peple til what tyme þe feste dayes weren
fulfilled & endet. And þan after þat hees parens weren gon
homwarde: he duelled stille þere in Jerusalem hem vnwityng.

¶ Now take we here gude entent as we were present in alle
þat is here spoken of for þis is a fulle deuout matire & a profitable 5
to vs.

As it is seide before þe Cite of Nazareþ where oure lord
duelled, was from Jerusalem þe space of lx mile & xiiij or þere
aboute, & so befelle þat his modere oure lady & Joseph token
diuerse weyes homewarde & what tyme þei comen to gedire at 10
euen, where þei hadden set to be herbored: our lady seynge Joseph
without þe child þat she supposed had gone with him: asked of
him where was þe child? And he seid þat he wist neuer, for he
wende as he seid þat she had ladde him with hir. And þerwiþ she
brast on wepyng, & with gret sorow seid, Alas where is my dere 15
childe? For now I se þat I haue not wele kept him. And anone she
began to go aboute in þ[at] euentyde as she miȝt honestly fro
house to house askyng, Sey ȝe ouht of my sone? Sey ȝe ouht of
my sone? Vnneþes miȝt she fele hirself for sorew & kare of hir
sone. And þe sely old man Joseph folowed hir algate wepyng. And 20
what tyme þei hadden longe souht & fonde him not: what rest
hopen we þei hadden in þat niȝt, & namely þe modere þat loued
him most tendurly? Soþely no wondur þouh þei had none confort,
al þouh hir frendes conforted hem as þei miȝhten. For it was not
a litel losse to lese Jesu.   25

¶ Wherfore here we mowen haue resonably gret
compassion of þe gret anguyshe þat our ladies soule is now inne
for hir sone. She was neuer in so gret fro þe tyme þat she was
born.

¶ And also here mowe we lern, what tyme tribu-|lacion & *f. 29ʳ*
anguysh fallen to vs: not to be to heuy or miche disturblet þerby, 31
siþen god sparede not his owne modere as in þ[at] party. For he
suffreþ generaly tribulaciones to falle to hem þat bene hese
chosen, & so þei beþ token of his loue, & to vs it is expedient to
haue hem, for many skilles.   35

¶ Þan our lady as it is seide sory for she miht not fynde hir
sone: þat niȝht closed hir in hir chaumbur, & toke hir to praiere
as to þe best remedy in þat case: seying in þis manere:

¶ Almiȝhty god fadere of heuen, ful of mercy & of pite, it
liked ȝow & was ȝour wille to ȝiue me ȝour owne dere sone, bot 40
lo now fadere I haue lost him, & I wote note where he is, bot ȝe
þat knowen alle þinge, telleþ me & sheweþ me where my swete

sone is, & ȝif him to me aȝeyne. Gode fadere takeþ hede &
beholdeþ þe sorow of my herte.᾽ & not my gret negligence, for I
knowlech wele þat I haue offendet in þis case. Neuerles for it is
falle me by ignorance.᾽ ȝe for ȝour gret gudenes ȝeue him me
aȝeyn, for I may not lyue without him. And þou my swete sone
5 Jesu where art þou now or how is it with þe? & where art þou now
herborede? Lord wheþer þou be gone vp in to heuen aȝayn to þi
fader? For I wote wele þat þou art verrey god & goddus sone. Bot
why þan woldest þou not telle me beforen? Also I wote wele þat
þou art verrey man of me born, & here before I kept þe & bare þe
10 in to Egipte fro þe malice of Heroude, þat souht þe to sle. Bot now
wheþer any wikked man haþ aspied þe? Þi fadere of heuen
almiȝhty he kepe þe, & shilde þe fro alle perile & malice. Dere
sone telle me where þou art þat I may come to þe or elles þou
come to me, & forȝiue me þis negligence at þis tyme & I behete
15 þat it sal neuer eft befalle me, for how þis is befalle I wote neuer
bot þou knowest þat art my hope, my life & alle my gude.᾽ &
without þe I may not liue.

¶ In þis manere & by sech wordes as we mowe deuoutly
suppose.᾽ alle þat niȝt þe modere kared & praied for here dere
20 sone.

¶ Aftur vpon þe morow erely Marie & Joseph souhten him
by oþer diuerse wayes þat ladden to Jerusalem.᾽ & forþermore
souhten him bisily among | hir frendes & kynnesmen, bot þei
f. 29ᵛ miȝht not here of him, wherefore his modere was so sory þat she
25 miht in no maner be confortede. Bot þe þrid day aftur, when þei
comen in to Jerusalem & souhten him at þe temple.᾽ þere þei
fonden him sittyng among þe doctours of lawe heryng hem
entently, & askyng hem questiones wisyly. And anone as oure lady
had þe siȝht of him.᾽ she was as glad as she had be turnede fro deþ
30 to lyfe, & þerwiþ knelyng done þonked god inwardly with wepyng
ioy. And also sone as þe child Jesus sawh his modere, he went to
hir, & she with vnspekable ioy clippyng him in hir armes &
kissyng him oft siþes, & haldyng him in hir barme, rested a while
with him for tendurnesse, t[il] she hade take spirite, & þan she
35 spake to him & seide, *Dere son, what has þou done to vs in þis*
maner? For lo þi fadere & I with gret sorow haue souht þe alle
þese þre dayes. And þen he answeryng aȝeyn.᾽ seide, And what
eyled ȝow to seke me, *know ȝe not wele þat it behoueþ me to be*
occupied in þo þinges þat longen to þe wirchipe of my fadere? Bot
40 þees wordes þei vndurstode not in þat tyme. And þan seid his
modere, Sone, wolt þou not go home aȝeyn with vs? And he

mekely answeryng seide, I wole do as ȝe wil at I do, & as it is
plesyng to ȝow. And so was he suget to hem, & went home aȝayn
with hem [i]nto hir Citee Nazareth.

  In þis forseid processe of Jesu what hope we þat he dide or
where & in what manere lyued he þo þre dayes? We mowe 5
suppose þat he went to some hospitale of pore men, & þere he
shamfastly praiede & asked herborgh, & þer ete & lay with pore
men as a pore child. And sume doctours seyn þat he begget in þo

þre dayes. Bot þerof litel forse, so þat we folowe him in perfite
mekenes & oþer vertues. For beggyng withoutforþe bot þere be a 10
meke herte withinneforþe. is litel worþ als to perfeccion.

  Forþermore in þe forseid processe we mowe note & lerne

þre [profit]able þinges to vs.

  First is þat he þat wole perfitely serue god shal not duelle
among hese fleshly frendes & kynnesmen, bot he most leue hem 15
& go fro hem. In token whereof. þe child Jesus laft his owne dere
modere what | tyme he wolde ȝiue entent to þe gostly werkes of *f. 30ʳ*
his fadere. And also when he was souht among hees frendes, &
kynnesmen. he was not fonden þere in þat tyme.

  Þe seconde is. þat he þat ledeþ gostly life. wondere not 20

miche ne be not disconfort[ed] ouere heuyly, þouh he be sume
tyme so drie in soule & als voide of deuocion. as he were forsake
of god. For þis maner bifelle to goddus modere as it is seid before,
wherefore be he not in despeire þerby. bot bisily seche he Jesu in
holi meditaciones & gude werkes, & specialy in deuout praiers, & 25
he sal fynde him at þe last in dewe tyme.

  Þe þrid is. þat a man folowe not to miche his owne witte

or his owne wille. For oure lord Jesus, aftur he seide þat h[im]
behouede to be occupiede in þo þinges þat longen to his fadere
wirchipe. aftur he laft þat propre wille, & folowed his parens 30
wille, goyng forþ with hem fro þe temple home in to Nazareth, &
was suget to hem. And þis is specialy nedeful to religiouse folke
to folowe by trewe obedience to hir souereyns.

  And also here we haue gret ensaumple of mekenes in oure
lorde Jesu, whereof we shole trete more pleynly in þe chapitre þat 35
nekest foloweþ.

What manere of lyuyng oure lorde Jesus hadde & what he dide fro his xij ȝere vnto þe begynnyng of his xxx ȝere. Capitulum xiij[m]

FRo þe tyme þat oure lorde Jesus was gone home to Nazareth with hees parens, when he was xij ȝere olde, as it is
5 seide before, vnto his xxx[ti] ȝere, we fynde noȝht expressed in scripture autentike, what he dide or how he lyued, & þat semeþ ful wondurful. What sal we þan suppose of him in alle þis tyme, wheþer he was in so miche ydul. þat he dide noht or wroȝht þinge þat were worþi to be writen & spoken of? God shilde. And on þat
10 oþer side, if he dide & wrouht, whi is it not writen as oþer dedes of him bene? Soþely it semeþ merueilouse & wondurful. Bot neuerles, if we wole here take gude entent. we shole mowe se þat as in noȝht doyng. he dide gret þinges & wondurful. For þer is no þinge of hees dedes or tyme of | his lyuyng withoute misterye &
f. 30ᵛ edificacion, bot as he spake & wrouht vertuesly in tyme. so he
16 h[e]lde his pees & restede & wiþdrowe him vertuesly in tyme. Wherefore he þat was souereyn maistere & came to teche vertues & shewe þe trewe wey of euery lastyng life. he began fro his ȝouþe to do wondurful dedes, & þat in a wondurful maner &
20 vnknowen, & þat was neuer ere herde before, þat is to sey, shewyng him self in þat tyme as ydul & vnkonnyng & abiecte in þe siht of men in maner as we sal say aftur, not fully affermyng in þis or oþer þat we mowe not opunly preue by holi writ or doctours apreuede. bot deuoutly ymaginyng to edificacion & stiryng of
25 deuocion, as it was seid in þe proheme of þis boke at þe begynnyng. And so we suppose þat oure lorde Jesus in þat tyme wiþdrowe him fro þe cumpanye & þe felishipe of men, & went oft siþes to þe sinagoge, as to chirche, & þere was he miche occupiede in praiere, bot not in þe hyest & most wirchipful place,
30 bot in þe lowest & pryuest place, & aftur in tyme when he came home, halp his modere & also perauentur his supposed fadere Joseph in his craft, comyng & goyng among men. as he knew not men. Alle þat knewen him, of þe comune peple þat he dueled among, & seene so faire & semely ȝong man doyng no þinge þat
35 was in to preisyng or magnifiyng of his name. wonderet gretly of him. Namely for as þe gospel seiþ of him, when he was ȝong & of xij ȝere age, *Jesus profitede in age, [&] in wisdome & in grace to fore god & man*, þat is to sey as in þe siȝht & [þe] opinion of men. Bot now when he was of more age in to þe tyme of his xxx[ti] ȝere.
40 he shewed no dedes of comendacion outewarde, wherefore men

Nota bene pro sano intellectu.

Occupatio Jesu.

skorned him & held him as an ydiote & an ydul man & a fole, &
so it was his wille to be hald as vnworþi & abiecte to þe worlde
for oure sauacion, as þe prophete spekeþ in his persone þus, *I am*

Ego sum
vermis &
non homo
&c.

a worme & not a man reproue of men & abieccion of þe peple.
Bot here mowe we see þat he in þat abiection as it were noȝht   5
doyng. dide a ful gret vertues dede of worþi comendyng. & what
was þat? | Soþely þat he made him self foule & abiecte in þe siȝht   *f. 31ʳ*
of oþere, & hereof hade he none nede. bot we hade þis nede. For
soþely as I trowe in alle oure dedes, þer is no þinge grettere or

Nota
summam
perfectio-
nem.

hardere to fulfille þan is þis, wherefore as me þinkeþ þat man is   10
come to þe hiest & þe hardest degre of perfeccion. þe which of ful
herte & trewe wille, without feynyng, haþ so ouercome himself,
& maistrede þe proude stiryng of þe flesh. þat he willeþ not to be
in reputacion of men, bot coueyteþ fully to be despised, & hald as

Melior est
paciens
viro forti.

foule, vnworþi & abiecte. For þis is more worþi & more to   15
comende, þan a man [to] be passyngly stronge & a conquerour of
Citees & londes as salomon witnesseþ.

   Wherefore til we come to þis degre of perfeccione. we sal
halde oure self as ful imperfite, & al þat we done as nouht to
account. For siþen in soþenesse alle we bene bot as vnworþi   20
seruantes what tyme þat we done þe gude þat we oweþ to do, as
god him self witnesseþ. til þe tyme þat we come to þis degre of
abiectione, & perfite reproue of oure self. we bene not set sadly
in trew[þ]e, bot raþer in vanite, as þe apostle opunly sheweþ, in

Qui se
existimat
aliquid esse
&c.

þees wordes, *Who so halt himself in his owne reputacione as ouht*   25
worþi, siþen in soþnes, he is as nouht. he begileþ & deceyueþ
himself.

   And so as we seide before oure lorde Jesus lyuede in þis
manere, & made himself abiecte & as vnworþi to þe world. not
for his owne nede, bot fort teche vs þe trew wey of perfeccione,   30
wherefore if we lerne it not. we mowe not be excused. For it is
abhomynable þinge to se him þat is bot [as] a worme, & wormes
mete to come. fort hye him self by presumpsione, & lift vp him
self as ouht. when þat hie lord of maieste so meked him self by
abiectione, & lowed him self as nouht, & þat dide he not by   35
feynyng, bot as he was soþely meke & mylde in herte. so also
without [eny] symulacione he lowed him self in alle maner of
mekenes & abiectione in þe siht of oþere fulfillyng first in dede,

Discite a
me quia
mitis sum
&c.

þat he taght aftur by worde when he bade hees disciples to lerne
of him fort be meke & mylde in herte. And in so mych he lowed   40
& anentyshede himself, þat also aftur he began to preche & to
speke | so hie þinges of þe godhede as þe gospel telleþ, & to   *f. 31ᵛ*

wirche myracles & wondres.′ ʒit þe Jewes set noʒht by hym bot
despised him & skorned him, seying, *What is he þis? Is not he þat*
wrightes sone Joseph? & also *In þe deueles name he casteþ out*
deueles, & many sech oþer despites & reproues he suffret
5   paciently & mekely, makyng so þere þorh a swerde of mekenes.′
þerwiþ to sle þe proude aduersary þe deuel of helle. And if we
wole se how miʒhtily he girde him with þis swerd of mekenes
aftur þe biddyng of þe prophete.′ let vs take gode hede to alle his
dedes & we sal se in hem algate shewed gret mekenes, as we
10 mowe se if we haue in mynde in alle þe processe þat is seide ʒit
hidere to. And also here aftur shal be shewed more & more in to
his hard deþ. And more ouer aftur his resurrexion & at his vp
steying to heuen, & ʒit hereto more ouer at þe last day of dome,
when he sal sitte in his maieste kynge & domesmane of al þe
15 world.′ ʒit sal he shewe his souereyn mekenes [clepynge] hees
creatours hees breþerne by þees wordes, *Als longe as ʒe diden*
almesdedes to þees my leest breþerne ʒe diden to me.

        And whi hope we þat he shewed so mich & loued
principaly þis vertue of mekenes? Soþely for he knew wele þat as
20 þe byginnyng of alle synne is pride.′ so þe fondament of alle gude
& of sauacione is mekenes, without þe which fondment þe
bildyng of al oþer vertues is in veyn. And þerfore if we triste of
maydenhede of pouerte or of any oþere vertue or dede without
mekenes.′ we ben deceyuede. And for als mich as he tawht &
25 shewed vs in what maner þis vertue of mekenes sal be goten, þat
is to sey by despysing & abiection of a man him self in his owne
& also in oþer mennus siʒht, & by continuel doyng of lowe &
abiecte dedes, þerfore vs behoueþ to loue & vse þees menes, if we
wole perfitely come to þat hie vertue, as seynt Bernarde seiþ in
30 diuerse places, God ʒif vs grace to gete it perfitely as hit is seide.
For soþely I þat write þis.′ knowlech me ful ferre þere fro. And þus
miche at þis tyme sufficeþ spoken of þis souereyn vertue.

  f. 32ʳ   Bot now to go aʒeyn to oure | principale matere of þe
mirrour of þe blessed life of oure lord Jesu.′ beholde we þere þe
35 maner of lyuyng of þat blessed cumpanye in pouerte & simplenes
to gedire, & how þat olde man Joseph wrouht as he miʒt in his
craft of Carpentary, oure lady also with þe distafe & nelde, &
þerwiþ makyng hir mete, & oþer office[s] doyng þat longen to
housholde as we mowe þinke in diuerse maneres, & how oure lord
40 Jesus mekely holp hem boþe at hir nede & also in leying þe borde,
makyng þe beddes & sech oþere choores gladly & lowly
ministryng, & so fulfillyng in dede þat he seiþ of him self in þe

[Accingere
gladio tuo.]

Bernardus
in epistola
ad canoni-
cum regu-
larem, &
super canti-
ca sermone
34.

Nota
modum
vivendi
domini
Jesu cum
parentibus.

gospel, þat, *Mannus sone came not to be seruet.' bot to serue.*

Also we mowe þenke how þei þre eten to gedire euery day
at one litel borde, not preciouse & delicate metes.' bot symple &
sobre as was onely nedeful to sustinance of þe kynde. And aftur
mete how þei speken to gedire, & also perantere oþerwhile in hir   5
mete, not veyn wordes or dissolute.' bot wordes of edificacione ful
of wisdome & of þe holi goste, & so as þei weren fed in body, þei
were miche better fed in soule. And þen aftur siche manere
recreacione in comune.' þei wenten to praiere by hem self in hir
closetes. For as we mowe ymagine þei hade no grete house bot a   10
litel, in þe whiche þei hade þre seuerynges as it were þre smale
chaumbres, þere specialy to pray & to slepe. And so mowe we
þenk how oure lord Jesu crist, euery niȝht aftur praiere goþ to his
bedde lowely & mekely, shewyng in þat & al oþer nedes of
mankynde þat he was verrey man, & hidyng his godhede fro þe   15
fende.

A lord Jesu wele maiht þou be cleped hidde god þat
woldest in alle þis longe tyme þus trauaile & put to penance þat
most innocent body for oure sake, when þe trauaile of on niȝht
hade sufficede to redemption of alle þe worlde. Bot þi grete loue   20
to man made þe to do grete dedes of penance for him. And so ȝe
þat bene kynge of kynges & almiȝhti god withouten ende, þat
helpen alle men in hir nede & ȝiuen ȝoure godes to al oþer
plentyuously as euery condicion & state askeþ.' ȝe chase &
reseruede to ȝoure owne persone so gret pouerte, abieccione &   25
penance in wakyng in slepyng, abstinyng, etyng | & in alle ȝour   *f. 32ᵛ*
oþere dedes doyng, & þat in so longe tyme, for oure loue.

Lord god where bene now þei þat louen so miche þe lust
& þe likyng & þe ese of þe flesh, þat seken so bisily preciouse &
curiouse & diuerse ornamentes & vanytees of þe worlde? Soþely   30
we þat louen & desiren sech þinges.' we lerne not þat in þe scole
of þis maistre. For he tauht vs boþe by worde & by dede, mekenes,
pouerte & penance, & chastisyng of þe body. And siþen we be not
wisere þan he, if we wole not erre, late vs folowe him þat
souereyn Maystere, þat wole not begile & þat may not be   35
bygilede. And also aftur þe doctrine of his apostle hauyng
lyuelode & cloþing in þees be we apaiede, & þat in nede
couenable.' & not in superfluyte. And also in alle oþer vertues
lyuyng & exercises before seide, folowe we to oure powere oure
lorde Jesu, þat we mowe aftur þis wrecchede life in penance.'   40
come to his blisse, & þe life euerlastyng in ioy. Amen.

Of þe baptisme of oure lorde Jesu & þe wey þerto.
Capitulum xiiij

Afture þat xxix ȝere were complete, in þe whiche oure
lorde Jesus hade lyuede in penance & in abiection as it is seide.
5 in þe bigynnyng of hees xxx ȝere he spake to his modere & seide,
Dere modere it is now tyme þat I go to glorifye & make knowen
my fadere, & also to shew my self to þe worlde, & to worche þe
sauacion of mannus saule as my fadere haþ ordeynet & sente me
in to þis worlde for þis ende. Wherefore gude modere be of gude
10 confort, for I salle sone come aȝeyn to þe.

And þerwiþ þat souereyn maistere of mekenes knelyng
done to his modere asked lowely hir blessyng. And she also
knelyng & clippyng him derworþly in hir armes. with wepyng
seide þus, Mi blessed son as þou wolt, go nowe, with þi fadere
15 blissyng & myne, & þenk on me, & haue in mynde sone to come
aȝeyne. And so reuerently takyng his leue at his modere, & also
at his supposed fadere Joseph he toke his wey fro Nazareth toward
Jerusalem, & so forþ til he come to þe watere Jordan, where Jon
baptizede þe peple at þat tyme, þe whiche place is fro Jerusalem
f. 33ʳ þe space of xviij mile. | And so þe lord of alle þe world, goþ alle
21 þat longe wey barefote & alone, for he hade ȝit none disciples
gederet.

Where fore we takyng gude entent by inwarde compassion   Meditacio
of him in þis jurneye. speke we to him deuoutly in hert þenkyng   deuota &
25 in þis manere: notabilis.

A lorde Jesu, ȝe þat bene kynge of alle kynges whidere go
ȝe in þis manere al one? Gode lord where bene ȝoure dukes &
erles, knihtes & barones, horses & herneys, chariotes & sumeres
& alle ȝour seruantes & ministres þat sholde be aboute ȝow to
30 kepe ȝow fro þe comune peple in manere of kynges & lordes?
Where bene þe trompes & clariones & alle oþer mynstralsye &
herborgeres & poruyoures þat shold go before & alle oþer
wirchipes & pompes of þe world. as we wrecched wormes vsen?
Be not ȝe þat hie lord of whose ioy & blisse heuen & erþe is
35 replenishede? Whi þan go ȝe þus symply alone & on þe bare erþe?
Soþely þe cause is for ȝe be not at þis tyme in ȝour kyngdome, þe
which is not of þis world. For here ȝe haue anentishede ȝour self,
takyng þe maner of a seruant, & not of a kynge, & so ȝe haue   Aduena &
made ȝour self as one of vs, a pilgrime & a strangere as alle oure peregrinus
40 fadres weren, ȝe become a seruant to make vs kynges, & for we   ego sum
sholde sikerly come to ȝour rewm. ȝe came ȝour self shewyng vs   sicut omnes.

Nota con-
tra huius
mundi
dilectores.

þe trewe wey whereby we shold mowe come vp þerto. Bot lord
god whi leue we & forsake we þat wey? Whi folowe we not after
þe? Whi lowe we not & meke not oure self? Whi loue we & hald
we & coueyt we so bisily wirchipes & pompes & vanytees of þe
world? Soþely for oure rewme is of þis world, & for we knawe not 5
oure self here as pilgrymes & strangeres. þerfore we fallen in alle
þees folies & myscheues, & so we veyn mennus sones louen &
halden alday þinges þat bene veyn & fals. for þo þat bene gude &
trew, & þo þat bene temperele [&] euer feilyng. for þo þat bene
heuenly & euerlastyng. Trewly gude lorde if we desireden with a 10
sadde wille to 3our rewme. & oure confort were in heuenly
þinges, & also þerwiþ if we inwardly þouhten & knewen our self
here as pilgrimes & strangeres. we shold sone & li3htly folowe
3ow, & of alle | þees erþly & temperele godes takyng onely þat *f. 33ᵛ*
were nedeful to oure lyuyng. we shold not be taryed to renne aftur 15
3owe, bot as without birþen we shold go li3tly & fully despise &
set at no3ht alle þees world[es] richesse & godes.

   Bot now speke we forþermore of þe baptisme of oure lord
Jesu. What tyme þat he came to þe watere Jordane. þere he fonde
John baptizing sinfulmen, & miche peple þat was come þider to 20
here his predicacion, for þei helden him þat tyme as criste. And
þen oure lorde Jesus amongis oþer went to John, & praied him þat
he wolde baptise him with oþere. And John beholdyng him &
knowyng him in spirite. was [a]dredde & wiþ grete reuerence
seide, *Lord I sholde be baptizede of þe & þou comest to me? And* 25
Jesus answered, Suffre now, for þus it falleþ & besemeþ vs to fulfil
alle ri3twisnes. As who sey, Sey not þis now, & bewrye me not,
or make me not knowen, for my tyme þerof is not 3it come. Bot
now do as I bidde, & baptise me for now is tyme of mekenes, &
þerfore I wole now fulfille alle maner mekenes. Here seiþ þe 30
glose, þat mekenes haþ þre degres.

Nota tres
gradus
humilitatis.

   Þe first degre is. a man to be suget & lowed to his
souereyne, & not preferred or hiede aboue him þat is euen with
him in astate.

   Þe seconde is. to be suget to his euen like in astate, & not 35
to be hiede or preferred aboue his vndurlynge.

   Þe þridde & þe souereyn degre of mekenes is. to be suget
& lowede to his vndirlyng, þat is he þat is lasse in astate þan he.
And þis degre kept oure lorde Jesus at þis tyme, when he meked
him & lowede him to John. & þerfore so he fulfillede alle þe 40
perfeccion of mekenes.

   And þan when John sawh oure lordes wille þat most nede

be do: he dide as he badde & baptizede him þere.

Now take we here gude hede, how þat hie lorde of maieste dispoleþ him & doþ of hees cloþes as a noþer simple man, of þe peple, & aftur he is plunget in þat colde watere, & in þat colde
5 tyme as in wynter, & alle for oure loue, & for our hele ordeynyng þe sacrament of baptisme, & washyng þerwiþ none of hees owne synnes for he hadde none, bot oure filþes & oure synnes, & so
f. 34ʳ weddyng þere gostly to him holy chirch generally, | & alle trewe soules specialy. For in þe feiþ of oure baptisme we bene weddet
10 to oure lorde Jesu crist. Wherefore þis is a gret fest & a werke of gret profite & excellence. For in þis worþi werke alle þe holi trinyte was opunly shewed in a singulere manere. When *þe holi goste came done in þe likenesse of a doufe & rested vp on him, & þe voice of þe fadere seide, þis is my belouede sone, in whom it*
15 *lykeþ me wele, & þerfore Heire ȝe hym.* Vpon þe which worde seynt bernarde spekeþ in þis manere, Lo lorde Jesu, now is tyme to speke, & þerfore now bygynne & speke. How longe wolt þou be in silence? Me þenk þou hast longe tyme hald þi pees, ȝe & ful longe. Bot now speke for now þou hast leue of þe fadere. How
20 longe wolt þou þat art þe vertue of god & þe wisdome of þe fadere: be hidde in þe peple as he þat were feble & vnkonyng? How longe þou þat art þat worþi kyng of heuen, suffrest þi self to be clepede & also to be supposede & halden a wryhtes sone, þat is to sey Joseph? For as Luke in his gospell witnesseþ, ȝit in to þis
25 tyme of hese xxxᵗⁱ ȝere: Jesus was supposed & halden þe sone of Joseph.

A þou mekenes þat art þe vertue of crist, how miche confondest þou þe pride of myn vanite? For I kan bot litel, or more soþely to speke: onely it semeþ to me þat I kan: & ȝit now I may
30 not halde my tonge vnwisly & withoute shame, puttyng my self forþe, & shewyng me as wise, & so redy to teche & liht to speke: bot slow to here. And crist what tyme þat he helde his pees so longe, & also hidde him self fro þe knowyng of men, wheþer he dredde ouht veyn ioy? What sholde he drede veyn ioy þat was in
35 soþenes þe ioy of þe fadere? Bot neuerles he dred þis, not to him self: bot to vs, þe which he knewe wele hade nede to be adredde of þat veyn ioy. And in þat he spake not with his mouþe: he tauht vs in dede. And þat þinge þat he tauht aftur by worde, now he spake by ensaumple, þat is *Lerneþ of me for I am mylde & meke*
40 *in herte.* For of þe ȝouþe of oure lorde in to þis tyme of xxx ȝere: I hyre or rede bot litel more. Bot now may he no lengire be hidde: siþen he is so opunly shewed of þe fadere. Alle þees bene þe

[Nota bene Bernardum contra presumptuosos.]

[Contra presumptuosos.]

wordes of seynt Bernarde | in sentence confermyng þat was seide　*f. 34ᵛ*
before in þe nekst chapitre how þat oure lord Jesus mekely held
his pees in to þis tyme for oure doctrine to fle presumpcione &
kepe perfite mekenesse, þe which vertue ȝit here in his baptisme
he shewed more growen þen it was before, by souereyn lowenesse　5
opunly shewed to his seruant, makande him worþi & gret.́ & him
self as vnworþi & abiecte. And also in a noþer poynt, we mowe se
his mekenes here growen, for in to þis tyme as hit is seide he
lyuede lowely as in ydulnesse & in abiection, bot now he shewede
him self opunly as a sinfulman. For John prechede to sinful men　10
to do penance & baptized hem. And oure lord Jesus came among
hem, & in hir siht was baptized as one of hem, & þat was a
souereyn poynt of mekenes, namely in þis tyme, when he
purposed to preche & shewe him self as goddus sone. For as by
wey of mannus reson, he shold haue dredde þan of þat lowe dede　15
lest þerby aftur when he prechede he shold haue be in lasse
reputacione, & despised as a sinfulman & vnworþi. Bot þerfore
laft not he þat was maistere of mekenes, to meke him self in alle
manere of lowenes, to oure doctrine & ensaumple, shewyng him
self þinge þat he was not, in to despite & abiectione of him self.　20

　　　　¶ Bot we in contrarie maner shewen oure self þat we bene
not in to wirchepe & praisyng of oure self. For if þere be any
þinge in vs of vertue þat ouhe to be praisede.́ þat gladly we
shewen & maken knowe, bot oure defautes & trespasses we helen
& hiden, & ȝit be we in soþenes wikked & sinful. And þouh it so　25
be þat we knowen our self as in oure owne siȝht vnworþi, &
sinful, neuerles we wole not be halde so in þe siȝht of oþer. And
in þat is oure mekenes fer fro þe parfite mekenes of Jesu, as it was
here & before shewede. And in alle hese dedes he shewed it as þat

vertue þat is most nedeful to vs. Wherefore loue we hit & bisy we　30
hus principaly in alle oure dedes to kepe hit, not dredyng þerby to
be þe more vnable to profite of oþer. For as he was in þis tyme of
his souereyn mekenes in [þe] vndurfon[g]yng of his baptisme
taken of his seruant, shewed by witnesse of þe fadere & token of

þe holy gost | verrey goddus sone.́ So þouh we make vs abiecte &　*f. 35ʳ*
lowe vs neuere so miche in oure owne siht & in oþer mennes.́ if　36
we be able to profite to oþere, god wole make vs knowen in tyme
as it is most spedeful to oure owne mede, & to oþere mennes
profite. Amen.

Explicit pars secunda & contemplacio pro die Martis.́　40

Incipit pars tercia.

Of þe fastyng of oure lord Jesu & hees temptacions in Deserte. Capitulum xv.

What tyme þat oure lorde Jesus was baptizede, as it is
5 seide nekst before.' anone he went in to desert, & þere vpon a hille
þat was fro þe place of his baptisme aboute foure myle, & is
cleped Quarentana.' he fastede xl dayes & xl nihtes nouht etyng or
drinkyng, & as þe Euangelist Marke telliþ, his duellyng was þere
with bestes.

10   ¶ Now ȝiue we here gude entente to oure lorde Jesu.'
specialy & to hees dedes. For here he techeþ vs & ȝiueþ vs
ensaumple of many gret vertues. As in þat þat he here is solitarie,
& fasteþ & preyeþ, & wakeþ, & lyþ & slepeþ vp on þe erþe, &
mekely is conuersant with beestes. In þe whiche processe bene Nota bene
15 touched foure þinges, þat longen specialy to gostly exercise & processum
vertuese lyuyng, & [þat] wondurfully [helpen] eche oþere to de iiij^r.
gedere, þat is to sey, Solitary beyng, Fastyng, Prayere, & Penance
of þe body, by þe whech we mowe come best to þat noble vertue
þat is clennesse of herte, þe which clennes we oweþ souereynly to Puritas
20 desire in als mich as it is most nedeful to vs, & comprehendeþ in cordis.
it self alle oþere vertues in manere, þat is to sey, Charite,
Mekenesse, Pacience & alle oþer vertues. And also it putteþ awey
[alle] vices. For with vices or with defaute of vertues.' clennes of
herte may not stande & last. And þerfore in þat booke þat is
25 cleped *Collationes Patrum* it is seide þat al þe exersise of a
Monke shuld be principaly to gete & haue clennesse of herte, &
no wondur, for þerby a man shal deserue to se god. As crist him
self witnesseþ in þe gospel seying þus, *Blessed be þe clene in
herte.' for þei shul se god.* And as seynt Bernard seiþ, þe clennere Bernardus.
30 þat a man is, þe nerre he is god, & þe more clerely seþ him.

69

¶ Wherfore to gete & haue þis noble vertue þat is to sey clennes of herte, principaly helpeþ bisy & deuoute praiere of þe which we shole speke aftur.

| ¶ Bot for als miche as praiere with glutony or with þe lust *f. 35ᵛ* & þe likyng of þe body & ydulnesse is litel worþe. þerfore it 5 behoueþ þat þere be þerwiþ Fastyng & bodily penance, & þat with discrecion. For bodily penance withoute discrecion. letteþ alle gode werkes.

¶ Also for þe kepyng & fulfillyng of alle þo þre forseide þinges. helpeþ mich þe ferþe, þat is solitary beynge. For with 10 miche noyse & turblynge. praiere wil not wele & deuoutly be seide. And he þat seeþ & hereþ many þinges, shal ful harde ascape vnclannes of herte & offence of conscience, for oft siþes deþ entreþ be oure windowe in to þe soule.

¶ Wherefore þou þat wolt be knyt gostly to oure lord Jesu 15 crist, & coueytest in clannes of herte to se god, by ensaumple of him, go in to solitary place, & in als miche as þou maist, sauyng þin astate, fle þe cumpanye of fleshly men. Seke not by curiosite newe knowleches & frendeshipes. Fil not þin eyen & þin eres with veyn fantasies. For it was not without cause þat holi fadres here 20 before souhten desertes & oþer solitary places fer fro þe comune conuersacion of men. And also it was not for nouht þat þei tauhten & beden hem þat duelled in religiouse congregation, þat þei shold be blynde, defe & doumbe. And [þerfore alle] þat may let & desturble rest of soule, fle as venymous to þe soule.   25

Þis solitarye beynge & þis fleyng as seynt Bernard seiþ is more vertuesly in soule þan in body, þat is to say, þat a man in his entention in deuoucion & in spirite be departed fro þe world & men. & ioynede so in spirite to god, þat is a spirite, & askeþ not solitarye beinge of body bot in manere & in tyme, as specialy in 30 tyme of speciale preyer, & also in oþer tyme of hem þat ouhen by wey of hir degre [to] be solitarye, as recluse & sume religiouse. And þerfore seiþ þe same seynt, þou þat art among many bodily. þou maiht [be] solitary & alone gostly if þou wille not & loue not þese worldly þinges, þat þe comunate loueþ. And also if þou 35 despise & forsake þo þinges þat al men comunely desiren & taken. Also if þou fle stryfes & debates & if þou fele not with sorow þin owne hermes, & haue not in mynde wronges done to þe, fort be auengete. And elles þouh þou be alone & solitarye | in *f. 36ʳ* body. þou are not alone treuly in soule. And generaly in what 40 manere companye of men þat þou art conuersant, bewarre specialy of twey þinges, if þou wolt be treuly solitarye in spirite, þat is: þat þou be not a bisy & a curiose serchere of oþer mennus conuersatione or elles a presumptuose & temerarye demare of oþer men.

¶ Þis is seynt bernard sentence of solitary beynge, by þe
5   which we mowe vndurstand þat bodily solitude sufficeþ not, without gostly. Bot fort haue þe gostly: þe bodily helpeþ ful miche, puttyng awey occasion wiþout forþ, þat miht drawe þe soule withinforþ fro þe onyng & knittyng to hir spouse Jesu criste.

¶ Wherefor þat we mowe be so knit to him by grace: be we
10   about wiþ alle oure wille & miht to folowe him, þat is to sey. In trewe solitarye beinge as it is seid & in deuoute praiere. In fastyng & discrete bodily penance doynge.

¶ And forþermore [in þat] þat his conuersacione in desert was among beestes: we haue ensaumple fort lyue symply & bere
15   vs lowely in what maner congregacion we bene, & þerwiþ to bere paciently & suffre also hem: þat semen to vs as vnresonable & bestiale in maneres & in lyuyng.

¶ And þus hauyng in mynde þe maner of lyuyng of oure lord Jesu crist in desert so in penance þo xl dayes: euery cristen
20   soule ouht oft tyme to viset him þere by deuoute compassion, & specialy in þat tyme begynnyng at þe Epiphanye when he was baptizet in to xl dayes aftur, in þe which he fasted & lyued þere as it is seide.

¶ Bot now ferþermore at to his temptacion, when þo xl   *De temp-*
25   dayes of his fastyng were complete: oure lord Jesus hungret, &   *tatione*
anone þat fals temptour þe fende þat was bisy about to knowe   *domini.*
wheþer he were goddussone: came to him & begane to tempte
him of glotonye & seide, *If þou be goddussone sey þat þees stones*   *Prima*
be made & turnede in to loues. Bot he miht not wiþ his trecherye   *temptatio:*
30   deceyue him þat was maistre of treuþe. For he answered him so   *de Gula.*
wisly: þat neyþer he was ouercome by þe temptacion of glotony,
& ȝit þe aduersarie miht not knowe þat he desirede. For neiþer he
denyed nor affermede þat he was goddus sone: bot concludet him
by auctorite of holy writ. And so haue we here ensaumple of oure
f. 36ᵛ   lord Jesu, to wiþstonde þe | vice of glotonye. For þere most we   *De abstinen-*
36   begynne: if we wole ouercome oþer vices, as þe enemye comunely   *tia & contra*
begynneþ þerwiþ to asaile hem þat taken hem to gostly lyuyng.   *gulam nota*
Wherefore as it semeþ, he þat is ouercomen with þat vice of   *plenius infra,*
glotonie: þat while he is feble & vnmihty to ouercome &   *capitulo*
  xxiiij°.
40   withstonde oþer vices, as doctours seyn in þis place of þe gospel, þat bot Glotony be first refreynet: man traualeþ in veyn aȝeynys oþer vices.

Secunda.
De vana
gloria.

Afturwarde þe deuel toke him vp & bare him into
Jerusalem, þat was fro þat place about viij mile as men seyn, &
þere he sett him vpon þe pynnakle of þe temple, where he tempted
him of veyn ioy, coueyting to know as he dide before wheþer he
were goddus sone. Bot here was he also ouercome by auctorite of 5
holi writ, so þat he lost fully his purpose, in þat he hirt him not as
man be pride, & himself was neuer þe wyser of his godhede. And
here haue we ensaumple of pacience, consideryng þe gret
benignyte & pacience of oure lord Jesu þat suffrede him self to be
handlet & born of þat cruel beste, þat hatede him & alle þat he 10
louede.

Tercia.
De Auaricia.

And aftur þat tyme as seynt Bernarde seiþ þe enmye seyng
þat he shewede no þinge of þe godhede, & supposyng þerby þat he
was not god. tempted him aftur as man, at þis þridde tyme, when
he toke him vp eft, & bare him aȝeyn in to a ful hie hille beside þe 15
forseide hille of quarentana, as þe space of two mile & þere he
tempted hym of Auarice, & þerwiþ of ydolatrye. Bot þerfore was
he þere opunly reproued, & fully venkyshede & ouercome as
diuerse doctours tellen, þat expowen more pleynly þees
temptaciones & þis gospel, & þerfore we passen ouere þe 20
shortlyer here as we do in oþer expositiones, standyng principaly
in meditaciones, as it was seide at þe begynnyng of þis boke.

Nota de
temptacio-
nibus suf-
ferendis.

Ad hebreos
4.

If we take [þen] here gude hede how our lord Jesus was
handlet & temptede of þe enmye, we shole not wondur þouh we
wrecches be oft siþes tempted, for not onely he was tempted in 25
þees þre tymes, bot also as seynt bernard seiþ in oþer diuerse
tymes, as þe apostle seiþ, þat he was tempted in alle maner
temptacion þat longeþ to þe infirmyte of man without synne.

Forþermore when þe enmye was fully ouercome & gone
awey, Angeles | come & seruede & ministred him.   *f. 37ʳ*

Meditacio
deuota.

Bot nowe here take we gude hede & behold inwardly oure 31
lord Jesu etyng alone, & þe angeles aboute him, & þenk we
deuoutly by ymaginacion þo þinges þat folowen here aftur, for þei
bene ful faire & stiryng to deuocion. And so first we mowe aske
what maner of mete it was þat þe angeles seruede him of, aftur þat 35
longe fast? Here of spekeþ not holi writ, wherfore we mowe here
ymagine by reson & ordeyne þis worþi fest as vs likeþ, not by
errour affermyng bot deuoutly ymaginyng & supposyng, & þat
aftur þe comune kynde of þe manhode. For if we take hede &
speke of his miht aftur þe godhede. þere is no question. For it is 40
no doute, þat he miht make what þat him lust, & also haue of þo
þat bene & weren made at his owne wille. Bot we shol not fynde

þat he vsed þis miȝt & þis powere, for him self or for hees
disciples, in hir bodily nede. Bot for þe peple to shewe his
godhede, we reden, þat at twey tymes he fedde hem miraculously
in gret multitude of a fewe loues & fyshes.

5   Bot of hese disciples is writen þat in his owne presence,
þei plukkede eres of corn & eten hem for hungere as it sal folowe
here aftur.

Also what tyme he him self was wery of þe wey & sat
vpon þe welle, spekyng with þe woman samaritane: we rede not
10   þat he made mete fort ete: bot þat he sende hese disciples in to þe
cite to bigge hir mete, & so it is not likly þat in þis tyme aftur his
faste & bodily hungere he puruede his mete by miracle: siþen in
þis tyme he shewed onely his manhede. And also þer was no peple
þere fort wirche miracle to hir edificacion, as comunely he dide,
15   bot onely angeles weren þere presente. And siþen in þat hille was
no duellyng of men, nor mete redy diht: we shol suppose þat
angeles brouhten him mannus mete al redy diht fro an oþere place,
as it befelle to þe prophet Daniel. For as holi writ telleþ, what
tyme Daniel was put in to þe pitte of lyones, & Abacuk a noþer
20   prophete bare mete to his repsteres on þe felde: goddus angele
toke him vp by þe her of his hede, & bare him fro þennus in to
f. 37ᵛ   Babilone to Daniel fort be fedde with þat | mete, & aftur anone he
was born aȝeyn. And so in þat manere let vs ymagine here, & with   [Meditacio
gostly mirþe as it were rehetyng oure lorde Jesu at þis mete, &   deuota.]
25   also hauyng in mynde specialy his dere modere, þenk we deuoutly
in þis manere.

What tyme Sathanas was reprouede as a fals temptour &
vtturly dryuen awey: holi angeles in gret multitude comen to oure
lord Jesu aftur his victorye, & fallyng done to þe erþe deuoutly
30   honourede him & saluede him as hir lord, & almihty god, & oure
lord benyngly & swetely toke hem vp enclinyng to hem with his
hede, as it were knowelechyng him self verrey man, & in þat
sumwhat lasse & lowede fro angeles. And þen speken þe angeles
& seiden þus, Oure worþi lorde ȝe haue longe fastode, & it is now
35   ȝour tyme to ete: what is ȝour wille þat we ordeyn for ȝow? And
þan he seide, Goþe to my dere modere, & what maner of mete she
haþe redy: bringeþ to me, for þer is none bodily mete so lykyng to
me as þat is of hir diȝhtyng. And anone tweyn of hem goyng forþ:
sodenly weren before hir, & wiþ gret reuerence gretyng [or
40   saluynge] hir, of hir sone behalf: told hir message, & so of þat
symple mete þat she hade ordeynet to hir self & Joseph: þe
angeles tokene with a lofe & a towel, & oþer necessaryes, &

brouhten to Jesu, & perantere þerwiþ a fewe smale fishes þat oure
lady hade ordeynet þen, as god wolde. And so þerwiþ þe angeles
comyng. spraddene þe tuwaile vpon þe gronde & leiden brede
þeron, & myldly stoden & seiden graces with oure lord Jesu,
abidyng his blessyng, & til he was sette.   5

Vide
solitarie
& recluse.

        Now take gode entent here specialy þou þat art solitarye &
haue in mynde, when þou etest þi mete alone as without mannus
felashepe, þe manere of þis mete, & how lowely oure lorde Jesus
sitteþ don to his mete on þe bare gronde, for þere hade he nieþer

N.

bankere nor cushyne, & take hede how curteysly & how soburly 10
he takeþ his mete, not wiþstondyng his hungre aftur his longe fast.
Þe angeles serued him as here lorde, perantere one of brede,
anoþer [of] wyne, a noþer diht fishes, summe songen in þe stede
of mynstrelsye þat swete songe of heuen & so þei reheteden &
confortede hir lorde as it longe[d] to hem with mich ioy meynede 15
with compassion. Þis felawship hast þou þouh þou se hem not, |
when þou etest alone in þi celle, if þou be in charite, & specialy *f. 38ʳ*
when þou hast þi herte to god as þe oweþ to haue aftur þe biddyng
of þe Apostle, þe which seiþ to vs þat wheþer we eten or drinken
or any oþere þinge do. alle we shole do in þe name of oure lorde, 20
þe which name Jesus we shole algates blesse & þonk him in herte,
haue we miche haue we litel, haue we gude haue we badde, & so
ete oure mete þouh we bene alone. as þei we seene bodily þo
blessed angeles þat bene present gostly. And herewiþ hauyng
inwarde compassion of oure lord Jesu, & beholdyng in mynde him 25
þat is almi3ty god, souereyn lord & makere of alle þe worlde, þat
3iueþ mete to alle fleshly creatours. so mekede, & in maner nedet
to bodily mete, & þerwiþ etyng as a noþer erþely man. miche owt
we to loue him & þonk him & with a gladde wille take penance
& suffre disese for him þat so mich suffred for vs.   30

        Forþermore as to þe processe when oure lord Jesus hade
eten & seide grace[s], þat is to sey þonk[ynge] þe fadere in his
manhede of þat bodily refeccion. he badde þe angeles bere a3eyn
to his modere þat was laft, tellyng hir þat he sholde in short tyme
come to hir a3eyn. And when þei hadden do as he badde, & were 35
come a3eyn þat was in ful short tyme. he spake to hem alle þe
angeles þat þere weren & seid, Goþe a3eyn to my fadere & [to]
3our blisse, & recommendeþ me to him, & to alle þe court of
heuen, for 3it it behoueþ me to do my pilgrymage a while here in
erþe. And anone þerwiþ þei fallyng done to þe erþe & deuoutly 40
askyng his blessyng. aftur he hadde blessed hem, wenten vp a3eyn
to heuen, tellyng þere þees tydynges of his graciouse victorye, &

þerof was alle þe blessed court reioycede, & fulfilled in mirþe &
þonkyng of god. And þus & in þis manere we mowe þenke &
ymagyne þe forseide processe: to stiryng of oure deuotion as by
wey of meditacion. In þe whiche processe bene many gude
5 notabilitees touchyng temptacion of man in þis world, of þe
whiche seynt Gregoury & oþere doctours speken in þe exposition
of þis gospell, *Ductus est Jesus in desertum, &c.* & specialy
Crisostome in inperfecto, þe whech for þei bene sufficiantly
f. 38ᵛ writen, not onely in latyne, | bot also in english: we passen ouere
10 at þis tyme spekyng forþermore of þe turnyng aȝeyn of oure lord
Jesus home to his modere at Nazareth. And þen when he went
done fro þat hille & came to Jordane: John baptist als sone as he
sawh him come towarde him, with his fyngere put towarde him
shewede him & seide, *Lo þe lombe of god. Lo he þat doþe awey*
15 *þe synnes of þe world. He it is vpon whome I sawe þe holy gost*
rest, what tyme I baptized him.

¶ Afturwarde also a noþer day, when Jon hadde shewed
him as he dide first: Andrewe & Peture with oþer disciples speken
with him & hadden a bygynnyng of his knowlech as John telleþ in
20 his gospel.

¶ Afturward oure lord Jesus laft þat cuntre & toke þe way
toward Galile til he came to his modere at Nazareth, whom we
shole also folowe [here] by compassion of his gret trauaile alle þat
longe wey of lxxiiij myle, as it was seide before.

25 ¶ Ande what tyme þat he was come home, & his modere
hade þe siht of him: no wondur þouh she was gladde & ioyful in
so mych þat þere may no tonge telle. Wherefore anone she rose &
clippyng & kissyng him, welcomede him home, & þonked þe
fadere of heuen, þat hade brouht him safe to hir. Bot þerwiþ
30 beholdyng his face lene & pale: she hade gret compassion, & he
aȝeynward reuerently enclynande dide her worchipe as to his
modere, & also to Joseph as to his trowede fadere, & so duelled
he with hem as he dide before mekely bot in an oþere maner of
liuyng, as by shewyng without forþ of his perfeccion more &
35 more, as it sal shewe here aftur.

¶ Bot for als miche as hit were longe werke & perauenture
tediose boþe to þe rederes & þe hereres hereof, if alle þe processe
of þe blessed life of Jesu shold be wryten in englishe so fully by
meditaciones as it is ȝit hidereto, aftur þe processe of þe boke
40 before nemede of Bonauenture in latyne: þerfore here aftur many
chapitres & longe processe þat seme[þ] litel edificacion inne, as
to þe maner of symple folk þat þis boke is specialy writen to: shal

De redditu
domini a
temptaci-
onibus.

Nota bene
pro ordine
capitulorum
& modo
scribendi in
sequentibus.

be laft vnto it drawe to þe passion, þe which with þe grace of Jesu
shale be more pleynly continuede, as þe matere þat is most
nedeful & most edifying. And before onely þo materes þat semen
| most fructuose & þe chapiteres of hem, sholen be writen as god   *f. 39ʳ*
wole ȝife grace.   5

B.

*Vide in
capitulo
proximo
sequenti
quod hic
omittitur.*

¶ Wherefore as þe same Bonauenture biddeþ þou þat wolt
fele þe swetnesse & þe fruyt of þees meditaciones take hede
algate, & in alle places deuoutly in þi mynde beholdyng þe
persone of oure lorde Jesu in alle hese dedes, as when he stant
with hees disciples, & when with oþer sinfulmen. And when he   10
precheþ to þe peple, & how he spekeþ to hem, [& also when he
eteþ or takeþ oþere bodily sustenaunce] & also when he worcheþ
myracles, & so forþ takyng hede of alle hese dedes & hees
maneres, & principaly beholdyng his blessede face, if þou kynne
ymagine it, þat semeþ to me most harde of alle oþere, bot as I   15
trowe it is most lykyng, to him þat haþ grace þerof. And so what
tyme þat singulere meditaciones bene not specifiede. þis generale
shale suffice. Amen.

DE Aperitione libri in sinagoga. nota in capitulo sequenti.

How oure lord Jesus began to teche & gedire   20
disciples. Capitulum xvjᵐ

Afture þat oure lorde Jesus was come home aȝeyn to
Nazareþ, fro his baptisme & his temptacion as it is seide. he
began litel & litel to shewe himself, & to teche priuely & in party.
For as opunly & fully we rede not þat he toke vpon him þe office   25
of prechyng, alle þat ȝere folowyng, þat is to sey vnto þat tyme þat
he wrouht þe first miracle at þe weddyng, þat was þat self day
twelf moneþ þat he was baptized. And þouh he or his disciples
precheden in þe mene tyme oþerwhile. neuerles it was not so fully
nor so customably done before þat Jon baptist was taken &   30
enprisonede. as aftur. And in þat he ȝaf vs ensaumple of a
wondurful mekenes, when touchyng þe office of prechyng he ȝaf
stede to Jon, þat was miche lasse, & without comparison more
vnworþi þen he. And so we mowe se þat he began not with boste
& blowyng as many done. bot with mekenes litel & litel softly.   35
Wherfore vpon a sabbate day when he was come in to þe
sinagoge as he was wont to do with oþere as in þe chirch of Jues.

he rose vp fort rede in maner of a minstere or a clerke, & when
þer was take him þe boke of þe prophete ysaie: he turnede to þat
place where it is writen, & so he radde in þis manere, *þe spirite of*
f. 39ᵛ *our lorde | haþ restede vp on me. Wherefore he haþ anoynted me,*
5 & *fort preche to þe pore.´ he haþ send me &c.* And þan when he
hade closede þe boke & taken it to þe seruant: he sat done, & þan
he spake forþermore & seide, *þis day is þis scripture fulfilled in*
ȝoure eres.

Now take hede of him how mekely at þe byginnyng he
10 takeþ vp on him þe office of a redere as it were a symple clerke,
first with a benigne & louely chere redyng, & aftur expownyng it
mekely of him self, & ȝit not opunly expressyng or nemyng him
self, when he seiþ *þis day is fulfilled þis scripture,* as who sey, I
þat rede þis, þis day: am he of whom it spekeþ.
15 And þe eyene of alle þat were in þe sinagoge were set
bisily in him. And alle þei wondreden of þe wordes of grace þat
ȝeden out of his mouþe. And no wondere. For he was souereynly   Speciosius
faire & also most eloquente. As Dauid seiþ to him of boþe, *þou*   forma pre
art faire in shape passyng þe children of men, & grace is shedde   filiis homi-
20 *in þi lippes.*   num, &c.

Forþermore also oure lord Jesus bisying him about oure   De qua
sauacion: began to clepe & gedire to him disciples & so he cleped   vocatione
Peture & Andrewe þre tymes.   habetur
First tyme when he was about þe watere of Jordan, as it   Johannis
primo
25 was seid before, & þen þei comen sumwhat in to his knowlech,   capitulo.
bot þei folowed not him.

Þe seconde tyme he clepede hem fro þe shippe, when þei
weren about to take fishe, as Luke telleþ. Bot þen þouh þei herden   Luce vᵒ
his doctrine & folowede him: neuerles þei þouhten at þat tyme to   capitulo.
30 turne aȝeyn to hir propre gudes.

Þe þridde tyme as Mathewe telleþ, he cleped hem fro þe   Matthei 4ᵒ
shippe, when he seid to hem, *Comeþ aftur me for I sal make ȝow*   & Marci
fisheres of men. And þen laft þei hir nettes & ship & fadere &   primo.
folowed him.
35 Also in þo twey last tymes, he cleped James & John, as in
þe same place is made mynde of hem with Petur & Andrewe.

Also he cleped specialy John fro þe bridale as seynt
Jerome seiþ, bot þat is not expressed in þe text of þe gospel.

Also he cleped specialy Philippe, & also in a noþere place
40 Mathew þe publicane. Bot [of] þe maner of clepyng of þe
remnant: it is not expressely writen saue þat luke makeþ mynde   Luce vjᵗᵒ.
of þe xij apostles chosen & nameþ hem alle.

Nowe take we here entent to þe maner of him in þis clepyng & gederyng | of hese disciples, & of his conuersacion with hem, how louely he spekes to hem, & how homely he sheweþ him self to hem, drawyng hem to his loue, withinforþe by grace & without forþe by dede, familiarely ledyng hem to his modere house, & also goyng with hem oft to hir duellynges, techyng & enfourmyng hem, & so in alle oþer manere beynge als bisy aboute hem, & with als gret cure, as þe modere is of hir owne sone. In so miche þat as it is writen seynt Petur tolde, þat what tyme he slept with hem in any place: it was his custome to ryse vp in þe niht hem slepyng, & if he fonde any of hem vnhilede: priuely & softly hil him aȝeyne. For he loued hem ful tendurly knowyng what he wolde make of hem. As þouh it so were þat þei were men of rude & buystes condiciones, & of symple lynage: neuerles he þouht to make hem princes of þe worlde & cheueteynes of alle cristien men in gostly bataile, & domesmen of oþere.

f. 40ʳ

5

10

15

Here also lat vs take hede of what maner peple began þe feiþ & þe gronde of holi chirch, as of seche symple fysheres, pore men & vnlernde. For oure lord wolde not chese hereto grete clerkes & wise men or mihty men of þe worlde, lest þe grete dedes þat sholde aftur be done by hem, miht be aretted to hir worþinesse. Bot þis he reseruede & kept to him self as it was reson, shewyng þat onely in his owne gudnes & miht & wisdome, he bouht vs & sauede vs.

20

Blessed be he without ende Jesus. Amen.

25

Of þe miracle done at þe bridale of water turnede in to wyne. Capitulum xvijᵐ

BEfelle þat day twelf moneþ þat oure lorde Jesus was baptizede as it is seide, þere was made a bridale in þe contre of Galile, in a place þat was cleped þe Cane. Of þe which bridale þer is doute whos bridale it was. Bot we at þis tyme sholen suppose aftur þe comune opinion, þat it was of John þe Euangelist as seynt Jerome also telleþ, in þe prologe of þe Gospel of John.

30

At þe which bridale oure lady Jesu modere was, as she þat was þe eldest & most worþi of þe þre sisteres. And þerfore she was not byden [&] cleped þidere as oþere strangeres were: | bot she was þere in hir sistere house homely as in hir owne house, ordeynyng, & ministryng as maistrese þerof, & þat we mowe

35

f. 40ᵛ

vndurstande by þre euidences of þe processe of þat gospel.

First by þat þe gospel seiþ, first, *þat þe modere of Jesu was* Prima
þere, & aftur þat *Jesus & hese disciples weren cleped or byden* euidencia.
þerto. And so as we suppose it befelle, þat what tyme oure ladies
5 sistere Marie, Salome, þe wife of zebede shapt to wedde hir son
John. she 3ede before to oure lady to Nazareþ þat was fro þe Cane
about iiij myle, seyinge þat she wolde make a bridale to hir sone
John.

& so þen oure lady went wiþ hir, to ordeyn þerfore certayn
10 dayes before. So þat when oþer gestes were beden. she was þere
alredy & homely before.

Þe seconde euidence is, þat she knew þe defaut of wyne, 2ª euidencia.
wherfore it semeþ þat she sat not at þat mete as oþer gestes þat
were beden. bot at she 3ede about mynistryng as one of hem þat
15 delyuereden mete & drinke & oþer necessaries. Wherfore she
parceyuede by tyme & sauh þe defaut of wyne, & told priuely hir
sone þerof for help & remedy, & þat miht she not haue do, if she
had sette among oþer women, bot she had risen fro þe borde. þat
is not semely to be, & also it is not to leue. þat she þat was
20 vertuesly shamefast sat by her son amonge men. Wherfore it
foloweþ þat she sat not as a geste, bot ministred as it is seide
before.

Þe þridde euidence hereof is, þat she badde þe seruantes 3ª euidencia.
fort go to hir sone, & þat þei shold do what þat he bad hem do.
25 And so it semeþ, þat she was ouer hem, & þat þe bridale was
gouernede by here & þerfore she was bisy þat no defaut were
þereat.

Wherfore we mowe take hede & vndurstonde þe manere
of þis bridale, & þe processe of þe miracle þereat, þus:
30 First we shole beholde oure lord Jesu etyng þere among
hem, as a noþere comune man, & þat sittyng in þe lowest place &
not among þe grete & most wirchipful gestes abouen, as we mowe
vndurstande by þis processe. For he shold aftur teche þis lesson of
þe gospel, *when þou art beden to þe bridale or to þe fest. sitte &* Nota
35 *take þi stede in þe lowest place &c.* And for als miche as he wold humilitatem
first do in dede þat he shold aftur tech by worde. þerfore, he wold domini Jesu.
f. 41ʳ not | take þe first & þe principale sette in manere of proude men,
bot raþere þe lowest among symple men.

Herewiþ also beholde [we] oure lady his modere bisy þat
40 alle þinge were wele & couenably don, tellyng þe seruantes & þe
ministres how þei shold serue & whereof. And so aftur when it
drowe toward þe ende of þe feste. þei comen to hir & seide þere

is no more wyne. And she answerede, abideþ a litel. & I sal gete
ȝow to haue more. And she went out of þe chaumbre in to þe
halle, to hir son Jesus þat sat at þe bordes ende nihe þe chaumbre
dore & rownede him in þe ere, & seide, My dere sone, þei haue
nomore wyne, & she þis oure sistere is pore. Wherfore I ne wyte 5
where we shole haue more. And þan Jesus answered & seide,
What is þat to me & to þe woman? Þis semeþ a harde & a buystes
answere as to his modere. Bot neuerles it was seide in mistery &
for oure techyng as seynt bernarde seiþ, & as it shal be tolde aftur
þe processe. Bot of þis harde & strange answere as to semyng, his 10
modere was not disturblet nor in despeire. bot fully traistyng in
his gret godenes & benignite. she went aȝeyn to þe seruantes &
seide to hem, Goþe to my sone Jesus, & what so euer he seiþ &
biddeþ ȝow do. doþe. And þen at þe biddyng of oure lorde. þei
filleden þe stenes þat þere were ful of watere & anone at his 15
blessyng alle þe watere of hem was turnede in to wyne. And þen
he bad hem drawe þerof, & bere to þe Architriclyne, þat is to sey
þe most worþi persone of alle þe gestes in þat house.

In þe which biddyng we mowe se first þe discrecion of our
lorde. in þat he sende þat wyne first to þe most wirchipful man. 20
Also we mowe se hereby þat oure lord sat ferr fro him, in þat he
seide *bereþ to þe Architricline.* And so siþen he sat in þe hiest
place. it semeþ þat oure lord sat in þe lowest place, as it was seide
before.

And when he hade tasted þe wyne, & preysed it, & he & 25
oþere dronken þerof. þe mynistres þat knewen how it was made,
tolden opunly þe myracle, & þen hees disciples [be]leueden in
him more sadly as for þe first miracle þat þei seene done before
hem. And so in þat Jesus shewed his | blysse & his godhede.   *f. 41ᵛ*

After warde when þe fest was alle done. oure lord Jesus 30
cleped John by hym self. & seid, Leue þis woman þat þou hast
take to þi wife & folowe me, for I sal bringe þe to a better & more
perfite weddyng þen þis is. And anone without more. John laft his
wife þere & folowed Jesus.

In þe forseid processe we mowe note many þinges to oure 35
doctrine & edificacion.

First in þat oure lorde Jesus wold come & be present at þe
bridale & weddyng, he sheweþ vs þat matrimoyn & fleshly
weddyng is leueful & ordeynet of god. Bot in þat he cleped John
þerfro. he doþe vs to vndurstond, þat gostly matrimoyn is miche 40
more perfite & worþi.

Also in þat harde answere & straunge as to semyng, þat he

ȝafe to his modere whan he seid *What is þat to me & to þe* | Nota pro
woman? As seynt bernard seiþ, he tauht vs þat be religiouse & | religiosis.
haue forsake þe world, not fort be to bysy & haue grete care about | Bernardus
oure fleshly parens, so þat hir nede let not oure gostly exercise. | in sermone
5 For als longe as we bene of þe world, so longe we bene in dette to | de epipha-
oure parens, bot aftur we haue laft it & forsake oureself, miche | nia vj[to].
more we be fre & delyuerede of þe besinesse of hem.

And so we fynde writen þat þere came vpon a tyme to on | Narratio.
hermete or a monke þat hade forsake þe worlde & lyuede solitary
10 in deserte, his owne fleshly broþer, praying him of his help in a
certayne nede touchyng þe world, & he bad him go to hi[r] oþere
broþere þat was dede longe before. And whan he wondret of þat
biddyng & seide, þat he was dede as he knewe wele, þe monke
answerde & seide, þat so was he dede to þe world.

15 And so tauht vs oure lord Jesus, þat we þat haue forsake þe
world, shold not be bisy about oure parens & fleshly frendes,
ouere þat þat [þe] religione askeþ, when he answered to his
modere & namely to sich a modere seying *What is þat to me & to*
þe woman.

20 Anoþere vnderstandyng is in þees wordes þe which
doctours comunly tellen, & þerfore we passe ouer þat, at þis tyme.

Forþermore we haue here techyng of pacience & hope in | De paciencia
þe dede of oure lady, þat laft not for þat strange answere, as it is | & spe.
seide before. And so what tyme we clepen to Jesu for help at oure
f. 42[r] nede bodily or gostly, | þouh we fynde it not anone, bot raþere
26 hardnesse & contraryte, we shole not leue þerfore to calle vp on
him by gude hope, til þorh his mercy & grace þe vnsauory watere
& colde of aduersite & penance be turned in to wyne of confort &
gostly likyng.

Aftere þis miracle was done, oure lord Jesus willyng & | [Processus.]
30 purposyng soforþ to wirche & preche opunly for þe sauacione of
man, he went fro þat place with his modere & hees disciples in to
Capharnaum beside Nazareth, & after a fewe dayes, aȝeyn home
to Nazareth ledyng his modere by þe wey, & folowyng hees
disciples & bisily heryng hees wordes & his techyng. For he was
35 not ydul, bot euere dide & wrouht gude, or tauht & spake to
edificacion. And so do we in his name, þat blessed be without
ende. Amen.

Of þat excellent sermone of oure lord Jesu in þe hille. Capitulum xviij^m

When oure lord Jesus hadde chosen & gederet hees
disciples as it is seide, willyng to teche hem & enfourme hem þe
perfeccion of þe newe lawe. he ladde hem vp into a hille, þat is   5
cleped Thabor about two myle fro Nazareth aftere þe comune
opinion, & þere he made to hem a longe sermone & full of fruyte

Augustinus
de sermoni-
bus domini
in monte.

þe which as seynt Austyn seiþ in þe byginnyng of his boke þat he
made of þat same sermone. it conteneþ al þe perfeccion of cristien
lyuyng. For in þat sermone he tauht hem first whech men ben   10
blessed of god, & worþi to haue his blisse. Also he tauht hem þe
trewe maner of prayere, of fastyng & of almesdede, & oþere
vertues longyng to þe perfite life of man, as þe text of þ[at] gospel
opunly telleþ, & diuerse doctours & clerkes expowen it
sufficiantly, þe which processe we passen ouere here for als mich   15
as it is writen boþe in latyn & english in many oþere places. And
also it were ful longe processe to touch alle þe poyntes þerof here
as by maner of meditacione. Wherfore at þis tyme we shole
specialy note, þat oure lord began þis sermone first at pouerte,

Nota de
paupertate.

doyng vs to vndurstonde, þat pouerte is þe first grounde of alle   20
gostly exercise. For he þat is ouerleide & charget with temporel
gudes & worldly riches. may not frely & swiftly folowe crist, þat
is þe mirrour | & ensaumple of pouerte, namely he þat haþ his   *f. 42*^v
likyng & his affeccion vndre þees worldly gudes, for he is not fre,
bot þralle & as in bondage of hem. For of þat þinge þat a man   25
loueþ inwardly & by affeccione. he is made wilfully þralle &
seruant. And þerfore is þe pore man blessede, þat is to sey he þat
inwardly loueþ no þinge bot god, or for god, & þerfore he
despiseþ alle oþer worldly þinge for god. For in þat he is knit to

Bernardus
in sermone
4to de
aduento.

god as for þe more part. Wherfore seiþ seynt bernarde in a   30
sermone þat pouerte is a gret feþere or a gret wenge, þorh þe
which a man flieþ so sone in to þe kyngdome of heuen. For as to
oþer vertues þat folowen in þis place of þe gospel, þe mede of
hem is behey[3]t fort come as in tyme þat foloweþ aftur. Bot to þe
vertue of pouerte it is not onely beheyht fort come. bot as in tyme   35
þat is nowe present it is 3iuen of crist, by þe forseid wordes at þe
byginnyng of his sermone, þat bene þees, *Blessed be þei þat bene
pore in spirite, for hir mede is þe kyngdom of heuen.* Lo he seiþ
not *hir mede shal be*, bot as nowe, *hir mede is.*

N.   Also þei þat bene not only pore, bot pore in spirite, ben   40
blessed, for þerinne stant þe vertue of pouerte, & he is pore in

spirite.᷾ þat haþ litel of þe spirite of pride, þat is comune to
mankynde by þe first synne, as a man is cleped pore worldly þat
haþ litel of worldly gudes.

Bot now leuyng þis matere turne we vs to þe [manere of] **B.**
5 contemplacion, beholdyng oure lord Jesu howe lowely & mekely
he sitteþ vpon þat hille, & hees disciples about him, & with how
louely & sadde chere, he spekeþ þo wordes ful of edificacione &
techeþ þat noble lesson of souereyn perfeccion.

And also how mekely & entently hees disciples beholden
10 his blessed face & heren þo swete wordes, & setten hem bisily in
hir mynde. And so haue þei gret ioy & gostly likyng boþe in his
speche & in his siht.

And specialy as I hope þei were conforted in þat noble **N.**
short prayere þat he tauht hem among oþer in þat tyme, þat is þe
15 *Pater noster*. & þat for þe gret fruite þat þei feldone þerinne, & Pater noster.
also for þe gret trist & hope þat þei were put inne þerby. For as we Nota duo.
mowe wele suppose as to þe first, þat is þe fruyt þerof, not only Primum.
þei vndurstode it after þe lettur, bot also þerwiþ þei hadden þorh
f. 43ʳ | his grace þe gostly vndurstandyng of ech [parte &] peticion
20 þerof. And siþen þerinne is contenede þe askyng of alle þat vs
nedeþ to þe body & to þe soule, & þat touchyng oure temperele lif
in þis world, & þe lif euerlastyng in a noþer world, & alle
comprehendet in so short wordes.᷾ no wondur þouh þei hadden
gret likyng & confort in þat prayere by þe gret fruite þat þei
25 tastede þerinne. And so hauen alle þei þat þorh grace felene þe
gostly fruite & þe swete tast þerof.

¶ Also as to þe seconde confort in þat prayere þat is trist & Secundum.
hope, how miht hir trist & hope be more stablet & strenghede.᷾ þen
to se hym þat alonly knewe what was nedeful & spedeful to hem
30 to aske, & þat miht onely ȝiue it hem.᷾ tech hem þat peticion by þe
which þei miht not erre in hir askyng, nor faile of hir askyng. And
so he þat was domesman, made þe libelle in hir cause, aȝeynus þe
whiche he miht not ȝiue his dome & his sentence.

¶ Also he þat was lord made þe bille [to] hees seruantes,
35 fort aske onely þo þinges þat were nedeful to hem, & likyng to
him fort graunte. More confort miht not be touchyng prayere &
askyng in nede.

¶ And also more ouere þis confort of þis praiere was þe
more for als miche as nekst before in þe same place of þat
40 sermone, he reprouede þe praiere of ypocrites & oþer þat weren
not worþi to be herde. And so was þe medicine more confortable
& likyng.᷾ þat þe defaute & sekenes was oponede & tolde before.

¶ Alle þis confort sal we fynde in þis forseid praiere *Pater noster*, if we sey it deuoutly & not in dedely sinne. For oure lord Jesus made not onely þis prayere to his disciples þat were þat tyme specialy with him in þat hille. bot also to vs & alle cristien men generaly, þat sholde make hir praiere to þe fadere of heuen 5 in his name in to þe worldes ende.

¶ Bot þe more harme is. here is miche peple deceyuet, þat leueþ to mich þis most worþi praiere & beste. by singulere deuocion in oþer priuate praieres. or seying it without deuocion. As we mowe se alday many men & women beringe bedes with 10 trillyng on þe fingeres, & waggyng þe lippes. bot þe siht cast to vanytees & þe herte þat onely god knoweþ. as it is to drede, sette more vpon worldly þinges. Of þe whiche maner of peple spekeþ

oure lord god by | þe prophete & seiþ þus, *þis peple praieþ &* *f. 43ᵛ* *honoureþ me with hir lippes. bot hir herte is ferr fro me.* 15

Bot for als miche as þis matere is spoken of in many oþer tretees & bokes boþe in latyne & in english. & þis praiere sufficiantly expowenet. þerfore we passen ouer more shortly at þis tyme hereof.

Bot one þinge touchyng þis praiere, soþely I trowe þat 20 whoso wole ȝiue his entent fort sey it with deuocion & haþ an inwarde desire to þe gostly vndurstondyng þerof, settyng his herte þerto als miche as he may when he seiþ it boþe in comune & in priuate. he shale þorh grace by processe of tyme finde so miche confort þerinne, þat þere is none oþere praiere made of man þat 25 shal be to him so sauory & so effectuele in what so euere nede or case he be stirede specialy to pray for remedy & help to god. And so shale he fynde in his soule whan god wole ȝife his grace with gret likyng diuerse vndurstandyng þerof most pertynent to his desire & þat. oþere þan is writen in þe comune exposicion þerof, 30 or perantere þan he can telle.

Bot miche folke as seruantes & hirede men haue more wile to praye for speciale mede þat þei coueyten here þan as trewe sones. for þe loue & þe pleysyng of oure fadere god of heuen. And so þei setten more hir likyng & bisinesse in a priuate praiere 35 made of man to oure lady or to oþer seyntes of heuen. þen þei done in þis generale praiere made of god him self, þe which without dout is most pleisyng to him, & most spedeful to vs, & þerfore þei bene deceyued in many maneres. I speke not here of þe sawter & þe seruice in holy chirch. 40

Neuerles also oþere deuout praieres made to god & to oure lady & oþere seyntes bene gude to be seide after þat þe deuocion

of men is stired to sey hem in conable tyme, so þat þei sette not
hir affeccion þe lasse vpon þis most worþi praiere *pater noster*. As
miche folk in þe seying of oþere priuate praieres, setten al hir
entent & speken hem with grete deuocion. Bot in þe seying of þe
5 *pater noster* þei bene to negligent & rablene it forþ without
deuocion. And þat makeþ oft speciale mede temperel þat þei
hopen fort haue by þe seying of sech priuate praieres as to |
*f. 44*ʳ ouercome hir enmyes or fort be kept fro fire or watere or sudeyn
deþ [and] oþere bodily periles. [Bot] þat is a gret foly to trist vpon
10 by þe seying of any praieres.' without rihtwise lyuyng. And also
men shold not desire seche speciale temporele medes, bot onely
as it is þe wille of god, þat alonly knoweþ what is spedful to vs, &
þat without doute shale gete vs most effectuely of eny oþer praiere
þe *pater noster* if it be seide treuly with deuocion & specialy by
15 þat peticion & askyng, *Fiat voluntas tua sicut in celo & in terra,*
þat is to sey, Oure fadere in heuen, *þi wille be done in alle þinge*
as in heuen.' so in erþe. And so if it be best to vs fort be kept fro
fire or watere or sudeyn deþ or any oþere bodily perele.' without
dout oure fadere of heuen god, wole ȝiue it vs, aftur þe forseide
20 peticion with rihtwise lyuyng, & elles not, sey we neuer so many
[siche] priuate prayeres. For as we rede alday of diuerse martires
& seyntes, þat sume were brent, sume drouned & in oþere diuerse
maneres put to shamful deþ as to þe world & þat was best to hem,
& encrese of hir ioy in [þe] blisse of heuen.
25   Wherfore it hade bene a gret opun foly to hem as we wele
mow wite, to haue praiede fort be kept fro siche bodily harmes, or
periles, & as anentes sudeyn deþ.' it is spedeful to many men, fort
haue siche deþ shameful to mannus siht as seynt gregour telleþ, be
ensaumple of þe prophete Abdo þat was weried of þe lyone, þat
30 god purgeþ oft tyme here rihtwise men, by siche shameful deþ.
        For as holi writ witnesseþ soþely, *þe rihtwise man if he be*   Justus si
ouercome by any maner of bodily deþ, his soule salbe sauede, &   morte pre-
he set in rest euere lastyng.   occupatus
        Neuerles we preyen oft & þat leuefully to be kept fro   fuerit.
35 sudeyn deþ.' bot þat is vndurstonde þat we be not combret with
dedely synne, þerinne to deye without repentance of herte & shrift
of mouþe, & þerto as I hope is most best & effectuele praiere þe
pater noster specialy in þe tweyn last peticiones & askynges
þerof, by þe whech we prayen almihty god fadere of heuen *þat he*   Et ne nos
40 *suffreþ vs not to falle & to be cumbret with temptacion of dedely*   inducas in
synne, bot þat he kepe vs & deliuere vs fro alle wikkednes. Amen.   temptacio-
   nem, sed
*f. 44*ᵛ   And þouh | it so be þat þe matere of þis worþi praiere be   libera &c.

so plentyuous, & also þe desire of þe writere here of were, to
speke more þerof. neuerles for it is writen in so many oþere places
as I hope sufficiantly, & also for þe gret processe þat foloweþ
after. we leuen þis matere at þis tyme, & alle þat fructuose
sermon, þat oure lorde Jesus made to hees disciples in þat hille   5
before [seyde], goyng done with him by deuout contemplacion, &
beholdyng how þat after þat noble lesson tauht in þe hye hille, as
it was skilful for þe hie perfeccion þerof. oure lorde Jesus came
done with þat meke folk of hees disciples, spekyng also homely
with hem by þe wey, & þei as þe [bryddes or] chikenes of þe   10
henne, folowen him with miche gostly likyng, coueytyng eche
before oþer to be nekst him & here his vertuese & swete wordes.

  And aftur he was come done. miche peple come aȝeynus
him, bringyng diuerse seke folk & many, as þe gospel telleþ by
processe, þe whech alle. he ful of mercy heled & made hole boþe   15
in body & soule.

  And þus shortly we passen ouere here miche processe of
þe gospel & many chapitres of þe forseid boke of *Bonauenture*,
for þe litel edificacion of hem as it semeþ nedeful to symple
soules, to whech þis boke is specialy writen in english. as it haþ 20
oft be seide here before.

  And so leuyng þis processe in many places. we shole onely
telle þe notabilitees þere vpon shortly to edificacion. Amen.

Of þe seruaunt of Centurio, & þe sone of þe lytell kyng helyd of owre lord Jesu. Capitulum xix.   25

  IN þis gospel in þat oure lorde mekely vnpraiede went
bodily to hele þe seek seruant, & wolde not go to þe kyngessone
praiede. oure pride is reprouede, in þat we in contrarie maner
bene redy & leue to go to riche men & mihty þat we mowe be
worldly wirchipede by, & to pleyse hem, & do þe seruice þat we   30
mowen for worldly mede, bot we bene loþe to go to pore men &
simple, or to helpe hem in hir nede for gostly mede lest it were
aȝeynus oure wirchipe, as seynt gregory noteþ in þis place.

Of þe palatyk man let don in his bed be þe house helyng, and heled of owre lord Jesu [þorh þe byleue of hem þat beren him]. Capitulum xx^m.

f. 45^r

5

10

15

IN þis gospel we haue ensaumple | & doctrine, þat oft siþes bodily sekenes.' comeþ of gostly sekenes, þat is synne, & þat þe helyng of gostly sekenes.' is oft cause of bodily hele. In þat oure lord first forȝafe to þe paletyke hees synnes, & aftur heled him of þe bodily palesye.

Also here we mowe se þe grete vertue of trewe byleue, in þat, þat þe feþe & þe byleue of one man.' helpeþ & saueþ a noþer. As þe feiþ of þe bereres of þis paletike man.' sauede him, & also in þe nekst chapitre before, þe feiþ of Centurio.' gate hele to his seruant. And also here aftur, þe feiþ of þe woman chanane.' sauede hir douhter. And so it falleþ now alday, þat childrene baptizede & aftur dede before þe ȝeres of discrecion.' bene sauede in þe feiþ of hir godfadres þorh þe merite of criste. And þis is opunly aȝeynus sume heritikes þat holden þe contrarie opynion.

Nota de in-firmitatibus corporalibus & spirituali-bus.

De virtute fidei.

How þat Martha was helyd of hyre sekenesse be towchyng of þe hemme of owre lordys clothyng. Capitulum xxj^m.

20

25

30

ÞE gospel nemeþ not þe woman þat was heled by þe touching of þe hemme of Jesus cloþinge. Bot seynt Ambrose & oþer doctoures seyn þat she was Martha þe sistere of Marie Maudeleyn.

By þe hem of Jesus cloþing as seynt Bernerde seiþ, may be vndurstonde, euery meke seruant of god, þe whiche in any vertuese dede þat he doþe oweþ to knowe treuly in herte & knowlech opunly by mowþe, þat onely god is þe principale doere þerof & nouht he, as þe clouþe heled not, bot oure lord Jesus þat werede þe cloþe.

Fimbria vestimenti domini Jesu.

Of þe conuersyon of Marie Maugdelyn. Capitulum xxij[m].

Oure curteise lord Jesus was praiede [or beden] of
Symonde þe leprose on a day to ete with him, & þerto he
grauntede gladly, & came to mete as he was wont to do oft siþes, 5
boþe of his owne curteysie, & also for þe loue & þe zele þat he
hade to þe sauacion of mannus soules, for þe whech he was made
man. For so etyng with hem & benyngly comunyng with [men] he
drou[ȝ]e hem vnto þe loue of him. Also for als mich as he made
him self so perfitely pore, þat he toke none possession of worldes 10
godes for him self or for hees.' þerfore þorh þat loue of pouerte he
þat was þe mirrour of mekenes, what tyme he was preyede or
bidene to mete.' toke it for þe tyme & þe place.' mekely | & with   *f. 45*[v]
curteyse þonkyng, & gode wille. And þan befelle þat Marie
Mawdeleyn, þat perantere oft tyme before hade herde him preche 15
& þorh touching of his grace was gretly stired to compunccion &
to þe feruent loue of him, þouh it were ȝit priuely hidde in hir
herte.' when she herde & knewe þat he was at þe mete in þe house
of þe *forseid symonde.' she was so feruently touchede with sorow
of herte* withinforþe for hir synnes, & also with þe brennyng fire 20
of his loue.' þat she miht no lengir abide, bot anone she went to þat
forseid house where Jesus satte at þe mete, considering þat
without him she miht not be saue nor haue forȝiuenes of hir
sinnes, & so she went bo[ld]ly in to þe house, & as she hade
forȝete hir self takyng no rewarde to þe gestes þat þere were at þe 25
mete, haldyng done hir face & hir eyene to þe erþe, she letted not
til she came to him þat she souht & inwardly louede oure lord
Jesu. And anone þen she felle done to þe gronde prostrate at hees
fete, & with grete inwarde sorowe & shame for hir synnes spake
in hir herte to him, þenkyng as it were in þis manere: 30
My swete lorde I wote wele & treuly knowlech þat ȝe ben
my god & my lorde, & þat I haue offendet ȝour hye maieste in
many gret offenses & trespasses, in so miche þat I knowlech
soþely þat my synnes bene without noumbre as þe grauele of þe
see. Bot for als miche as I byleue þat ȝour mercy passeþ al þinge.' 35
þerfore I wrecchede & sinful come to ȝowe & fle to ȝour grete
mercy forþenkyng inwardly of þat I haue offendet, & askyng
mercy & forȝiuenes. And I behete with al my herte amendment of
my synnes & þat I shal neuer to my powere forsake ȝour
obedience. Gode lord put me not fro ȝow, & forsake not my   40
repentance for oþere refute I wote wele þat I may no[t] haue, &

also I wole not haue, for I loue ȝow souereynly aboue al oþere.
Wherfore gude lord forsake ȝe not me, bot punesh ȝe me at ȝour
wille, neuereles I aske algate mercy.

5 And herwiþ with grete trist of his mercy & inwarde
affeccion of his loue: she kissed his fete oft & sadly wepyng &
shedyng teres so þikke þat she weshe hese fete with hem. And so
f. 46ʳ it semeþ [h]erby, þat oure lord Jesus went | barefote.

Discalcatus
Jesus.

After when she hade wele wept wiþ grete drede of hir
vnworþinesse þat hir teres shold touche oure lordes fete: she
10 wiped hem with hir her, deuoutly, for she brouht no þinge with hir
so precious to wipe hem wiþ. And also she wiped hem with hir
her, in amendment of þat she hade before trespassede with hir her,
þat is to say: as she hade before vsed it in pride & vanite: þan she
wolde put it to þe vse of mekenes & deuocion. And also for þe
15 feruent loue & deuocion þat she hade to him, she wold not be
letted þerof, by þe fecchyng of any cloþe to wipe hem wiþ, bot so
wipyng hees fete with hir her, & after deuoutly kyssyng hem oft
siþes: aftur she anoynted hem with a preciouse oynement þat she
brouht with hir, supposyng perantere þat oure lordes feet were
20 harde of þe wey, & also for inwarde deuocion byginnyng with
drede at his fete, as she dide after with more boldenes of loue
anoynt[ynge] his hede.

Lord god whoso wolde inwardly þenk & take hede to þis
dede of þis woman, & al þe circumstance[s] þerof: miche gostly
25 fruite sholde he fynde þerinne, stiryng to inwarde repentance of
synne, & to trewe loue of Jesu, & grete deuocion.

Nota.

Bot now forþ as to þe processe, take we hede also of þe
manere of oure lorde Jesu in þis tyme, how benyngly & paiciently
he suffreþ hir do al hir wille, for it liked him ful wele, knowyng
30 þe inward affeccion & þe trewe loue of hir herte. And so al þat
tyme he cesed of etyng, & also with him alle þe gestes, wondryng
of þe woman, & of þat vnkede dede, & of þe pacience of oure
lorde Jesu & his suffrance of hir.

And specialy þe maistere of þe house Symonde, demede
35 him gretely in his herte, þat he wolde suffre siche a comune sinful
woman touche him so homely, & in þat he þouht þat he was no
profete supposyng þat he knewe hir nouht. Bot oure lorde þat
passyng alle oþer prophetes, knewe þe leste þouht of mannus
herte, answerede opunly to his priuey þouhtes, shewyng þerby him
40 self a verrey prophete & more þan a profete. And by an ensaumple
of tweyn dettours: he concludet him iustifiyng þe woman þat he
held so sinful & preuyng þat she louede him more, & shewed him

more token of loue by hir dede.́ | þan he with alle his feste, & so   *f. 46ᵛ*
shewyng, þat not onely þe perfeccion of alle vertues, bot also þe
iustifying of þe sinfull, stant principaly in trewe loue of god.́ he
siede to Symonde as for a conclusion þus, *Many sinnes bene*
forȝiuene hir, for she loued miche.   5

And þen he turnede him to Maudeleyn, & seide to hir as
for a fulle ende of þat she askede, *þi feiþ haþ sauede þe, go now*
in pees.

A lorde Jesu how swete & likynge was þis worde to hir, &
with how gret ioy þa[n] she went awey! Soþely it was so likynge.́ 10
þat as I trowe it went neuer aftur out of hir mynde. And so was she
perfitely conuertede to Jesu, leuyng hir sinne fully, & liuyng euer
after in al honeste holily & drawyng algate to him & to his modere
without departyng perseuerantly.

N.
Notabilia.

In þe forseide processe & þe sentence of þis gospel bene 15
many grete notabilites to oure edificacione of þe whiche we shole
touch sume in partye. First as to a souereyn confort of alle sinful
folke we haue here opunly shewede in oure lorde Jesu þe

Misericordia
domini.

abundance of his endles mercye, þat so sone & so gladly forȝafe
so many grete sinnes & trespasses of þis sinful woman, & so doþe 20
he to alle þat trewely desiren & asken his mercy, but here behoueþ

Caritas
hominis.

charite & trewe loue, þat was so specialy comendet of him in þis
woman, þe which onely reformeþ pes by twix god & þe sinful
man, as þe apostle seiþ, þat *charite couereþ þe multitude of*
sinnes, & without þe which it is impossible to pleys god.   25

Bernardus
super canti-
ca sermone
xxvijᵒ.

For as seynt bernarde seiþ, þe quantite of euery mannus
soule shale be taken & estimede after þe mesure of charite þat is
þerinne, þat is to sey, þat soule þat haþ miche of charite.́ is gret,
& þat haþ litel.́ is litel, & þat haþ noght.́ is nowht, as seynt poule
seiþ aftur þe rehersyng of many gret vertues.́ concludyng þus, *If* 30
I haue not charite.́ soþely I am nouht. And þerfore seid oure lord
of þis woman, þat for she louede miche.́ þerfore she hade miche
forȝiuene as it was seide before.

N.
Vera peni-
tencia pro
peccatis.

Forþermore also here haue we ensaumple of trewe
repentance & penance þat is nedeful to forȝiuenes of synne.́ 35
shewed in þis woman Maudleyn, as we haue herde, þe whiche
penance as alle holy chirch techeþ, stant in sorowe of herte in
shrift | of mouþe & in satisfaccion of dede.   *f. 47ʳ*

Contra
lollardos
nota de
confessione.

Bot here perantere sume men þenken aftur þe fals opinyon
of lollardes þat shrift of mouþe is not nedeful, bot þat it sufficeþ 40
onely in herte to be shriuen to god, as þ[is] forseide woman was,
for þe gospel telleþ not þat she spake any worde by mouþe, & ȝit

was hir sinne fully for3iuen as it is seide, & as it semeþ þis is a
gret euidence for þat opinion.

Bot hereto is an answere resonable þat oure lorde Jesus to
whome she made hir confession in herte.' was þer in bodily
5   presence verrey god & man, to whom by vertue of þe godhede was
also opune þe þouht of hert.' as is to man þe spech of mouþe, as
oft siþes þe processe of þe gospel [sheweþ], & specialy here
opunly, boþe of þe woman & also of þe pharise þouht. Wherfore
þe þouht of herte onely was þan to him als miche, as is now
10 þerwiþ spech of mouþe to man bodily. And for als miche as nowe
in þe newe lawe what tyme þat we sinnen dedely, we offenden
him not onely after his godhede, bot also after his manhede þat he
bouht vs with, fro synne & gostly deþ, þerfore vs behoueþ to do
satisfaccion to him after boþe kyndes, by trewe penance
15 knoweleching oure trespasse boþe to god & man, & askynge
for3iuenes. And siþen we haue not here his bodily presence as
Maudleyn hade.' þerfore in his stede vs behoueþ to shewe to þe
preste by worde, þat we haue offendet him as man, as we shewen
to him by repentance in herte, þat we haue offendet him as god,
20 þat is to sey at þe leste by dedely sinne. For þerby onely we be
departede fro him & vnkyndly lesen þe grete benefice þat he 3afe
vs in his manhede.

Wherfore if we wole be restorede a3eyn, & knit to him as
we were before in grace.' we most do satisfaccion not onely to him
25 as to god.' bot also as to man, þat we haue so forsake by dedely
sinne in manere as it is seide.

And so as holy chirch haþ resonably ordeynet & beden
knowlech by mouþe & make oure confession trewly of oure sinne
to þe prestes þat he haþ specialy ordeynet in his stede as his
30 vikeres hereto, by þo wordes of þe gospel þat he spake to hese
disciples when he seid to hem þus, *What so euere 3e bynden in*
f. 47ᵛ   erþe.' it sal be bonden | in heuen, & what þat 3e vnbynden in erþe.'
sal be vnbonden in heuen.

Of þis trewe penance nedeful for dedely sinne, not onely
35 by repentance in herte, bot also by shrift of mouþe to þe preste in
goddus stede if we mowen.' for more god askeþ not, & þerwiþ of
dewe satisfaccion folowyng.' we haue perfite ensaumple opunly
shewed in þis blessede woman þat was before so sinful Marie
maudleyn in þe processe before seide of þis gospel, as it is opune
40 ynogh touching þe first part & þe last, þat is to sey repentance &
satisfaccion. & as to þe seconde þat is confession.' þouh we rede
it not of hir by worde spekyng, for þat was no nede to him þat

knewe fully hir herte oure lord Jesu þere beynge in his bodily
presence as it is seide꞉ neuerles she shewede þe effecte of þis
confession parfitely in dede, in þat þat she wolde not shewe hir to
him in priuete as sinfulle, & askyng mercy, as she miht haue done
by twix him & hir, or elles onely before hese disciples꞉ bot   5
sparyng for no shame, þat is a gret part of penance in confession,
she chace þe place & þe tyme where it miht be to hir as opune
reproue & shame, þat was in þe house of þe pharise, þe which she
knewe wele hauynge indignacion & despite of þe sinful, & also at
þe mete when it sholde be most wondring to him & alle his gestes 10
vpon hir for þe reproue & þe shame þat she hade of hir sinne was
so gret wiþinforþ꞉ þat she forȝate al shame & reproue
withoutforþ, & so in þat dede she knowelech[ed] opunly hir synne
in generalle, & also by wille in speciale, not refusyng fort haue
herde it rehersede & opunly tolde of him þat she came to, oure 15
lord Jesu, þe which as she wist wele knewe in speciale þe lest part
þerof, & þat miht resonably haue reprehendet hir opunly of it, or

Nota fidem
spem &
caritatem
requisitas
in contri-
cione vera.

he hade forȝiue it. Bot oure curteise lord ful of grace & of mercy,
sawh þat verrey contricion in her herte, & þat gude wille grondet
in trewe byleue þat he was verrey god, & þat miht fully forȝiue hir 20
synne as him likede, & þerwiþ þat she hade ful hope to haue his
grace & forȝiuenes, & also þe feruent loue þat she hade to him, þe
whech þre vertues bene nedeful to euery man þat wole haue
forȝiuenes of synne. And so without any more penance he fully
forȝafe | alle hir sinne, & bade hir go in pes, þat was pes of *f. 48ʳ*

Nota.

conscience fully made by twix hir & god & manne. For hir trewe 26
feiþ & byleue in þe whiche were grondet perfitely hope & charite,
as it is seide꞉ had made hir safe. And so shal it þe most sinful man
þat is or euer shal be, if he haue it trewly grondet in his herte by
verrey contricion as she hadde, for þan without doute he wole not 30
spare for any shame to knowelech his sinne by worde opunly to
man in goddus stede꞉ as she dide by wille to him þat was boþe god
& man as it is seide.

Ratio
quorundam.

　　　　Bot here perantere semeþ to sume men þat as þe sinful
man shal folowe þis woman by trewe forþinkyng of his sinne꞉ so 35
sholde þe preste folowe oure lorde in liȝt forȝiuyng shewede
þerof, enioynyng no more penance þan he dide þerfore.

Responsio.

　　　　Bot here answeren holi doctours þat seyne, þat þe
contricion & forþinkyng of synne may be so grete & so parfite, þat
it sufficeþ without any more penance to ful forȝiuenesse þerof, þe 40
which þere as it is, if þe preste miht se & fully knowe꞉ he shold
ȝiue nomore penance. Bot for als miche as man seeþ not þe herte

as oure lord Jesus god & man dide. & so he may not knowe it, bot
in party as be tokenes without forþ. þerfore as for þe siker part he
shal enioyne penance for sinne, more or lasse as holi chirche haþ
ordeynet. And wold god þat alle sinful peple wold folowe þis
5 woman in trewe forþenkyng, & þen without doute þei shuld haue
of god ful forȝiuyng, were þe penaunce more or lasse of þe prestes
enioynyng.

 Forþermore in þe forseide processe of þe gospel, oure
lorde Jesus ȝafe ensaumple to þe preycheres of godes worde þat
10 þei shold not spare in tyme to sey þe soþe, for displesyng of hem
þat feden hem, or ȝiuen hem oþer bodily sustinance. In þat not
wiþstandyng þat þe pharise fed him as he dide oft, he reprehendet
him opunly in his owne house of his mysbyleue & of his fals
þouht in þe whech he hade indignacion of þe sinful woman, & as
15 it wolde seme to stiryng of his grete mawgreþ. he spared not to
iustifie þat woman þat he demed so sinful, shewynge hir more
louynge god þan he, & þat she was saued by hir trewe byleue,
before him þat failed þerof.

 Bot not wiþstandyng þis, on þat oþere side þe pharise laft
f. 48ᵛ not aftur to fede him, & do him | humanyte, as many men now
21 done, þe whech what tyme þat a soþe is seide, þat is contrarie to
hir wille or opinione. þei withdrawen hir humanyte & affeccion
fro him þat seiþ it, be he neuer so gude or vertuese in lyuyng. And
soþely in þat condicion, þei shewen hem self what so euere þei
25 bene vnlouyng to Jesus þat is verrey soþefastnes, & more vnkynde
þen was þis pharise, & so worþi more reproue of him & more
peyne. Neuerles þe prechour, or an oþere gostly man þat
representeþ cristes persone, shal not spare to sey þe soþe in tyme.
for drede o[f] mawgreþ, or wiþdrawyng of fauour or any temperel
30 profite, if he wole be þe trew membre of criste. And souereynly be
he warr of gloysyng or fauour to errour. for þat is most
abhominable.

 Also in þis forseid processe of þe gospel, in þat þat oure
lord Jesus rehersede to þe pharise þe gude dedis of þe woman, in
35 þe whech he failed, as þat she woshe hese fete with hir teres, þat
he dide not with watere, & so forþ of oþere, & þerwiþ he tolde not
what he dide to him, þat she dide not. we haue ensaumple &
techyng what tyme we bene temptede to iustifying of oure self &
reproue of oþer. þen to þenk & haue in mynde þe gude dedes &
40 vertues þat ben or mow be in þat oþere man, forȝetyng oure owne
gude dedes or vertues, & bryngynge to mynde oure defautes, &
trespasses, & so shole we vertuesely deme oure self & excuse

oþere, & so profite in þe vertue of trewe mekenes, þat he graunt vs. mirrour of mekenes blessede Jesus. Amen.

Hic pretermittuntur duo Capitula de Johanne Baptista.

Of þe spekyng of ovre lord Jesus wyth þe woman samaritane at þe pyt [of watere. Capitulum 5 x]xiij^m.

BEfelle vpon a tyme þat as our lorde Jesus shuld go fro þe cuntre of Juda in to Galile, he most make his wey by þe cuntre of Samarye, where was a drawe wele þat þei clepeden þe welle of Jacob þat was a pitte of watere, vpon þe which pitte he restede 10 him as wery of goyng.

Meditacio.   Lord Jesu what is þis, þat þou þat art þe soþfast wey & maker of alle erþly wey, so art wery of þe wey, þe which þorh þi souereyn miht berest vp & confortest al oþere in hir wey. Bot þus woldest þou in þi manhede shewe alle þe kyndly infirmite of man 15 as in hungere & þrist & werinesse oft siþes & sech oþere fort | shewe þe verrey kynde of man þat þow take for oure sake, & so *f. 49^r* was alle þi bodily lyuyng in þis worlde peynful & trauailous to oure ensaumple, blessed be þou euere.

In þe mene tyme as he sat so on þe welle, & hees disciples 20 weren gone in to þe nekst Cite fort bigge mete. þere came a woman of þat cuntrey to fette watere [of] þat welle, þe whiche was cleped *Lucye*. And oure lord Jesus willyng shewe to hir, & by hir to oþer his godhede. spake with hir longe tyme of gret þinge[s] & hie in gostly vndurstandyng, þe whiche spekyng boþe of him & 25 hir & how his disciples comen aȝayn, & how at þe womannus worde þe peple of þe cite comen out to him, & held him with hem a certayn tyme & after how he went fro hem. we passen ouer at þis tyme, for als miche as it is opun & pleynly writen in þe gospel of Jon. 30

Notabilia.   Bot in þis processe we mowe note in oure lord Jesu first a token of gret mekenes, in þat he wolde be alone, what tyme he sent hese disciples in to þe Cite fort bigge mete, & in þat biggyng, ensaumple þat it is leueful to goddus seruantes fort haue money & reserue it to hir nede. 35

Also in þat he spake so homely with þat simple woman al one, & of so grete þinges, as þouh it hade be with many gret wise

men: þe pride & þe presumption of many clerkes & prechours is
confondet & reprouede, þe whech if þei sholde shewe hir
wisdome or hir konnyng not only to one man, bot also to fewe
men þei wolde halde al as loste, & siche a simple audience telle
vnworþi, to take hir proude spech.

5   Forþermore in þat, þe disciples brouhten hir mete to him
& beden him ete þere at þe welle: we haue ensaumple of pouerte
& bodily penance, in his maner of fedyng after his trauaile so þere
without þe cite, & as we mowe suppose drinkyng of þe watere, &
þat not onely in þis tyme, bot as we suppose oft siþes, when he

10 went by þe cuntrey he ete in þat maner without þe townes & þe
duellyng of men at sume ryuere or welle were he neuer so wery or
trauailede in body, shewyng þerinne þe gret loue þat he hade in
f. 49ᵛ pouerte & mekenes, he vsede not curiose | dihtyng of diuerse
metes rosted & sodene, nor preciouse vesseil of siluere or

15 pewtere, nor dilicate wynes white & rede: bot onely þe clene
watere of þe welle or þe ryuere, etyng brede þerwiþ as a pore man
mekely vpon þe erþe.

      Also in þat he answerede to his disciples first when þei
beden him go to mete, & seide to hem þus, *I haue mete to ete þat*

20 *ȝe knowe not, for my mete is þat I do & worche þe wille of him þat*
sent me. And so he abode þe comyng of men of þe cite to preche
to hem first: we mowe se how bisy he was about gostly fedyng,
first fulfillyng in dede þat longeþ to þe soule & gostly sustynance:
þan þat longeþ to þe bodily sustinance, þouh he hade þerto grete

25 nede, & so ȝafe he ensaumple to prechours & curates fort do.

      Miche more gostly fruyt is contenede in þis gospel, þe
which whoso desireþ to knowe more fully: he sal fynde it in þe
boke of seynt Austyn vpon þe gospel of Jon, where he makeþ of
þe processe of þis gospel a longe processe & clergiale ful of gostly

30 fruite.

      Bot for als miche as here is made mynde of þe pouerte of
oure lord Jesus as it is oft before, & also of his abstinence: þerfore
of þees tweyn vertues perfitely tauht vs by ensaumple boþe of him
self & his disciples, it sal folowe after more plenerly in þe nekst

35 Chapitre. Amen.

      [*H*]ic pretermittuntur plura Capitula, & transitur ad
Capitulum xxxvijᵐ in Bonauentura, pro eo quod materia illius
Capituli videtur conuenientius sequi istud Capitulum pretactum.
Sed postea sequuntur de ipsis: quinque Capitula pertinentia ad

40 *contemplationem pro die Jouis.*

Marginalia:
Contra superbos doctores & predicatores.

Exemplum contra gulam.

Exemplum pro predicatoribus & curatis.

N.

Augustinus super Johannem.

How þe dysciples of Jesu plukked þe eres of corn & etyn yt for hunger on þe sabootday. Capitulum xxiiij.

[Processus euangelij.]

[O]N a sabbate day as þe disciples of oure lord Jesu wenten with him by þe feldes where ripe corne was growyng. þei 5
weren a hungret & plukkeden þe eres & froteden hem by twix hir handes & etene. And þe pharisees þat euer aspiede oure lordes wordes & dedes fort take him in defaute aȝeynus hir lawe. reprouede herfore boþe him & hese disciples, & seiden þat it was vnleueful on þe sabbat day. Bot oure lorde excusede hem, first by 10
nede þat is outake in þe lawe. As | Dauid & hees men in nede eten *f. 50^r* þe prestes brede þat was elles forbeden. And also by þat reson þat þe prestes of þe lawe on þe sabbate day circumcysed & maden sacrifice. þe whech weren bodily werkes not so nedeful as þat þei diden. And also his presence þat was lord & auctour of þe lawe. 15
ȝaf hem leue.

Contemplatio.

Bot if we take here inwarde entent with deuout compassion of þat nede of þe disciples in þe presence of hir lord almiȝhti. we oweþ resonably to be stirede to þe loue of pouerte & bodily nede for his sake. For wondurful it is to þenk þat þei þat 20
were chosen so specialy to þat hye degre of Apostles, & þere þorh made princes & domesmen of þe worlde. sholde be put in to so gret pouerte & nede, fort ete þe rawe corne for hungre as þei were vnresonable bestes, & namely in his presence þat was makere of alle mete & drink at his wille, & lord of al þe world as þei he miht 25
not help hem at hir nede.

Bot þe gude lord þat dide alle þinge for oure sauacion, he suffrede þis nede in hem for þe beste, as he toke in him self alle þe nede of mankynde without synne. And so þouh he hade compassion of hem, in als miche as he loued hem tendurly. 30
neuerles it liked him þat nede in hem & þe gude wille of hem þerwiþ þat gladly suffrede þat nede for his loue. And so it pleised him not onely for hir mede, þat he knewe miche þerfore. bot also for ensaumple of vs þat shold come aftur. For here haue we specialy þat haue forsake þe worlde for þe loue of god. ensaumple 35
& stiryng to þre vertues namely þat bene nedeful to vs.

Nota tria.

Þat is to sey, Pacience in bodily nede, perfite pouert, & aȝeynus glotony vertuese abstinence.

Primum. Corporalis necessitas.

And as to þe first, siþen þe disciples of Jesu þat hade laft & forsaken alle þat þei hade fort folowe him, suffrede paciently 40
& gladly so grete nede of bodily hungere in his presence, whom

þei seene myraculously fede oþere men & help at hir nede: miche
more we oweþ to be pacient in bodily nede when it falleþ: þat
bene not so worþi nor so perfitely louen god, bot raþere haue
deseruet for oure mislyuyng & vnkyndnes aȝeynus oure lorde god
5 miche more penance & disese þan he wole suffre vs fort haue, |
f. 50ᵛ and perauentur we comen neuer to so gret nede fort suffre for his
sake.

¶ And as to þe seconde þat is perfite pouerte for goddus
loue: we shole vndurstande þat his pouerte passed in perfeccione
10 þe hiest degre of wilfulle pouerte of oþer without comparisone.
For oþer mennus pouerte þat hauen forsake for cristes loue alle
richesses & wirchipes of þe worlde, is in reputacion of men, in als
miche as it is halde vertuese as it is.

Secundum. Perfecta paupertas.

¶ Bot his pouerte was in reproue & despite of men, in als
15 miche as it was not knowen, þat he toke þis pouerte wilfully bot
as of nede, as it semed in þe forseid processe of him & hees
disciples when þei eten rawe corne for hungre & he halpe hem
not, and in man[y] oþer places of þe gospel he shewed him as pore
& nedye. And for als miche as þat pouerte þat comeþ of nede &
20 not of wille is in despite & reproue, & alle þat knewen him seyen
þat he hade neyþer house nor possessiones: þei hade him in þe
more contempte. For comunely sech nedeful pore men, bene
despised of al men & set at nouht. Bot neuerles þei mowe be ful
honourable in his siht, þat þus ȝafe ensaumple þerof. Wherfore it
25 is ful perilouse fort despise any pore men.

Nota de perfectissima paupertate Christi.

¶ Bot if we wole wite who is vertuesly & perfitely pore:
we shole vndurstande, þat not onely he þat haþ made his
profession to pouerte, & [þat] haþ laft alle worldly richesses as in
hauere wiþ out forþ: bot he þat þerewiþ haþ þat pouert sette in his
30 herte withinneforþ so þat he wille not [ne] loue n[e] desire any
worldly godes or possessiones, bot onely þat is nedeful to his
lyuyng.

Nota.

For if a man be in pouerte & suffre nede withoutforþ þorh
lake of worldly godes, & þerwiþ he desire wiþ deliberacion in
35 herte withinforþ more þan him nedeþ: þat man lyueþ not in
vertuese pouerte bot in wrecched nede without mede. For þe lust
of þe wille withinforþ wiþ ful assent þereto: sufficeþ to þe
fulfillyng of synne, & to þe losse of mede.

¶ Wherefore he þat wole be perfitely pore: he most loke
40 þat neiþer he haue nor desire more þan is nedeful to his liuyng.

Nota conclusionem.

¶ Of þis vertuese pouert, spekeþ seynt Bernard, sermone
4ᵗᵒ de Aduentu, & in sermone iiijᵗᵒ de Natiuitate domini.

Bernardus.

Tercia.
Contra
gulam.

¶ Forþermore touching þe þridde vertue þat is Abstinence.
| wherof aȝeynus glotony we haue ensaumple here in þe disciples, *f. 51ʳ*
& also before in oure lorde Jesu. we shole vndurstande, þat
Glotory is a vice, aȝeynus þe which it behoueþ vs while we lyuene
in þis flesh. fort haue continuele bataile, as holi fadres þat knewen 5
þe temptacion þerof by longe experience techen vs, & specialy

Bernardus
in sermone
ad clericos,
capitulo ix°.

seynt *bernarde* in diuerse places, telleþ how we shole fle Glotory,
& nurish þe body onely as it nedeþ to þe hele þerof, & more
sholde we not seke or desire to þe body.

Wherefore in alle þat we take ouere. þat is to sey to fulfille 10
þe lust & þe likyng. þat passeþ þe termes of kynde, & disposeþ to
deþ bodily & gostly, and so it falleþ oft þat many men bene so
miche ouerecome, with þe lust & þe likyng of þe flesh þat as

Nota contra
plures bes-
tiales &
gulosos.

vnresonable bestes þei putten þe lust before þe hele takyng seche
metes & drynkes þe whech þei knowe wele contrarie to hir hele, 15
& after þe whiche þei witen wele þat þei shole fele gret passiones
& sekenes. And so not onely is þe body vndisposede to serue god
& vertuese occupacion. but also þe saule defuylet þat he may not
se god with clennes of herte, as he made him to.

N.

And soþely þis is a foule vice & a perilouse, & neuerles 20
miche peple is blynde & deceyuet in þis poynt, boþe worldly &
gostly, þat excusene hem falsly by þe loue of þe flesh, & þe
stiryng of þe lust, þat comunely escheweþ, þat is most holsom to
þe kynde if it be not likyng to þe sensualite, & desireþ þat is most
vnholsom if it be delicate & likyng þerto.   25

Nota.

Wherfore amonge alle þe spices of glotory þis semeþ most
reprouable, in als miche as it is not onely contrarye to þe soule.
bot also it destrueþ & sleþ þe body.

And so he þat takeþ mete or drinke wilfully, knowyng þat
is contrarie to him & vndisposyng to bodily hele. may drede of his 30
dome & reproue in goddus siht, os of a man sleere, & þat is wors,
sleere of him self.

Oþere men þat bene ouercome by þe sensualite & þe
temptacion of flesh fort take of mete or drynke þat is holsome,
þouh it be likyng, owþere in vntyme, or more in quantite þen 35
nedeþ, or with gret lust & gredynes. ben more excusable for þe
comune infirmyte of þe first synne of Adam.

| Bot for als miche as þis vice of Glotony in alle hees *f. 51ᵛ*
spices is reprouable. þerfore it is nedeful to vs fort eschewe it to
oure powere & gete & kepe þe vertue of discrete Abstinence as 40
oure lord Jesus & his apostles & oþere seyntes hauen boþe tauht
vs & ȝiuen vs ensaumple, keping þe body & fedyng as it is nedful

þerto, after þe kynde þereof & þe trauaile þat longeþ þereto. In
manere as a hors oweþ to be kept fort do his iurneye so þat he
faile not by defaute [in] to miche abstinence on þat on side, & þat
he be not rebelle to þe spirite & to proude by miche pampryng on
5 þat oþere side, bot in a gude mene of abstinence þat techeþ þe
vertue of discrecion, þe whiche discrecion as seynt bernarde seiþ
is not onely a vertue.' bot also kepere & ledere of al oþer vertues.
For if þat lake.' þat semeþ vertue is vice, as seynt Gregory seiþ,   Discrecio.
Discretioune is modere & kepere of alle vertues.   Bernardus
10   Þis discrecion touching abstinence & fedyng of þe body.'   super canti-
stant generaly in þis poynt, as seynt Austyn seiþ in his boke of   ca sermone
Confessiones.' þat a man take of mete & drinke to sustinance of þe   xliiij°.
body onely, as he wolde take of medicyne fort hele his infirmite.   Item cantica
Wherefore riht as in takyng of medicine man haþ no rewarde to   xxiij°.
15 more or lasse or to þe preciosite or buystesnes or swetnes or   Suscepimus
bitternes, bot onely as it is most conuenient & profitable to hele   deus &c.
þe sore or þe sekenesse.' so for als miche as hungere & þriste bene
infirmite of mankynde þorh þe first sinne of man.' mete & drinke
þat bene as medicine to þis infirmite, sholde be take onely as for
20 hele þereof, as seynt Austyn seiþ.
       Þus miche is spoken here specialy of abstinence &
Glotorye by occasion of þe hungre & þe simple fode þere aȝeynus
of þe disciples of Jesu as it is seide.' for als miche as here endeþ
þe þrid part of þis boke, þat stant in contemplacion of cristes
25 blessed life for þe Wendusday, vpon þe which day to oure
ensaumple he began þe fiht aȝeynus glotorye specialy by his
fasting in desert as it is seide before, þe which vice of glotorye, he
graunte vs of his grace fort eschewe [&] þe vertue of discrete
abstinence to kepe.' þat is blessed without ende Jesus. Amen.

30 **Explicit contemplacio pro die Mercurij & tercia pars.**

*Item bernardus de abstinencia in epistola ad fratres de
monte dei, quantum ad religiosos. Item in sermone tercio de
circumcisione domini.*

Incipit 4ª pars.

f. 52ʳ | **Of þe fedyng of þe grete peple with brede multipliede. Capitulum xxvᵐ.**

Tweyn tymes þe gospelle telleþ þat oure lorde Jesus
5 multipliede a few loues of brede, & þerwiþ fedde many þousandes
of men to þe fulle.

¶ In þe whiche processe takyng hede to þe wordes & þe
dedes of oure lorde as þe gospel opunly telleþ˙ we mow se to oure
edificacion gostly, many gude stiringes to loue him & þonke him
10 & wyrchipe him souereynly. And specialy we mowe se in þis
processe þat oure lord Jesus was mercyful & curteise & kynde, &
discrete & circumspecte.

¶ First þat he was Merciful˙ shewen hese wordes he seid   Jesus
þus, *I haue pite & mercy vp on þe peple*, so þat mercy stired him   misericors.
15 & drouh him to help hem & fede hem at hire nede. For as Dauid
witnesseþ, *Alle þe erþe is ful of his mercy.*

Also he shewede his gret curtesye & wondurful kyndnes   Jesus
in þe cause þat he assignede after seying þus, *for lo now þese þre*   curialis.
daies þei abiden & suffrene & beren me fasting, & þei haue not
20 *whereof to ete*, as þei he were bonden to hem, for hir benefice
done to him, in þat þei abiden so with him, & neuerles in
soþenesse, it was for hir owne gude & profite, & not for his. Bot
þat is his souereyn kyndnesse & curtesie & endles godnesse, þat
he haþ likyng to dwel with vs, onely for oure profite & sauacion,
25 þouh þere be þereþorh as to him none encrese of his gudenes.

Wherfore al þo þat folowen him by gode liuyng & gladly
heren his doctrine, & kepen his hestes˙ he loueþ & haþ likyng to
dwel with hem gostly, & faileþ neuer to help hem at hir nede.

¶ Forþermore oure lorde Jesus takyng hede, þat many of þe   Jesus
30 peple were come to him fro ferren cuntrey & seyng þe perile of þe   discretus.

101

peple in to miche fasting.' bycause of þe gret trauaile þat þei
sholden haue in hir goyng aȝeyne.' seide þus, *If I suffre hem go*
home aȝeyn in to hir owne house fasting.' þei shole faile & perish
[*in*] *þe wey.* Where he shewede þat he was discrete &
circumspecte, seyng be fore hir nede & vnmihte.' & þerfore 5
ordeynyng helpe & remedy before, by hir bodily sustinance, þat
was nedful to hir trauaile to come afture.

And so in þis spech & dede of Jesu.' is doctrine &
ensaumple of discrecion to prelates & hem þat hauen cure of oþer,
| to take hede of hir infirmite & of hir trauaile.' & þereafter ordeyn *f. 52ᵛ*
to hem bodily sustinance couenable & sufficient, þat þei faile not 11
by defaut in þe way of þis bodily lyuyng in erþe.

Also in þe forseide processe we mow vndurstande gostly,
þe graciouse gouernance of oure lorde Jesus to vs lyuyng in þis
worlde eche day. For we haue not to ete bodily or gostly.' bot he 15
ȝife vs, & so if he suffre vs fasting.' we shole faile in þe wey. For
without him we mowe not help oure self in any gostly nede.
Wherefore we haue no matere of elacion or veyn ioy of oure self,
what tyme þat we felene any gostly confort or profite in gostly
exercise, for it is nouht of vs, bot onely of him. And so if we take 20
gude entente we mowe se, þat þei þat bene trew seruauntes of god
& chosen of him.' þe more perfite þat þei bene in liuyng, & þe
nerre god, & more excellent in hese ȝiftes of grace.' þe more meke
þei bene & þe more abiecte in hir owne siht, for þei knowen wele

þat þei haue noht of hemself bot wrecchednes & sinne. For þe 25

nerre þat a man comeþ to god, þe more clere siht he haþ gostly, &
so he seþ þe more clerely þe gret gudenes & þe mercy of god.
Wherefore pride & veyn ioy, þat comen of gostly blyndenesse.'
mow not haue place & restyng in his soule þat is so liȝtnede þorh
grace. For without dout he þat knewe wele god, & soþely 30
examynede him self.' miht not be proude dedely.

Also here is grete confort to sinful men of þe gret mercy
of oure lorde Jesu if þei wole turne aȝeyn, & come to him by
verrey repentance what tyme þei bene departed fro him & gone in
to þe ferr cuntrey of wikkednesse. For as þe gospel telleþ þat he 35
was specialy stired to mercy of þe peple, for als miche as sume of
hem were come to him fro ferren cuntrey.' so without doute wole
he to euery sinful man, þat wole come to him gostly as it is seide,
be his wey of departyng neuere so longe before. Amen.

Of þe fleyng of oure lord Jesus when þe peple wold haue made him here kynge. Capitulum xxvj.

Aftere þat oure lord Jesus hade fedde þe peple to þe fulle
as it is seide in þe nekst [processe] byfore.' þei seynge his miht in
5 þat miracle, & how he miht help hem at hir nede.' for hir
temporele profite, þei wolde haue made him hir kynge.

f. 53ʳ Bot oure | lord Jesus knowyng þis wille of hem.' hem
vnwityng fled in to þe hille, so þat þei miht not fynde him. And þis
was þat hille as sume clerkes seyne vp on þe which, he made þat
10 excellent sermone þat is spoke of before. And þus he fled.' for he
wolde not haue temperele kyngdome & veyn worldes wirchipe.

¶ Bot take we here gude entent how & in what manere he   Notabile.
fled þis worchipe effectuely without feynyng. First he badde hese
disciples take þe shippe & go in to þe water before him, & þen he
15 alone went [vppe] in to þe hille. So þat if þe peple wolde seche
him among hese disciples.' þei shold not fynde him, & so he
skapped awey fro hem þat souhten hym to wirchipe, ʒiuyng   Nota.
ensaumple to vs fort fle temperele wirchipe, for he fled not þat
wirchipe for him self.' bot for vs knowyng what perile is [to] vs
20 fort coueit or desire temperele wirchipe.

For soþe it is, þat wirchipe is one of þe most perilouse   Nota contra
g[na]rre of þe enemy to cacche & bygile mannus soule, & one of   vanos hono-
þe heuyest birþen þat draweþ don & ouercomeþ þe soule dedely,   res pericula
wheþere it be wirchipe o[f] prelacie, or of temperele lordeshipe,   multa.
25 or of gret konyng. For skarsly is þere any man þat haþ delite in
wirchipe.' bot þat he is ouþere in grete perile of fallyng, or elles
fully fallen don in to þe pitte of dedely sinne as we [mowe] se by
many resones.

First for als miche as he þat haþ gret delite in worchipe.' is   Primum
30 bisy al tymes in his mynde, how he may kepe his wirchipe &   periculum.
make it more, & so as seynt Gregory seiþ, In als miche as a man
haþ set his likyng in þinge þat longeþ to þe worlde or to þe flesh
here beneiþe forþ.' in so miche is he departed fro þe gostly likyng
& loue of god & heuenly þinges aboue forþ.

35 Also he þat loueþ wirchipes, is bisy to procure & gete him   2ᵐ.
frendes, þat mowe kepe him in his wirchipe, & also forþere him
to gretter wirchipe. Wherfore often siþes falle diuerse causes, in
þe whech he offendeþ god & his owne conscience, fort plese
seche frendes, & in þe same maner he makeþ hem to do for him.

40 ¶ Also comunely he haþ indignacion of oþere þat bene in   3ᵐ.
wirchipe, & bakbyteþ hem, to make himself more wirchipeful &

more worþi, & so he falleþ in to hate & enuye of his broþer.

Also he halt himself in his owne siht | & also desireþ to be *f. 53^v*
halde so in oþer mennus siht, worþi & wirchipful, & so he falleþ
in to þe foule vice of elacione & pride & veyn glory. Bot þerfore
as þe [apostle] seiþ, *He þat halt him self as ouht worþi when in* 5
soþenes he is nouht.' he deceyueþ foule him self, & þerfore seide
our lord to hese disciples in þe gospel, *when 3e haue done al*
þinges þat bene bedene to 3ow.' seiþ 3e soþely with herte, we bene
vnworþi & veyn seruantes.

Bot þis may not he sey þat halt him self worþi & 10
wirchipful.

Forþermore [at] þe last when þis likyng of wirchipe is
rotede in man.' he is so hungry & gredy after wirchepes, þat he
may not be filled, bot euery day procureþ newe wirchipes &
grettere & þe moo þat he geteþ.' þe moo he coueiteþ & desireþ for 15
he halt algate him self more worþi & more worchipful þen he was
before, boþe in his owne siht & in oþer mennus siht, & so he
falleþ in to depe Coueitise, þat is þe foulest vice, & rote & cause
of many oþer vices.

Of þis veyn delite in wirchipes & of þe perile þerof.' seynt 20
bernard spekeþ to men specialy in þis manere, Alle we bene noble
& worþi creatures, & of a gret manere wille. Wherfore kyndly we
desiren hyenesse. Bot wo to vs if we wole folowe him þat wole set
his sete in þe hille of lordeshipe & hye miht, & be like to god in
worchipe, þat was Lucifer þat þus stey vp by proude wille in to þe 25
hille of hyenes first a gloriouse angele.' bot sodeynly fel done þer
fro, made a foule feend of hell.

Also takeþ hede forþermore þat he þat foule feend after his
falle, coueytyng by his wikked enuyous wille, to cast man done fro
his blisse.' he durst not tempte him fort stey vp to þat hille of 30
lordeschipe & gret miht, þat him self so sodeynly fel don fro.' bot
as a fals trechour he shewed him a noþer hille like þerto, þat is to
sey þe hille of gret konyng, & conseiled him falsly to stey vp in to
þis hille by proude desire of wirchipe, when he seide to him in þis
maner, *3e shole be as goddes, þorh gret kunyng knowyng boþe* 35
gude & ille. And for als miche as man 3af his assent to his
suggestion.' þerfore he fel don as he dide. And so we mow se þat
coueitise of gret lordeschipe & hye miht, pryued þe angele of
angeles blisse, & desire of gret konyng despuylet man of | þe ioy *f. 54^r*
of endles life. And of boþe meschefes was gronde & cause.' delite 40
& desire of veyn wirchipe.

Wherfore seyng þis perile of veyn wirchipe, if we drede þe

falle of þe angele & of man: we most fle in wille fro boþe þese
hilles of hye lordeschipe & gret konnyng & go vp with oure lorde
Jesu in to þe hille of contemplacion & deuocion, by mekenes
forsakyng þe worlde & þe wille to wirchipe of þe comune peple
5 as he dide.

  Bot in þis fleyng fro þe peple & goyng of him al one in to Notabile 2^m.
þe hille, as it is seide before, in þe processe of þe gospel take we
hede forþermore to oure edificacion, howe he laft hees disciples,
& made hem aȝeynus hir wille to take þe ship & go in to þe se
10 without him, for þei wold not hir þonkes haue bene departede fro
him, & in þat was hir desire gude fort duelle euere with hir lorde.
Neuerles he ordeynet oþerwise seyng what was best for hem. And
so þen þei mekely diden as he bad & were obeschaunt to him,
þouh it so were þat it was neuer so greuous & harde to hem.

15   Þus it fareþ comunely with gostly lyueres by speciale Nota quali-
felyng of þe presence of Jesu, & of his absence in hir soule, þei ter Jesus
wold not þat euere he shold go fro hem, as by special gostly spiritualiter
confort in any tyme. Bot he doþ oþerewyes, for he goþ & comeþ recedit ab
as it is his wille & for hir best. Bot what shal siche a deuout soule anima &
20 do when she feleþ hir gostly spouse Jesu so withdrawen, touching redit ad eam.
his special confort? Soþely she behoueþ bisily & oft, clepe him
aȝeyn in continuele desire & deuout praiere, & in þe mene tyme
paciently suffre þe absence of hir spouse, & by ensaumple of þe
disciples of Jesu, þat þorh meke obedience at his biddyng wenten
25 in to þe shippe, & toke þe watere in his absence: suffre þe wawes
& tempestes of temptacione & aduersite, & paciently abide til he
wole of his grace come in to þat soule, & make rest & pes, as it
shal folowe after in þe processe nekst to come.

  Of þis matere seynt *bernard*, in diuerse places makeþ faire
30 processe & deuout, þe which for als miche as it longeþ & is
pertynent specialy to gostly folk, & also as I hope is writen
sufficiently in diuerse tretees of contemplacion: we passen ouere
here, as we done in many oþere places sech auctoritees of him,
f. 54ᵛ lest þis processe of cristes blessed life sholde be tedyouse | to
35 comune peple, & symple soules, to þe whech it is specialy writen.
Amen.

Of þe praiere of oure lorde Jesu in þe hille, & how aftere he came to his disciples vpon þe water goyng. Capitulum xxvij^m.

Aftere þe disciples of oure lord Jesu were gone in to þe shippe & þe watere as he bade hem, & as it is seide before. he went vp in to þe hille alone, & þere was he occupiede in praiere in to þe ferþe part of þe niht, so þat þre partes of þe niht þat were passede he hade continued in praiere & þus we redene þat oft siþes he ȝafe him to praiere.

Notabile de oratione.

Wherfore take we here gude entent, in what maner he praieþ, & how þat he loweþ him in his manhede & mekeþ him to his fadere of heuen. He cheseþ solitary places & goþ to hem alone to prey, & doþe his tendir body to penance & wakeþ longe wakynges. He preyeþ as þe trew herde for his shepe. For he praieþ not for him self bot for vs, as oure aduokete & mediatour betwix þe fadere & vs. And also he praieþ to ensaumple of vs, þat we sholde oft siþes prey & specialy loue preiere. For oft siþes he bade hese disciples & tauht hem fort pray. And so þat he bade hem by worde, he shewed him self in dede. He tauht hem & seide, þat it behoueþ & is nedeful euer to pray, & not faile in leuyng þereof, shewyng þat continuyng & oft askyng in praiere, geteþ at þe last without faile þat þinge þat is askede. And hereof he told ensaumple of þe domesman, þat at þe last þorh longe criyng & askyng of þe widowe, dide hir riht as þe gospel of luke telleþ.

Nota qualiter Jesus orat.

Luce xviij°.

Also to stire hem fort pray bisily, & trist fort gete þat þei asken. he told a noþer ensaumple of a frende þat at þe last þorh miche askyng lante to his frende þe brede þat him nedet, as þe same gospel telleþ in processe concludyng & seying þus, *Askeþ & it shal be ȝiuen to ȝowe.*

Luce xj.

And alle þis he seide to teche vs þe vertue of gude praiere, þe whiche may not be estimede, for þe vertue þerof is so mihty & so grete. þat it geteþ al gudenes, & putteþ awey al manere of wikkednesse.

Notabile.

Virtus orationis multiplex.

Wherfore if þou wolt paciently suffre aduersitees & mihtily ouercome temptacions & diseses. be þou a man of praiere. Also if þou wolt knowe þe sleghtes of þe deuel & be not bygilet with hese fals suggestions. be a man of praiere. Also if þou wolt take þe streyt wey to heuen by trauaile & penance of þe flesh, & þerwiþ gladly continue in goddus seruice. be a | man of praiere. *f. 55^r* Also if þou wolt put awey veyn þouhtes & fede þi soule with holi þouhtes & gostly meditacions & deuocions. be a man of praiere.

Homo orationis.

Also if þou wolt stable þi herte in gude purpose to goddes wille,   Nota de
puttyng awey vices & plantyng vertues: be a man of praiere. For   perfectione.
þorh preiere is goten þe ȝift of þe holi gost, þat techeþ þe soule al
þinge þat is nedeful þerto. Also if þou wolt come to heuenly
5 contemplacion & fele þe gostly swetnes, þat is felt of fewe chosen
soules, & knowe þe grete graciouse ȝiftes of oure lord god, þat
mowen be felt bot not spoken: be a man of praiere. For by þe
excercise of praiere specialy: a man comeþ to contemplacion &
þe felyng of heuenly þinges.

10   Here mowe we se of how grete gostly miht & vertue is
deuout preiere. And to confirmacion hereof & of al þo þinges þat
bene seide before, þat holi writte & doctours seyinges fully
preuene: forþermore we haue a special profe in þat we seen euery
day by experience diuerse persones simple & vnlettrede, by þe   Nota de
15 vertue of praiere gete & haue alle þo þinges þat bene seid before,   siimplicibus.
& many mo gretter ȝiftes of grace. Wherfore miche owhten al
cristien folke be stired to þe exercise of preyer, bot principaly þei
þat bene religiouse, whose maner of lyuyng is ordeynet more
specialy hereto.

20   Of þis vertue of preyere & how oure lord god ȝiueþ to
hem, þat deuoutly askeþ him in preyer þat þinge þat þei asken in
maner as it is most spedful to hem: seynt *bernard* by deuout   Bernardus
processe telleþ in diuerse places, þe whiche processe passyng   super canti-
ouere: turne we to oure lord Jesus & hese disciples & þe forseid   ca sermone
25 processe of hem.   xjᵒ & 86.
  Item in
        What tyme þat oure lorde Jesus was alone preying in þe   principio xlᵉ
hille as it is seide: hese disciples were in þe see, in grete disese,   sermone vᵒ.
for als miche as þe wynde was aȝeynus hem, & þe ship in poynt
of perishyng þorh þe grete wawes & þe gret tempeste þat was
30 risyne in þat tyme. And so we mowe se if we take gude hede by
deuout compassion in what mischefe & tribulacion þei weren at
þat tyme, boþe for þe gret tempeste þat was risen vpon hem, &
also for þe nihten tyme, & principaly for þei lakkeden hir lordes
presence, þat was alle hir refute in hir nede. Bot he þat gude lorde
35 þat knewe what was best for hem, & þat suffrede þis disese of
f. 55ᵛ hem for þe tyme: when he | sawh tyme also, sende hem confort &
help. And so at þe forþe wakyng of þe niht: he cam done fro þe
hille goyng vp on þe see & comyng toward hem.

        Now beholde we here inwardly how þat blessed lord after
40 his gret trauaile of longe wakyng & preyinge come done alone in
þe nihten tyme fro þat trauailouse hille & perauenture stony &
barefote, & so goþ he saddely vpon þe water as it were on þe erþe,

for þat creature knewe hir maker, & was obeschant to him at his
wille. And what tyme he cam nyhe þe shippe þe disciples
supposyng þat he hade bene a fantasme: cryede for drede, & þan
þe benyng lord hauyng compassion of hem, & willyng þat þei
sholde no lengir be desturblet & trauailede: sikerde hem of his   5
presence & seide, *I am he þat 3e desiren beþe not adrede.* And
þan Petre þat was more feruent þen oþer tristyng of his miht: at
his biddyng he began to go toward him vpon þe water, bot anone
as a gret wynd blewe: he failed in byleue & dredde, & so began to
drench, bot þe gude lord with his riht hande toke him vp & kept   10
him fro perishyng, & þen went in to þe shippe with him, & anone
al þe tempeste cesed, & alle was in pes & tranquyllite. And so þe
disciples with gret reuerence & ioy receyuyng hir lorde: weren put
in gret reste & souereynly confortede by his blessed presence. Þis
is þe processe of þat gospel shortly.   15

Notabile.   ¶ In þis processe touching þe disciples, we haue gostly
doctrine & ensaumple of pacience in tribulacion & of [þe] profite
þerof: as we hade before touching him self of þe vertue of preyer
as it is seide. Wherfore we shole vndurstonde þat as it felle with
þe disciples bodily: so it falleþ with vs alday gostly.   20

De tribula-   ¶ Oure lord Jesus suffreþ hem þat bene chosen of him fort
cione elec-   be disesed & haue gret tribulacion in þis worlde, boþe in body &
torum.   in soule. For as holi writte witnesseþ, *he beteþ euery childe þat he*
receyueþ to his grace. And as þe apostle poule seiþ, *Alle þo þat*
bene without disciplyne: ben not kynde children, bot of auoutrye. 25
And it is spedful to vs so to be beten, & to suffre tribulacion &
disese in þis world for many causes. For þerby we bene tauht fort
knowe oure self & oure owne wrecchednes. Also þerþorh we
profitene | gostly & geten vertues, & when þei bene gotene,   *f. 56ʳ*
þereþorh kepen hem þe better, & forþermore þat is moste of alle,   30
þerþorh, we tristely hopene & abidene þat euerlastyng mede in þe
blisse of heuen. Wherefore we shold not be disconforted by hem
or impacient in hem: bot raþere coueit hem & loue hem. Bot for
als miche as þe profite of tribulaciones þouh it be miche worþe &
of grete vertue & mich mede: neuerles many men þinken hem ful   35
Bernardus   harde & grucchen a3eynus hem as importable by cause þat þei
super   knowe not & seene not þe vertue of hem.
psalmum
qui habitat   Neuerles many holy doctours tellen & techene vs þe grete
sermone xvj.   profite of hem in many places to confort vs gladly fort take hem
Item cantica   [& paciently do bere hem]. And specialy among oþere seynt   40
xiijᵒ, xxvᵒ &   bernard: in diuerse tretees.
lxxxvᵒ.
                  Wherefore haue we no wondur þouh oure lorde Jesus

suffred hees disciples þe whech he louede so specialy to be turblet
with tempestes as it is seide, & suffre tribulacions, for he knewe
hir gostly profite þereby. For oft we rede þat hire shippe was in
perile by tempestes & contrarye wyndes: bot it was neuere
5 drownede or fully perishede, & no more shole we what tribulacion
so euer come to vs, if we suffre paciently & triste fully in þe help
of oure lord Jesu þat wole not faile vs at oure nede. Amen.

CApitulum sequens de Chananea pretermittitur vbi notatur
de Angelis, ut infra capitulo xxx°.

10 **How þe pharisees & oþere token occasion of sklandre**
of þe wordes & þe dedes of Jesu. Capitulum
xxviij^m.

De scandalo:
B.
Capitulo 31°.

[W]E shole haue no wondre þouh sume [men] take
occasion of sklandre of oure wordes & dedes be þei neuer so gude
15 & trewe, for so it befelle of oure lord Jesu oft siþes, & ȝit miht not
he erre in worde or dede. Wherefore befelle on a tyme þat þe
pharisees askeden him, *Whi þat hese disciples woshe not hir*
handes when þei went to mete, & in þat þei kept not hir custome
after þe teching of hir eldere. Bot oure lord seyng þat þei charget
20 more þe washing withoutforþe & bodily clennesse: þen vertuese
of þe soule withinforþ & gostly clennes: answerede harde aȝeyn
reprouyng hem, þat þei breken þe hestes of god, for hir tradiciones
& bodily obseruances, declarynge after þat, vices þat comen out
f. 56^v of þe hert defoylene | more a man, þan doþ þe bodily mete takene
25 vnwashede, wherefore þei were gretly sclandrede & stired
aȝeynus him, bot he toke none hede þereof, for þei were blinde in
soule þorh malice.
    Also oft siþes oure lord Jesus wrouht miracles vpon þe
sabbate dayes, þat weren goddus halidayes to þe Jues, as bene þe
30 sonedayes now to cristene men, & þat he dide to confusion &
reproue of þe Jues, þat kepten streitly þe lawe in bodily
obseruances, & not in gostly vndurstandyng as his wille was. For
he badde not þe haliday fort leue þereinne gude worching & dedes
of charite: bot fort cese & abstyne fro synne & bodily werkes.
35 Wherefore þei weren gretely sklandret þat is to sey, token
occasion of sclandre aȝeynus him, & conspirede in to his deþ, &
seiden þat man was not o[n] goddus halfe þat kept not þe sabbate

B.
Capitulo 26.

day. Bot oure lorde laft not þerfore, to worche miracles & do
dedes of charite in þoo dayes, bot miche more didene hem, fort
destruye þe Jues erroure forseide.

Anoþere tyme also whan he tauht in þe sinagoge gostly
lore & seide, þat he was þe brede of life þat came fro heuene, & 5
how it behouede to ete his flesh & drinke his blode who so shulde
be safe & haue euerlastyng life, þei vndurstandyng hese wordes
fleshly & not gostly. gruccheden aȝeynus him, & token occasion
of grete sclandre, & many of hees disciples þorh þat
mysvndurstandyng fleshly, forsoken him. Bot Petur in þe name of 10
[þe] xij apostles, answered þat þei wolde not leue him for he hade
þe wordes of euerlastyng life. And so þat was sklandre to þe
badde. was vertuese to þe gode.

In þe forseide wordes & dedes of oure lord Jesu we haue
ensaumple þat we shold not let to do gode werkes for occasion of 15
sclandre vnskilfully takene of oþere or for enuy & yuel wille of
hem, and specialy of þat dede þat is necessarye to soule hele. we
shold not cese for any sclandre.

N.
Gregorius.
Primum.
Veritas vite.

2ᵐ.
Veritas
doctrine.

Wherefore seynt *gregory* seiþ, þat a man shal raþer suffre
sclandre fort rise. þen he sal leue þe treuþe, þat is to sey, in þre 20
maneres after þe comune sentence of doctours. First of þe [treuþe
of] gude life man sal not cese for sclandere, þat is to sey, he sal
not do dedely sinne, for puttyng awey of any sklandere. | Also a *f. 57ʳ*
doctour or a prechour shal not teche or preche false for any
sclandere, bot in case he may hald his pes of a certayn treuþe, as 25
what tyme he knoweþ þat þe hereres bene obstinate in errour &
shold be þe worse if þat treuþ were seide.

Þe þridde is treuþ of rihtwisnes, þat shal not be laft for
sclandre, þat is to sey, a domesman shal not ȝiue fals dome, nor
a witnesse bere fals recorde for any sclandere. Bot of oþer certayn 30
dedes þat mow be laft without perile of soule, a man sal
oþerewhile cese, þouh þei bene gude in hem self. fort put awey
occasion of sclandere. as þe apostle poule seiþ, *þat [he] wold
raþere neuer ete flesh, þen he wold þerþorh ȝiue occasion of
sclander to his broþere.* 35

Also in þe forseid processe of oure lord Jesu we ben tauht
fort charge more þe clennesse of soule & þat disposeþ to vertues.
þen bodily clennesse & honeste withoutforþ, þat is no vertue inne.
Neuerles honeste & bodily clennes is gude, so þat it dispose not
to veyn glorye or curiosite, or lechery or oþere synnes, & so bene 40
gude customes þat bene grondet vpon reson fort be kept, bot þe
biddynges of god, & þe ordynance of souereynes in holi chirch,

bene miche more fort charge. Wherefore in þis poynt errene many cristien men & specialy religiouse, þat chargen more bodily obseruance & customes, þouh þei dispose to no vertue, & oft bene aȝeynus reson. þen þei done þe biddyng of god & [þe] doctrine of
5 holi fadres, touching charite, mekenes, pacience, deuoucion in praiere, discrete abstinence & oþere vertues. Wherefore þei mowe drede þe reprofe of oure lord Jesu pryuely. þat he reprouede þe pharisees opunly as it is seide before.

Of þe speciale rewarde of oure lorde Jesu behoten to
10 ### alle þoo þat forsaken þe worlde for his loue. Capitulum xxix[m].

What tyme oure lord Jesus by occasion of þe riche man þat **B.N.**
wolde not leue hese temperele gudes for perfeccion, seide. þat *it was harde to a riche man fort entre in to þe kyngdome of heuen.*
15 þe Apostle Petur in þe name of alle hees felaghes þe xij apostles asked of him what rewarde þei shold haue þat hadden forsake &
f. 57ᵛ laft alle worldly þinges for his sake. | And þen oure lorde answered, not onely byhetyng to hem a souereyne mede in þe blisse of heuen. bot also to alle oþer þat forsakene fadere &
20 modere & oþere kynne & temperele gudes for his [loue]. þe De centuplo
hundret folde in þis worlde, & after. lyfe euerlastyng in a noþer promisso.
world to come.
Wherefore alle þo þat haue taken hem to gostly liuyng & Notabile.
fully forsakene þe world. hauen matire of gret gostly ioy & special
25 confort in þis byhest of Jesu, not onely for þe euere lastyng life in heuen, þat þei tristly hopen to haue by his gracious byhost. bot also for þat hundretfolde rewarde, þat þei shole fele in þis bodily life, if þei treuly louene Jesu & fully forsaken þe worlde, þat is neyþer golde nor siluer, nor deynteþ metes or preciouse cloþes.
30 bot gostly richesse of vertues, & confort of þe holi gost, þe which he alonely knoweþ, þat by experience feliþ it in himself, & þat is among oþere clene conscience & rest in soule, loue of pouerte, chastite, pacience & oþere vertues. And what tyme þat oure gostly spouse *Jesu* wole & to whome. þe sensible presence of him felt Nota speci-
35 boþe in body & soule, þat passeþ not onely a hundret folde. bot ale donum
also a þousande folde alle þe fleshly lykyng of erþe. gracie.
Þis speciale ȝift of Jesu is knowen of gostly folke before **N.**
seide, bot it is hidde to fleshly folk þat haþ set hir herte & hir

Quam mag-
na multitu-
do dulcedi-
nis tue
domine &c.

confort in þis worlde. As þe prophete Dauid felyng þis ȝift spekeþ
to god in þis manere, *Lord how grete is þe multitude of þi*
swetnesse þat þou hast hidde to hem þat dreden þe. Of þis matire
seynt *bernard* makeþ a deuout processe, in a tretyse of him þat is
cleped *De colloquio simonis & Jesu*, spekyng more plenerly of þis   5
gostly mede, of þe whiche Jesus graunt vs part Amen.

Of þe transfiguracion of oure lorde Jesu in þe hille.
Capitulum xxxᵐ.

Oure lord Jesus willyng conferme & strengþe hees
disciples in þat trew byleue þat he was boþe god & man,́ he   10
shewed hem þat he was verrey man, by þat he suffrede after þe
kynde & þe comune infirmite of man, & also þat he was god.́ by
þe miracles þat he wrouht aboue þe comune kynde & miht of
man, & þerwiþ also he informede hem | & tolde hem before.́ þat   *f. 58ʳ*
he sholde suffre peynfully þe harde deþ as man, & after arise vp   15
gloriously to lyfe as god. And to þis ende, what tyme as þe gospel
of Mathewe, & Marke & Luke telleþ, þat he hade tolde hese

Mathei 17°.
Marci 13°.
Luce 9°.

disciples, þat he shold suffre many reproues & despites in
Jerusalem, & at þe last be slayn & dede.́ & after þat, he shuld rise
fro deþ to lyfe þe þrid day.́ þen forþermore he concludet & seide   20
þat þere were sume of hem þat þere stoden at þat tyme þe whech
shold not tast bodily deþ til þei seene mannus son þat was him self
comyng in his kyngdome, þat is to sey aperyng in a wondurful &
ioyful clerenesse of his manhode as longyng to his kyngdome.
And þa[n] fort fulfille þis byhost.́ about þe viij day aftur he toke   25
with him petur [&] James & Jone vp into a hye hille, þat was as
clerkes seyn clepede *Thabor*, & þere he was transfigurede in hir
siht, þat is to sey turnede out of þe lowe likenes of seruant into þe
hye & gloriouse liknes of his kyngdome. For his face shane as þe
sune, & hese cloþes were als white as þe snowe. And þerwiþ þere   30
appereden Moises & Helye spekyng with him of his passion þat he
sholde suffre in Jerusalem. In þe which blissful siȝht þe disciples
raueshede & specialy Petur forȝetyng al erþly þinge.́ [coueyted &]
desired fort haue duellede stille þere, in þat blestful place & seide,
Lord it is gude þat we abide & duelle here, & þerfore if þou wolt,   35
make we here þre tabernacles, one to þe, & one to Moises & one
to Helye, bot he wist not what he seide, neyþer in þat he wolde
haue duelled with Jesus in blisse.́ before þat he suffrede with him

þe passion of deþ, as he hade told hem before þat he shold do, nor
in þat he wolde haue seuerede hem þre þat were alle one as in
gostly felyng þe lawe, þe prophetes & Jesus. And þerfore fort
conferme him, þat is to sey Petur & hees felawes in trewe byleue
5 of Jesus þat he was goddus son, & þat þei shold here & folowe
him in alle þinge.' þerwiþ a briht cloude ouere shadewede hem, &
out of þe cloude came a voice fro þe fadre of heuen, seyinge, *þis
is my bylouede son in whom me likeþ wele, & þerfore here ȝe him.'*
þat is to sey in alle þat he techeþ, for he is verrey soþfastnes
f. 58ᵛ without lesyng, | & þerewiþ foloweþ him in þat he sheweþ, for he
11 is þe riht way withoute erryng, whom ȝe haue herde [boþe] in þe
lawe, þat is vndurstande in Moises & in þe prophetes þat bene
vndurstande in Helye. And þen when þe disciples hade herd þis
heuenly voice before seide of þe fadere.' þei felle done to þe erþe
15 on hir face[s] with gret drede for þe infirmite of man miht not bere
þat [heuenly] voice aboue kynde. And þen oure lord Jesus
benygnly lift hem vp & bad hem not drede, & þerwiþ þei liftyng
vp hire eyene & lokyng about hem.' seene no mo bot alonely
Jesus. And as þei wenten done þe hille.' he bade hem telle noman
20 þat þei hade seene, til he mannus sone were rysen fro deþ to life.

¶ Þis is þe processe of þe gospel, in þe which whoso haþ
grace of gostly vndirstandyng & swetnes.' may se many [gode]
notabilytes [styrynge] to lowyng & despisyng of man himself, &
to feruent deuocion & loue of god, & specialy he þat haþ felyng
25 aboue kynde ȝiuen by speciale grace.' may tast & haue miche
gostly confort, þat he graunt vs part of, Jesus crist, Amen.

Of þe sekeman helede at þe watere in Jerusalem clepede probatica piscina. Capitulum xxxjᵐ.

[Þ]Ere was in þe Cite of Jerusalem in maner of a ponde a
30 standyng watere cloused aboute with fyue dores. In þe whiche
watere þe shepe were weshene, þat were offrede in to sacrifice. In
þe which watere also aftere þe opinione of sume clerkes, lay þe tre
of þe holi crosse, where it befelle as by wey of miracle þat ones in
þe ȝere þat watere was gretly stired & mouede of þe angele of
35 god, & þen what seke man miht first entre in to þe watere.' he was
helede of his infirmite. Wherfore many seke men duelleden
continuely by þat water abidyng þe mouynge þereof by þe angele.
Among þe whech, þer was one liggyng in his bedde, on þe

pallesye [xxxviij] ʒere, þe which man oure lorde Jesus helede on
þe sabbate day, & bade hym bere awey his bedde & go, as þe
processe of þe gospel telleþ more plenerely.

Notabilia.
Primum.

¶ In þe whiche processe we mowe note specialy þre þinges
to oure edificacione. First in þat oure lord Jesus asked þe seke 5
man wheþere he wolde be made hole.´ we mow vndurstande þat
oure lord god | wole note ʒife vs grace & gostly hele.´ bot we *f. 59ʳ*
willen & desire it. Wherefore þoo sinful men þat desire not &
wole not assent to goddus wille of hir gostly hele & [hir]
sauacion.´ bene dampnable without excusacion. For as seynt 10
Austyn seiþ, *He þat made þe without þe.´ wole not iustifye þe*
without þe.

Secundum.

Þe seconde notablete is.´ þat it behoueþ vs to be warre &
bisy aftur we be delyuerete & clensede of sinne, þat we fal not
wilfully aʒeyn þerto, lest þat oure vnkyndenesse in þat partye 15
worþily be puneshede more hard of oure lorde Jesu. Wherfore he
seid to þat seke man þat he hade helede, *Go & wille þou sinne no*
more.´ lest worse [be] falle to þe. For oft syþes it falles þat for
gostly infirmite, þat is to sey sinne.´ comeþ bodily infirmite, & so
þorh delyueryng & assoilyng of sinne.´ oft tymes þe body is heled 20
of bodily sekenes.

Tercium.

Þe þrid þinge notable is, þat wikked men gladly supposen
vertuese dedis of oþere men in to þe worse partye, & so þei lesene
hir mede comunely.´ as gude men on þat oþere side supposen al
þinge in to þe better part in encrese of hir mede.   25

Þus þe Jewes ful of enuye, when þei seene þat seke man
made hole miraculously of oure lorde Jesu, & beryng awey his
bedde on þe sabbate day at his biddyng.´ þei asked him who badde
him bere his bedde, bot þei asked not who made him hole. And so
þei token þat part þat hem þouht was reprouable, bot þei laft þat 30
part þat was comendable. And þus comunely þei diden in alle þe
miracles of oure lord Jesu. In þe same manere worldly men &
fleshly turne in to þe worse part þat gude men & gostly turne in to
þe best part. For þei þat bene in charite & dreden [gode], lyuing
rihtwisely.´ aretten al þinge for þe best, & to goddus wirchip 35
wheþer it be prosperite or aduersite, knowyng þat alle þinge is
done rihtwisly by goddus wille, or his suffrance, & so in al þinge

Bernardus
cantica v,
xiiij, liiij.

spirituel men wynnen & geten hem mede, ʒei so ferforþ, þat of hir
owne sinnes & oþer mennus, & of þe deueles werkes.´ þei profiten
& winnen gostly, as seynt *bernard* sheweþ in diuerse places.   40

Nota bene.

Whoso hade þis grace perfitely to suppose & arette al
þing[es] þat befel in to þe bettur part.´ he shold mow suffre

tribulaciones & temptaciones without gret disese, & by longe
f. 59ᵛ exercise, | come to so grete rest of soule. þat ful seldome or
neuere sholde he be disturblet with any þinge. Bot it shuld be
verifiede in him þat þe wisman seiþ. *What so euer befalle to þe*
5 *rihtwiseman. it sal not make him sorye.*

Non con-
tristabit
iustum
quicquid
acciderit ei.

In capitulo de chananea 30.

Forþermore in þe forseide processe, in þe speciale mynde
10 of þe angele. we shole vndurstande þat goddus angeles bene as
mynistres & menes bytwix god & deuout soules as seynt *Bernard*
seiþ. Wherefore we oweþ to wirchipe hem & honour hem &
þonke hem. And for als mich as þei bene continuely present with
vs, we shole be eschewe to þenke or speke or do. þat miht offende
15 hem, for þei bene oure kepers ordeynet of god, & bisy about vs
coueityng algate oure gostly profite.

Nota de
angelis.

Of þis matere spekeþ seynt *bernard Super psalmum Qui*
habitat sermone xi ibi Angelis suis mandauit de te &c. Item super
cantica sermone lxxjᵒ.

20 How oure lorde Jesus cast oute of þe temple þe biggeres & þe selleres aȝeynus goddus lawe. Capitulum xxxij.

TWeyn tymes as þe gospel makeþ mynde oure lord Jesus
cast out of þe temple þe biggeres & þe selleres þereinne, & þat
25 with a skourge made of cordes, þe which dede among alle þe
miracles þat he wrouht semeþ wondurful. For what tyme þat he
wrouht oþere miracles in þe whech he shewede þe souereyn miht
of his godhede, þe pharisees & scribes & oþer of þe Jewes
despised him & reprouede. Bot at þis tyme when þei were in grete
30 multitude gederet in þe temple, & in hir grete solempnite. þei
hade no powere to withstande him al one. And þe cause was, for
þe gostly fire of his zele brennyng withinforþ, for þe vnwirchipyng
of his fadere, specialy in þat place, where he owede most to be
wirchipede shewede him so dredful in his face withoutforþ, þat
35 þei were wondurfully adredde, & disconfyted, & had no powere
to wiþstande him.

Þis processe aftur þe exposition of seynt Gregory & oþer
doctours is ful dredeful to al cristien men, bot namely to prelates

& curates & oþer men of holi chirch, & specialy we religiouse þat
bene sette in goddus temple fort serue him continuely in deuout
praiere, & oþer gostly exercises. if we ʒife vs to coueitise &
vanitees, & medle vs ouere nede with worldly occupaciones &
chaffarynges, as þei diden. we mowe | skilfully drede þe   *f. 60ʳ*
indignacion of Jesu, & his castyng out fro grace in þis life, & after 6
departyng fro his blisse euerlastyng.

Wherefore þou þat wolt not drede þe indignacion of Jesu.
loke þat in no manere þou putte þe wilfully nor medle þe to þi
powere with worldly occupacion.   10

Bot for þis matiere is fully & plentyvously tretede in þe
exposition of þis gospel in many places. þerfore we passen ouere
þus shortly at þis tyme.

Post istum capitulum sequitur in Bonauentura, Quando
discipuli vellebant spicas &c. quod capitulum supra translatum 15
est parte tercia, capitulo xxiiij.

Of þe receyuyng of oure lord Jesu by þe tweyn sisteres Martha & Marie, and of þe tweyn manere of lyuynge þat bene actife & contemplatife in holy chirch. Capitulum xxxiijᵐ.

BEfelle vpon a tyme þat oure lorde Jesus went with hese
disciples in to Bethanie þat was cleped þe Castel of Marthe &
Marie, & came in to þe house of hem. And þei þat loueden him
with alle hir hertes, weren gladde & ioyful of his comyng. And 25
Martha þe elder sistere þat hade þe cure of þe housholde anone
byside hir & went fast aboute to ordeyne for þe mete couenable to
him & hees disciples. Bot hir sistere Marie forʒetyng alle bodily
mete & desiryng souereynly to be fedde gostly of oure lord Jesu.
set hir done on þe gronde at hees fete, & kastyng hir eyene & hir 30
herte & hir eres in to him onely. with more ioy & likyng þen may
be spoken was fed gostly & confortede in þe blessede wordes of
oure lord Jesu. For he wolde not be ydule. bot as his comune
manere was, occupiede him with spekyng of edificacion & wordes
of euerlastyng life. Martha þat was so bisily occupiede aboute þe 35
ministracion & þe seruice of oure lord Jesu & hees disciples,

seyng hir sistere Marie so sittyng as it were in ydulnes. toke hit
heuyly, & compleyned hir to oure lord as he hade take no rewarde
þerto, & praiede him þat he wolde bidde hir sistere rise & help hir
to serue, & þen was Marie aferde lest she shold haue be taken fro
5 þat swete rest & gostly likyng þat she was inne. And nouht she
seide, bot henge don hir hede, abydyng what oure lord wolde sey.
And þen oure lord answeryng for hir, seide to Martha þat þouh she
f. 60ᵛ was bisy & turblet about many | þinges, neuerles one þinge was
necessarye, & þat was þe best parte þat Marye chase, þe whiche
10 shold neuer be take fro hir. And þen was Marie gretly conforted
& satte more sikurly in hir purpose, & Martha without enuye held
hir paiede & serued forþ with gude wille.

¶ In þis processe of þe gospel forseide so shortly touchede   **N.**
after þe letter. we mowe note & vndurstande many faire þinges
15 gostly to oure edificacion. And first þe gret gudenes of oure lord
Jesu in his homely comyng to þat pore house of þo tweyn sistres
Martha & Marie, takyng oft syþes with gude wille & likyng siche
simple refeccion & bodily fode as þei hadden. For as it semeþ
wele by þat seying of Martha, þat hir sistre lete hir serue alone.
20 þere was no multitude of seruantes, & so foloweþ þat þere was no
gret aray in diuerse messes or many delicate metes & drinkes, &
ȝit came oure lord oftere customably vnbeden to þat place, þan he
dide to any oþere to take his bodily fode, & þat specialy as I
trowe, for þe gret loue & affeccion þat he hade to Marie after hir
25 conuersione, as he knewe wele þat she louede him souereynly
euere after, as it is seide before.

¶ And so it [is to byleue] þat oure lord Jesus, wole loue
specialy & oft visite by grace & duelle gostly with þat soule, þat
by trewe repentance & penance forsakeþ hir sinne, &
30 perseuerantly kepeþ hir in þe loue of him.

Lord how gladde & ioyful were þese tweyn sistres forseide
[Martha & Marie] of þe comyng at þ[is] tyme of þis blessed gest
Jesus to hir house, & principaly Marie. For as it semeþ after þe   Nota.
processe of þe gospel, þis was þe first tyme þat he came to þat
35 house, & þat sone after þe conuersion of Marie forseide, & in so
miche it was þe more ioyful to hir, for þen she hade þat she
souereynly louede & onely desired. And þerfore hir sistere not
knowyng how it stode with hir withinforþ in hir herte, & seyng hir
maneres changet, þat was wont before to be occupiede in
40 bisinesse of bodily ministracion with hir, & now as takyng no
rewarde þerto, bot sittyng & tentyng onely to þe swete
contemplacion of Jesu as it is seide before. merueilede gretly

þerof, & þerfore compleyned to oure lord as it is seide, not
reprouyng hir sistere after þe comune condicion of women. In
tokene | & ensaumple þat he þat is occupied vertuesly in actif life. *f. 61*
shal not reproue him þat is in rest of contemplatif life, þouh it
seme to him þat he be as ydul.   5

Of actife life and contemplatife life.

By þees tweyn sisteres [be]for[e]seide, Martha & Marie,
as holy men & doctours writen. ben vndurstande tweyn maner
lifes of cristen men, þat is to sey actif lif & contemplatif lyfe. Of
þe whech þere beþ many tretees, & gret processe made of diuerse   10
doctours. And specialy þe forseid Bonauenture in þis boke of
cristes life makeþ a longe processe aleggyng many auctoritees of
seynt *Bernard*, þe whiche processe þouh it so be þat it is ful gude
& fructuouse as to many gostly lyueres. neuerles for it semeþ as
inpertynent in gret party to many comune persones & symple   15
soules, þat þis boke in english is writen to, as it is seid oft before,
þerefore we passen ouere shortly takyng þereof þat semeþ
profitable & edificatife to oure purpose at þis tyme.

B.   ¶ And first it is to vndurstande, þat þe processe of þe
forseid *Bonauenture* of þees tweyn manere of lyfes Actif &   20
contemplatif longeþ specialy to spirituel persones as bene
prelates, prechours & religiouse. And so he seiþ at þe byginnyng,
þat actif life þat is vndurstonde by Martha, haþ tweyn parties.

Prima pars   ¶ And þe first part is þat manere of lyuyng by þe which a
vite actiue. mannus bisinesse stant principaly in þat exercise, þat longeþ to his 25
owne gostly profite, þat is to sey in amendyng of him self as
wiþdrawyng fro vices & profetyng in vertues. First as to profite of
him self, & afterwarde as to his neihborgh by werkes of rihtwisnes
& pite, & dedes of charite as it sal be seide after more pleyn[er]ly.

2ª pars.   ¶ Þe seconde part of actif life is, when a mannus   30
occupacion & bisinesse, stant in þat exercise þat longeþ to þe
profite of oþer men principaly, þouh it be also þerwiþ to his owne
mede þe more þerby. As it is in gouernyng of oþer men & teching,
& helping to þe hele of soule, as done prelates & prechours &
oþer þat hauen cure of soule.   35

                   ¶ And bytwix þese tweyn parties of actif lif before seide.
Primo.   stant contemplatif life. So þat in þis ordre. first a man trauaile &
ȝif him to gude exercise in praiere, & in study of holi scriptures
& oþer gude werkynges in comune conuersacion. | Amendyng his *f. 61*

life & wiþdrawyng fro vices & profityng in getyng of vertues. And 2°.
after þen secondly restyng in contemplacion þat is to sey in
solitude at þe lest of herte, forsakyng alle worldes bisinesse. with
alle his miht be about, continuely to þenk on god, & heuenly
5 þinges, onely tentynge to plese god. And þen here after when he 3°.
is perfitely in þ[o] tweyn forseid exercises tauht & stablet in
verrey wisdome & vertues, & lihtned þorh grace desiring þe gostly
profite of oþermen. þen may he sikerly take vpon him þe cure &
þe gouernale of oþere.

10   And so after þe forseid processe, first it behoueþ þat in þe
first part of actif life mannus soule be purget of vices & strenghed
& conforted in vertues. After þat it be enfourmede tauht &
lihtnede in contemplatif life, & þan in þe þridde degre may he
sikurly go out to gouernaile & profite of oþer, as it is seide.

15   Vpon þis forseid processe of Bonauenture, so shortly   **N.**
touchede. he aleggeþ after many auctoritees of seynt *Bernard* fort
preue alle þe partes þereof, þat is to sey, þe first of actife, þe
seconde [of] contemplatif, & þe þridde þat is þe seconde of Actif
life, þe which we passe ouere with gret processe of contemplacion
20 & many auctoritees of seynt *Bernard.* For fewe þere bene þe more
harme is awþere in state of contemplatif life touchyng þe seconde
poynt beforeseide, or in þe state of perfite actif life, touching þe
þridde poynt. þat comen to hir astate by þe trewe wey þat is
declarede before. And þ[at] is þe cause þat in þis tyme many þer
25 bene boþe men & women in þe state of contemplatif life, as
specyaly ankeres & recluses or hermytes þat witen litel as in
effecte trewly what contemplatif life is by defaut of exercise in
actife lif as it is before seide. And þerfore it is ful perilous & ful
dredeful to be in astate of perfection & haue a name of holynes.
30 as hauen specialy þees Recluses, bot þe lyuyng & þe gostly
exercise of hem be acordyng þerto.

    For seynt *Gregory* seiþ, þat þere bene many þat fleen   In moralium
occupacion of þe worlde & taken hem to rest, bot þerwiþ þei bene   libro v^to,
not occupiede with vertues, & þerfore oft siþes it falleþ, þat þe   capitulo 20.
35 more sikurly þat þei cese fro outwarde occupacion, þe more
f. 62ʳ largely þei gederen in to hem by ydulnesse | þe noyse of vnclene
þouhtes. And so of euery siche soule þat spendeþ hir tyme in
ydulnes & slouþe, spekeþ þe prophete Jeremye in his
lamentacions in þis manere, *viderunt illam hostes & deriserunt*
40 *sabbata eius,* þat is to sey, þe wikked spirites enemyes of
mankynde, seyng & takyng hede of þe lyuyng of siche an ydul
soule. laghen to scorn hir daies of rest. For in þat she is ferre fro

outwarde occupacion & þereby is trowede to serue god in
holinesse. in so miche she serueþ þe tirantry of þo wikked spirites
in ydulnes.

In moralium
libro 6,
capitulo 23°.

Also þe same holi Clerk *Gregory* in þe same boke after
spekyng of þees tweyn lifes, actif & contemplatif, seiþ, þat 5
mannus soule shold first [be] wiped & made clene of þe desire of
temperele ioy & veyn glorye, & of al delectacion or likyng of
fleshly lust & desire. & þen may he be lift vp to þe siht & degre

Figura.

of contemplacion. In figure & token hereof, when god ȝaf Moises
þe lawe. þe comune peple was forbeden to neihe þe hille. In 10
tokene þat þei þat bene of weike wille & desiren erþly þinges.
shold not presume to clymbe vp to hye þinges of contemplacion.

And forþermore declaryng how þei shal preue hem self
able þat wole go to contemplatif lyfe seiþ, þat first it behoueþ þat

1.

þei preue hem self by excercise of vertues in þe feelde of 15
worchyng, þat is to sey, þat þei knowe hem self bisily, if þei done

2.

none harme to hir neihborgh & if þei bere paciently harmes [or]

3.

wronges done to hem of oþer men. Also if þei haue no gladnesse
in herte or likyng when temperele godes fallen to hem, &

4.

aȝeynwarde if þei be not to heuy or sory, when þei bene 20

5.

wiþdrawen. Also if þei felene in hir mynde þe loue of spirituel
þinges so mihty, þat it ouercomeþ & putteþ out of hir herte[s] þe
affeccion & ymaginacion of al erþly þinges, & so in þat þei
coueytene to come to þat þinge þat is aboue hir kynde. þei
ouercomen þat þat þei bene by kynde. *Al þis seiþ gregory.*   25

Hereto acordyng seynt *bernarde* & alle oþer doctours
generaly. seyen þat who so wole go dewly to contemplatif life. it

Figura.

behoueþ þat he be first preued in exercise of actif life. In figure
whereof is alegged comunely þe storye of þe tweyn douhteres of
Laban þe whech Jacob toke to hees wifes, þat weren cleped, þe 30
eldre | Lya, þat was sore eyede, bot plentyuous in beryng children, *f. 62ᵛ*
by whom is tokened actif life. Þe ȝonger was Rachel, faire &
louelich bot bareyn, & by her is tokened contemplatif life. And
þouh it so were þat Jacob loued better Rachel þen Lya & couaited
first to haue hade hir to wife for his vij ȝere seruice. neuere lese 35
he was made to take first þe eldre Lia. In token þat actif lif shuld
be before contemplatif [life] as it is seid, & þis story is pleynly
treted in many places to þis purpose, & þerfore we passe ouere so
shortly.

De vita actiua & contemplatiua.

BOt fort speke of þe maner of lyuyng in þese tweyn lifes
actif & contemplatif in special, & namelich of actif [life] þat stant
in so many degres, as of seculeres & religiouse & lerede &
5 lewede, it were hard & wolde ask longe processe, & also as it
semeþ it nedeþ not.

For þe generale exercise of actif life, as it longeþ first to a
man him self, þat is in fihtyng aȝeynus vices, & bisy in getyng of
vertues. And also after as it longeþ to hese euen cristien, þat is in
10 fulfillyng of þe dedes of mercy, & almesdedes doyng of hem þat
haue abundance of temperele godes.́ in euery degre, is writen
sufficiently as I hope, & þerfore I leue to speke more of þis matere
at þis tyme.

Saue to make an ende acordyng to þe byginnyng of þe
15 mater before seid in þe gospel of þese tweyn sisteres Martha &
Marie by þe whech bene vndurstonde þees tweyn lifes actif &
contemplatif as it is seide.

First þei þat bene in actif life, hauen ensaumple in Martha
of þat vertue þat is souereynly nedeful to hem in alle hir dedes þat
20 is charite, & first as to hem self þat þei be without dedely sinne,
for elles Jesus wole not duelle in hir house, nor accept hir seruyce.
Also as to oþer, þat þei deme not nor despise oþer þe whech
perauenture done not so many vertuese dedes as to mannus siht as
þei done. For þei mowe not knowe þe priue domes of oure lord
25 Jesu, þat accepted more pleysingly & preferrede þe pryue
contemplacion of Marie, þat satte at hese fete in silence, as she
hade be ydul.́ before alle þe gret bisy seruyce of Martha, and þat
was for þe feruent loue þat she hade in contemplacion of him, and
ȝit was þe seruice & þe bisynesse of Martha ful pleisinge to Jesu
30 & medeful to hir, as actif life is gude, bot contemplatif bettur.

*f. 63*ʳ And so forþermore | it is to note, þat not wiþstandyng þe
grete commendacion of oure lord Jesu touching Marie & þe
preferryng of hir part, Martha grucched not of hir part, bot
continued forþ in hir manere lyuyng, seruyng customably to Jesu
35 & hese disciples, as John witnesseþ after in his gospel. In token
þat he þat is called to god & stant in þe state of actif life, hald him
paied & gruch not, þouh contemplatif life be commendet before
his astate. For how so euere it stande of þese tweyn astates &
degrees of lyuyng.́ god wote al only who shal be before oþere in
40 þe blisse of heuen, of þe persones in þees astates.

And þus miche be seide as touching þe part of Martha, &

Primum no-
tabile actiuis.

*2*ᵐ *notabile.*

*3*ᵐ *notabile.*

Martha
more solito
ministrabat.

of actif life tokened by hir.

Forþermore touching contemplatif life, he þat is in þat
[a]state, haþ ensaumple in Marie of þre þinges þat nedeþ
souereynly to þat astate, þat bene mekenes, pacience & silence.

First mekenes is tokenet in þe lowe sittyng of Marie, at þe 5
fete of oure lord Jesu. & bot þis gronde be trewly sette in þe herte
of him þat is in þis degre of contemplacion, þat is to sey þat he
presume not of his owne holynesse, bot þat he despise him self
trewly in his owne siht as it is seide before in diuerse places, what
longeþ to mekenes. soþely elles alle his byldyng of contemplacion 10
be hit neuer so hye wole not stande stedfast bot sone at a lytel
wynde of aduersite falle to nouht.

Þe seconde vertue acordyng hereto is pacience, in suffryng
fals demynges, skorn[es] & reprou[es] of þe world þat he shal
suffre þat fully forsakeþ & despiseþ þe world as it nedeþ to þe 15
trewe contemplatife, committyng alwey by pacience in herte, his
cause to his aduoket Jesu, without answere reprouyng aȝeyn as
Marie dide, when þe pharisee demede & reproued hir. Also hir
sistere pleyned vpon hir. & þe disciple hade indignacion &
grucched aȝeynus hir. Bot in alle þese she kept silence, þat is þe 20
þridde vertue nedful to þe contemplatife, & so ferforþ she ȝafe
ensaumple of silence þat we finde not in alle þe gospel þat she
spake before þe resurrexione of oure lorde saue ones, by a short
word at þe reising of hir broþer Lazare, not wiþstandyng þe grete
loue þat oure lord Jesu shewed to hir, & þe grete likyng þat she 25
hade in þe wordes & | þe holi doctrine of him, þat shold stir hir by   *f. 63ᵛ*
reson þe more boldly to speke.

¶ And whoso coueiteþ to knowe þe fruyte of vertuese
silence, if he haue affeccion & wille to trewe contemplatif lyuyng.
without doute he shal be bettur tauht by experience, þen by 30
writyng or teching of man, & neuerles seynt *bernard*, & many
oþere holi fadres & doctours comenden hyely [þis] vertuese
silence as it is worþi.

Whereof & oþer vertuese exercise þat longeþ to
contemplatif lyuyng, & specialy to a recluse, & also of medelet 35
life, þat is to sey sumtyme actife & sumtyme contemplatif, as it
longeþ to diuerse persones þat in worldly astate hauen grace of
gostly loue. who so wole more pleynly [be] enfourmed & tauht in
english tonge. lete him loke þe tretees þat þe worþi clerk & holi
lyuere Maister Walter Hilton þe Chanon of Thurgarton wrote in 40
english by grete grace & hye discrecion. & he shal fynde þere as
I leue a sufficient scole & a trew of alle þees. Whos saule rest in

euerlastyng pese.ʹ as I hope he be ful hye in blisse, ioynede & knyt
without departyng to his spouse Jesu, by perfite vse of þe best part
þat he chase here with Marie. Of þe which part he graunt vs
felawchipe.ʹ Jesus oure lord god, Amen.

5 Of þe reising of Lazare & oþere tweyn dede bodies.
Capitulum xxxiiij.

Among alle þe myracles þat oure lord Jesus crist wrouht   **N.**
here in erþe, þe reisyng of Lazare principaly is comendet &
souerenly is to be consideret, not onely for þe souereyn miracle
10 itself, bot also for many notable þinges þat befelle in þat myracle
& diuerse misteries, þe whech seynt *Austyn* clergialy treteþ, by
longe processe vpon þe self gospel. Of þe whiche sumwhat I shal
touche in partye, & more ouer as þe grace of oure lord Jesu wele
sende wit pertynyng to þe purpose.
15   ¶ And for als miche as þe gospel makeþ mynde of þre dede
bodies reised by oure lord Jesu fro deþ to life.ʹ of þe which tweyn
þe first, bene not spoken of specialy in þis trete before.ʹ þerfore it
semeþ conuenient to þis purpose sumwhat [to] touche of hem now
in þis place as þe forseid seynt *Austin* doþ.
20   ¶ And first we shole vndurstande & haue in mynde, þat as
þe dedes of oure lord Jesu after his manhede bene ensaumple to
f. 64ʳ vs fort folowe him, as in mekenes, pouerte, pacience | & oþere
vertues.ʹ so in hese miracles done by vertue of þe godhede we
shole not desire to folowe him fort do as he dide.ʹ bot we shole
25 wirchipe him as almiȝty god in þat partye, & more ouere coueyt
fort vndirstande þe gostly meynyng of hem, how þo miracles done
þan bodily & in bodies, bene now done oft siþes gostly in mennus
soules. And so as seynt *Austyne* seiþ, by þo þre bodies þe whech
oure lord Jesus reised fro deþ to life bodily.ʹ ben vndurstande þre
30 maner of dede soules, þe whech þorh his speciale grace he reiseþ
euery day to euerlastyng lif gostly. For as þe gospel makeþ mynde,
he reised þe douhter of þe maister of þe temple, þat lay dede in þe
house, by whom is vndurstande dedely sinne onely in assent,
without þe fulfillyng þerof in dede. Also he reised þe widowes
35 sone born dede on þe bere without þe ȝates of þe cite, by whom
is vndurstande dedely sinne withoutforþ parfourmet in dede. And
þe þridde dede body he reised þat was Lazare biryed & foure daies
dede, by whom is tokenet dedely sinne in custome. For if we take

hede & vndurstande þat sinne is deþ of þe soule.˙ we mowe fynde
þat þe soule is dede gostly & slayn þorh sinne in þees þre
maneres. First by full assent of wille to do þat is forbeden of god,
onely within forþ in þe soule, without þe dede þerof withoutforþ.
As by ensaumple of lecherye þat is forbeden, what tyme as oure 5
lord seiþ in þe gospel, þat a man seeþ a woman lustily to þat ende
fort haue to do with hir fleshly, & fully assenteþ þerto in his wille.˙
þouh þe dede folowe not after.˙ he is aconted as a lechour in his
herte, & so is his soule slayn gostly þorh þat assent, & ded in
goddus siht.   10

Of þe first
dede body.

¶ And þis maner of gostly deþ is vndurstande by þat first
dede bodye þat oure lorde Jesus reised in þe house, þat was þe
douhter of þe prince of þe sinagoge or þe maister of þe temple as
it is seid before.

Historia de
filia archi-
synagogi:
Matthei ix.
Marci v.
Luce viij.

¶ Of whom þe gospel telleþ, þat he came to oure lord Jesu 15
preyng him þat he wold come to his house & hele his douhter þat
lay seeke þerinne. And as oure lord þat of his grete grace & endles
gudenes was euer redy to help & hele al þoo þat asked him
trewely, was goyng with him toward his house, | þere came worde *f. 64ᵛ*
to þe forseid prince þat his douhter was dede, & þerfore þei beden 20
him, þat he shold not make þe maister þat is Jesus trauaile in
veyne, for þei trowede wele þat he was of miht to hele þe seke,
bot not to reise þe dede. Neuerles oure lord Jesus letted not for hir
mysbyleue nor for hir scornyng to do his grace, bot bade þe fadere
þat he shuld not drede bot onely byleue. And when he came to his 25
house, & fonde þere, after hir custome many wepyng & mourneful
minstralsye, & oþer aray, for þe exequyes.˙ he seid to hem, wepeþ
not, for þe wench is not dede bot slepiþ, & þan þei scorned him,
for þei vndurstode not what he mened. For þouh she was dede as
to hem.˙ neuerles to him þat was of miht to reise hir & make hir to 30
lyue.˙ she dide bot slept. And þan puttyng out alle þat were in þe
house saue þe fadere & þe modere, & þe þre apostles, Petur [&]
James & John, oure lord Jesus bad þe wenche rise, & anone she
rose vp fro deþ to life, & after ete & was al hole.

Spiritualis
intellectus.

Þis is þe processe of þe gospel, after þe vndurstandyng of 35
þe letter. In þe which we mowe gostly vndurstonde first þat as
oure lord god þan reised bodily þe douhter at þe praiere & by þe
feiþ of þe fadere.˙ so he reiseþ nowe oft siþes gostly dede soules
by sinne to life of grace, þorh þe preching & preyinge of holi men,
& þe feiþ of holi chirch. And as oure lord Jesus spared not for 40
mysbyleue & scornyng of oþer, to help him þat asked his grace.˙
so shold not men spare to profite to oþer soules & namely men of

holi chirch spare to preche goddus worde whan it longeþ to hir
office, in to reisyng of dede soules to gostly life, þouh sume men
scorn hem or reproue hem þerfore. For as seynt *Austin* seiþ it
falleþ al day, þat a man þat is gostly dede by ful assent in his herte
5 to dedely sinne, by þe preching of goddus worde, is compuncte in
his herte þerof þorh grace, as þei he herd oure lorde bidde him
rise. And so is he reised in his soule by repentance fro deþ to life,
at it were in þe house, or þat he be born without by þe dede more
ouere of þat sinne. And þis is þe first manere of dedely sinne, &
10 lihtest forto rise out þereof þorh grace, þat is betokenet by þe first
f. 65ʳ dede bodie reised of Jesu | in þe house as it is seide.

      Bot neuerles þis manere of dedely synne þat is onely in
assent, is moste perilouse if it longe abide, & specialy if it be
gostly, as hye pride or enuy. For as seynt *Gregory* seiþ, þat
15 sumtyme it is more greuous sinne in goddus siht, pride by
deliberacion in herte: þen is þe dede of lecherye, & ȝit alday þat
one is gretly charget, þat is to sey lecherye, bot þat oþere seldom
or litel, & þerfore bene many men here deceyuet. Bot now passe
we here ouere.
20   Of þe reisyng of þe seconde dede body, is writen in þe
gospel, of seynt Luke, how what tyme oure lord Jesus came to a
Cite þat was clepede Naym & hese disciples with him & mikel
peple: he mette at þe ȝate of þ[at] Cite a dede body born on a
bere, þat was þe al one son of a wydowe þat came with þe corse
25 & mikel folk of þe cite with hir. And þan oure lord hauyng pite,
of þe grete sorow of þe widowe, & meuede þorh his endles mercy:
bade hir þat she shold not wepe, & þan ne[ȝ]hyng & touchyng þe
bere, & þerwiþ þei þat berene it standyng stille: he spake to þe
dede body in þees wordes, þow ȝonge man I say to þe arise vp, &
30 anone he rose fro deþ to lyfe, & went on hees fete, & bygan to
speke, & so he betoke him to his modere alyfe. Þis is þe processe
of þe forseid gospel.

      A lord Jesu mikel is þi mercy shewed to sinful men, [þorh]
þe which as þou reisedest þat dede body born out toward birying
35 without praiere made to þe before, onely stiryng þe þyne endeles
gudnesse & pite: so þou reisest alday gostly hem þat ben dede in
soule, by gret sinnes perfourmede in dede, as by þe dede of
lecherie, glotenye & oþere gret sinnes fleshly & gostly, ȝiuyng þi
grace oft siþes before or þou be praiede or souht by any desert,
40 þorh þe which sinful men bene stirede to repentance & forsakyng
of sinne, & so by shrift & penance doyng after þe lawes of holy
chirch, þei bene reised gostly to lif of grace, þat first were dede by

Of þe
second
dede body:
Luce vijᵒ.

sinne perfourmede in dede. And if it so be þat þis sinne be opunly
knowen, in to yuel ensaumple of oþere & sklaundre. þen is it nede
of opune penance as holi chirch haþ ordeynet, after þat oure lord
Jesus ȝaf ensaumple in þat opene reising of þe forseid dede body,
þat was opunly born dede | on þe bere wiþ out forþ in siht of þe   *f. 65ᵛ*
peple.   6

[Of þe
reising of
þe þrid dede
body þat is
Lazare: Jo-
hannis xjº.]

Johannis xº.

BOt now as to oure principale purpose fort speke of þe
reising of þe þrid dede body, þat is to sey Lazare foure daies dede.
For als miche as in þis processe bene continede many faire & gret
notable þinges. þerfore we shole here more specialy gedere in   10
oure entent, & make vs by ymaginacion, as þei we were present
in bodily conuersacion not onely with oure lord Jesu & hees
disciples. bot also with þat blessede & deuout meyne, þat is to
sey, Martha, Marie & Lazare, þat w[ere] specialy belouede of oure
lord Jesu, as þe gospel witneseþ. And first we shole vndirstande 15
& haue in mynde, þe processe of þe nekst chapitre before þis, how
vpon a tyme when oure lord Jesus walked in þe temple, þat is to
sey in þat place þat was clepede salomonus porche, in þe feste of
þe dedicacion of þe temple. þe Jues comen about him, as
rauyshing wolfes or wode dogges, with grete ire grennyng vp on   20
him & seying in þees maner wordes, *how longe wolt þou make vs
in suspense & in dwere in oure hertes what þou art. If þou be
crist. telle vs opunly.* Þis þei seyden by fals & malicious entent to
þat ende þat if he hade opunly knowlechede þat he was crist, þat
is to sey anoynted kynge. þen fort haue taken him & accusede him 25
as traitour to Cesar þe emperour of Rome. Bot þerfore oure lord
Jesus knowyng hir fals ymaginacion, temperede wisly his
answere, & as an innocent lambe among so many trecherouse
wolfes, soburly & mekely seid to hem aȝeyn, *I speke to ȝowe &
ȝe leue me not, bot þe werkes þat I do in þe name of my fadere. þo* 30
beren witnese of me what I am. And after more ouer when he
seide, *I & my fadere arne alone,* þei token vp stones fort haue
stonede him as blasfeme, makyng him self god.

     And forþermore when oure lord hade concludet hem in þat
party by reson & auctorite of holi writte, þat þei miht not aȝeyn   35
seye, & þei not withstandyng his resonable & meke answere, & so
gudely wordes, continueden & encreseden in hir malice. For als
miche as þe tyme of his passion was not ȝit comene & fort ȝiue
ensaumple of pacience, & of ȝiuyng stede to | rennyng wodenesse.   *f. 66ʳ*
he wiþdrowe him out of hir handes, & went wiþ hese disciples by   40

ʒonde Jordane, in to þat place where John baptist first baptizede, aboute xviij Mile fro Jerusalem, & þere he dwellede awhile with hees disciples.

And in þat tyme sone after as þe gospel telleþ nowe to oure
5   purpose.´ Lazare þe broþer of Martha & Marie before seide waxed sore seke, & anone þe tweyn sistres senden worde to Jesu where he was in þat forseide place by ʒonde Jordane seying to him in þis manere *Lo lord he þat þou louest þat is lazare, is sore seke.* And þei seiden no more. For als miche as hem þouht þat þat sufficced
10 to him þat louede & wist what þei menede. And also perauenture, for þei knowyng þe malice of þe Jues aʒeynus him in to his deþ, & how a litel before þei wolde haue stenede him.´ þei durst not clepe him to hem, bot committede alle to his wille. And þan Jesus answerede & seide to hem *þis infirmite is not to deþ.´ bot for þe*
15 *louyng of god þat goddus son be glorified þerby.* Þe gospel telleþ   **N.** þat he seide þees wordes to hem, bot it specifieþ not to whame, for þe sistres þat senden to him were not þat tyme present, bot a grete wey fro him as it is seide.

Neuerles we mowe vndurstande as by þe processe, þat he
20 answered to hem in þees wordes by þe messagere, or elles seid so to hese disciples, or to boþe, as it is most lykly.

A lorde what conforte was þis to þe sistres, when þei hardene of þe messagere þese wordes, þat Jesus seide, þis infirmite is not to deþ, vndurstandyng perantere by hem, þat hir
25 broþer shold not dye bodily by þat infirmite. Bot what disconfort was it to hem aftur whan he was dede & biriede, not vndurstandyng þat oure lord menede of þat gloriouse reisyng þat folowede after, nor trowyng þan þat it sholde haue falle. Neuerles þat disconfort for þe tyme.´ was after turnede in to more confort
30 þen þei desirede first by þat þei wolde haue hade him preseruede fro þe deþ, & helede of his infirmite by oure lord Jesus.

Þus it falleþ oft siþes with hem þat god loueþ & bene in
f. 66ᵛ tribulacion or disese, | oure lord graunteþ hem not þat confort þat þei asken & desirene.´ bot suffreþ hem as for þe tyme to be in
35 despeire of hir desire. And after when his wille is, he fulfilleþ hir desire better þen þei wolde first, & turneþ hir disconfort in to more confort þan þei wolde haue ymagined or þouht.

Forþermore as to þe processe of þe gospel, after oure lord Jesus was certifiede of þe seke lazare, & hade answerede as it is
40 seide, *he duelled stille in þe forseide place tweyn dayes, & after he seide to hese disciples, Go we aʒeyne in to þe Jewery, & þei aferde of þis worde seiden to him, Maister riht nowe þe Jues*

wolden haue stenede þe þere, & now wolt þou go þidere aȝeyn?
& þen Jesus answered, Be þere not xij houres of þe day? As who
seiþ, whi be ȝe aferd supposyng þat þe Jues continuen in hir
malice? Wit ȝe not wele þat as oft siþes, as þe houres changen on
þe dayˊ so oft mannus herte & purpose varieþ & changeþ? Bot þe 5
gostly menyng of þese wordes as seynt *Austin* expowneþ is þis,
Oure lord vndurstandyng him self as þe day, & hees xij disciples,
as [þe] xij houres of þe day, reprehendet hir misbyleue, & hir
vnresonable drede of his deþ þat was in his wille, [&] þat þei wold
ȝiue conseil to him, as men to god, disciples to þe maister, þe 10
seruantes to hir lorde, & þe[i] feble & seke to him þat was
souereyn leche. Wherfore in manere blamyng hem, oure lord seid
to hem in þis maner sentence, *Are þere not xij houres of þe day,*
who so walkeþ in þe dayˊ he offendeþ not, or erreþ not. Foloweþ
ȝe me if ȝe wol not erre, & wole ȝe not ȝiue conseil to me, siþen 15
it is nede to ȝow to take conseil of me. And þerfore siþen it so is
þat I am þe day, & ȝe þe houresˊ & by kyndly reson þe houres
folowen þe day, & not þe day þe houresˊ foloweþ ȝe me & þat if
ȝe wil not offende or erre.

And after þis oure lord Jesus knowyng in spirite þat lazare 20
was dedeˊ seid to hem, *Lazare oure frende slepeþ bot I wole go*
fort wake him & reise him fro slepe. And þen þe disciples
vndurstandyng fleshly þo wordes of kyndly slepeˊ seiden, *Sir if he*
slepeˊ hit is a token þat he shal be hole & safe of his sekenes. For
comunely by wey of kynde, slepe of sekemen | is token of hele *f. 67ʳ*
aftur folowyng. Bot Jesus menede of his deþ. And so here we 26
mowe se þe gret homelynes of oure lord with hees disciples, þat
as in maner of bouredyng spake with hem here. Bot after declaring
to hem opunly, þat he spake first mistilyˊ seide, *Lazare is dede, &*
I am glad for ȝowe, þat þereby ȝoure byleue may be encresed & 30
strenghede, knowyng þat I was not þere in tyme of his deth, & so
þe raþere byliuyng þat I am goddus sone.

¶ Forþermore leuyng many wordes of þe gospel, & takyng
þat semeþ most notable to oure edificacionˊ after when oure lorde
Jesus with hese disciples turnede aȝeyne toward bethanye, & þe 35
tweyn sistres hadden worde of his comyng, Martha anone went
aȝeynus him, bot Marie satte stille at home til after þat she was
cleped forþ by þe biddyng of Jesus. And so it semeþ by þees
wordes, so specialy after þe letter tellyng howe þese tweyn sistres
Martha & Maria, diuersely hadden hem as anentes Jesuˊ þat þe 40
holi euangelist John menede gostly here as he doþ in oþere places,
þe diuerse condiciones þat longen to hem, þat bene in þese tweyn

astates, þat is to sey of actife life & contemplatif life. For it is no
doute bot þat Marie louede Jesus als mikel as hir sistere Martha
or more, & was als glad of his comyng & als sory was of hir
broþer deth & als feruently desirede his life. Whi þen went she not
5   anone with hir sistre out aȝeynus Jesu? Bot in figure & for   Nota.
ensaumple, þat þei þat bene in þe state of contemplatif life, shole
not take vpon hem bodily exercise of þe dedes of mercy, as fort go
out to visite þe seke, or hem þat bene in prison, or to fede þe
hungry or cleþ þe naked, & so forþ of oþer, or elles fort preche or
10 teche, or to minystre sacramentes of holy chirch: bot it so be, þat
þei bene cleped out þereto, by þe biddyng & þe auctorite of holi
chirch in Jesu name gostly as Marie was bodily.

  ¶ Sittyng þen Marie at home as it is seide & Martha goyng
out: what tyme she met with Jesu: she felle done at hese fete &
15 seide, *Lord if þou haddest ben here: my broþer hade not be dede,*
neuerles & nowe I wote wele þat what so euer þou askeste of god:
f. 67ᵛ *god wole ȝif þe,* she dorst not | sey vtturly þat she desirede
inwardly, seying as þus, now reise my broþere fro deþ to life: for
she wist not wheþire it were expedient þat hir broþere shuld be
20 reised, or wheþer it were Jesus wille, and þerfore she sette hir
wordes discretly in þis maner of menyng, Lord I wote wele [þat]
þou maist reise him, & þerfore if þou wolt: it sal be done, bot
wheþer þou wolt or nouht: I committe it to þi dome, & not to my
presumptione.
25   Þan seide Jesus to hire, þat hir broþer shold ryse fro deþ to
life, so in generale wordes, þat miht be taken in tweyn maneres,
fort preue hir byleue of þe finale resurrexion, not specifiyng
wheþer he wolde reise him at þat tyme or none. And þerfore
Martha takyng þat part þat she was siker of after þe byleue, seide,
30 þat she wist wele þat he shold rise in [þe] generale resurrexion, at
þe last day of dome. And forþermore at þe askyng of oure lorde,
wheþer she byleuede, þat he seide of himself, þat he was
resurrexion & life, & of euerlastyng lif of alle hem, þat [trowed
or] byleuede soþfastly in him: she answerede finaly þus, *I byleued*
35 *þat þou art criste goddus son þat art come in to þis world for*
mannus sauacion. And þan at þe biddyng of Jesus, she went home
& clepede Marie hir sistere in silence, þat is to sey in soft
spekyng, seying to hir, *Oure maistre is comen & clepeþ þe to him,*
& anone she rose vp & went to him. Lo how expressly here also
40 is tokened gostly what longeþ to þe contemplatife, þat is to sey,
first in pees & rest silence & soft spe[kynge], & not loude cryinge
or gret noyse as þe world vseþ. And forþermore what tyme þat

oure lord clepeþ him out by obedience to cure & gouernaile of
oþere as in þe office of prelacie.· þat þen by ensaumple of Marie
anone he rise by applying of his wille to goddus wille, loue he
neuer so mykil rest, or haue he neuer so mykil likyng in swete
contemplacion, þat is to vndurstande, what tyme þat he is cleped   5
so vtturly, þat if he withstode [it], he shold synne dedely by
inobedience.

 Forþermore we mowe se by þe processe of þe gospel, þe
speciale loue & homelynes þat oure lord Jesus hade souereynly to
Marie in þat he abode stille þere as Martha first mette with him,   10
& wolde nouht do as to þe reisyng of Lazare in to | tyme þat Marie   *f. 68ʳ*
was comen. And þen when she was come & fallyng done at Jesus
fete & with sore wepyng teres, hadde seide as hir sistere dide
before, þat if he had be þere hir broþere hade not ben dede.· oure
lorde Jesus seynge hir wepe, þat he loued so specialy, & also þe   15
Jues wepyng þat þere were at þat tyme, & were comen to confort
Marie.· he wept also, & þat for þre causes, first for þe loue þat he
hadde to Marie specialy & to hir sistere & to Lazare. Also to
shewe þe greuoustye of sinne in custome, & of þe gostly deth
þereþorh, þat is tokened in Lazare foure dayes dede & biriede, &   20
þe þridde for þe misbyleue of hem þat þere were, þe whech
beleued þat he miht haue kept him fro deþ, bot not þat he miht
þen reise him to life aȝeyn.

 Who so wole þan here inwardly take hede & beholde how
oure lord Jesus wepeþ, þe sistres wepen, þe Jues wepen, ȝe & as   25
reson telleþ þe disciples wepene.· skilfully he may be stired to
compassion & wepyng, at þe leste inwardly in hert namely for
synne in custome, þat is so harde to ouercome, & to rise out of, as
oure lord Jesus shewed in gostly vndurstandyng, by þe gret
difficulte þat he made as in wepyng & in maner of turblyng   30
himself, wroþ & grucching in spirite, & þat tweyn tymes before
þat he reised Lazare, by whome is vndurstand sinne in custome,
Augustinus. as it is oft seide, ȝiuyng ensaumple as seynt *Austyn* seiþ, þat þou
þat art ouerleyde with þe heuy stone of dedely sinne.· be wroþ &
grucche in [þi] spirite & turble þi self in þis maner, demyng þi self   35
gilty, & þenkyng how oft þou hast sinned, worþy euere lastyng
deþ, & god of his endles mercy haþ spared þe & suffrede þe. How
oft þou hast herde þe gospel forbedyng sinne, & þou hast taken
none rewarde, bot art continuely contrarie & fals to þi first
baptisme, & þen so þenkyng with compunccion for þi sinne, & as   40
in [þis] maner askyng in þi herte, What shal I do? Whydere sal I
go? In what maner sal I askape þis grete sinne & dredful perile of

euerlastyng deth? Whan þou seyst þus in þi herte þan criste
f. 68ᵛ gruccheþ in þe, for feiþ gruccheþ, & if feith | be in vs, þan is crist
in vs, & so in þis manere of grucchyng: is hope of vprisyng. For
after þis wepyng & turblyng as þe processe of þe gospel telleþ,
5 oure lorde Jesus asked where þei hadden put Lazare, not for
vnknowyng, bot spekyng in manere of man & in tokennyng gostly
of a straungenes of his grace, to hem þat bene ouerleide with
dedely sinne for þe tyme. Neuerles he haþ alwey compassion of þe
sinfulle, & his mercy is redy to alle þat wole trewly aske it, for
10 after he hade asked where þei hadde putte him, & þei seide
aȝeyne, *Lord come & se:* þen he wept, & þe Jues þat þere weren,
seide *Lo howe he louede him,* & so he shewede þe affeccion þat
he haþ to þe sinfulle, as he seiþ in þe gospel, *I came not to clepe
þe riht wise, bot þe synneres to penance.*
15   Bot now go we to þe [birieles or] graue of lazare, folowyng
oure lord Jesu with alle þat meyne, þat is to sey, þe tweyn sistres
Martha & Marie & þe apostles, & þe Jues many þat weren þere
þat tyme, to confort þe sistres, & as oure lord wolde [fort] se &
bere witnesse of þat solempne & worþi myracle & so we mowe se
20 by deuout ymaginacion how oure lord Jesus goþ before bytwix þo
tweyn sistres, talkyng homely with hem & þei with him, shewyng
to him þe grete disconfort & sorow þat þei hadde of hir broþer
deþ, & specialy for als mykel, as þei durst not bidde him come to
helpe hem & kepe him fro deþ for drede of þe malice of þe Jues,
25 þat þei knewen hade conspirede in to his deþ, & how þei were
hiely confortede þan of his blessed presence. Bot neuerles þerewiþ
þei hadden gret drede of him by cause of þe Jues, & þen how oure
lorde benyngly confortede hem aȝeyn, & badde hem not drede of
him, for alle shold be for þe best, & at þe fadere wille. And so
30 talkyng to gedir: þei come to þe graue [or þe birieles], þat was
keuerede with a grete stone abouene, þan badde oure lord Jesus
þat þei shold take awey þe stone, & þei abashede for þe grete
tendur loue þat þei hade to him, dredyng þe horriblete & þe stinke
of þat carione þat it shold ouht offende him, seiden, *Lord now he*
f. 69ʳ *stinkeþ | for he is foure daies dede,* shewyng þerby þat þei hade
36 none hope of his lyuyng aȝeyn. Bot oure lord aȝeynwarde,
confortyng hir byleue, & makynge þe stone taken awey:
afterwarde liftyng vp hese eyene to heuen seide, Fadere I thonke
þe, for þou hast herde me, & soþely I wote wele þat þou herest me
40 euer, bot I sey þis, for þe peple þat here stant þat þei beleue þat
þou hast sende me. And when he hadde seide þus: he criede with
a gret voice, Lazare come out of þi graue.

A lord Jesu, what nede was þe to cry? Soþely as seynt *Austin* seiþ, to shew in gostly vndurstandyng, how harde it is to him fort rise to life of soule, þat is ouerlayde with þe stone of dedely sinne in custome.

How many bene þere seiþ seynt *Austin*, in þis peple, þe 5 whech bene ouerleide with þis heuy birthene of wikkede custome,
perauenture sume heren me, þat bene ouercomen with Lechery, or Glotenye þat þe apostle forbedeþ hem where he seiþ þus, *Wille ʒe not be drunken with wyne in þe which is lecherye.* And þei seyn aʒeyn, We mow not, & so forþ of oþere grete misdedes & 10 wikkednesses þat god forbedeþ & holi chirch. When it is seide to hem, doþ none of þese lest ʒe perish. þei answeren & seyn, we mowe not leue oure custome.

A lord Jesu reise þese folk as þou reisede Lazare, for þou art soþely as þou seyst resurrexion or vprisyng & life.   15

N.
How heuyly þis stone of wikked custome ouerleiþ men in alle degres, not onely lered & lewede seculeres, bot also religious nyheby in alle astates. whoso wole speke aʒeynus hir wikked customes, he sal knowe soþely by experience, & þat þere is no remedye bot onely Jesu.   20

A lord Jesu crye to alle þese menne with a gret voice, þat is to sey, shewe þi [grete] miht & reise hem to life of grace, puttyng awey þat heuy stone of wikked custome, as þou reised Lazare, for after þi crye & at þi biddyng he rose vp & went out of his graue, bot ʒit bonden handes & feet til he was lesed & 25 vnbonden by þi disciples at þi biddyng.

Þis is a gret wondur as seynt *Austin* seiþ, to many men how he miht go out of þe Graue with hese fete | bonden. bot it is miche *f. 69ᵛ* more wondur how he rose fro deþ to life þat was foure dayes byriede & with þat body of a stynkyng kareyne. Bot what tokeneþ 30 alle þis seiþ seynt *Austin*? Soþely þis it tokeneþ. When þou doyst a gret sinne by contempte. þou art gostly dede, & if þou contynuest customably þereinne. þan art þou dede & byriede. And
when þou forþenkest withinforþ, & shryuest þe & knowlechest þi sinne withoutforþ. þen risest þou & goste out of þi graue, for it is 35 nouht elles to sey, *go forþ out*, bot shewe & make knowen outwarde, þat is priue withinforþ. And þis knowleching & shewyng of sinne, makeþ onelich god, crying with a grete voice, þat is to sey with his grete grace clepyng.

Bot ʒit þouh he þat was dede be reised & gone out of his 40 graue. neuerles he duelleþ bonden, þat is to sey gilty, in to tyme þat he be lesede & vnbonden by goddus ministres, to whom onely

he ȝaf þat powere, seying þus to hem, *Alle þat ȝe vnbynde in erth.ˊ* **N.**
sal be vnbonden in heuen. Alle þis seiþ seynt *Austin* in sentence.
In þe which we mowe se opunly a sufficient auctorite
aȝeynus hem þat repreuene confession ordeynet by holi chirch, &
5 also þe assoylyng of curates, seying falsly þat it is ynowh generaly
to euery man, fort shryue him onely in his herte, to godde. And þat
prestes or curates of holi chirch haue no more powere to assoile
of synnes, þan anoyþer comene man, bot þat god alonly assoileþ,
& none oþere in his name.
10 Bot nowe leuyng þees fals opiniones, & goyng to þe ende
of oure forseid processe.ˊ what tyme þat Lazare was reised to lif by
oure lorde Jesus.ˊ as it is seide & aftur vnbonden by hees disciples.ˊ
he & hese sistres wiþ gret ioy lowely þonkeden Jesus of þat
souereyn benfete & ladden him with hem home to hir house
15 makyng mykel mirth. And þen þe Jewes þat þere weren wondryng **B.**
hyely of þat grete myracle.ˊ sume turnede in byleue to Jesu, &
sume ȝeden & tolden þe pharisees þat Jesus hadde done, & so was
it publyshede & opunly knowen. In so miche þat gret multitude of
Jerusalem & þe cuntrey þere aboute, comen to se Lazare þat was
f. 70ᵛ reisede, & þan were þe princes of þe Jewes & þe pharisees | alle
21 confusede, & þouhten & kastene fort sle Lazare, by cause þat þorh
him many weren conuertede to Jesu.
Now þen fort make a conclusion of alle þe processe before **N.**
seide of þe þre dede bodies reised by oure lord Jesu.ˊ seynt *Austin* Conclusio
25 seiþ in þis sentence, Alle þese forseid þinges we haue herde Augustini.
breþerne to þat ende.ˊ þat þei þat lyuen gostly kepe hem in lyfe of
grace, & þei þat bene dede.ˊ rise vp in þis manere. First he þat haþ
sinnede dedely by assent in herte, & is not gone out by
performyng þerof in dede.ˊ amende him of þat þouht by
30 repentance, & so rise he vp, þat was dede withinne þe house of his
conscience. Also he þat haþ performede in dede, þat he
conceyuede dedely in þouht.ˊ be he not in despeire, bot þouh he
rose not withinforþ.ˊ rise he withoutforþ, so þat he be not biriede
& ouerleide with þe heuy stone of wikked custome.
35 Bot forþermore, perauenture I speke to him þe which is
ouerleide with þat harde stone of hees wikked maneres &
kombrede with þe heuynesse of custome, & so is as foure daies
dede & stinkeþ.ˊ ȝit despeire he not, for þouh he be depe dede &
biriede.ˊ crist Jesus is hye of miht, & can breke alle erþly
40 birthene[s], criyng þorh his gret grace, & makyng him to lyfe, first
by him self withinforþ, & after takyng him to hees disciples fort
vnbynde him, & so fully restore him to gostly life, so þat þere sal

leue no stinke of sinne in his soule gostly, nomore þen dide in
Lazare, reisede bodily, þat he grant to alle þat hauen nede. Jesus
crist Amen.

Hic pretermittuntur duo Capitula Bonauenture.

How þe Jues [token hir] conseil & conspirede aȝeynus Jesu in to his deth. Capitulum xxxvᵐ. 5

N.B.   Aftere þe reisynge of Lazare before seide, when þe tyme
 neyȝhede, in þe which oure lorde Jesus disposede to wirke oure
redemption, þorh þe shedyng of his preciouse blode. þe deuele
fadere of enuye, armede hees knyȝtes & mynistres & whettede hir
hertes aȝeynus oure lord Jesu, finaly in to his deþ. And specialy by 10
occasion of hese gude & vertuese wyrkyngis, bot souereynly for
þe reisyng of lazare, enuye kyndelet in hir hertes more & more, in
so mykel þat þei miht no lengere | bere hir wodenes without *f. 70ᵛ*
execucion þerof aȝeynus Jesu. Wherefore þe princes & [þe]
pharisees gederet a conseil aȝeynus him, in þe which consele 15
Caiphas byshope of þat ȝere, al þouh he menede wikkedly.
propheciede soþely þat Jesus shuld dye for sauacion of mankynde.

N.   And so haue we here opun ensaumple þat wikked men &
reprouede of god. hauen sumtyme þe ȝift of prophecye.

And so by comune assent þoo fals princes & pharisees in 20
þat consele ordeynet vtturly to sle þat innocent lambe Jesu, & to
þat ende, leste alle þe peple shuld beleue & trowe in [to] him, &
þen þe Romaynes as settyng hir lawe at nouht. shuld come &
destruye boþe hir temple & peple.

Prouerbium   A fooles & foly consele, [*haþ not of ȝou þe wisman* 25
21.   *wryten*], þat þere is no wisdam nor consele aȝeynus god? And
þerfore it sal [be]falle in contrarye manere to ȝoure wikked entent,
as it is nowe performede in dede. For þere as ȝe slewen Jesu, lest
þe Romaynes shold destrue ȝour place & ȝour peple. after befelle
aȝeynwarde, þat for ȝe slewen Jesu. ȝoure place & peple was 30
destruyede by þe Romanes, as þe story telleþ of destruccion of
Jerusalem by Tite & Vespasiane.

Notabile.   In þe same manere it falleþ oft siþes in worldes wisdam,
þat is contrarie to þe wisdam of god. For oft siþes oure lord god
turneþ in to þe best. þat þe worlde demeþ as worst & to þe worst. 35
[*þat þe worlde demeþ as best*]. And specialy þere as enuye is

gronde of þat entent of worldes wisdam, as it shewed opunly by
a notable ensaumple in Joseph whom hese breþerne, by enuy after
worldes wisdam: soldene in to Egipte as to his vndoynge, for þei
wolde not wirchipe him after his sweuen: bot after it turnede in to
5 þe contrarie effecte, by goddus grace, for þat sellynge of him, was
occasion & cause of his hye auansyng, & hir lowe submission to
him & wirchipyng. And so it befalleþ alday as men mowe se
prouede by experience in þe worldes changyng.

    Bot nowe leuyng þis matire & turnyng to oure purpose of Processus
10 þe forsiede fals & enuyous conseilyng: oure lord Jesus euerlastyng
wisdam of þe fadere of heuen, to whom may no þinge be hidde:
knowyng þis malicious conspirynge of þe Jewes aȝeynus him: for
f. 71ʳ als miche as his tyme was not fully come, in þe which | he
disposede to suffre deþ for mannus sauacion, & also to ȝiue
15 ensaumple as it is seide in þe nekst chapitre before, to fle malice,
þat it encrese not by duellyng: he wiþdrowe him for þe tyme fro
þe Jewes & went in to a cuntre, byside deserte, in to a cite þat was
cleped Effrem, where he duelled with hese disciples a litel while,
þat is to say [aboute] a seuen nyght. For as sume clerkes seyne, he
20 reised Lazare þe friday before þe passione soneday, when þe same
gospel is radde in holi chirch, & þe setturday seuene niht after, he
was come aȝeyn in to Bethanie as þe processe folowyng declareþ.

How oure lorde Jesus came aȝeyn to Bethanye þe saturday before Palmesoneday, & of þe sopere made to him þere, & of þoo þinges done þeratte. Capitulum xxxvjᵐ.

25

    OVure lord Jesus souereyn doctour & maister of al vertues **N.**
not onely by worde teching, bot also by ensaumple ȝiuyng: riht as
in þe processe before seide to oure edificacion he vsede þe vertue **B.**
30 of *Prudence,* in fleyng fro hees enmyes, & þereby shewyng þat we Prudencia.
also sholen wisely wiþdrawe vs fro þe wodenes of hem þat
pursuene vs maliciously, þat is to sey, when þe tyme & þe place
askeþ: so nowe he vsede þe vertue of gostly *strenghe* in þis Fortitudo.
turnyng aȝeyne to hese enmyes, when þe dewe tyme was come in
35 þe which he wolde by his fre wille offre him to þe passione, &
strongly & myhtyly suffre þe malice of hese pursueres in to þe
vtturest ende, þat was þe harde deþ. Temperan-
    Þus also an oþere tyme he vsede *temperance,* what tyme cia.

Justicia.

he flewe, eschewyng worldes wirchipe, when þe peple wolde haue
made him hir kynge. & aȝeynwarde he vsed *rihtwisnes*, when he
wolde be wirchipet as a kynge as it foloweþ here aftur, what tyme
þe peple comen aȝeynus him, with branches of trene & oþer
manere of gret reuerence doyng to him in þe cite of Jerusalem.   5

And forþermore souereynly he vsede þis *rihtwisnes*, after
when he entrede in to þe temple, & [þere] sharply reprouede þe
fals couaitise of preestes of þe lawe & pharisees, & with a scourge
drofe out þe biggeres & þe selleres of goddus temple.

And so vsede þe lorde of vertues þese foure principale   10
vertues, | þat is to sey, prudence, & temperance, strengþe &   *f. 71ᵛ*
rihtwisnes, for oure doctrine & informacion in vertues.

Wherfore as he shal not be supposede or demede as variant
or inconstant. no more sal none oþer þat vseþ þees forseide
vertues, after discrecion as diuerse cases askene. Bot leuyng þis   15
matere, when oure lord Jesus, as it is seide, forto offre him to þe
passion in tyme ordeynet of him before þe world, came aȝeyn to
Bethanye, þat is to sey þe sabbate nekst before palmes soneday, þe
which place is nyhe Jerusalem, as aboute þe space of tweyn myle.
þere þei maden him a sopere hees trewe bylouede frendes þat   20
were ful glad of his aȝeyn comyng, & þat in þe house of Symond
leprose, þat hade þat name for þat he was sumtyme before leprose,
bot not at þat tyme, for he was helede of oure lorde before. And
þere at þat sopere w[ere] þese homely gestes with Jesu, þat is to
sey Lazare, Martha & Marie, hir sistre. And as John noteþ specialy   25
Martha seruede & Lazare satte at þe borde with oþere þat setene
also with oure lorde. Bot Marie ful of brennyng loue to Jesu, &
taht withinforþ of þe holi goste. tuke a ful preciouse oynement &
shedde vp on his hede, & also anoyntyng his feet, of þe which
precious oynement þe swete sauour filled alle þe hous.   30

N.

Now let vs abide here awhile & take hede inwardly of þe
forseide notable poyntis, & first how oure lorde Jesus wolde haue
þis sopere specialy in þat house of þe forseid Symonde þat was a
pharisee, as it is seide before, & in whose hous þat self. Marie
[firste] anoyntede him with preciouse oynement, & with inwarde   35
sorow & bitter teres of contricion, bot nowe more perfitely with
vnspekable ioy & ful swete teres of deuocion, & þat knewe wele
oure lorde before, & for þat one skil he chase þat place at þat
tyme, specialy for Maries sake as we mowe resonably suppose.
For no doute þat she louede specialy þat place in þe whiche she   40
fonde first þat grete grace of forȝyuyng, of hir grete synnes as it is
seid, & so it was more likyng to hir þere to do þat excellent dede

of deuocion shewyng hir feruent loue to Jesu.

Also he wolde haue þat sopere in Symondes house, |
f. 72ʳ knowyng his charite & trewe affeccion continuede to him & to
hees disciples, not withstandyng þe frendely reprehension before
5 bycause of Marie, & also for þe more opun witnesse of þe trewe
reisyng of Lazare þat ete & dranke as oþer dide in þat hous of þe
pharisee opunly & in presence of many Jewes þat comen at þat
tyme þidere to se not onely him self Jesuˊ bot also Lazare as John
specialy telleþ.

10 And so we mowe se at þat sopere & in þat house þees
foure persones doyng to oure lord Jesu trewe seruyce in diuerse
maneres, þat is to sey þe maister of þe house by charitable
hospitalyte, Lazare by opun witness[ynge] of his godhede, Martha
by bisy mynistringe, as longeþ to trewe actife life, & Marie by
15 feruent loue & deuout wirchipyng, as longeþ to hye contemplatif
life.

Bot on þat oþere side we mowe se in contrarie manere,
oþere ȝiuyng occasion of offense to oure lord Jesu, by enuye, fals
coueitise, & wrongeful demyng, as enuyous Judas, þat fort coloure
20 his fals coueitise, grucchyng as of losse of so miche money
spendet in þat preciouse oynement, pretende[þ] falsly þe releuyng
of pore men þereby, & seide þat it miht better haue bene solde for
þre hundret penys & ȝiuene to hem þat nedet, & oþer also meuede
by hees wordes bot oþerwise & in gude entent as it semede for
25 pore menˊ grucchede & were gretly stirede aȝeynus Marie, as for
so grete losse of þat preciouse oynement. Bot she kepyng silence,
oure lorde answered for hir, as he dide tweyn tymes before, nowe
reprehendyng hem & declaring þat gude dede, euer to be hadde in
mynde as in anoyntyng before of his body in to þe birying þat
30 folowede after.

A lorde Jesu how soryfull & disconfortyng was þis worde,
þat so opunly declared þi deþˊ to Marie specialy & to alle oþere
trewe freendes þat þere weren, bot souereynly to þi blessede
modere. For os we may soþely byleue þat worde persede hir herte
35 more sharply þen any swerde. And so þan was alle þe mirþe of þat
feste turnede in to sorowe, & namely for als miche as þei knewen,
þat þe Jewes hade vtturly conspirede in to his deþ. Bot neuerlese
f. 72ᵛ | þat fals traitour Judas continuede in his enuyous indignacion, &
hereof he toke occasion to betraye him, & selle him, as he dide þe
40 wendesday nekst [folowyng] for xxxᵗⁱ penys, whereof we shale
speke here after.

Here mowe we forþermore note specialy to purpose þat þei

Nota contra
lollardos.
are of Judas parte þat reprehenden almesdede[s], offrynges &
oþere deuociones of þe peple done to holi chirch, haldyng alle
siche ʒiftes of deuocion bot foly, & seying þat it were more
nedeful & bettur, to be ʒiuen to pore men.

O Judas þat þ[us] pretendest with þi mouth þe releuyng of 5
pore men, þere as soþely in þe entent of þi herte þat is grondet in
enuye aʒeynus men of holi chirch: it perteneþ not to þe of pore
men: bot raþere þine owne fals coueitise in excusacion of þi
nygunrye, þat hast none deuocione & nouht wilt ʒiue of þin owne
gode. For experience opunly techeþ, þat comunely alle sech Judas 10
felawes bene als coueitous or more þen any oþere, & þat sal he
finde soþely in dede, who so haþ to do with hem in one manere or
oþere.

We redene in þe gospel of oure lord Jesu in diuerse places
& specialy nowe here after, aʒeynus his passione þat he 15
reprehendet sharply þe scribes & þe pharisees oft siþes namely of
coueitise, bot we finde not þerfore, þat euer he bade þe peple to
wiþdrawe auther dymes or offrynges or oþer ʒiftes of deuocione
done to hem, bot aʒeynwarde badde hem alwey do hir dewtye
after þe lawe, & commendet hir fre deuocion in offrynges, as it is 20
Marci 12.
Luce 21.
opunly shewede in þe gospell of Marke & of Luke, when oure lord
Jesus behelde how riche men putten hir ʒiftes or offrynges to þe
temple in to þe arch þat was clept tresourye, or a cofre, hauyng a
hole abouene in maner of stokkes, þat bene now vsede in chirches,
þe which arch was clepede Gazophilacium, & amonge hem he 25
sauhe a pore widowe offring tweyn minutes, þe ferþe part of a
sicle, & þat was þe substance of hir lyuelode. And þan oure lorde
not reprehendyng on or oþere bot raþere commendyng: souereynly
preisede þe pore widowe, for hir gret deuocion, & siede þat hir
litel ʒift in goddus siht passede alle þe gret ʒiftes of þe riche men. 30
|*| ¶ Here mowe we se if we take gude hede to alle þe *p. 137^b*
circumstances þat by þis onely processe and sentence of oure lord
Jesus: Judas & hees felaghes bene sufficiently reprouede &
confondet in heere fals opinione & doctrine aʒeynus holy chirch
before seid.   35
¶ Bot nowe leuyng þis processe turne | we aʒeyn to *p. 138^a*
Bethanye ymaginyng how oure lord Jesus after þe forseide sopere
in þe house of Symonde went wiþ lazare and hees sistres to heere
house, þe which was his comune hostery & namely þoo fewe daies
folowyng in to his passione, for þere he ete on dayes & slept in 40
nihtes with hees disciples & also his blessede Modere with hir
sistres. For alle þei wirchipeden hir souereynly as worþi was, bot

specialy Maudleyne [þat] wolde neuer depart fro hir.

¶ Þan amonge þoo hese trewe frendes oure lord Jesus, þat
þei shold not be to miche abashede or disturblet with þat vnkeþ
dede to come: tolde hem þat he wolde on þe morowe go opunly
5 in to Jerusalem, and þan were þei alle souereynly aferde, &
preiden him hertely & his modere namely þat he wold not put him
self so vtturly in to hees enmyes handes & semely forþermore in
to þe deþ þat was conspirede wiþ out faile aʒeynus him of þe
Jewes. Bot oure gude lorde confortyng hem aʒeynwarde, badde
10 hem drede nouht & seide, It is þe fadres wille, þat I take þis
iourney, & he sal kepe vs & so ordeyne for vs at þis tyme, þat ʒe
p. 138ᵇ   shale se me among | alle myne enmyes in þe grettest wirschipe þat
euer ʒe seyhe me, & þei shole haue no powere now aʒeynus me.
Bot after þat I haue done alle þat I wille: to morow at euene we
15 shole come hidure aʒeyne saue & sonde. And þen þorh þees
wordes þei were alle wele confortede, bot neuerlese alwey
dredynge.

How Jesus came to Jerusalem vpon Palmesoneday. Capitulum xxxvij.

20   ÞE soneday after erely vpon þe morowe oure lorde Jesus   **B.**
disposede him as he hade seide to go in to Jerusalem in a newe
manere & an vnkeþ, oþer wyes þan euer he dide before bot to
fulfille þe prophecie of zachary þe prophete seide to þat purpose.
And when he with þat litel bot blessede companye came to a place
25 in midde wey þat was clepet Bethfage: he sent tweyn of hees
disciples in to Jerusalem & badde hem bringe to him an Asse &
hir fole, þat were tyede þere in þe comune wey & ordeynet to
serue pore men at heere nede þat hade none beestes of heere
owne, & when þei were brouht, & þe disciples hade laide heere
p. 139ᵃ   cloþes vp on hem oure lord mekely sett him first a litel | while on
31 þe Asse, & after on þe fole ridyng in þat simple aray toke his weye
forþ in to Jerusalem.

¶ A lorde Jesu what siht was þis to se þe kynge of kynges
& lorde of alle þe world: ride in siche araye, namely in to þat
35 solempne Cite of Jerusalem. Bot soþely þis þou diste as alle þine
oþere dedes to oure enformacione & ensaumple. For we mowe se
& vndurstande þat in þis manere of worldes wirchipe takyng: þou
despisede fully al þe pompe of veyn worldes wirschipe, hauyng

instede of golden harneys & curiouse sadeles & brideles simple
cloþes & hempen heltres.

¶ And when þe peple herde of his comynge, by cause of
þat gret miracle þat was publishet before of þe reisyng of lazare.
þei wenten aȝeynus him, and receyuet him as kynge wiþ ympnes   5
& songe[ȝ] & gret ioy strawyng in his wey hir cloþes & braunches
of trehen. Bot wiþ þis ioy oure lorde Jesus meynede sorowe &
wepyng. For when he came nihe þe Cite. he wept þere vpon,
seynge before þe destruccion þerof, þat came aftere | & sorowynge   *p. 139^b*

for heere gostly blyndnes. For we shole vndurstonde þat as holi   10
writ makeþ mynde oure lorde wept notably þre tymes. One tyme
in þe deþ of lazare. þe wrecchednes of mankynde, where by he is
nedet to deth by þe first synne. Another tyme he wept for þe gostly
blyndnes & vnkonyng of man as now at þis tyme of hem þat
duelled in þat Cite of Jerusalem þat wolde not knowe þe tyme of   15
heere gracious visitacion, & þerfore after was to come to þat Cite
hire vtture destruccion. Þe þridde tyme he wept þe gret trespasse
& malice of man & þat was in tyme of his passion hangyng on þe
crosse. For he sauh þat his passion was sufficient for redempcion
of alle men, bot neuerlese it toke not effecte of profite in alle, for   20
not in reprouede & harde hertes & obstinate to do penance |*| þat   *f. 73^r*
wole not forþinke & amende hem of hir sinnes. And of þis
wepyng spekeþ þe apostle poule where he seiþ, þat Jesus in tyme
of his passion wiþ a gret crye & wepyng teres was herde of þe
fadere for his reuerence, & of þees þre wepyng tymes spekeþ holy   25
writte.

Also holi chirch makeþ mynde þat he wept þe ferþe tyme,
& þat was when he was a ȝonge childe, & þat weping was fort
hide [to] þe deuel þe misterye of his incarnacion.

Beholde we nowe oure lord Jesu so weping, & þat not   30
feynyngly, bot effectuely & largely with a sorowful herte specialy
for hir dampnacion without ende, with þe destruccion temperele
of hem & of hir cite. And as we mowe soþefastly trowe his dere
modere & al þat blessed cumpanye, seynge hym wepe so. miht not
conteyne hem fro weping at þat tyme, & no more shold we when   35
we seene losse of soules.

Þus oure lord Jesus ridyng on þe Asse, & hauyng in stede
of princes Erles & barones. hees pore & simple disciples about
him, with his modere & oþer deuout women folowyng. entrede in
to þat solempne cite, & also þe peple doyng him gret wirchipe as   40
it is seide before. Of þe which comyng alle þe cite was gretly
stired. And so went he first in to þe temple, & cast out þerof

biggeres & selleres aȝeynus goddus lawe as it is seid here before
in þe xxxij chapiter. And þer was he standyng opunly in þe temple
preching & answering to þe princes & pharisees, alle þ[e] day til
it drowe towarde euen. And so he & hese standyng alle þe day
5 fastyng: after þe gret wirchipe before, þere was not one þat wold
bidde him ones drinke, wherefore at euene he went with hees
disciples to his homely hostrye Bethanye, goyng so simply þorh þe
cite, with þat litel cumpanye, þat came on þe morow with so gret
wirchipe.

10   And here mowe we considere þat it is litel to charge & litel   Nota.
forse of worldes wirchipe þat is so sone done & so lihtly passeþ
awey. Bot what ioy trowe we þat his modere & Maudleyn & oþere
trewe freendes hadden when þei seene him so wirchipede of þe
peple & namely at niht when he was come with hees safe & in
f. 73ᵛ prosperite to Bethanye? Soþely | he alonely knoweþ oure lord
16 Jesus þat is euer blessed without ende. Amen.

What oure lorde Jesus dide fro Palmesonday in to þe þoresday aftere nexkst suwyng. Capitulum xxxviij^m.

20   **O**Vure lord Jesus full of charite & welle of alle charite   **N.**
willyng to shew boþe in word & dede his souereyn charite as wele   [Totum.]
to hese foos as to hees frendes, & desiring þat no man shold be
lost, bot alle saue: when it drowe to þe ende of his dedely life
here, & his passion tyme, was nihe at hande: he trauailed bisily in
25 preching & teching opunly to þe peple, & specialy in þese þre
daies, þat is to sey first on þe soneday as it was now last tretede:
& after on þe moneday & þe tywesday to gidere suwynge. In þe
whiche dayes he came erely on þe morow in to þe temple & þere
continuede in preching & teching to þe peple, & disputyng with
30 þe scribes & þe pharisees & answering to hir deceyuable questions
& many sotel temptynges, & so he was occupiede fro þe morowe:
in to þe euentyde: whan he went with hees disciples to his rest at
his homely hostrye with Lazare & hese sistres in Bethanye as it is
seide before.

35   Bot for als miche as it were longe processe to trete in
speciale of alle þe maters þat tyme bytwix oure lord Jesu & þe
Jues, & lettyng fro þe purpose þat we bene nowe inne of þe
passion: þerfore passing ouer alle þe parables & ensaumples by þe

whech oure lord reprehendet þe Jues, & oþer processe of þat tyme
in speciale. we mowe in generale considere on þat one side how
þe princes & þe pharisees seyng þe fauour of þe peple to Jesu, &
þerfore dredyng to performe hir malice aȝeynus him opunely.
casten sotely & fellye to take him in worde ouþere aȝeynus hir   5
lawe or elles aȝeynus þe tribute paiede to þe Emperoure of Rome.
whereby þei mihten accuse him as worþi þe deþ. Bot oure lorde
to whome al priuete of mannus herte is opun, knowyng þe soteltye
& þe malice of hem. answerede wisely to alle hir questions, & so
couertely in trewþe sette hees wordes. þat þei were sufficiently 10
answerde, & ȝit þei miht not haue hir entent in any parte, bot at |
þe last þei were so confondet þat þei dorst nomore aske any   *f. 74ʳ*
questione of him.

And þen after oure lord Jesus sharply reprehendet þe pride,
þe ypocrisye, þe coueitise & oþer wikked condicions of hem, &   15
specialy of þe scribes & þe pharisees, seying to hem in þees
wordes, *Wo to ȝowe scribes & pharisees*, þat louen worldly
wirchipes in many maneres, & so forþ of oþer vices.

Neuerles þerwiþ he bad þe peple, þat þei sholde kepe &
fulfille alle hir teching[e]. bot þat þei shold not folowe hir werkes 20
& yuel lyuyng. At þe last rehersyng þe vnkyndnes of þe Jues
aȝeynus god, in generale, by name of þe cite of Jerusalem, for als
miche as he was so oft bisy to gedire hem to gedir as a henne doþe
hir chekynes in to þe wey of hir sauacion & þei wolde not. &
þerfore tellyng hem before hir destruccion folowyng temperele &   25
euerlastyng. he laft hem & withdrowe him out of þe temple, &
with hees disciples & oþer many of þe Jues þat beleuede on him.
he went in to þe monte of olyuete, where he tauht hem more ouere
by ensaumples, how þei shold dispose hem & make hem redy in
to hir last ende, & finaly tolde hem of þe day of dome, in þe which 30
gude men þat sholde be fonden on þe riht half of god, shold haue
euerlastyng life. & wikked men on þe lift half. euerlastyng sorow
& endeles deþ.

Þus made oure lord Jesus an ende of his opun preching to
þe peple of Jues on þe tywesday towarde euen, & after in priuete 35
seide to hees disciples, *witte ȝe wele þat after þees tweyn dayes
Paske sal be made, & þan mannus sone sal be betraiede fort be
crucifiede.* A sorowful worde was þis, to alle hese trewe
disciples, bot þe fals traitour Judas was gladde þerof, þenkyng

anone by instigacion of sathanas þat was entrede in to his herte, 40
how he miht be occasion of his deþ, fulfille his fals coueitise, &
here vpon he slept note, bot anone on þe morow þat was þe

wendesday, when þe princes of preestes with þe Aldere men &
scribes were gederet in caiphas hows þe bishope, [fort] consele
how þei miht by sleyght take Jesu & sle him, bot not in þe feste

f. 74ᵛ   day for drede of þe peple.˙ | Judas aspiyng & knowyng þis conseil,

5   went to hem & profered to take him to hem at hir wille, so þat þei
wolde mede him & do him whye, & þei gladde of þis profre.˙
graunted & ordeynet to pay him þritty grete pens, of þe whech
euery peny was worþ tene comune pens, as now our grote is worþ
foure comune pens. And so falshede & coueitise malice &

10   trechery were acordet in to þe deþ of Innocens.

And þan hade þat fals traytour his coueitous desire of þe
prise of þat forseide oynement, þat he grucchede fore, as lost.˙ þat
is to sey, þre hundreþ pens.

And fro þat tyme he souht oportunite how he miht betray

15   Jesu without þe presence of þe peple.

And for þis bytraying of oure lord vpon þe wendusday.˙ is
þat day resonably ordeinet moste of penance doyng & abstinence
in þe weke after fridaye.

Quare
ieiuniatur
feria 4ª &c.

Þis was þe processe of þat cursede part Judas & þe Jues on

20   þat wendesday.

Bot on þat oþere part, what dide oure lord Jesus & his
blessed cumpany þat day? We fynde not writen expresse in þe
gospele, for soþe it is þat he went not in to Jerusalem, nor aperede
opunely to þe Jues þat day. What trowe we þan þat he dide alle þat

25   day? Me þinke it resonably to be trowede, þat he was þan for þe
moste part occupiede in praiere for þe performyng of redempcion
of mankynde þat he came fore, & not onely for hees frendes þat
trowede in him & louede him.˙ bot also for hese cruel enemyes,
fulfillyng þe perfeccion of charity þat he hade tauht before to hees

30   disciples in praiere for hir enemyes, & hem þat shold pursuene
hem, & þerwiþ knowynge & seynge in spirite þe forseid malice of
Judas þe traytour & þe Jues in þat day vtturly kast aȝeynus him,
& in to his deþ.

And so skilfully men mowe suppose, þat in þat praiere to

35   þe fadere specialy he seide þe salme, *Deus laudem*, þat dauid
seide in prophecye of him, & of Judas & h[is] oþer enemyes longe
tyme before, bot þan moste proprely it was seide of him self, not
desiring by þe wordes of þat psalme veniance of hese enmyes, as
it semeþ after þe sentence of þe letter.˙ bot conformyng his wille

f. 75ʳ   rihtwisly to þe wille of þe fadere, & | propheciyng þe rihtwise

41   punishing & veniance deseruyng of hem, þat so maliciously
conspirede aȝeynus him & after obstinatly continuede in hir sinne.

A[lso] for als miche as þat was þe last day þat he thouht to
duelle in þat maner of bodily conuersacion with þat gude &
belouede meyne Lazare & hees sistres. he occupiede him þat day
þe more specialy with hem in gostly confort of hem, by hese
edificatife & holi wordes, as he was wonte alwey to do, bot nowe 5
at more leyzere to strengþ hem & confort hem azeynus þe gret
sorowe þat was to come after bycause of his passion. And
souereynly as we mowe trowe in homely comunyng with his
blessed modere to hir speciale confort, & also with Maudleyn
specialy þat euer was þristye to drinke of his swete gostly wordes. 10
Of þe whech he ziue vs [inward] taste & sauour Jesus crist
blessede with out ende. Amen.

Of þat worþi sopere þat oure lorde Jesus made þe niht before his passion, & of þe noble circumstances þat befelle þerwiþ. Capitulum 15 xxxix^m.

When þe tyme came, in þe which oure lord Jesus hade
disposede of his endles mercy fort suffre deþ for man & shede his
precious blode for [his] redempcion. it liked him first to make a
sopere with hees disciples, as for a mynde euerlastyng of his grete 20
loue to hem, & al mankynde, & fort fulfille þe figure of þe olde
lawe, & begynne þe treuþe of þe newe [lawe] & performe þe
misteryes þat were to come of his preciouse passion.

Þis sopere was souerenly worþi & wondurful, & gret &
wondurful þinges weren done þerate, wherfore if we here take 25
gude entent with inwarde deuocion þerto & to þo þinges þat oure
lord Jesus dide þerate. þat curteys lord wole not suffre vs go
fastyng þerfro, bot he sal fede vs of his grace as we tristly hope,
with miche gostly confort þerof.

Nota iiij^or meditanda.   We shole vndurstonde þat foure þinges specialy befel at 30
þis sopere, of þe whech inward meditacion shal by reson stir oure
loue to oure lord Jesu, & kyndele þe gostly fir of oure deuocion.

Þe first is, þat bodily sopere, & þe maner þerof in
fulfillyng of þe lawe. Þe seconde is, þe washyng of þe fete of þe
disciples by oure lorde Jesu. Þe þridde is, þe ordynance & | þe *f. 75^v*
consecracion of þat preciouse sacrament, of his blessede bodye. 36
And þe ferþe is þat noble & fructuouse sermon þat he made to
hese disciples. Of þe whech foure we shole speke & se by

processe & in ordre.

As to þe first þat is þe bodily sopere, we shole haue in
mynde, þat Petre & John at þe biddyng of oure lord Jesu ȝeden in
to þe Cite of Jerusalem to a frende of þeires þat duelled in þat part
5 of þe cite þat was cleped Mont syon, where þere was a large house
on loft strewede & able fort make þis sopere in, & so aftur oure
lorde Jesus, with þat oþere disciples entrede in to þe cite & came
to þe forseide place on þe þoresday toward euen.

Now take hede & beholde with alle þi mynde þou þat
10 redest or herest þis, alle þat folowen, þat bene tolde, spoken or
done, for þei bene ful likyng & stiryng to gret deuocion. For in þis
processe is þe most strengþe & gostly fruyte of alle þe
meditaciones þat bene of þe blessed lif of oure lord Jesu,
principaly for þe passyng tokenes & shewyngis in dede of his loue
15 to mankynde, wherefore here we shol not abregge as we haue in
oþere places. bot raþere lengh it in processe.

Now þen beholde oure lord Jesu after he was come to þe
forseide place, how he stant in sume part beneþen, spekyng with
hese disciples of edificacion, & abidyng til it was made redy for
20 hem in þe forseid house aloft. And when alle þinges were redy.
seynt John þat was most homely & familiere with oure lord Jesu,
& þat bisily went to & fro, to se þat alle þat nedet were ordeynet
& done. came to him & seide, Sir ȝe mowe go to sopere when ȝe
wole. for alle þinges bene redy.

25 And þan anone oure lorde Jesus with þe xij apostles went
vp, bot John algate nekst him & by his side without departyng. For
þer was none þat so trewly & familierely drow to him, &
folowede him as he dede. For when he was take he folowede him
when oþer fledde, & was present at his crucifiyng & at his deþ, &
30 after he laft him not til al was done, & he was biriede. And so at
þis sopere he sat nekst him, þouh he was ȝongere þan oþer.

What tyme þa[n] oure lord Jesus with þe xij apostles cam
f. 76ʳ vp to þe borde where | vpon þei sholden ete. first standyng þere
aboute þei deuoutly seiden graces, & after he hade blessed. þei
35 seten don alle aboute þat borde, bot John nekst Jesu, & þat vpon
þe gronde as þe maner was of olde men before.

Bot here we shole vndurstande [also] þat þat borde was
square as men supposen, made of diuerse bordes ioynet to gedir,
& as men seyen þat haue seen it at Rome in þe chirch of
40 Lateranensis, it conteneþ in euery part of þe foure square. þe
space of tweyn armes lengþe & sumwhat more. So þat in euery
side of þe square borde, þre disciples seten as men supposen, þouh

Primum.
Meditacio
de cena.

Nota de
Johanne
euangelista.

Nota de
tabula
in cena.

it were streytly, & oure lord Jesus in summe Angle. So þat þei alle miht reche in to þe myddes, & ete of one dishe. And þerfore þei vndurstode him not, what tyme he seide, *He þat with me putteþ his hande in to þe dishe or doblere.' he shal betraye me.*

Þus we mowe ymagine & suppose of þe maner of hir 5 sittyng at þe borde. Also we mowe vndurstande in þe etyng of þe paske lambe.' þat in þat tyme þei stoden about þe borde vpriht, haldyng stafes in hir handes after þe biddyng of Moises lawe, þat oure lord cam to fulfille. So þat þouh þei stoden in þat tyme, neuerles þei seten also in oþer tyme, as þe gospel telleþ in diuerse 10 places, & elles miht not John haue leid his hede & rested him in maner of liggyng opon þe breste of Jesu.

Agnus pascalis.

What tyme þe paske lambe was brouht to þe borde rosted after þe lawe.' oure lorde Jesus þat was soþfast lambe of god, without wemme of synne.' & þat was in middes of hem, as he þat 15 serueþ & ministreþ.' toke þe lambe in his blessed handes & kut it & departede & ȝaf to þe disciples, biddyng hem ete gladly & confortyng hem with louely chere. [But] þouh it so was þat þei eten as he badde.' neuerles confort þei miht none haue, for als miche as þei dredde alwey lest þer shold falle ouht aȝeynus hir 20 lord in þat nouelte. And so as þei eten.' he told hem þe sorowful dede more opunly & seide, *I haue desirede fort ete with ȝow þis paske lambe before I suffre þe deþ. For soþely one of ȝow shale bytraye me.*

Þis spech went to hir hertes as a sharp swerde. Wherfore 25 þei ceseden of etyng & lokeden | ech on oþere, & seiden to him, *f. 76ᵛ* Lord.' wheþer I be he? Here if we take gude hede we oweþ to haue inward compassion, boþe of oure lord Jesu & also of hem. For it is no doute þei were in ful gret sorowe. Bot þe traytour Judas laft not of etyng, for þese wordes of bytrayinge shold not seme as 30 pertynyng to him.

Þan John at þe instance of Petur asked of oure lord & seide, Lord who is he, þat sal betray þe? And our lord Jesus priuely told him, & as to him þat he loued more specialy specifiede who was þat traytour. And John þerof gretly astonede, 35 & wondet with gret sorow to þe herte.' nouht wold telle Petur, bot turnede him to Jesu, & softly leide done his hede vpon his blessed breste.

Augustinus in omelia dixit Jesus Petro.

And as seynt *Austin* seiþ, oure lord wold not telle Petur who was þe traytour. For and he hade wist.' he wold haue al to torn 40 him with hese teþe.

And as þe same seynt *Austin* seiþ, by Petur bene figurede

& vndurstande þei þat bene in actif life, & by John þei þat bene
contemplatife. Wherefore we haue here doctrine & figure, þat he
þat is contemplatif, medleþ him not with foreyne worldly dedes,
& also he secheþ not veniance withoutforþ of þe offenses done to
5 god, bot is sory withinforþ in his herte, & turneþ him onely to god,
by deuout prayers, & þe more saddely turnyng him & drawyng
him to god. committeþ al þinge to his disposicion & ordinance.

Þouh it so be þat he þat is contemplatif sumtyme goþ out
by zele of god & profite of mannus soule, as whan he is cleped
10 þerto.

Also, in þat þat John wold not telle Petur þat he bad him
aske of þe traytour, we mowe vndurstande þat þe contemplatif sal
not reuele þe priuete of his lord.

As it is writen of seynt Francese þat priuey reuelacions he
15 reueled not withoutforþ. bot what tyme þat nedeþ made him for
hele of mennus soules, or þe stiryng of god by reuelacion meuede
him þerto.

Now forþ in oure processe beholde we þe grete benyngnyte
of our lord Jesu, þat so homely suffreþ his derlyng John enclyne
20 & rest vpon his blessed breste. Lord how tendurly & treuly þei
louede to gedir.

Þis was a swete rest to John, & a profitable to alle cristien
soules, in þe which as clerkes seyn, he dronke of þat welle of
euerlastyng wisdome, þe precious drinke of his | holi gospel, with
25 þe which aftur he conforted alle holi chirch & ȝafe it as tryacle
aȝeynus þe venyme of diuerse heretikes.

Beholde [we] forþermore oþer disciples ful sory of þe
forseide worde, of betrayng of oure lorde Jesu, not etyng bot
lokyng eche on oþere as þei þat wist not what conseil or confort
30 þei miht haue in þis case. And þus miche at þis tyme sufficeþ
touchyng þe first article, of þat bodily sopere, & of þe etyng of þe
paske lambe in fulfillyng of þe lawe, & endyng of þe figure þat
our lord Jesus dide it fore. And as clerkes seyn we fynde not þat
oure lord ete flesh in alle his life, bot onely at þis tyme in etyng of
35 þat lambe more for mistery þan for bodily fode.

Touching þe seconde poynt þat is þe washing of þe
disciples feet. we shole vndurstonde þat after þe forseide
processe, oure lord Jesus rose vp fro þe sopere, & also hese
disciples anone with him, vnwittyng what he wold do forþermore
40 or whider he wold go. And þan went he with hem done in to þe
neiþer house vndur þe forseide loft as þei seyn þat haue seen þat
place, & þere he badde alle þe disciples sitte a done, & made

[margin notes]
Nota de contemplatiuis.

Nota de sancto Francisco.

N.

B.

N.

Secundum. Pedum ablucio.
B.

[line marker]
f. 77ᵛ

water be brouht to him. And þan he cast of hees ouer cloþes, þat
were perantere cumbrose, & lettyng to þat he þouht do. & girde
him with a linnene cloþe, & put himself watere in to þe basyne þat
was of stone as men seyne, & bare it & set it before petur fete &
knelede done fort washe hem. Bot petur gretely abashede &   5
astonede of þat dede as no wondur was, first forsoke to haue þat
seruyce of his lord, as inconuenient to him, bot after he herde his
þrete, þat elles he shold haue no parte with him in blisse. turnede
his wille in to bettur & mekely suffrede him do his wille.

Meditacio.   Now if we ȝiue here gude entent to þe dedes of oure lord   10
Jesu & alle þat foloweþ in þis tyme. soþely we mowe with grete
wondur, be stired specialy boþe to þe loue & drede of him. For
what was þat to se? Þe kyng of blys & þat hie lord of maieste
knele done & bowe him to þe feet of a pore fisher, & so forþ to
alle oþer þat þere seten [aboute], & so with þo blessed handes   15
washe hir foule fete, & after tendirly | wipe hem, & more ouere   *f. 77ᵛ*

Nota
humilitatem
domini Jesu.   deuoutly kysse hem? Soþely he þat was souereyn maister of
mekenes, shewede vs in þis dede & tauht vs a perfite lesson þerof,
& ȝit more ouer in þat he dide þe same lowe seruice to his
traytour. commendeþ souereynly his passyng mekenes.   20

Bot wo to þat harde herte, ȝe hardere þan þe Adamant or
any oþere þing hardest. þat melteþ not or softeþ not with þe hete
of so grete fire of charite & profonde mekenes, & þat dredeþ not
þat lorde of maieste in þat dede, bot aȝeynward frowardly þenkeþ
& procureþ deþ & destruccion of him þat euer was so innocent &   25
so trewe louyng.

Wherfore it is boþe wondurful & dredeful þe grete
benignyte & mekenes of oure lord Jesu. & þe grete obstinacye &
malice of þat traitour Judas aȝeynwarde.

[Processus.]   Whan þis washyng was don in misterye as it is seide. he   30
went aȝeyn vp to þe place of þe forseide sopere, & when he was
sett with hem. he tolde hem þe cause of þe forseide dede, & þat
was þat þei sholde folowe him in mekenes eche to oþer. as he ȝaf
hem ensaumple, þat was hir lord & maister, & þat þei sholde not
onely wash oþere fete. bot also forȝiue trespasses done to oþere,   35
& wille & do gude to oþer, as it is vnderstande by his wordes þat
folowen aftur, when he seide to hem, *If ȝe knowen þees þat I haue*
do to ȝow. ȝe shole be blessede if ȝe fulfille hem in dede.

[**N.**]   Here also aftur þe first Messe þat was þe paske lambe as
it is seid before. when þei were washen & made clene. he seruede   40
hem with þe seconde Messe of his owne precious body, þat was
deynteþ of alle deynteþes, as men vsen in bodily fedyng & festes,

first to be seruede with buystes & homely metes, & after with
more delicate & deynteþes. Whereof foloweþ here aftur touching
þe þridde article.

As anentes þe þridde article of þat hiest sacrament of Jesus Tercius
5 precious body: lift we here vp oure hertes souereynly & beþenke articulus.
we inwardly wonduryng of þat moste worþi dignacion & **B.N.**
vnspekable, [incomprehensible] charite, þorh þe which he betoke
him self to vs & laft to vs in to mete & gostly foode, makyng &
ordeynyng þat precious sacrament in þis manere.

f. 78ʳ   Whan | he hade washe hees disciples fete, & was gone vp
11 aȝeyn with hem þere he before satt at þe sopere as it is seide: as
for an ende of þe sacrifices of þe olde lawe, & byginnyng of þe
newe testament, makyng him self oure sacrifice: he toke brede in
his holi handes & lift vp hees eyene to his fadere almiȝty god, &
15 blessed þe brede & seide þe wordes of consecration þere ouere, by
vertue of þe whech wordes brede was turnede in to his body, &
þen he ȝaf it to hese disciples & seide, *Takeþ & eteþ for soþely þis
is my body þat sal be take & ȝiuen for ȝow.* And after in þe same
manere takyng þe chalice with wyne seide, *takeþ & drinkeþ alle*
20 *here of, for þis is my blode þat shal be out shedde for ȝow &*
manye in remission of sinnes.

And aftur he ȝaf hem powere of þat consecracion & alle
preestes in hem & seide, [þ]is doþ ȝe als oft os ȝe take it in
commemoracion & mynde of me.

25   Take nowe gude hede here þou cristien manne, bot
specialy þou preeste, how deuoutly how diligently & treuly þi lord
Jesus criste first made þis precious sacrament, & after with hees
blessed handes ministrede it, & comunede þat blessede & his
belouede meyne. And on þat oþer side take hede with what deuout **N.**
30 wonder first þei sah him make þat wondurful & excellent
sacrament, & after with what drede & reuerence þei toke it &
receyuet it of him. Soþely at þis tyme þei laft alle hir kyndely
reson of manne, & onely restede in trew byleue to alle þat he seide
& dide, beleuyng without any doute, þat he was god & miht not
35 erre. And so most þou do þat wolt fele & haue þe vertue & þe
gostly swetnes of þis blessed sacrament.

Þis is þat swete & precious memoriale þat souereynly **B.**
makeþ mannus soule worþi & pleisyng to god, als oft as it is
dewely receyuede, ouþere by trewe & deuout meditacion of his
40 passion, or elles & þat more specialy in sacramentale etyng þerof.
Wherefore by reson þis excellent ȝift of loue shold kyndele
mannus soule & enflawme it al holy in to þe ȝiuere þerof our

lorde Jesus criste. For þer is no þinge þat he miht ȝiue & leue to
vs more derworþ, more swete, or more profitable: þan him self.
For without any doute he þat we receyuen in þe sacrament of | þe   *f. 78ᵛ*
autere: is he þat self goddus son Jesus þat toke flesh & blode &
was born of þe virgine Marie, & þat suffrede deþ on þe crosse for 5
vs, & rose þe þridde day fro deþ to lyue & after stey vp in to heuen
& sitteþ on þe fadres riht side, & þat shale come at þe day of
dome, & deme alle mankynde. In whos powere is boþe lif & deþ,
þat made boþe heuen & helle, & þat onely may saue vs or dampne
vs euer without ende.   10

        And so he þat self god & manne is contynede in þat litel
ooste þat þou seest in forme of brede, & euery day is offrede vp to
þe fadere of heuen for our gostly hele, & euerlastyng sauacion.

N.   Þis is þe trew byleue þat holi chirch haþ tauht vs of þis
blessed sacrament.   15

        Bot ȝit more ouere lat vs sitte a litel lengir at þis worþi
lordes borde Jesus & take we hede inwardly to oure gostly foode
& conforte more specialy of þat preciouse & moste deynteþ mete,
þat is þere set before vs, þat is þe blessed body of oure lorde Jesus
in þis holi sacrament before seide. And so by inwarde   20
consideracion tast we þe swetnes of þis heuenly foode, hauyng
first in mynde þe gracious & resonable makyng & ordinance of
þat blessede sacrament, and after þe gret worþines & merueylous
worching þerof in chosen soules to confort & strenþing of oure
feiþ.   25

Primum.   As anentes þe first poynt, we shole vndurstande þat
almihty goddussone þe seconde persone in trinite willyng of his
souereyn charite & endles gudenes to make vs perceyneres of his
godhede: he toke oure kynde & became man to make men as
goddes, & forþermore þat he toke of oure kynde þat was flesh & 30
blode: alle he ȝaf to vs for oure hele & oure sauacion. For he
offrede to his fadere of heuen vpon þe autere of þe crosse: his
blessed body for oure reconcilyng, & he shedde his preciouse
blode in to prys fort bigge vs out of oure recched þraldame, & to
wash vs & make vs clene of alle sinne. And for als miche as he   35
wolde þat þe mynde of þat hie gret benefice shold duelle in vs
euerlastyngly: he ȝaf to alle trew cristien peple his body in to mete
& his blode in to drinke vnder þe lykenes of brede & wyne, in
maner as it is seide before, | in þe first makyng of þis blessede *f. 79ʳ*
sacrament.   40

        Bot now here beholde we inwardly & take we hede what
wondur [þinge] it was to þe apostles þan to se oure lord Jesus

verrey man as þei were, sittyng with hem bodily, & þerwiþ
haldyng in hese handes þat self body in þat þat semede as to hir
bodily siht, nouht elles bot brede, affermyng þus soþely, *þis is my*
body þat shalle be ȝiuen for ȝow, & also of þat þat in þe chalice
5 semede onely verrey wyne.' *þis is my blode þat shal be shedde for*
remissione of ȝour sinnes. And so þat self body þat þei seyen with
hir bodily eye before hem, was soþely vndur þat forme of brede,
& þat self blode þat was alle hole in his body.' was þere in þe
chalice in þe forme of wyne. Bot þan was not þat brede as it
10 semede, & as it was before þe wordes of consecracion, nor wyne
as it semede in self manere, bot onely þe likenes or þe forme of
brede & wyne contynyng verrey cristes flesh & blode as it is seide.

Bot what mannus reson or witte miht comprehende þis at
þat tyme? Soþely none. And þerfore þe trewe apostles at þat tyme
15 laften alle hir bodily reson & witte, & restede onely in trewe
beleue to hir lordes wordes as it is seide before, saue Judas þat
was reprouede for his falshede & misbeleue, & þerfore he
receyued þat blessed sacrament in to his dampnacion.

And so done alle þo þat bene nowe of his part, þe whech   Contra
20 falsly byleuen & seyene þat þe holy sacrament of þe autere is in   lollardos.
his kynde brede or wyne as it was before þe consecracion, bycause
þat it semeþ so to alle hir bodily felyng, as in siht, tast & touching,
þe whech bene more reprouable as in þat part þan Judas, for þei
seene not Jesus bodily byside þat sacrament as he dide, and
25 þerfore it is lihtere to hem fort byleue, & more to hir dampnacion
if þei byleue not as god himself & holi chirch haþ tauht, namely
siþen þat trewe teching of þis blessed sacrament, haþ be halden
stedfastly so many hundreþ ȝere, & of so many holi men,
Martires, confessours & oþer trewe cristien men þe whech in to
f. 79ᵛ hir last dayes stoden without | doute in þis feiþ & diedene þerinne.
31 Þe which feiþ is þis in short wordes, þat þe sacrament of   Fides
þe autere dewly made by vertue of cristes wordes is verrey goddus   sacramenti.
body in forme of brede, & his verrey blode in forme of wyne, &
þouh þat forme of brede & wyne seme as to alle þe bodily wittes
35 of man brede & wyne in his kynde as it was before.' neuerles it is
not so in soþenesse, bot onely goddus flesh & blode in substance,
so þat þe accidentes of brede & wyne wondurfully & myraclesly
aȝeynus mannus reson, & þe comune ordre of kynde bene þere in
þat holi sacrament without hir kyndely subiecte, & verrey cristies
40 body þat suffrede deþ vpon þe crosse is þere in þat sacrament
bodily vnder þe forme & liknes of brede, & his verrey blode vndur
likenes of wyne substancially & holely, without any feynyng or   Nota.

deceit, & not onely in figure as þe fals heritike seiþ.

    Þese termes I touch here so specialy bycause of þe lewede lollardes þat medlen hem of hem aȝeynus þe feiþ falsly.

    And more ouere, þis before seide feiþ of holi chirch touching þis excellent sacrament tauht by holi doctours & worþi 5 clerkes. is confermede by many maneres of myracles as we redene in many bokes & heren alday prechede & tauht.

    Bot here lawheþ þe lollarde & scorneþ holi chirche in allegance of seche myracles, haldyng hem bot as maggetales & feyned illusiones, & bycause þat he tasteþ not þe swetnes of þis 10 precious sacrament nor feleþ þe gracious wirching þerof in himself. þerfore he leueþ not þat any oþere doþ.

[*Nota bene prior lufe.*]

    Bot here in confusion of alle fals lollardes, & in confort of alle trewe loueres & wirchiperes of þis holi sacrament & principaly to þe louyng & honour of þe hye auctour & makere 15 þerof oure lord Jesus. I sal say more ouer sumwhat in speciale þat I knowe soþely of þe gracious wirching in sensible felyng of þis blessed sacrament, þe which merueylouse wirching & felyng aboue comune kynde of manne sheweþ & proueþ souereynly, þe blessed bodily presence of Jesu in þat sacrament. 20

    Þere is one person þat I knowe now lyuyng & perauenture þere bene many þat I knowe not, in þe self degre | or hiere, þe *f. 80ʳ* which persone, oft siþes whan oure lorde Jesus vouchsafe, to touch him of his grace in tretyng of þat blessede sacrament, with þe inwarde siht of his soule, & deuout meditacion of his precious 25 passione, sodeynly feleþ also shedde in to þe self bodye, a ioy & likyng þat passeþ without comparison þe hiest likyng þat any creature may haue or fele as by wey of kynde in þis life, þorh þe which ioy & likyng. alle þe membres of þe body bene enflaumede of so deletable & ioyful a hete þat him þenkeþ sensibly alle þe 30 body as it were meltyng for ioy as waxe doþ anentes þe hote fire, so farforþ þat þe body miht not bere þat excellent likyng, bot þat it shold vtturly faile, nere þe gracious kepyng & sustenyng of þe touchere oure lord Jesu aboue kynde.

    A lorde Jesu in what delectable paradise is he for þat tyme 35 þat þus feleþ þat blessede bodily presence of þe, in þat precious sacrament, þorh þe which he feleþ him sensibly with vnspekable ioy as he were ioynede body to body? Soþely I trowe þat þere may no manne telle it or speke it, and I am sikere þat þere may no man fully & soþefastly know it, bot onely he þat in experience feliþ it. 40 For withoute doute þis is specialy þat hidde Manna, þat is to sey angele mete, þat noman knoweþ bot he þat feleþ it, as seynt John

witnesseþ [þereof] in his Apocalipse. And he þat soþefastly feleþ
it́ may welle sey with *Dauid* þe prophete souereynly reioycyng
body & soule, hert & flesh in god alyue, *A lorde Jesu how mykel*
is þe multitude of þi swetnes þat þou hast hidde to hem þat in
5 *trewe loue dreden þe.*

  Þus haue I vndurstande of þe forseide graciouse,
wondurfulle & myraculose wirching of oure lorde Jesu, shewyng
sensibly his blessede delectable bodily presence, in þat moste
excellent sacrament of þe autere, in maner as þe forseide persone
10 þat felt it miht telle it so in partie, & als I koude shortly &
imperfitely write it, þe whiche myraculous wirchyng to my
vndirstandyng hauyng consideracion to alle þe circumstance[s]
þereof́ passeþ many gret myracles þat we redene shewede in þis
holy sacrament, in als miche as þe witte of þat bodily felynǵ

f. 80ᵛ passeþ in certeynte þe witte of siht, & haþ lasse | of straunge
16 liknesse, & more of þe self soþfastnes.

  For what tyme þat oure lorde Jesus appereþ in þat blessede
sacrament to strenþynge of byleue or to confort of his chosen
derlynges auþer in likenes of a litel childe, as [we reden þat] he
20 dide to seynt Edward kynge & confessour, or elles in a quantite of
flesh all blodye as it is writen in þe lif of seynt Gregour & in oþere
placeś soþe it is þat þat bodily likenes seene in þat quantité
acordeþ not with þe verrey bodily quantite & shappe of oure lorde
þat henge on þe crosse, & þat is soþely in þat sacrament hidde fro
25 þe bodily siht.

  Bot he þat feleþ þat gracious ȝifte before seidé haþ none
straunge bodily siht of any likenes oþere þan þe sacrament in
trewe byleue. Bot in his soule lihtenede þorh speciale grace, he
seeþ inwardly with souereyn ioy þat blessede body of Jesu riht as
30 he heenge on þe crosse, withoute any deceyte.

  And þerwiþ also in þe body he feleþ sensiblye þe bodily
presence of oure lorde Jesus in manere as it is seide before, with
so grete ioy & likyng þat þere can no tonge telle it fully, nor herte
vndurstande it, bot onely he þat feliþ it.

35   And as it semeþ þat ioyful felyng in þe body is like to þat
þat holi chirch singeþ of þe Apostles & disciples at þe feste of
Pentecost, when þe holi goste was sent to hem sodeynly in þe
likenes of fire withoutforþ, & vnspekable ioy in hir bodies
withinforþ, þat is þat hir boweles fillede with þe holi gosté ioyede
40 souereynly in god. And so may he þat haþ þat forseide gracious
ȝifte soþely say in þat tyme with *dauid* in speciale maner & hye
gracious felyng, *My herte & my flesh reioycede hem souereynly in*

Quam
magna
multitudo
dulcedinis
&c.

Impleta
gaudent
viscera &c.

Cor meum
& caro mea
&c.

to þe presence of god alyue Jesus, þat blessede be euere, & souereynly for þis hie ʒift of grace to man.

Bot now cese we here awhile of þis delectable gostly chewyng & tretynge of þis moste deynteþ & preciouse mete, & take we hede forþermore to þe noble lesson þat oure lord Jesus 5 tauht hese disciples þerwiþ, after þat worþi sopere, þat is þe ferþe article before seide, with purpose ʒit if our lorde wole sende grace to touche more of þis precious sacrament, & þat at þe last ende of þis boke as in a conclusion of alle | þe blessede life here bodily of *f. 81ʳ* oure lord Jesus, acordyng so with þe gracious & resonable 10 ordinance of holi chirch, of þe worþi & solempne feste of þis blessede sacrament, as in a perfite conclusione of alle þe festes of oure lorde Jesus, whos name blessed be euere without endyng. Amen.

Forþermore touching þe ferþ article, take hede þou cristien 15 soule, þat haste any liht withinne þe of þe fire of loue, how þis souereyn scole maister Jesus criste made to hese disciples a noble sermon ful of gostly swetnes, & brennynge koles of loue & charite. For when he hadde ʒiuene þat blessede sacrament to hese disciples, & among oþer of his hie charite to his enmye þat 20 wikked Judas: he seide to him, *þat þou purposest to do.' do it anone.* As who seiþ, I wote where about þou arte, & þerfore delyuere þe betyme, vndirstandinge his betraying. Bot þere was none of hese oþer disciples, þat wist to what ende Jesus seide þoo wordes. And anone þis cursede traitour went forþ to þe princes of 25 preestes to whome he hade solde him þe wendusday before as it [is] seide, & asked of hem cumpany to take him. And in þe mene tyme, oure lorde Jesus, made þis forseide longe & worþi sermone to hese disciples.

Of þe which profitable sentence first comendyng pees to 30 hese disciples: we mow vndurstande alle þe effecte comprehendet shortly þat he enformede hem specialy & betauht to hem with [Pees] þre principale vertues, þat is to sey, Feiþ, Hope & Charite.

First he betauht to hem Charite oft siþes, & most bisily when he seide, *I ʒife ʒow a newe maundment, & þat is þat ʒe loue* 35 *to gedir.* And also *in þis one þinge souereynly, alle men shole knowe þat ʒe bene my disciples, if ʒe haue loue ech to oþer.* And also after how þei shold treuly kepe þis charite by worching in þe loue of him, he seide to hem þus, *If ʒe loue me.' kepeþ myne hestes*, & also after, *Whoso loueþ me.' he shale kepe my worde &* 40 *þan shale my fadere loue him, & we shole come to him & duelle with him*, & in oþer diuerse places specialy he commendeþ to hem *f. 81ᵛ* charite & pees as a principale | byquyst in his testament at þis tyme, as þe processe of þe gospelle telleþ.

In feiþ also he enformede hem & stablet hem more perfitely in byleue of his godhede. Seying in þees wordes, *Be not 5 ȝour herte turblet, & drede it not. For as ȝe beleuen in god.´ so ȝe most beleue in me.* And after he tauht hem in þis byleue þat þe fadere & he bene one god, & þouh he be lasse þen þe fadere after þe manhede, neuerles, he is euere euen with þe fadere after þe godhede, & þerfore he reprehendet Philippe, þat bad him shewe 10 hem þe fadere & seide, *þat whoso seeþ him, seeþ þe fadere.* And after in conclusion of þis feiþ, he seid to hese disciples, *Leue ȝe not þat I am in þe fadere & þe fadere is in me? Elles for þo werkes þat ȝe seene, beleueþ.*

In hope also he confortede hem in many maneres, & first 15 touching þe effecte of praiere, seyinge to hem in þees wordes, *If ȝe duelle in me & my wordes [abyden] stedfastly in ȝow.´ what so euer ȝe wole aske.´ it sal be ȝiuen ȝow.*

Also he confortede hir hope aȝeynus tribulacions & hate of þe worlde seying þus, *ȝif þe world hate ȝow.´ witteþ wele þat it 20 hated me first before ȝowe,* & so forþ as þe text telleþ, confortyng hir hope in pacience of persecucion by ensaumple of him self þat was hir lorde. In þe þridde maner he conforted hem to hope without despeire bycause of þe wiþdrawyng fro hem his bodily presence, tellyng hem before þat þei sholde haue gret sorowe for 25 þe absence of him, þorh his hard deþ.´ bot afterwarde þat sorow shold be turnede in to endles ioye, by his gloriouse resurrection & ascension to þe fadere, & sendyng of þe holy goste to hem, þe which shuld souereynly confort hem in alle disese, & teche hem alle soþfastnes.

30 And þen he concludet in þees wordes, *Alle þese forseid wordes I haue spoken to ȝow vnto þat ende, þat ȝe haue pese in me. In þe world ȝe shole haue sorow & anguysh, bot trusteþ wele by sadde hope, for I haue ouercome þe world,* as who seiþ & so sal ȝe.

35 And after þis oure lord Jesus turnede his spe[che] to þe fadere, liftyng vp hese louely eyene to heuen & commendyng, |*| *p. 156ᵇ* first himself after þe manhede, & aftere praying tendurly for hese disciples & forþer more praying not onely for hem, bot also for alle hem þat shold byleue on him aftere þorh heere worde & in to 40 þat ende at þe last þat al miht be onede to gedire in trew loue & charite, as þe fadere in þe sone & þe sone in þe fadere.´ so þei alle in one god fadere & sone & holy goste.

Fides.

Non turbetur cor vestrum &c.

Creditis in dominum & in me credite.

Qui videt me videt &c.

Non creditis, quia ego in patre &c.

Spes.

Primum. Si manseritis in me & verba &c.

2ᵐ. Si mundus vos odit, scitote &c.

3ᵐ. Haec locutus sum vobis ut in me &c.

In mundo pressuram habebitis.

¶ A lorde Jesu how wondurfullye perseden þees forseid
wordes þe hertes of þi disciples, for soþe- | ly þei loueden þe so   *p. 157ᵃ*
feruently þat þei miht not haue born hem, ne hade bene þe
speciale preseruynge of þi grace.

¶ And so whoso haþ grace inwardly to beþenke &   5
diligently to discusse alle þe processe of þis blessede & worþi
sermon. skilfully he sal be stirede in to þe brennyng loue of Jesu
& likynglye reste in þe swetnes of his blessed doctrine. And on þat
oþer side who so takeþ hede to hees disciples howe þei standen
sorowfully hangyng done heere hedes & wepinge & hiely sihyng.   10
resonably he may be stirede to grete compassion, & speciale for
Jone þat was most familiere with Jesu, & þat toke gude hede
specialy before oþer to alle þat Jesus spake, as he was chosen by

speciale grace onely to write soþely þoo forseide swete wordes of
Jesu, to edifiyng of alle holy chirch, & oure hye confort.   15

¶ Forþermore among oþer wordes of Jesu we redene þat he
seide to his disciples, Riseþ vp & go we hennys. A dere god what
drede entrede þan in to hem not knowyng whidere þei sholde go,
& gretely dredynge of his departyng fro hem. Neuerles he spake
to hem after, fulfillyng þe processe of his sermon goyng by þe wey   20
& þei bisily takyng hede to hit.

¶ Now beholde how þe disciples folowen | him & in maner   *p. 157ᵇ*
of chikenns þat folowen þe henne, & putten hire hyderwarde &
þider warde fort come vnder hir wenges, so þei bisidene hem
nowe one & now an oþere to here & to be next him, & þat he   25
suffird & likede wele.

¶ At þe last when þis sermone was done, & alle misteries
fulfillede. he went with hem in to a ȝarde or a gardyne ouere þe
water of Cedron þere to abyde his traitour Judas & oþer armede
menn, where of hit shale folowe here after in processe of his   30
passione.

¶ Here mowe we haue in mynde þat oure lord Jesus ȝaf vs
ensaumple in þis euentyde & niht of fyue grete vertues, þat is to
sey first of profunde mekenes, as it is seide in þe washyng of hese
disciples fete. Aftere of souereyne charite, in þe excellent   35
sacrament of his blessede bodie, & in þat swete sermone fulle of
brennyng koles of charite. And þe þridde of passynge pacience, in
so benygne suffryng of his traitour, & alle þe despite done to him
after. þe ferþe of perfite obedience. in takyng wilfully þat harde
passione & bitter deþ after þe fadere wille. And þe fift of deuout   40
praiere, continuede þre tymes in longe & feruent praying & his
precious blode shedyng. In þe which fyue vertues he graunt vs

p. 158ᵃ grace to folowe him Jesus þat blessede be euere | without ende. Amen.

¶ Þus endeþ þe contemplacion for þoresday, & after foloweþ þe passion þat longeþ specialy to friday.

Of þe passion of oure lord Jesu, & first of his praiere & takyng at matyne tyme. Capitulum xl.

AT þe bigynnyng þou þat desireste to haue sorouful compassion þorh feruent inwarde affection of þe peynful passion of Jesu. þou most in þi mynde depart in manere for þe tyme þe
5 miht of þe godhede fro þe kyndely infirmite of þe manhede þouh it so be in soþenes þat þe godhede was neuer departede fro þe manhede. For þere beþ many so blynde[t] gostly by vnresonable ymaginacion of þe miht of þe godhede in Jesu, þat þei trowe not
10 þat any þinge miht be peynful or sorouful to him as to a noþer comune man þat haþ onely þe kynde of man. And þerfore haþ þei none compassion of þe peynes þat he suffrede supposyng, þat for als mich as he was god. þere miht noþing be aȝeynus his wille or dere him.

15   ¶ Bot þerfore here aȝeynus fort haue trewe ymaginacion & inwarde compassion of þe peynes & þe passion of oure lorde | Jesu verrey god & man. we shole vndurstande þat as his wil was to suffre þe hardest deþ & most sorouful peynes, for þe redempcion of mankynde. so by þe self wille he suspendet in al
20 his passione þe vse [of] þe miht of þe godhede fro þe infirmite of
f. 82ʳ þe |*| manhede, nomore takyng of [þat miht] for þe tyme. þen haþ anoþer tendere & delicate man, onely after þe kynde of manne.

Wherefore þou shalt ymagine & inwardly þenk of him in his passione as of a faire ȝonge man of þe age of xxxiij ȝere, þat
25 were þe fairest, þe wisest þe moste rihtwise in lyuyng & moste godely & innocent, þat euer was or miht be in þis worlde. so falsly accusede, so enuyously pursuede so wrong[efully] demede, & so despitesly slayne. as þe processe of his passione after telleþ & alle for þi loue.

30   Also vnderstonde as clerkes seyne & reson techeþ, þat in his bodily kynde of manne. he was of þe clannest complexione þat

159

N.
Prefacio.

euer was manne or miht be. Wherfore he was þe more tendire in
þe bodye. And so foloweþ, þat þe peynes in þe bodie were þe
more sore & bittere. & þe hardere to suffre.

Þan siþen he toke none socour of þe godhede, bot onely
suffrede after þe kynde of þe manhede. þe leste peyne þat he hade,   5
was more peynfull to him þan it miht be to any oþer manne.

Wherfore hauyng þis in mynde, first to stiryng of þe more
B. compassion. Forþermore after þe processe of Bonauenture, whoso
desireþ with þe apostle Poule to be ioyful in þe crosse of oure
lorde Jesu criste, & in his blessede passion. he moste with bisy   10
meditacion abide þereinne. For þe grete misteries & alle þe
processe þerof, if þei were inwardly consideret with alle þe
inwarde mynde & beholdyng of mannus soule. as I fully trowe,
þei sholde bringe þat beholdere in to a newe state of grace. For to
him þat wolde serche þe passion of oure lorde with alle his herte   15
& alle his inwarde affeccione. þere shuld come many deuout
felynges & stirynges þat he neuer supposede before. Of þe whech
he shuld fele a newe compassion & a newe loue, & haue newe
gostly confortes, þorh þe whech he shold perceyue him self
turnede as it were in to a newe astate of soule, in þe which astate   20
þoo forseide gostly felynges, shold seme to him as a nerneste &
partie of þe blisse & ioy to come.

And fort gete þis astate of þe soule. I trowe as he þat is
vnkenyng & blaberinge. þat it behouede to sette þerto alle þe |
sharpenesse of mynde, with wakyng eyene of herte, puttyng aweye   *f. 82ᵛ*
& leuyng alle oþere cures & bisinesses for þe tyme, & makynge   26
him self as present in alle þat befelle aboute þat passion &
crucifixione, affectuesly, bisily, auisily & perseuerantly and not
passing liȝtly, or with tediouse heuynes. bot with alle þe herte &
gostly gladnes.   30

Wherfore if þou þat redist or herest þis boke, haste
herebefore bisily taken hede to þoo þinges þat hauen be writen &
spoken of þe blessede life of oure lorde Jesu criste in to þis tyme.
miche more now þou shalt gedire alle þi mynde & alle þe strengh
of þi soule to þoo þinges þat folowen of his blessede passion. For   35
here specialy is shewede his hye charite, þe which resonably shold
alle holely enflaume & brenne oure hertes in his loue.

[*Nota hic pretermittitur processus passionis in generali
qui postea inseritur, scilicet in fine hore tercie, quia videtur magis
conueniens ibidem.*]   40

Go we þan now to þe processe of his passione, takyng hede
& makyng vs in mynde as present, to alle þat foloweþ. And first
beholdyng how after þe processe of þe gospell of seynt John, oure
lord Jesus after þat worþi sopere was done, & þat noble &
5 fructuose sermone endet whereof it is spoken in þe next chapitre
before, went with his disciples ouer þe watere of Cedron in to a
[ȝerde or a] gardyne, in to þe which he was wonte oft siþes to
come with hees disciples, & þere he bade hem abide & praye.

And forþermore takyng with him hese þre speciale
10 secretaries, þat is to sey Petur [&] James & Jone, & tellyng hem
þat his herte was heuye & sorowfulle vnto þe deþ. badde hem þere
abide & wake with him in praieres.

And so a litel ferþere fro hem, as aboute þe space of a
stone[s] cast vpon a litel hille. mekely & reuerently knelyng vpon
15 hese boþe knene made his praiere to þe fadere, deuoutely in
manere as it foloweþ after.

Bot here abide we a litel while, & take we hede with a
deuout mynde of þis wondurfulle dede of oure lord Jesu, soþely
worþi to be hade in inwarde soroufulle compassion.

20 For lo nowe he praieþ to þe fadere mekely, & þat for him
self. as we rede þat he haþ oft before praiede, bot þan for vs as
f. 83^r oure aduoket. Wherefore skilfully we sholde be stirede | to
inwarde compassion, & wondere here. of þe lowest mekenes of þe
moste perfite obedience & of þe vnspekable charite of god
25 shewede to vs, & first of þis moste profonde mekenes,
consideryng him þat is verrey god euen with þe fadere almiȝty &
euerlastyng, so as it were forȝetyng him self as god, & so lowely
praying as a noþere comune man of þe peple.

Also take hede of his most perfite obedience. For what is
30 þat he preyeþ? Soþely he praieþ þe fadere if it be his wille, þat he
be not slayne & put to þat harde deþ, & ȝit with þe fadere he haþ
ordeynet to take þat deþ for manne. And so he praieþ þe fadere, &
ȝit he is not herde after his wille þat is to sey after one maner of
wille þat was in him. For þere was in him þre maner of wille, þat
35 is to sey, first þe wille of þe flesh & þe sensualite, & þat
grucchede & dredde & wold not gladely suffre deth. Also þe wille
of reson, & þat was obeschant & assentante, as þe prophet ysaie
seiþ of him, *He was offrede vpon þe crosse to þe fadere for so was*
his wille. And þe þridde was þe wille of þe godhede þe which ȝafe
40 þe sentence of his passione, & bade in alle maner to be done.
Wherefore in als miche as he was verrey manne. he dredde as
man, after þe first wille & was þen in grete anguysh. And þerfore

Processus
passionis.
B.N.

Primo
nota pro-
fundissimam
humilitatem.

2°
nota per-
fectissimam
obedienciam.

Nota
triplicem
voluntatem
in christo.

Oblatus est
quia ipse
uoluit.

inwardly haue compassion of him in als miche as þou may with
alle þi herte. For lo þe fadere wille vtturly þat he be slayn & dede,

& not wiþstandyng þat *he is his owne dere louede sone, ȝit he*
spareþ him not, bot ȝiueþ him to þe deþ for vs alle, & oure lorde
Jesus takeþ mekely þat obedience & fulfilleþ after in dede, as þe   5
processe of his passione witnesseþ fullye.

In þe þridde poynt beholde þe vnspekable charite of þe
fadere & þe sone shewede to vs þat oweþ worþely to be hade in
inwarde compassione & hye wonder & wirchipe. For onely for
oure sauacioneˑ þis harde deþ is beden of þe fadere & taken of þe   10
sone.

[Of þe preyer of oure lorde Jesu swetyng bloode]

Beholde now how he praieþ. Longe tyme knelyng vpon þe
grounde he spekeþ to þe fadere & seiþ in þees manere wordes, *My*
dere fadere almiȝty & ful of pite & mercye, I beseke þe, þat þou   15
herre my praiere & despise not my bede, beholde to me & here
me. For I am made sory in myn exercise of vertue, shewyng to
myn | enemyes pacience & charite, & þei not amendet, & so my   *f. 83ᵛ*
spirite is in anguishe withinne me, & my herte greuously
desturblete. Wherefore bowe þin ere to me & take hede to þe voice   20
of my bede. It likede þe fadere to sende me in to þe worlde, fort
make aseeþ for þe wronge þat was done of man to ȝowe, & anone
at ȝour wille & biddyng I was redye & seide lo I go, & so þi

soþfastnes & þi heleˑ I haue declarede & shewede, & I euere pore
& in diuerse trauailes fro my ȝouþe, doyng þi wille & alle þat þou   25
hast beden meˑ am nowe redy to fulfille vtturly þoo þinges þat
bene ȝit to be done & fulle endete.

Þou seeste fadere þe malice þat myne enemyes hauen
conspirede aȝeynus me, & how I haue euere done þoo þinges þat
bene plesant to þe, & done goode & benefices to hem þat haten   30
me, & þei aȝeynwarde hauen rewardet me yuel for gude, & hate
for my loue, & so þei haue corrupte my disciple, & made him here
ledere to destruye me, & hauen solde me & set my prise in þrittye
penyes.

Goode fadere I beseke þe, þat þou do awey fro me þis   35
cuppe of sorowe, & bitter passione, þat is ordeynet to me to
drinke. And elles be þi wille fulfillede.

Bot my dere fadere rise vp in to my helpe, & haste þe to
socour me at my nede. For be it so fadere þat þei know me not

þine soþfast sone.́ neuerles siþen I haue ladde amonge hem a
riȝtwise & innocent life, & also done to hem many gude dedes.́
þei sholde not be so cruele & so maliciouse aȝeynus me.

5 Haue in mynde gude fadere how I haue stante in þi siht
fort speke euer þe gude of hem [& to turne awey þine indignacion
fro hem]. Bot lo now þei ȝeldene yuel for gude, & hauene
ordeynet þe vileste deþ for me. Wherfore þou lorde þat seest al
þinge.́ rise in to my helpe & leue me not. For grete tribulacion is
now nihe, & þere is none þat wille & may helpe bot þou alone.

10 And after þis praiere oure lorde Jesus turnyng aȝeyn to
hese disciples.́ woke hem & confortede hem ȝit to praye. And eft
þe seconde tyme & þe þridde tyme turnede aȝeyn to hese praiere
in diuerse places alitel fro oþere, as in þe space of a stones caste
lihtlye withoute grete strengh, & continuede þe forseide praiere to
f. 84ʳ þe fadere, | addyng to & seying, Fadere rihtwise, if it so be þat þou
16 haste ordeynet & wilt in alle manere þat I suffre þe deþ vpon þe
crosse.́ þi wille be fulfillede. Bot I recommende to þe fadere my
swete modere & my disciples, þe whech I haue kept in to þis
tyme, alle þe while I haue bene duellyng with hem.

20 And with þis prayere þat precious & holiest blode of his
blessede bodie.́ brekyng out in manere of swote.́ droppede done
in to þe erþe abundantly in þat grete agonye & herde bataile.

Soþely here is grete matire of sorowe & compassione, þat
ouht to stire þe hardest herte þat is in þis worlde to haue inwarde
25 compassion of þat grete & souereyn anguish þat oure lorde Jesus
suffrede in þat tyme, & for oure sake. For by þe godhede he sawh
þe hardest & souereyn peynes þat were to come in his bodie. And
þerfore after þe manhede, his tendure bodie, for fere & anguysh.́
brake out violently on blode.

30 Take hede also here, þat is specialy to be notede aȝeynus
oure impacience how oure lorde Jesus preyeþ þre tymes or he haþ
answere fro þe fadere.

Bot þen at þe þridde tyme when oure lorde Jesus was in so
grete anguishe of spirite as it is seide.́ lo þe prince of goddus
35 angeles Michael, stondyng by him confortede him & seide, Heil
my lord Jesu, ȝoure deuoute praiere & ȝour blody swete I haue
offrede & shewede to [ȝoure] fadere [of heuen] in siht of alle [his]
blessede court, & we alle fallyng done before him, hauene besouht
him, to put awey fro ȝowe þis bitter drinke of ȝour passione. Bot
40 þe fadere answerede & seide, My derelouede sone knoweþ wele,
þat þe redempcion of mankynde, þe whiche we desirene so of oure
hie charite.́ may not be fulfilled & done, so conueniently &

Recordare
quod stete-
rim in con-
spectu tuo
&c.

Quoniam
tribulacio
proxima
est. &c.

N.

B.
Nota contra
impacienti-
am nostram.

Nota confor-
tacionem
angeli.

resonably: without shedyng of his blode. Wherefore if he wole þe
hele of soules: it behoueþ him to dye for hem. And þerfore my
lorde, what deme ȝe nowe in þis matire? Oure lorde Jesus
answerede þen to þe angele, I wole in alle maner þe hele &
sauacion of soules. And þerfore I chese raþere to suffre þe deþ,   5
where þorh þe soules þat þe fadere haþ made vnto his likenes
mowen be sauede: þan I wolde not dye, | & þe soules be not aȝeyn   *f. 84ᵛ*
bouht. Wherefore my fadere wille be fulfillede. And þan seide þe

angele to him, Beþ now of gude confort my lorde, & worcheþ
manfully. For it is semely to him þat is in hye degre: to do grete   10
þinges & worþi, & to him þat is a manful man: to suffre harde
þinges. For þoo þinges þat bene harde & peynful shole sone passe,
& þoo þinges þat bene ioyful & gloriose shole come after. Þe
fadere seiþ þat he is & shale be euere with ȝowe, & þat he sal
kepe ȝour dere modere & ȝour disciples, at ȝour wille, & shale   15
ȝiue hem safe aȝeyne to ȝowe. And so þe gude meke lorde toke
benynglye þis manere of confort, & þat of his creature, [takyng
hede or] consideryng him self after þe kynde of manne, lasse in

worþinesse þen angeles, for þe tyme of þe dedely life in þis world,
& so he was sorouful as man, & so he was confortede of þe   20
angeles wordes as man, & so he toke his leue of him, praiyng him
to recommende him to þe fadere & alle þe court of heuen.

   And þan þis þridde tyme he rose vp fro his praiere, alle þe
bodie blodye, whome þou maiht beholde with inwarde
compassion how he wipeþ his bodye, or elles perauenture washeþ   25
him priuely in þe ryuere & so gretely pynede in his body, & þat is
reuerently to be hade in sorouful compassion. For without grete
bitternes of sorow: þis miht not befalle to him. Neuerles doctours

& wise clerkes seyne, þat oure lorde Jesus praiede in þis manere
þe fadere: not onely for drede of his passion: bot also for þe grete   30
pite & mercie þat he hade of his first peple þe Jewes, sorowyng
þat þei sholde be loste by occasion of his deþ. For þei sholde not
haue slayn him namely siþen he was of hir kynde, & was also
contynede writen in hir lawe as criste to come & þerwiþ shewede
hem so many grete benefices.   35
   Wherefore he praiede þe fadere to þis entent þus, My
fadere, if it mowe be wiþ þe hele & þe sauacion of Jues þat þe
multitude of oþer folke be turnede to byleue: I forsake þe passion
& þe deþ. Bot if it be nedeful þat þe Jues be blyndet in hir malice,
so þat oþer folke mowe haue siht in trewe beleue: not my wille   40
bot þine be done & fulfillede, þat is to sey after þe first manere of
wille | in hym as it is seide before.   *f. 85ʳ*

Aftere þis he came to his disciples & seide to hem, *Nowe slepeþ & resteþ*, for þei hade slept a litel before þere. Soþely he as a gude herde, was ful wakkely & bisye vpon þe kepyng of þat litel flokke, hees bylouede disciples.

5 [Of þe takyng of oure lord Jesu]

O trewe loue, soþely he louede hem in to þe vttrest, þat in so grete anguish & so bitter agonye, was so bisye to procure hir hele & hir reste.

Þan sawh oure lorde [aferre] hees aduersaries comyng with
10 torches & armes, & ȝit he wolde not wake & reise hees disciples til þei comen nihe hem, & þan he seide to hem, It sufficeþ now, ȝe haue slept ynowh. Lo he þat shale bytraye me is nihe at hande.

And þerwiþ came þat wikked Judas þe fals traytoure & worst marchant before hem, & boldly kissed þat innocent lambe
15 his lorde Jesus. For as it is writen, þe manere of custome, þat oure lorde vsede of his grete benyngnite was.́ what tyme hese disciples were sent forþ.́ at hir comynge aȝeyn fort receyue hem in louely kosse, & þerfore þat traytour went before & kissed him as who seiþ, I am not comene with þese armede men.́ bot in maner as
20 here before I was wonte at myne aȝeyn comynge, [I] kisse þe & se[ye], *Heile maistere.*

Oo verrey traitour! Take nowe gude hede to oure lord Jesu, how paciently & benyngly he receyueþ þat fals feynede clippyng, & traytours kosse, of þat vnseily disciple.́ whos feete he woshe a
25 litel before of his souereyne mekenes, & fedde him with þat hye precious mete of his owne blessede bodye, þorh his vnspekable charite.

And also beholde how paciently he suffreþ him self to be takene, bonden, smyten & wodely ladde forþ, as þei he were a
30 thefe or a wikked doare, & in alle maner vnmihty to help him self. And also take hede how he haþ inwarde sorowe & compassion of hees disciples, fleyng fro him & erryng, & also þou maiht se here grete sorow of hem, how [as] aȝeynus hir wille, by freelty of mannus drede, þei goyn fro him, makyng grete mournyng, & wiþ
35 hye sihhyng as faderles childrene, not wittyng what to do, & ȝit was hir sorowe miche more, seyng hir maister & lorde so vileynsly ferde with, & þo helle hondes, drawynge him as a beest
f. 85ᵛ to sacrifice, & him as a meke lambe wiþ oute | resistence folowyng.

¶ Now forþermore beholde how he is ladde of þoo vileste wrecches fro þat ryuere vp[ward] towarde þe cite of Jerusalem, & þat hastilye & with grete pyne, hauyng hees handes bonden byhynde hym as a thefe, girde aboue his kote, bot not curiously, & his mantile drawen fro him, & goyng barehede & stoupyng for 5 þe grete haste & trauaile þat þei made him to haue.

¶ And whenne he was brouht before þe princes of preestes, & þe scribes & þe alderemenne þat were þan gederet abydyng his comyng‚ gladde were þei þan examinyng him & aposyng sotelye in many questiones, & procuryng fals witnesse aȝeynus him, & 10 spittyng on hys holiest face, & hidyng hese eyene‚ þei buffetede him scornyng & seying, *Prophecie nowe, & telle vs who smote þe last*, and so in many maneres þei vexede & tormentede him, & he in alle shewede hie pacience. Wherefore here we oweþ to haue inwarde compassion of alle þat he suffrede so for vs.   15

¶ At þe last þe grete maistres went hir weye, puttyng him in to a maner of prison þere vndur a loft, & þere þei bonden him to a stonen pilere as men seyne þat haue seen it. And also þere þei laft with him sume armede men to kepe him for more sikernes, þe whech alle þat niht vexede him in skornynges & shrewede wordes. 20 Abreydyng him & reprouyng in þees maner wordes as we mowe resonably suppose:

¶ Wendust þou to be better & wisere þan oure princes & maistres of þe lawe? What vnwitte & folye was þat in þe to reprehende hem? Þou sholdest not haue bene so hardy ones fort 25 haue oponede þi mouþe aȝeynus hem. Bot now sheweþ þi lewede witte. For now þou standest as it besemeþ to [þi compers] suche as þou art, withoute dout þou art worþi þe deþ, & þerfore þou shalt haue it, and so alle þat niht nowe one & now a noþere by wordes & dedes skornede him & reprouede him.   30

¶ Take hede also on þat oþere side of oure lorde as shamefast paciently in silence haldyng his pees to alle þat þei putte vpon him, kastyng done towarde þe erþe his chere, as þei he were gilty & taken in blame, & here haue inward compassion.

¶ A lorde Jesu in to whos handes art þou now comen, how 35 mikel is þi pacience? | Soþely þis is þe houre & þe powere of *f. 86ᵣ* derkenes. And so stode he bonden vnto þat pilere vnto þe morowe.

¶ In þe mene tyme John þat hade folowede oure lorde, went to oure lady & Maudleyn & oþer of hir felawes, þat were þat tyme gederet in maudleyn house, where he hade made þe sopere 40 before, & tolde hem alle þat was befalle of oure lorde & hese disciples, & þen was þere vnspekable sorowe, criyng & wepyng.

Take nowe entent to hem, & haue compassion of hem, for
þei bene in þe grettest disese & hyest sorowe for hir lorde. For þei
seene now wele & fully trowen þat he shale be dede.

Nota
oracionem
marie pro
filio.

At þe last oure lady drowe hir by hir self, & turnede hir in
5 to praiere & seide, Most wirchipeful fadere, most piteuous fadere,
& moste mercyful fadere, I recommende to ȝow ȝoure awne & my
derrest louede sone. Gude fadere beþ not to him cruele, siþen ȝhe
bene to alle oþer beninge. Fadere euerlastyng, wheþer my dere
sone shale be dede? Soþely he dide neuer ille. Bot rihtwise fadere,
10 if ȝhe wole þe redempcion of mankynde. I beseke ȝow if it may
be þat it be fulfillede by a noþer maner, & þat my sone be not
dede if it be ȝour wille, for alle þinge is possible to ȝow. He
helpeþ not him self, by cause of ȝoure obedience & reuerence, bot
haþ in maner forsake him self, & made him as feble & vnmihty
15 among hees enemyes. Wherefore merciful fadere help ȝe him &
delyuer him fro hir handes, & ȝiue him me aȝeyn. By seche maner
wordes praiede oure lady for hir sone, with alle hir miht of soule
& in grete sorowe, & þerfore haue here pite of hir whom þou seest
in so grete affliccione.

20 ## Of þe bryngynge of oure lord Jesu before pilate at prime. Capitulum xlj.

ÞE fridaye erely on þe morowe þe princes & souereynes
of þe peple comen aȝeyn to þe forseide place, where þei hadde
laft oure lorde Jesu & maden hese handes be bonden byhynde him
25 & seiden þus to him, Come now with vs, come þefe to þi dome,
for þis day þi wikked dedes shole haue an ende, & nowe shale be
knowen þi wisdam.

¶ And so þei ladden him to Pilate þe Justice, & he
f. 86ʳ folowede | hem as a innocent lambe.
30 And when his modere & Jone & oþer women of hir
companye, þat went oute erely fort here & se of him. metten with
him at a crosse weye, & seene him with so grete a multitude of
peple, ladde as a thefe, & so foule & disputesly ferde with. with
how grete sorow þei were þan fulfillede. it miht not be spoken.
35 And so in þat metyng to gedire of oure lorde Jesu & hem.
& siht of oþere. þere was grete sorowe on boþe parties. For oure
lorde also hade grete sorowful compassion of his modere, & þo
oþer with hir, & namely of his modere þat he knewe in so grete

sorowe for him, as þei þe soule sholde be departede fro þe bodie. Wherefore also we oweþ in alle þees to haue grete compassion.

Þanne as it is seide oure lorde was ladde to Pilate, & þei foloweden aferre for þei miht not come nihe for peple. He was þere accusede of many þinges, þe whech þei miht not preue, & 5 þerfore Pilate sende him to Heroude as þe gospelle of Luke telleþ.

And for als miche as Heroude miht neiþer haue worde of him, nor miracle done, as he desirede: he helde him bot a fole. Wherfore as in scorne, he lete cloþe him in white: and so sende him aȝeyn to pylate.   10

And so þou maiht se þat oure lorde not onely is halden as a thefe & a wikked doere: bot also as a foole.

N. Þus as seynt gregour seiþ, done holy prechours, folowyng oure lorde Jesu: when þei seene þe hereres, onely desire & loke after curiosite, & profitten not in amendment of yuel lyuyng: þei 15 chesen raþere in silence to be halde as foiles: þen to shewe hemself in prechinge, without fruyt of soules.

B. Beholde nowe forþermore þe grete pacience of oure lorde in alle þat is done to him. For þei ledene him þorh þe cite towarde & frawarde as a fole, hangyng done his hede in shamefast manere, 20 & paciently herynge reproues, scornynges, criynges, & suffryng many despites as perantere in castynge of stones at him, or of fenne & vnclannes vpon him.

And also beholde his modere & hese oþer frendes, with vnspekable sorowe on ferre after folowyng.   25

When he was þan brouht aȝeyne to Pilate, & þoo cursede hondes bisily & stiffely stodene in hir fals accusaciones: pilate knowyng | hir enuye wolde haue delyuerede him & seide, *I finde* f. 87ʳ *no cause of deþ in þis manne. Wherfore I shale vndirnyme him & chastise him, & so leue him amendet.*   30

O pilate, pilate, wolt þou reprehende & chastise þi lorde god? Þou woste not what þou doist, for he neuer deseruede betyng nor deth. Bot þou sholdest do better & more rihtwisely, if þou woldest chastise & amende þi self at his wille.

And þan at þe biddyng of pylate, þat he sholde be 35 scourgete & beten: oure lord was despoilete, bonden to a pilere, & harde & sore scourgete, & so stant he nakede before hem alle, þat fairest ȝonge manne of alle childrene þat euer were born takyng paciently of þoo foulest wrecches, þe hardest & moste bitter strokes of scourges, & so is þat moste innocent, faireste & 40 clennest flesh, floure of alle mankynde, alle to rente & fulle of wondes, rennyng out of alle sides þat preciouse kynges blode. And

so longe betene & scourgete with wonde vpon wonde & brisoure
vpon brisour. til boþe þe lokeres & þe smyters were werye, & þen
was he bidene to be vnbonden.

Soþely þe pylere þat he was bonden to. ȝit scheweþ þe
5 steppes of his blode as it is contenede in stories.

Take now here gude hede by inwarde meditacion of alle
hees peynes abidyngly, & bot þou fynde þi herte melte in to
sorouful compassion. suppose fully & halde, þat þou hast to harde
a stonene herte.

10 Þanne was fulfilled in dede, þat þe prophete ysaie seide of
him longe tyme before, *We seene him in þat tyme, & þere was*
none semlynesse nor beutye in hym, & we helde him as foule as a Vidimus
leprose manne þat were smitene done & made lowe of god. eum & non
Wherfore we set no rewarde of him. Oo lorde Jesu, who was he so erat ei as-
15 fole hardye þat dorst despoile þe? Bot who were þei miche worse pectus &c.
hardy þat dorst bynde þe? Bot ȝit who were þei alþere werst &
moste foole hardye, þat dorst so bitterly bete þe & scourge þe?

Bot soþely þou sonne of rihtwisnes, at þat tyme
wiþdrowest þi bemes of liht, & þerfore alle was in derkenes, & in
20 þe miht of wikkednes. For nowe alle þine enmyes bene more
mihtye þan þou, & þat made þi loue & oure malice. Cursede be |
f. 87ᵛ þat malice & wikkednes of sinne, wherfore þou were so
tormentede & pynede.

Aftere he was vnbonden fro þat pilere. þei ladden him so
25 beten & nakede aboute þe house sekynge after hese cloþes, þat
were cast in diuerse places of hem þat despoilede him. And here
haue compassion of him in so grete colde quakyng & tremelyng,
for as þe gospelle witnesseþ it was þanne harde colde. And when
he wolde haue done on hees cloþes. sume of þoo moste wikkede
30 wiþstoden & comene to pylate & seide, Lorde, he þis made him
self a kynge. Wherfore let vs cloþe him & corone him as a kynge.
And þen þei token an olde silken mantelle of redde, & kast on
him, & madene a garlande of sharpe þornes, & þrist vpon his hede
& putten in his hande a rede as for a sceptre, & alle he paciently
35 suffreþ, & after when þei knelede & saluede him in scorne,
seyinge heile kynge of Jewes. he helde his pees & spake not.

Now beholde him with sorowe of herte, namely when þei
smitene him greuously & oft siþes vpon þe hede, ful of sharpe
þornes, þe whech persede greuously in to þe brayne panne, &
40 made it alle fulle of blode, & so þei scornede him as þei he wolde
haue reignede, bot þat he miht not. & alle he suffreþ as hir
seruante or knafe.

Oo wrecches, how dredeful sal þat hede apere at þe laste
to ʒow þe which ʒe smyten now so boldly.

And ʒit þis sufficeþ not to hir malice: bot to more reproue
& scorn of him þei gederet alle hir wikkede companye first to
wondre vpon him in þe hous, & after þei brouht him out before 5
pylate, & alle þe peple in þat manere illudet with þe corone of
þornes, & þat olde purpure vestiment.

Se now for goddus loue, how he stant in þat maner,
hangyng þe face done towarde þe erþe before alle þe grete
multitude criyng & askyng of pilate, *Crucifye, crucifie him*, & 10
scornyng him þat he wolde make him wisere þan þe princes & þe
pharisees & þe doctours of þe lawe, & how his wisdome was
turnede in to so grete folie at it shewede in þat tyme. And so not
onely he suffrede grete peynes & sorow in his body withinforþ:
bot also many | & foule obreydynges & reproues withoutforth. *f. 88ʳ*

How oure lorde Jesus was dampnet to þe deth of þe 16 crosse about tierce of þe day. Capitulum xlijᵐ.

B.N. Aftere þat oure lorde Jesus was longe tyme so tormentede
& illudet as it is seide, & þe princes of þe Jues with grete instance
continuely askedene & madene alle þe multitude with hem to crie 20
& aske þat he sholde be crucifiede: at þe last þe wretchede Justice
Pilate dredyng more to offende hem þen to condempne þe
innocent wrongwisly: ʒaf þe sentence vpon him at hir wille, & so
dampnet him to be hanget on þe crosse.

And þan were þe princes & þe pharisees & þe aldermenne 25
ioyful & glade, þat þei hade hir entent fulfillede.

Þei haue not in mynde þe grete benefices & þe wondurfull
dedes þat he haþ shewede hem. And also þei be not mouede to
pite for his innocence, & þat is more cruelte in hem, þei be not
slakede nor withdrawen fro hir malice by þe grete despites & 30
peynes þat þei haue seene & done to him before: bot laghen &
maken ioy, & scornene him þat is verrey godde & may dampne
hem to euerlastyng deþ. And so þei now bysyen hem in alle þat
þei may to bringe him hastely to his deþ.

Wherfore he is ladde inne aʒeyn to þe hous, where he was 35
before scourgete & illudete, & þer was drawe fro him þat olde
purpure mantele, & so he alle naked was beden to cloþe him self
aʒeyn.

Now with inwarde compassion beholde him here in maner
as I seide before onelich after þe manhede, so passyng faire a
ȝonge manne, most innocent & most louely in þat maner alle to
rent, & wondet, & alle blody nakede with a maner of
5 schamefastnes gederyng hese cloþes, in diuerse places of þat hous,
as þei were deskaterede by þoo harlotes, doyng hem on in honest
maner before hem þat euere laghen him to scorn, as þei he were
þe most wrech of alle oþer forsaken of god, & withouten alle
maner socoure or help.

10   Wherfore nowe take hede diligently to him, & haue   Nota de
wondre of þat grete profonde mekenes of him, & in als miche as   paciencia
þou may conforme þe to folowe him by pacience & mekenes &   imitanda.
suffryng of wronges for his loue. And go forth with him &
beholde howe after he haþ done on hees cloþes. þei leden him
f. 88ᵛ forþ in grete haste, & layn | vpon him þat wirchipefulle tre of þe
16 crosse, þat was [ful] heuye & fulle longe, þat is to sey as it is
writen in stories, xv fote of lengh, þe which he as a meke, most
pacient lambe, takeþ vpon hese sholderes & bereþ forþ. And so
was he ladde forþe with hees tweyn felauhes, þat were thefes &
20 dampnet to þe self deth, & þis is his felawshipe at þis tyme.

Oo gude lorde Jesu what shame done þei to ȝowe, þei þat
sholde be ȝour frendes, þei maken ȝow felawe to þefes, [ȝ]ei &
ȝit þei done worse. for þei maken ȝow to bere ȝoure crosse, þat
is not [writen ne] radde of hem.

25   Wherfore not onely as þe prophete ysaie seiþ, ȝe bene put   Cum iniquis
with wikked doeres & þefes. bot also with worse þan thefes.   deputatus
Soþely lorde þi pacience may not be spoken.   est.

Forþermore as to þe processe, seyng his dere modere þat
she miht not folowe him nihe for þe grete multitude of peple
30 about him. she toke a noþer wey more short in hast, with Jone &
oþer of hir felawshipe, so þat she miht mete with him before oþer
by þat weye.

And when she mette with him, without þe ȝate of þe Cite,
þere as tweyne weyes meten to gedire, & sauhe him charget &
35 ouerleide with so grete a tre of þe crosse, þe which she sawe not
before. she was alle out of hir self, & half dede for sorowe, so þat
neiþer she miht speke to him one worde nor he to hir bycause of
þe grete haste of hem þat ladden him to þe iewes.

And alitel after oure lorde turnede him to þe women þat   Filie ierusa-
40 folowede him wepyng, & seide vnto hem. *ȝhe douhteres of*   lem, nolite
Jerusalem, wepeþ not on me bot on ȝour self, & so forþ after þe   flere erga me
gospel.   &c.

And in þees tweyn places were after made chirches in
mynde of þees þinges, as þei seyne þat haue seene hem.

Forþermore bycause þat þe monte of Caluarie where he
was crucifiede, was a gret space fro þe ȝate of þe cyte, & he was
after so ouercome wiþ trauaile & werie, þat he miht no lengire 5
bere þat heuy crosse: he leide it done. Bot þe cursede tormentours,
& þei ful of malice, dredyng fort differre his deþ, lest þat Pilate
wolde haue clepede aȝeyn his sentence & dome, for he shewede
before a wille to haue delyueret him: þei maden a noþer manne |
þat was clepede Symonde, to bere þe crosse with him, & ladden *f. 89ʳ*
him so descharget of þe crosse, bot þan bonden hees handes 11
byhynde him, as a þefe, to þat place of his iewes þe monte of
Caluarie.

Nowe if þou take gude hede to alle þat haþ bene done to
oure lorde Jesu, & alle þat he haþ suffrede, at matyne tyme & 15
pryme & tierce, in to þis tyme: shale it not be sene to þe as matire
of grete compassion of his grete passion & sorow? Soþely I trowe
ȝis.

[*Nota hic ponitur contemplacio in generali passionis
Christi, quam ponit B. in principio tractatus de passione.´ que* 20
tamen videtur conueniencior hic.]

N.   And namely if þou wilt nowe make in þi mynde a
recapitulacione, & reherse in generale þat he haþ suffrede, & þat
haþ be done to him in to þis tyme.

B.   For what is it to þenke, þat oure lorde Jesus verrey god 25
blessede aboue alle þinges fro þe houre þat he was taken in þe niht
in to þis tyme of his crucifiyng was in continuele bataile, in grete
reproues, despites & sorowes, illusiones & tormentes. For þere
was ȝiuen him no reste, bot euer trauaile in peynes & sorow.

And if þou wolt knawe in what conflicte & bataile he was: 30
beholde & se.

Hora   First one despitesly leiþ hande on him & takeþ him. A
matutinali.   noþer is redy & harde byndeþ him. A noþer criynge putteþ vpon
him blasfeme. A noþere spitteþ in his face. A noþer sotely askeþ
of him many questiones in deceite fort accuse him. A noþer is bisy 35
to bryng fals wittenes aȝeynus him. Anoþer draweþ him forth
Hora prima   before þe Justice. A noþere stiffely accuseþ him. Anoþer hideþ his
& tercia.   eyene. A noþer buffeteþ & scorneþ him. Anoþer after despoileþ
him. A noþer byndeþ him harde to þe pilere. A noþer with sharpe
scourges sore beteþ him. A noþer vnbyndeþ him. A noþer casteþ 40

on him þat olde selken mantelle. A noþer setteþ a croune of
sharpe þornes on his hede. A noþer pitteþ in to his hande a rede.
A noþere takeþ it wodely fro him, & smyteþ his sore hede ful of
þornes. A noþer in scorn kneliþ before him, & so forþ now one &
5 now anoþer & diuerse & many, with alle hir witte & miht byseyn
hem to torment him in þe worst manere. Þei leden him as a thefe,
nowe to þe bishope Anne & now to Caiphas, nowe to Pilate &
nowe to Heroude, now hiderwarde & now þiderewarde, nowe inne
& nowe oute.

10   Oo my lorde god, what is alle þis? Loo þenke þe not here
f. 89ᵛ a fulle harde | & continuele bitter bataile? ȝitte abide a litel while,
& þou salt se hardere.

      Þei stande stiffely aȝeynus him alone, þe princes & þe
pharisees & þe scribes, with þousandes of þe peple, criyng alle
15 with one voice þat he be crucifiede.

      And at þe laste þe Justice Pilate ȝiueþ þe dome þat he be
crucifiede, & anone þat heuye crosse was leide on hees sholdres
þat were alle to rente & broken with wondes of hees scourgyng.

      Now forþermore beholde þi lorde Jesu, so goyng forþe
20 with his crosse on his bake, & how þanne out of þe cite at alle
ȝates rennene boþe citesenes & strangeres of alle degres, not
onely gentiles: but also þe foulest Ribawdes & wyne drinkeres,
not to haue compassion of him, bot to wondre vpon him, & scorne
him.

25   Þere is none þat wole knawe him by pitevous affeccion:
bot raþer with þe fenne & oþer vnclannes, alle þei despisene &
reprouene him.

      And so as þe prophete seiþ, *is he now as in a parabole in* Factus sum
alle hir mouþes. And þo þat seten in þe ȝates as iuges spekene illis in para-
30 *aȝeynus him, & þoo þat dronken þe wyne in hir luste: maden hir* bola &c.
songe of him.

      Þus was he drawene & hastede by grete violence, without
reste: til he came to þat foule stinkyng place of Caluarie, where
was set þe ende & þe reste of þis harde bataile þat we speken of.

35   Bot what maner reste is þat, whereof we now shole trette?
Soþely þat harde tre & deth, sharpere þan þe bataile. Lo what
reste? Certayn þe bedde of sorow.

      Þus maiht þou se in generale contemplacion how harde a
batail þi lorde haþ suffrede in to þis sixte houre, whereof now we
40 shole trete, folowyng þe processe of his blessede passion.

Of þe crucifiyng of oure lorde Jesu atte þe sixte houre. Capitulum xliij^m.

NOw forþermore maiht þou se when oure lord Jesus was come to þat stinkyng hille of Caluarie: how wikkedly þoo cursede werke menne begunne to worche on alle sides þat cruele werke. 5

Take hede now diligently with alle þi herte, alle þo þinges þat be now to come, & make þe þere present in þi mynde, beholdyng alle þat shale be done aȝeynus þi lorde Jesu & þat bene spoken or done of him. And so wiþ þe innere eye of þi soule beholde | sume, settyng & ficching þe crosse fast in to þe erþe. *f. 90ʳ* Sume makyng redye þe nailes & þe hameres to dryue hem wiþ. 11 Oþere makyng redy & settyng vp laddres, & ordeinyng oþer instrumentis þat hem þouht nedeful, & oþer faste aboute to spoile him, & drawe of hees cloþes. And so is he now þe þridde tyme spoilede & standeþ nakede in siht of alle þat peple, & so bene 15 nowe þe þridde tyme renvede þe brisours of þe wondes in his scourgyng by þe cleuyng of þe cloþes to his flesh.

Now also first his modere seeþ how he is so takene & ordeynede to þe deth. Wherefore she sorouful out of mesure, & hauyng shame to se him so standyng alle nakede. For þei laft him 20 not so miche as hese pryue cloþes: she went in haste to hir dere sone, & clippede him & girde him aboute þe leendes with þe kerchefe of hir hede.

Aa lorde in what sorowe is hir soule nowe? Soþely I trowe þat she miht not speke one worde to him for sorowe. Bot she miht 25 do no more to him nor help him. For if she miht without doute she wolde.

Þanne was hir sone anone taken oute of hir handes in wode manere, & ladde to þe fote of þe crosse.

Now take hede diligently to þe maner of crucifying. Þere 30 bene sette vp tweyn laddres, one behynde & a noþere before at þe lift arme of þe crosse, vpon þe whech þoo wikked ministres gone vp with nailes & hameres. Also a noþer short laddre is sette before þe crosse þat lasteþ vp to þe place where hees feete sholde be nailede. 35

Now take gude hede to alle þat foloweþ. Oure lorde þanne was compellede & beden fort go vp one þat laddre to þe crosse, & he mekely doþe alle þat þei bedene him. And when he came vp to þe ouerest ende of þat short laddre: he turnede his bakke to þe crosse, & streyht out one brede þoo kynges armes, & hese fairest 40 handes ȝafe vp to hem þat crucifiede him. And þan liftyng vp hees

louely eyene to heuen seide to þe fadere in þees maner wordes, Nota verba
Loo here I am my dere fadere as þou woldest þat I sholde lowe my filij ad
self vnto þe crosse, for þe sauacion of mankynde, & þat is patrem.
pleisyng & acceptable to me, & for hem I offre my self. þe whech

f. 90ᵛ þou woldest sholde be my | breþerne. Wherefore also þou fadere

6 take gladely þis sacrifice for hem of me, & now heþen forwarde
be plesede & wele willede to hem for my loue, & alle olde offense
& trespasse forȝiue & wipe awey, & put aferre alle vnclannes of
sinne fro hem. For soþely I offre here now my self for hem & hir

10 hele.

And þan he þat was on þe laddere behynde þe crosse.
takeþ his riht hande & naileþ it fast to þe crosse. And after he þat
was on þe lift side draweþ wiþ alle his miht þe lift arme & hande,
& driueþ þerþorh a noþere grete naile. After þei comen done &

15 taken awey alle þe laddres & so hangeþ oure lorde onely by þoo
tweyn nailes smyten þorh hees handes without sustenance of þe
body, drawyng donwarde peynfully þorh þe weiht þerof.

Herewiþ also a noþer harlote renneþ to, & draweþ done
hese feete with alle his miht, & anoþer anone driueþ a grete longe

20 naile þorh boþe hese feete ioynede to oþer.

Þis is one maner of his crucifiyng after þe opinione of
sume men.

Oþere þere bene þat trowen not þat he was crucifiede in
þis manere. bot þat first liggyng þe crosse on þe gronde. þei

25 nailede him þere vpon, & after with him so hangyng þei liften vp
þe crosse & festen it done in [to] þe erþe.

And if it were done in þis manere. þan maist þou se, howe
vileynsly þei taken him as a ribaude & kasten him done vp on þe
crosse, & þan as wode þefes drowen on boþe sides first hees

30 handes & after hees feete, & so nailede him fast to þe crosse, & **N.**
after with alle hir miht liften vp þe crosse with him hangyng als
hye as þei miht & þan lete it falle done in to þe morteise.

In þe which falle as þou may vndurstande, alle þe senewes
to breken, to his souereyn peyne. Bot wheþer so it be in one maner

35 or in oþere. soþe it is þat oure lorde Jesus was nailede harde vpon
þe crosse, hande & foote, & so streynede & drawen. þat as he **B.N.**
himself seiþ by þe prophete Dauid, þat þei mihten telle & Dinumera-
noumbre alle hees bones. uerunt

Þan rennene out of his blessed body þee stremes of þat omnia ossa

40 holiest blode, on alle sides abundantly fro þo grete wondes, & so mea &c.
is he constreynede & artede. þat he may not meve bot his hede.

Wherefore hangyng þe body onely by þo þre nailes. no

doute bot þat | he suffreþ so bitter sorowes & peynes. þat þere may   *f. 91ʳ*
no herte þenke, nor tonge telle.

And ȝit more ouere, he hangeþ by twix two thefes, of þe
whech þat one. blasfemeþ & tempteþ him to impacience. And
þerwiþ oþer blasfem[ene] & skornyng seyene, *Vaath þis is he þat* 5
destrueþ þe temple of god, & makeþ it vp aȝeyn in þre daies. And
oþer seiden, *He made oþer safe bot he may not now saue himself.*
And mani oþere reproues & scornynges þei seidene to him as þe
gospelle telleþ.

And alle þese reproues, blasfemies & despites ben done, 10
seynge & heryng his most sorowful modere, whose compassion &
sorowe made him hir sone to haue þe more bitter peyne.

And on þat oþere halfe she hange in soule with hir sone on
þe crosse & desirede inwardly raþer to haue diede þat tyme with
him. þan to haue lyuede lengire.   15

And so stode þe modere byside þe crosse of hir sone,
bytwix his crosse & þe þefes crosse. she turnede neuer hir eyene
fro him, she was full of anguysh as he was also. And she preide to
þe fadere at þat tyme, with alle hir herte seying þus, Fadere & god
without ende it was pleisyng to ȝow þat my sone sholde be 20
crucifiede. & it is done. It is not now tyme to aske him of ȝowe
aȝeyn, bot ȝe seene nowe in what anguish is his soule. I beseke
ȝow þat ȝhe wille ese his peynes, gode fadere I recommende to
ȝow in alle þat I may my dere sone.

And also he hir sone praiede for hir priuely in himself 25
seying:

Mi fadere ȝhe knawen how my modere is tormentede for
me. I sholde onely be crucifiede & not shee. But loo now she
hangeþ on þe crosse with me. Mine owne crucifiynge sufficeþ, for
I bere þe synnes of alle þe peple. She haþ not deseruet any seche 30
þinge. Wherfore I recommende hir to ȝowe, þat ȝhe make hir
peynes lesse.

Þanne was with oure lady Jone & Maudeleyn þe belouede
disciplesse & oþere of his frendes by þe crosse of oure lord Jesu,
þe whech alle maden grete sorowe & wepten & miht not be 35
confortede in no manere of her belouede maister, bot euer was her
sorow renuede with his sorowe, auþere in reproues or in dedes, |
as it foloweþ aftere.   *f. 91ᵛ*

How oure lorde Jesus ȝelde vp þe spirite at none. Capitulum xliiijᵐ.

Now hangeþ oure lorde Jesus on þe crosse in grete peyne, & ȝit is he not ydul by cause of þat peyne.' bot he wrouht alle
5 waye & spake þat was profitable for vs.

Wherefore so hangyng he spake vij notable wordes, þat bene fonden writen in þe gospelle.

Þe first was in þe tyme þat þei crucifiede him, when he praiede for hem seying þus, *Fadere forȝiue hem, for þei wite not*
10 *what þei done.* Þe which worde, was a worde of grete pacience, of grete loue, & of vnspekable beningnite.

Þe seconde was to his modere, seying þus, *Woman loo þi sone,* & also to Jone, *Loo þi modere.* He clepede hir not at þat tyme, *modere,* lest she sholde þorh feruent tendirnes of loue haue
15 bene more sorye.

Þe þridde was to þe blessede thefe seying *þis day þou shalt be with me in paradise,* whereinne his moost large mercye opunly is shewede.

Þe ferþe was when he seide, *Helye Helye, Lama-*
20 *zabathanye, þat is to sey, My god, My god, whi hast þou forsake me,* as þei he seide in þis sentence. My god fadere of heuen, þou hast so miche louede þe redempcion of þe worlde.' þat þou hast ȝiuen me þerfore, & as it semeþ forsaken.

Lorde Jesu what confort was þat forseide worde to alle
25 þine enemies.' & what disconfort to alle þi freendes? Soþely as it semeþ þer was neuer worde þat oure lorde Jesus spake þat ȝafe so miche boldenes to hees enemyes, & so miche occasion to his frendes fort despeire þat he was god.' as þat worde. For [þei] vndirstode it þat tyme bot nakedly after þe letter sowneþ. Bot oure
30 lord wolde shewe in to þe last ende, þat as he suffrede in body fully after þe kynde of man.' so also in his spekyng after þe infirmite of man, þat he was verrey man suspendyng for þe tyme þe vse of alle þe miht of þe godhede.

Þe fyft worde was, *Sicio, I am [aþrist],* þe whech worde
35 also was occasion to his modere & Jone & oþer frendes of grete compassione.' & to hees wikked enemyes of grete reioycing & gladnes. For þouh it so be þat it may be vndirstande þat worde |
f. 92ʳ *I þriste,* gostely to þat entent, þat he þrestede þanne þe hele of soules.' Neuerles also in soþenes he þristede bodily bycause of þe
40 grete passing out of blode whereþorh he was alle drye wiþinforþ & þristy.

Nota vij verba domini in cruce.

Verbum primum: Pater ignosce illis &c.

Secundum: Mulier ecce filius tuus &c.

Tercium: Hodie mecum eris in paradiso.

Quartum: Hely, hely, lama &c.

N.

B.N.
Quintum: Sicio.

And þen þoo wikked deuels lymes, þat euer caste how þei
miht moste nuye him: token aisele & galle & proferede him vp to
drinke.

   Oo cursede wodenes of hem, þat bene neuer fillede with
malice, bot in alle tyme nuyene als miche as þei kunne or mowen. 5

Sextum:
Consum-
matum est.

   Þe sixte worde was when he seide: *Consummatum est, it
is alle endete*. As þei he seide þus, Fadere þe obedience, þat þou
hast ȝiuen me: I haue perfitely & fully done in dede, & ȝit I am
redy to do what so þou bidde me. Bot alle þat is writen of me: is
now fulfillede. Wherfore if it be þi wille: clepe me now aȝeyn to 10
þe.

   And þanne seide þe fadere [aȝeyn to him], Come now my
swete louede sone, þou hast wele done alle þinges, & I wole not
þat þou be more tormentede, & þerfore come nowe, for I shale
clippe þe with myn armes & take þe in to my bosume.   15

Nota de
modo
moriendi.

   And after þat tyme oure lorde began to faile in siht in
manere of diynge menne, & wax alle pale now stekyng þe eyene
& now opunyng, & bowde his hede now in to one side & now in
to a noþer side, failyng alle þe strenghes, & alle þe vaynes þan
voide.   20

Septimum
verbum:
Pater in
manus tuas
&c.

   And so atte þe last he putte þe seuenþe worde, with a
stronnge crye & wepynge teres seying þus, *Fadere I commende my
spirite in to þi handes*, & þerwiþ he ȝelte þe spirite, [enclynynge]
his hede vpon his breeste towarde þe fadere as in maner of
þonkyng, þat he clepede him to him, & ȝiuyng him his spirite.   25

Vere filius
dei &c.

   Atte þis crye þan was conuertede Centurio, þere beynge &
seide, *Soþely þis manne was goddus sone*, by cause þat he sawh
him so criynge dye. For oþer menne when þei dyene mowe not
crie. Wherfore he beleuede in him.

   Soþly þis crie was so grete as holi men seyne: þat it was 30
herde in to helle.

   Oo lord god in what state was þat tyme his modere soule,
when she sawh him so peynfully faile, wepe & dye? Soþely I
trowe þat for þe multitude of anguishes she was alle out of hir self
& vnfelable made as half dede, & þat now mich more: | þan what *f. 92ᵛ*
tyme she mette with him, beringe þe crosse as it is seide.   36

   What trowe we didene þen Maudleyn þe trewe louede
disciplesse, what John his awne derlyng, & oþer tweyn sistres of
oure lady? Bot what miht þei do? Þei were alle fulle of sorowe &
bitternes, & þerfore þei weptene sore without remedye.   40

   Loo now hangeþ oure lorde on þe crosse dede, & alle þat
grete multitude goþe awey towarde þe cite, & his sorouful modere

with þe foure forseide felawes, sette hir done by side þe crosse, & beholdeþ piteuously hir dere sone so ferd wiþ & abideþ helpe fro god, þat she miht haue him to hir & birye him.

Þ[ou] also if þou beholde wele þi lorde: þou maiht haue
5 here matire ynouh of hye compassion, seynge him so tormentede, þat fro þe sole of þe fote in to þe hiest part of þe hede: þer was in him none hole place nor membre without passion.

N.

Þis is a pitevouse siht & a ioyful siht. A pitevous siht in him: for þat harde passion þat he suffrede for oure sauacion, bot
10 it is a likyng siht to vs, for þe matire & þe effecte þat we haue þerbye of oure redempcion. Soþely þis siht of oure lord Jesu hangyng so on þe crosse by deuoute ymaginacion of þe soule, is so likyng to sume creatours: þat after longe exercise of sorouful compassion: þei felen sumtyme, so grete likyng not onely in soule
15 bot also in þe body þat þei kunne not telle, & þat noman may knowe, bot onely he þat by experience feleþ it. And þan may he wele sey with þe apostle, *Betyde me neuer to be ioyful bot in þe crosse of my lord Jesu criste.* Amen.

Mihi autem absit gloriari &c.

Of þo þinges þat befelle aftere þe deþ of oure lord
20 ## Jesu & aftere none. Capitulum xlv^m.

What tyme þat þe wirchipful modere of oure lord Jesu, as it is seide next before abode & duelled beside þe crosse, with oþer trewe loueres of him before nemede, beholdyng oure lorde Jesu continuely so piteuousely hangyng dede on þe crosse, bytwix
25 tweyn þefes: loo þan comen many armede men out of þe cite towarde hem, þe whech were sent to breke þe leggys of hem þat were crucifiede, & so to sle hem alle out & birye hem, bycause þat
f. 93^r hir bodyes sholde not abide hangyng | on þe crosse in þ[at] grete sabbate daye.
30 Þan rose vp oure lady & alle oþer with hir, & bisily lokede & seene hem come, bot what to do þei wote note. Wherfore þei fallen in to grete sorowe & drede, & namely oure lady, spekyng to hir sone in þis manere:

My dere sone what may be cause, þat alle þees armede
35 men comen aȝeyn? What wole þei do more to þe? Haue þei not slayn þe my swete sone? I hade hope þat þei hade be fillede with þat þei haue done to þe. Bot as it semeþ to me ȝit þei pursuene þe dede, & I wote not what I may do, for I may not help þe nomore

B.N.

þen I miht deliuere þe fro deþ, bot I shale abide & se, & prey þi
fadere þat he make hem sawht & esye to þe, & þerwiþ þei alle
fyue ȝeden & stoden before þe crosse of oure lorde.

Þan comene þoo forseide armede [men] to hem with grete
wodenes & [grete] noys, & seynge þe þefes ȝit lyuyng. with gret 5
yre þei hewene & breken despitesly hir legges & so slewen hem,
& kast hem anone into sume dike þere nihe beside, & after
turnede hem aȝeyn & come towarde oure lorde Jesu. Wherfore
oure lady dredyng leste þei wolde do in þe self maner to hir sone,
& þerþorh smyten with sorowe of herte withinforþ. she koude not 10
elles bot go to hir best armore, þat is to sey, hir kyndely mekenes,
& knelynge done before hem, & spredyng hir handes with an hoys
voice & wepyng chere, she spake to hem in þis manere:

Goode breþeren I beseke ȝowe for almihty goddus loue þat
ȝhe torment me nomore in my dere sone for soþely I am his moost 15
sorouful modere. And as ȝe knowen wele breþerene I neuer
offendet ȝow nor dide any wronge to ȝowe. Bot þouh it so be þat
my sone semede contraryose to ȝow. ȝhe haue slayn him, & I
forȝiue ȝow alle wronge & offense ȝei & þe deþ of my sone.
Wherfore now doþe me þat mercie, þat ȝe breke him not as ȝe 20
haue done þe thefes, so þat I may birye his body alle hole. For it
nedeþ not. siþen as ȝhe seene he is fully dede, & was a longe tyme
now passede. And þerwiþ Jone & Maudleyn & hir oþer sistres
knelyng with oure lady bysouht þe same with hir sore wepyng.

Aa lady what do ȝe? ȝhe lowene ȝow | to þe feete of hem *f. 93ᵛ*
þat bene moste wikkede, & preyne hem, þat hauene no rewarde to 26
any gude praiere. Suppose ȝhe to bowe by ȝour pite, hem þat bene
moste cruele & most wikkede & wiþoute pite? Or to ouercome
hem þat bene alþere priddest wiþ mekenes? Nay, for proude men
hauen abominacion of mekenes. Wherfore ȝe trauaile in vayne. 30

¶ And þerwiþ one þat was clepede longyne, & was þat
tyme wikkede & proude, bot after a trewe lyuere & martire.
despisyng hir wepyng & praieres. with a sharpe spere opunede þe
side of oure lorde Jesu, & made a grete wonde, oute of þe which
anone ranne to gedire boþe blode & water. And þerwiþ oure lady 35
felle done in swowhen half dede, bytwix þe armes of Maudeleyn.

¶ And þan Jon not mowyng bere þat grete sorowe. toke to
him mannus herte, & risyng aȝeynus hem. seide, ȝhe wikkede
menne, whi do ȝe þis cruelte? Se ȝe not þat he is dede? Whi wole
ȝe also slee þis woman his modere? Goþe nowe ȝoure weye, for 40
we shole birye him. And þerwiþ as god wolde þei went hir weye.

¶ Þanne was oure lady excitede & roos as it hade be fro

slepe, askyng what was done more to hir sone, & þei seide no
newe þing more aȝeynus him.

And after she hade kawht spirite & behelde hir sone so
greuously wondet: was also wondet in herte with a newe wonde
5 of sorowe.

Seeste þou nowe how ofte siþes oure lady is þis day dede?
Soþely als oft as she sawh done aȝeynus hir sone anye newe
peyne. Wherfore nowe is fulle fillede in hir þat symeon seide to
hir propheciynge longe before, *His swerde.´ shalle perse þorh þine*   Tuam ipsius
10 *awne soule*, þat is to sey þe swerde of his passion & sorowe. And   gladium &c.
þat befelle ofte siþes in þis day, bot now soþely þe swerde of þis
spere haþe persede boþe þe body of þe sone & þe soule of þe
modere. → imitatio christi

¶ After þis þei seten done alle beside þe crosse, bot what
15 þei shole do: þei wite not. For þei mowe not take done þe body &
birye hit: bycause þei haue neiþer strengh nor instrumentes apte
þerfore.

¶ And fort go awey fro him so hangyng þei dore not, &
longe abide þere þei mowe not by cause þat þe niht was comynge
f. 94ʳ | on hem.
21   Here maiht þou se in what sorowe & perplexite þei bene.

Oo benygne lorde Jesu how is þis, þat ȝe suffrene ȝoure
dere modere, chosen before alle oþer, þat is þe Mirrour of þe
worlde & ȝour speciale restyng place: so to be tormentede &
25 turblete: þat vnneþ haþ she any spirite to life, & tyme it were þat
she had sume manere of reste, & relesyng of hir sorowe.

Of þe takyng done fro þe crosse oure lordes body Jesu at euensonge tyme. Capitulum xlvjᵐ.

IN þe meyne tyme þat oure lady & Jone & oþer before
30 seide were in so grete perplexite & desolacion as it is seide: þei
lokeden towarde þe cite as þei oft siþes diden for drede: & þen see
þei many oþer comyng towarde hem by þe weye, þe whech were
Joseph of Armathye & Nichodeme, bringyng with hem oþere
mistere menne þat brouhten with hem diuerse instrumentes, with
35 þe whech þei sholden take done þe bodye of Jesu fro þe crosse, &
also þei brouht an hundret ponde of Mirre & aloes fort anoynt his
body & so birye it.

And þan alle þei risene vp with grete drede not knowyng

what þei wolde do.

Aa lord god how grete is sorowe þis day?

Þan Jone takyng [gode] hede to hem þat were so comyng.
seide to oure lady, Soþely I se comyng þere Joseph & Nichodeme.
And þan oure lady kawht spirite, & was gretely confortede & 5
seide, Blessede be oure lorde god, þat haþ sente vs helpe at oure
nede, & haþ mynde of oure sorowe, & þat haþ not forsake vs in
oure tribulacion. Gode sone Jone go aȝeynus hem & welcome
hem. For I wete wele þei come to oure socoure. And anone John
went aȝeynus hem.   10

And when þei mettene. þei clippede oþere with wepyng
teres & miht not speke to oþere a grete while for tendirnes of
compassion & sorowe.

After þat þei hadde walkede forþ, a litel while & drowene
nihe towarde þe crosse. Joseph askede who were þere with oure 15
lady, & how it stode with þe oþere disciples. And John answeryng
tolde hem who were þere with oure lady. bot of þe disciples he
koude not telle, for he seide þere was none of hem seene þere alle
þat day. And forþermore atte hir askyng. he tolde alle þat was
done aȝeynus oure lorde, & alle þe processe | of his passione. And *f. 94ᵛ*
when þei come nihe þe place. knelyng done & wepyng þei 21
honourede oure lorde Jesu. And after metyng to gedir oure lady &
hir sisteres & Maudeleyn receyuede hem worchipfully with
knelyng & lowe bowyng to þe erþe, & þei aȝeynwarde knelyng &
wirchipyng. with grete wepyng stoden so to gedire a grete while 25
or þei speken.

Bot at þe laste our lady began to speke to hem & seide,
Soþely freendes ȝhe haue done wele, þat ȝe haue mynde so of
ȝour maistre, for he louede ȝow wele, and as I knowlich pleynly
to ȝowe. it semede to me þat þere was a newe liht risen at ȝoure 30
comynge. For before we wiste not what we miht do, & þerfore god
qwyte ȝowe.

Ande þei seiden aȝeynwarde, we bene sorye with alle oure
herte, for alle þees wronges & malice[s] done aȝeynus him. For as
we seene wele, þe wikked men hauen þe maistrye aȝeynus þe 35
rihtwise man, & we wolde fulle gladely haue delyueret him fro so
grete iniurye, if we hade miht. Bot at þe leest we shole do þis
seruice to oure lorde & maistre, þat we be comen fore, & þen þei
made hem redy fort take him done.

Take nowe gude hede in maner as I haue seide before, to 40
þe maner of takyng done. Þere are sette tweyn laddres on þe sides
of þe crosse, on aȝeynus a noþer, & Joseph goþe vp on þe laddre

standyng on þe riht half, & biseþ him to drawe out þe naile of þat
hande, bot it is ful harde, for þe naile is grete & longe & harde
driuen in to þe tre, & without grete þristyng done of oure lordes
hande it may not be done, bot þat is no forse, for oure lorde
5 knoweþ þat he doþ alle trewely & with goode entent, & þerfore he
accepteþ his dede. And when þe naile was drawe out. Jone makeþ
signe to Nichodeme fort take it [to] him priuelye so þat oure lady
see hit not for disconfortyng. And after in þe same maner
Nichodeme draweþ out þe naile of þe lift hande, & takeþ hit
10 priuely to John.

And þan Nichodeme comeþ done fort drawe out þe þridde
naile of þe feete, & in þe mene tyme, Joseph susteneþ þe bodye.
Soþely wele is him þat may [so] susteyn & clippe þat holiest body
f. 95ʳ | of oure lorde Jesu. Þerwiþ oure lady takeþ in hir handes
15 reuerently oure lordes riht hande, & beholdeþ it & leiþ it to hir
eyene & deuoutly kisseþ it. sore wepyng & sihhyng. And when þe
naile of þe feete was drawe out. Joseph came done softly & alle
leiden to hande, & token oure lordes bodie, & leide it done on þe
erþe, & oure lady toke þe hede & þe sholderes & leide it in hir
20 barme, bot Maudeleyn was redy to take & kysse þe feet, at þe
whech she fonde so miche grace before in his life.

¶ Oþere of þ[e] cumpanye stoden about beholdyng, & alle
maken grete lamentacion vp on him, after þe prophecie, þat was   Plangent
þan fulfillede, seying, *þat þei sholde make sorowe vpon him, as*   super eum
25 *vpon þe one begoten childe.*   quasi super
vnigenitum.

¶ And namely his blessede modere alle tymes sore
wepyng, & þan soroufully beholdyng þe wondes of handes & feet,
& specialy þat horrible wonde of his side now takyng hede to one
& now to a noþer, & seying his hede so foule ferde wiþ, & his her
30 to drawen with þe sharpe þornes, & his louely face alle defilede   Corpus
with spittynges & blode, & þe heres of his berde drawen awey fro   meum dedi
his chekes, as þe prophete ysaie spekeþ in his persone þus, *I ȝaf*   percucienti-
my body to hem þat smyten it, & myn chekes to hem þat drowen þe   bus & genas
her aweye &c.   meas &c.

35 Of þe biryinge of oure lorde Jesu at compleyn tyme. Capitulum xlvijᵐ.

Aftere a litel while, liggyng þe body of oure lorde Jesu
bytwix hese modere armes as it is seide. when it drowe towarde

niht. Joseph praiede oure lady þat she wolde suffre þe bodye to be
diht aftere þe maner of Jues & biriede. Bot she was loth þerto &
seide, Goode breþerne take not so soyne my childe fro me, raþere
birieþ me with him.

Þan seide Jone, Mi dere modere lat vs assent to Joseph & 5
Nichodeme, & suffre oure lordes body to be byriede, for elles by
occasion of to miche tariynge [þei] mihten lihtly falle in dangre &
sclandre of þe Jues. And at þis suggestion of Jone. oure lady as
wise & discrete, þenkyng þat she was committede to him by oure
lorde. wolde no lengir let his biriynge, bot blessede þe body & lete 10
hem diht it as þei wolde.

And þan Jon, Nichodeme Joseph & oþere | begunne to   *f. 95ᵛ*
anoynt þe bodie, & wrappe it in lynene cloþe, as it was þe manere
of Jues biriynge. Neuerles oure lady kept alweye þe hede in hir
barme, fort diht þat hir self & Maudeleyn þe feete.   15

And when þei dihten þe legges & comene nihe to þe feete.
Maudeleyn seide, I praye ʒow suffreþ me to diht þees feete, at þe
whech I foonde so miche grace. And þei suffryng hir askyng. she
helde þe feete & lokede vpon hem wepyng & alle mooste failyng
for sorowe. And riht as she before in his life, weshe hem with 20
teres of compunction. now miche more she washeþ hem with
teres of grete sorowe & inwarde compassion. For as he verrey
soþfastnes witnesseþ of hir, she louede mikele, & þerfore she
wept mykele, & namely in þis last seruice doyng to hir maister &
lorde so pitevously dede. Vnneþes for sorow miht hir herte abide 25
in hir bodye. For she wolde ful gladely haue dyede þere at hir
lordes feete. She sawh none oþer remedye, bot she bisieþ hir with
alle hir miht nowe at þe last seruice to him þe which was fulle
vnkeþ to hir. fort diht his body in þe beste manere þat she maye,
bot not as she wolde. For she haþ neiþer matere whereof nor tyme 30
þerto. Bot neuerles in maner as she maye she washeþ þe feete with
teres & after deuoutly wipeþ hem & kisseþ hem & wrappeþ [hem]
in cloþes in þe beste maner she can.

Whan þei haue þus done & dressede þe body in to þe hede.
þei lokene to oure lady þat she [sh]olde parforme hir part, & þan 35
began þei alle newely to wepe & make sorowe.

Þan she seynge þat she may no lengire differre. setteþ hir
siht vpon þe face of hir sone, & spekeþ to him in þis maner:

Nota verba domine.

My swete sone I halde þe nowe here dede in my barme, &
as I se we most depart bodily, bot harde is þe departyng of dede. 40
Here before þere was a likynge conuersacion bytwix vs, & we
were lyuyng among oþer men euer without playnt or offense, þouh

it so be þat þou arte slayn nowe as a wikked man. And I haue
seruede þe trewely & þou me, bot in þis soroufulle bataile. þi
f. 96ʳ fadere wolde not helpe þe, & I miht not. | Wherfore þou forsoke
þi self for þe loue of mankynde, þat þou woldest aȝeynbigge &
5 saue, bot ful harde, peynful & dere is þis biggyng. Whereof
neuerles I am gladde for þe hele & sauacion of men. bot in þi
passion & deþ I am fulle harde tormentede, for I wote wele þat
þou neuer didest synne, & þat þou art slayn without deserte þorh
þat foulest horrible deþ. Wherfore now my dere sone, oure bodily
10 felawshipe is twinnede, & now most I nede be departede fro þe,
& so I shalle birye þe. Bot whidere sal I þi moste sorouful modere
after þat go & where shale I duelle? My dere sone how may I life
without þe? Soþely I wolde gladly be biriede with þe, so þat where
so euere þou were. I miht be with þe.

15   Bot siþen I may not be biriede with þe bodily. at þe leste
I shalle be biriede with þe gostly in mye mynde. Wherfore I shal
birye with þi body in þi graue. my soule, & þerfore þat I comende
& leue to þe.

    Oo swete sone how sorouful is þis departyng. And þerwiþ
20 of þe grete abundance of teres, she weshe miche better his hede.
þan Maudeleyn dide before his feete. Þan she wipede his face &
kissede it & after wonde his hede in a sudarie & so signede &
blessed him.

    And þan alle to gedire honouryng & kissyng his feete. toke
25 him vp & beren him to þe graue, oure lady beringe þe hede &
Maudeleyn þe feete & oþere þe midele part.

    Þere was nihe þat place of þe crosse þe space of a stones
cast, a newe [sepulcre], whereinne none body was biriede before,
& þerinne with reuerence knelyng þei leiden him with grete
30 sihhynges, sobbynges & wepynge.

    And after he was so biriede, & his modere hade ȝiuen him
hir blessinge. þei leiden a grete stone at þe dore of þe graue. &
went hir wey towarde þe cite, þat is to sey Joseph & his
felawshipe[, oure lady ȝit abidynge with here felawshipe].

35   Bot Joseph at his goyng spake to oure lady & seide, My
lady I pray ȝow for goddes loue & for þe loue of ȝour sone oure
maistre, þat ȝe vouch safe to come & take ȝour herbere in myne
house. For I wote wele þat ȝe haue none house of ȝour awne.
Wherfore takeþ myne as ȝoure owne for alle myne bene ȝoures,
f. 96ᵛ & in þe self manere | Nichodeme praiede on his side. And she
41 lowely enclynyng to hem & þonkyng hem. answerede & seide, þat
she was committede to þe gouernaile of Jone. Wherfore þan þei

praiede Jon þe same, & he answerede þat he wolde lede hir in to
Mont sion where hir maistre soupede on þe day before at euene
with hees disciples & þere wolde he abide with hir. And so þei
lowely saluyng oure lady, & wirchipyng þe sepulere ʒedene forþ
on hir weye.   5

What was done of oure lady & oþere aftere þe biryinge of Jesu. Capitulum xlviij^m.

WHanne it drowe to niht, Jone spake to oure lady & seide,
It is not honeste fort duelle hir lengire.' & fort come in to þe Cite
in þe niht. Wherfore if it be ʒoure wille.' go we hense & turne we   10
aʒeyn. And þerwiþ oure lady [r]iseþ vp, & with alle hem knelyng
blessede & kissede [þ]e sepulcre & seide, My sone I may no lengir
stande here with þe, bot I comende þe to þi fadere, and þen liftyng
vp hir eyene, to heuene wiþ teres & inwarde affeccion seide,
Euerlastyng fadere I recomende to ʒow my sone & my soule þe   15
which I leue here with him, & þerwiþ þei begunne alle to go hir
weye. And when þei comen to þe crosse.' þere she knelede done
& honourede þe crosse & seide, here made my son his ende, &
here is his precious blode, & so diden alle þat oþere.

        For þou maiht þenke & vndurstande þat she was þe first 20
þat honourede þe crosse.' as she was þe first þat honourede hir
sone born.

        And after fro þense þei toke þe wey towarde þe cite, & oft
by þe weye she lokede aʒeyn towarde hire sone.

        And when þei comen þere as þei miht no more see þe   25
crosse.' oure lady & alle oþer kneled & honourede it wepyng. And
when þei comen nihe þe cite.' oure lady sistres hilede hir face in
maner of a mournyng widowe. And þei ʒeden before.' & oure lady
folowede after, bitwix Maudeleyn & Johen, so keuerede þe face.

        Þan Maudeleyn at þe entre of þe cite, desirynge to haue   30
oure lady to hir house, before þe takyng of þe weye þat ladde
þiderwarde.' she spake to oure lady & seide:

        My lady I pray ʒow for þe loue of my maistre ʒoure sone
þat ʒe wole let vs go to oure house in | Bethanye, where we mowe   *f. 97^r*
best abide. For as ʒhe knowen wele, my maistre louede wele þat   35
place, & came gladdely oft siþes þere to, & þat house is ʒoures
with alle þat I haue. Wherfore I pray ʒowe þat ʒhe wole come.

        And here þan þei begunne to wepe. Bot oure lady haldyng

hir pees & makyng signe to Jone fort answere & maudeleyn
praying him for þe self matire, he answerede & seide, It is more
semely þat we go to Mont syon, namely for so we answerede &
seide, to oure freendes. Wherfore come þou raþer with hir to þat
5 place.

       Þan seide Maudeleyn to Jon, þou woste wele þat I wole go
with hir whidere so euer she goþe, & þat I shale neuer leue hir.

       ¶ Aftere when þei comene in to þe cite.′ þere comene on
alle sides maidenes & gude matrones to hir, goynge with hir &
10 sorowyng & confortyng in hir manere, & also gude menne þat þei
went by.′ hade grete compassion of hir, & were stirede to wepyng
& seidene, Soþely þis day is done grete wronge be oure princes to
þe sone of þis lady, & god haþ shewede grete tokynes & wondres
by him. Auyse hem what þei haue done.

15   And when þei comene nihe þe place þere þei wolde reste.′
oure lady bowyng lowely to þe ladyes þat comen with hir, &
þonkyng hem, & þei a3eynwarde to hir.′ tokene hir leue of oþere,
makyng grete lamentacion & sorowe.

      Ande þan oure ladye & Maudeleyn & þe oþere sistres of
20 oure lady, 3eden inne to þat house, & Jone after he hade conget
þat oþer women & þankede hem.′ stake þe dore after hem.

      ¶ Þan þei beyng so alle hem self to gedir.′ oure lady lokyng
aboute þe house & myssyng hir louede sone Jesu.′ with grete
sorow of herte compleynede hir & seide, Oo Jon, where is now my
25 son, þat so hie speciale affeccion hade to þe? Oo Maudeleyn
where is þi maister þat so tendirly louede þe, & þou so gladdly
seruedest him? Oo my dere sistres where is nowe my son? Soþely
he is gone awey fro vs, he þat was alle oure ioy & oure conforte
& þe liht of oure eyene. 3ei soþely he is gone & þat wiþ so grete
30 anguish & peyne, as 3e alle seene. And þat is þat encreseþ my
f. 97ᵛ sorowe þat in alle hese peynes we miht not | helpe him, hees
disciples forsoke him, his fadere almi3ty wolde not socoure him.

      And how sone alle þees þinges were done a3eynus him.′ 3e
kn[o]wen & seene.

35   Was þere euer any þefe or worst doynge man, so sone
dampnet & put to so desputese deþ? For loo þe last niht he was
takene as a thefe, & erely on þe morow brouht before þe Justice,
at tierce dampnet, at sexte on þe crosse hangede, at none dede &
now biriede.

40   Oo my dere son, a bitter departyng was þis, & a sorouful
mynde is þis of þine foulest & horrible deþ.

      Þan Jone praiede hir to stynte of sech sorouful wordes, &

to cese of wepyng, & confortede hir in þe beste manere he kuoþe.

And þou also by deuoute ymaginacion as þou were þere bodily present, confort oure lady & þat felawshipe praiyng hem to ete sumwhat, for ȝit þei bene fastyng, & after to slepe, bot þat I trowe was ful lytel. & so takyng hir blessyng, go þi weye at þis tyme.   5

What oure lady & oþere wiþ her diden vpon þe seturday. Capitulum xlix^m.

Erely at þe morowe vpon þe saturday, stoden in þe
forseide hous, þe ȝates sperede: oure lady Jone & oþere women
5 before nemede in grete mournynge & sorowe hauyng in mynde þe
grete tribulaciones & anguish of þe day before not spekyng bot by
tymes lokyng on oþere. In manere as þei done þat bene ouerleide
with grete meschefe & sorowe & knowene none confort ne none
socour.

10 And þerwiþ þei herden one knokke at þe ȝate, & þan þei
dredden sore. For alle þinge in þat tyme þei dredden bycause þat
hir sikernesse & cumfort was awey.

Neuerles Jone [ȝede] to þe dore & vndirstandyng þat it
was Peture: tolde hem so, & oure lady bade vndo þe dore & let
15 him inne. And Petre comyng in with grete shame wepinge &
sobbyng saluede oure lady & oþer bot nouht spake.

And þerwiþ þei alle begunne to wepe, & miht not speke
for sorowe.

A litel while after comen oþer disciples one aftere a
20 noþere in þe self manere at þe bygynnyng makyng sorowe &
wepyng.

Bot at þe laste whene þei ceseden of wepyng & begunne
fort speke of hir lorde: Petur first seide in þis wise:

I am ashamede & confondet in my self, & I sholde not by
f. 98^r | resone speke in ȝour presence or apere in þe siht of men, for als
26 miche as I laft so kowardely & forsoke so vntrewely my lorde þat
louede me so miche. And in þe self manere alle oþer smytyng hir
handes & sore weping, accusede & reprehendet hem self þat þei
hade so laft hir lorde.

30 Þan oure lady confortyng hem seide, Oure gude maister &
oure trewe herdman is gone fro vs, & we bene laft now as faderles

189

childrene. Bot I hope treuly þat we shale sone haue him aȝeyn.
And ȝe knowen wele þat my son is benynge & merciful blessede
mote he be, for he louede ȝow wele, & þerfore douteþ not, bot þat
he sal be wele reconceilede to ȝow, & gladly he sal forȝiue alle
trespasses & alle offenses.   5

 For soþely by suffrance of þe fader þe malice aȝeynus him
was so grete, & þe wodenes of hees enemyes so stronge & mihty.
þat ȝe miht not haue socoured him, þouh ȝe hade abiden stille
with him, & þerfore dredeþ not alle shalle be wele.

 Þan answerede Petur & seide, Soþely as ȝe seyne. so it is,   10
for I þat sauh bot a litel of þe byginynge was with so grete drede
smiten in þe porche of Caiphas hous. þat vnneþes wende I fort
haue scapede þe deþ, & þerfore I forsoke him & hade non mynde
at þat tyme of þ[e] wordes þat he hade seide to me before til he
lokede on me.   15

 And Maudeleyn askede what þo wordes were, & he seide
how he tolde him before þat he sholde forsake him, & what tyme.
And so forþ he tolde alle hees wordes spoken to hem, & specialy
þat he tolde before many þinges to hem of his passion in þat
sopere tyme, þat he made with hem þe þoresday at euene.   20

 Þan oure lady seide she wolde gladly here of þat processe
þat befelle at þat sopere. And Petur made signe to Jon þat he
sholde telle þat processe, & Jone telleþ alle þat was done & seide,
& after to Petur he tolde alle þe processe of his passione as he
desirede.   25

 And so what of þees þinges & of oþere done by oure lorde
Jesu among hem. þei tellen to oþer, nowe one, & now a noþer as
it come to hir mynde, driuyng aweye alle þat day in sech maner
talkyngis of oure lorde Jesu.

 Aa lorde howe attentifely & bisily Maudeleyn listenede to 30
þoo wordes, bot miche more oure lady. seying oft siþes at þe ende
of a processe, | Blessede be my sone Jesus.   *f. 98ᵛ*

N. Namely when she & Maudeleyn herde of þe makyng of þe
sacrament, & how he ȝaf hem in þe forme of brede his owne body
to ete, & in þe forme of wyne his blode to drynke. soþely I trow 35
þat with souereyn merueile. hir hertes meltede in to likyng sorow
& sorouful likynge, brekyng oute [o]n wepyng & shedyng swete
teres, for þat hye brennyng loue, þat he shewede to man
souereynly in þat excellent & passyng dede of charite.

B.N. Bot now passing ouer so shortly of þis meditacion at þis 40
tyme. more ouer take hede & beholde hem þis day in grete sorowe
& drede, & haue compassion of hem if þou can. For what is it to

see, howe þat þe lady of alle þe world, & þe princes of holi chirch,
& cheuetenes of goddus peple.́ bene now so in drede & sorowe
stoken & hidde in þat litel hous, not knowyng what þei mowe do,
no[r] hauyng confort bot onely in þat co[mun]yng of þe wordes &
5 dedes of hire lorde Jesu.

Neuerles oure lady stode alle weye saddely in a restfulle
& peisible herte. For she hade euer a certeyn hope of þe
resurrexion of hir sone. And þerfore holy chirche makeþ speciale
mynde of hir euery saturday.́ bycause þat in þat day stode onely in
10 hir þe feiþ of oure lorde Jesu, þat he was verrey godde.

Nota de fide domine in die sabbati.

Neuerles she miht not haue fulle ioy, bycause of þe mynde
of his harde deþ & his bitter passion.

Whan þe sonne was gone done, & it was leueful to
worche.́ Marie Maudeleyn & a noþer Marie with hir ȝeden forþ
15 in to þe cite fort bigge matires able to make oynementes of, as þei
hade sumwhat done on þe friday before in to þe sunne settelyng.
For by þe lawe þei were bonden to kepe þe sabbate day, fro þe
sonne reste of þe day before in to þe sunne reste of þe self daye.

Now take hede & beholde hem, how þei gone with
20 sorouful chere in maner of desolate widowes to sume Apothecarye
or spicere þe which þei hade knowlech of, þat he was a gude
deuoute man, & þat wolde gladly fulfille hir wille & desire in þat
partye.

And when þei haue chosen þe beste oynmentes þat þei
25 koude fynde & paide þerfore.́ þei ȝeden home aȝeyn worching
hem in þe best manere þei kouþe.

And so may þou see how diligently & trewly þei |
f. 99ʳ worchene & trauailene for hir lorde, with wepinges & sihhynges
amonge & how oure lady & þe apostles standen & beholden &
30 perantere helpene amonge, & when it was niht.́ þei ceseden &
ȝedene to reste siche as was.

And so þis may be þe meditacion for seturday touchinge
oure lady & oþere women, & þe apostles.

Bot what dide oure lorde Jesus þat daye? Soþely anone as
35 he was dede he went in soule done in to helle þere as þe holy
fadres werene, & þan were þei in ioy & blisse by vertue of his
blessede presence, for þe siht of god is perfite ioy.

Quid fecit dominus Jesus die sabbati?

And here mowe we see how grete was his benignite in þat
he wolde him self go done in to helle. Howe grete charite &
40 mekenes þat was. For he miht haue sende an angele & haue
deliuerede hem out of þe deueles bandes, & brouht hem to him
where him hadde liste, bot his loue & his mekenes wold not haue

suffrede þat, & þerfore he went him self done in to helle, &
visitede hese chosen soules þere, & þat not as seruantes, but
frendes of him, þat was lord of alle.

And þan alle þe holi fadres in his comyng fillede with ioy
& blisse, & alle sorowe & mislikyng awey passede. stodene 5
before him in louynges & songes of prophetes & psalmes, þat
were before seide & þan fulfillede, as þei beþe writen in holi
writte, in to þe tyme þat he wolde take his body aȝeyn & rise vp
gloriously fro deþ to life, as it foloweþ in processe here after. To
þe which life fort rise at þe last with him. he graunt vs oure lorde 10
Jesus þat for vs diede on þe crosse. Amen.

Of þe gloriouse resurrexion of oure lorde Jesu & [of þe] first aper[yng] to his [blessed] modere as it may be resonably trowede. Capitulum I.

Aftere þat þe worþiest prince & mihtyest conquerour Jesus
5 þorh his bittere passion & hardest deþ, hade venkeshede & vtturly
ouercome þat souereyn tirante mannus enemye, & his aduersarie
sathanas wiþ alle his wikked hoste. als sone as þe soule was
departede fro þe body. he went done to þat tyrantes prison helle,
& riht as in soþe he was lorde of vertues & kynge of blis. so by his
f. 99ᵛ souereyn miht | & rihtwisenes he brake þe ʒates of þat prison &
11 entrede wiþ vnspekable ioy & blisse to hese chosen peple, þat
þere hade be in distresse many þousande ʒere before. And þan
was þat prison turnede in to a blis[fulle] paradise þorh his
presence, & alle þat blessede felaushipe with mirþe & ioy þat may
15 not be spoken or þouht, honourede & wirchipede & þonkede
souereynly hir lorde, þat so graciously deliuerede hem fro þat
þraldom of þe feende, & restored hem to þat blisse þat þei hade
forfetede worþily by sinne, & so in ympnes & ioyful songes of þe
prophecye fulfilled first Adam & his progenie & after Noe &
20 Abraham, Moises & Dauid with alle oþer holi fadres & prophetes,
louyng & þonkyng oure lord Jesu, continuede þere with him &
hese blessede angeles in to þe tyme þat it likede him to take hem
þennes with grete ioy & mirþe & set hem in paradise terrestre
where þat Enoke & Helye liuyng in bodyes abiden þe tyme of
25 Anticriste, þe whech also were souereynly confortede of his
glorious presence with þat blessede cumpanye.

And when it drowh towarde day vpon þe soneday þat was
þe þridde day fro his passion. oure lord Jesus spake to hem alle &
seide in þese maner wordes:
30 Now it is tyme þat I reyse my body fro deþ to life, &
þerfore now I shale go & take my body aʒeyn.

And þerwiþ þei alle fallyng done & wirchipyng him seide:

Goþe oure lorde kyng of blisse, & sone after if it be ȝour wille comeþ aȝeyn. For we desiren souereynly to se ȝour moste gloriouse body to oure souereyn conforte.

Comyng þan oure lord Jesus in soule with a wirchipful 5 multitude of angeles to þe graue where his blessede body lay, on þe soneday ful erely to fore þe fulle springe of daye & takyng aȝeyn þat body moste holy, rose vp þorh his owne vertue & miht & went out of þat graue closede, as he went first out of his modere wombe clene virgine in his Natiuite with out sorow or wemme of 10 sinne.

And þan about þe self tyme þat is to sey erely on morowe, Marie Maudeleyn & Marie James & Salome, takyng hir leue first at oure lady, token þe wey towarde þe graue with preciouse oynementes, duellyng stille at home oure lady & makynge [her] 15 praier | in þis manere: *f. 100ʳ*

Oratio
Marie.

Almiȝty god fadere moste mercyful & moste piteuous as ȝhe wele knowen my dere sone Jesus is dede & biriede. For soþely he was nailede to þe crosse & hangede bitwix two þefes, & after he was dede I halpe to birye him with myne awne handes, whome 20 I conceuede without corruption & bare him without trauaile & sorowe. And he was alle my gude, alle my desire & alle þe life & þe confort of my soule. Bot at þe laste he passede aweye fro me alle to beten, alle to wondete & alle to rente, & alle hees enemyes risene aȝeynus him & scornede him & dampnede him, & hees 25 owne disciples forsoken him & flewe fro him, & I his sorouful modere miht not help him. And as ȝhe knowene wele fadere of pite & of mercy, þat hauen alle powere & miht, ȝe wolde not þan delyuere him fro þe harde deþ, bot nowe ȝe mowe restore him aȝeyn to me a lyfe & þat I beseke ȝoure hye maieste. Lord where 30 is he now? Whi taryeþ he so longe fro me? Gude fadere sende him I pray ȝowe to me for my soule may not be in reste in to þe tyme þat I se him. Aa my swete sone what doste þou nowe & whi abidest þou so longe or þou come to me? Soþely þou seidest þat þou sholdest aȝeyn vprise þe þridde day, & is not þis þe þridde 35 day my dere sone? Arise vp þerfore nowe alle my ioy, & conforte me with þine aȝeyn comynge, whome þou so disconfortedest þorh þine aweye passyng.

And with þat, she so praying & swete teres shedyng, lo sodeynly oure lorde Jesus came & aperede to hir and in alle þer 40 whittest cloþes, with a glade & louely chere gretyng hir on sidehalf in þees wordes, *Salue sancta parens*, þat is to sey, heile

holy modere. And anone she turnynge hir, seide, Art þou Jesus my
blessede sone? And þerwiþ she knelyng done honourede him, &
he also aȝeynwarde knelyng seide, My dere modere I am he. I Resurrexi &
haue vprisene & lo [ȝit] I am with þe. And after boþe risyng vp, adhuc &c.
5   kisseden louely oþere & she with vnspekable ioy clippyng him
saddely. restede alle vpon him, & he gladly bare hir vp &
sustenede hir.

    After[warde] boþe sittyng to gedire. oure lady bisily &
f. 100ᵛ curiously behelde him in semblant | & in handes & feete, & alle
10 þe body where he hadde þe signes of þe wondes before, askyng
him wheþer alle þe sorowe & peyne were aweye. And he
answerede & seide, ȝe soþely wirchipeful Modere, alle sorowe is
awey fro me, & deþ & sorowe & alle peynes & anguish I haue
ouercome, so þat I sal neuer heþen forwarde fele ouht of hem.
15 And þen she seide, Blessede be þi holi fadere þat haþ aȝeyn ȝiuen
þe to me, & his holy name be exaltede, lovede & magnyfiede euer
without ende. And so þei boþe louely & likyngly talkyng to gedire,
maden a gret ioyful feste & oure lorde Jesus told hir þoo worþi
þinges þat he dide in þo þre daies after his passion, & how he
20 delyuerede his chosen peple fro helle & þe deuel.

    Loo þis is a souereyne paske, & þis is þe ioyful day þat
Dauid spekeþ of specialye seyinge, *Haec est dies quam fecit*
dominus exultemus igitur & letemur in ea Amen.

How þat Maudeleyn & oþere Maries comene to þe
25   Graue, &c. Capitulum ljᵐ.

    As I seide before, Marie Maudeleyn & hir tweyn felawes **B.**
token hir wey towarde þe graue of our lorde Jesu with precious
oynementes, & when þei come without þe ȝate of þe cite. þei toke
in hir mynde þe peynes & þe tormentes of hir dere maister, & Nota medi-
30 þerfore in alle places where any þinge was notablye done aȝeynus tacionem.
him or by him. þei sumwhat stodon & abiden, knelyng done &
kissyng þe erþe, sihhinge & wepyng, & in þees maner wordes
seying to oþere, Loo here we mete him with þe grete heuy crosse
on his bakke when his dere modere swonede & was half dede.
35 And after here he turnede him to þe women of Jerusalem þat
maden sorowe for him. And forþermore here for werynesse ouere
miht, he leide done þe crosse. And here it was þat þe wikked
tormentours violently & cruelye put him forþ & constreynede him

to go fastere. & here at þe last þei spolede him of hees cloþes &
made him alle nakede, & so cruelye nailed him vpon þe crosse.
And þan with grete sorowe & shedyng of teres fallyng done vpon
hir faces, þei wirchipede inwardly & kissed deuoutly þe crosse of
oure lorde þat was þan spreynede wiþ his | preciouse fresh rede   *f. 101ʳ*
blode. And forþermore þei risyng vp & goynge towarde þe graue. 6

seiden to oþer, Who shalle ouerturne to vs þat grete stone fro þe
dore of þe sepulcre, & þerwiþ þei neihyng þereto & inwardely
beholdyng. seene þe stone ouerturnede & an angele sittyng
þervpon & seying to hem, Dredeþ not, 3e sechene Jesu, & so forþ 10
as þe gospel telleþ.

Bot þei for als miche as þei fonde not þe body of hir
maistre þere as þei hopeden. were so desturblet in hir wittes &
abashede, þat þei toke no rewarde to þe angeles wordes. Bot with
grete sorowe & drede anone turnede a3eyn to þe disciples & told 15
hem þat hir lordes body was taken awey, & whidere þei wist not.

Luce [2]4°.   And þen Petur & Jone runnene towarde þe sepulcre, & with hem
Johannis 20.   also þe forseide women, & alle þei runnene for feruent loue to
Jesu sechyng hir herte & hir life. Bot after þe processe of þe
gospel Petre & John entrynge þe graue & not fyndyng þe bodie, 20
bot onely þe cloþes þat he was wrapped inne, & þe sudarie of his
hede. with grete heuynes þei turnede home a3eyn. And here we
oweþ to haue inwarde compassion of hem, for soþely at þis tyme
þei were in ful grete desolacion & sorowe, when þei souht so hir
lorde & fonde him not, nor wiste where þei sholde seke him more. 25

N.   Also here we haue ensaumple þat oft siþes before grete
ioy. comeþ grete disconfort, & sorowe, þe which is to be born
paciently for þe tyme, & euer Jesu to be souht & callede one by
deuout praiere & feruent desire vnto þe tyme þat he be fonden as
þ[is] processe after folowyng sheweþ.   30

¶ For after þe tweyn apostles were gone a3eyn as it is seide
B.   in maner of despeire. þe forseide Maries abiden & lokeden eft in
Luce [2]4°.   to þe sepulcre, & þen þei seene tweyn angeles sittyng in white
cloþes & seying to hem, What seke 3e him þat liueþ with hem þat
bene dede. Bot þei 3it toke none rewarde to þaire wordes, nor toke 35
any confort [of] þe siht of angeles, for þei souht not angeles, bot
þe lorde of angeles, & for þei fonde him not, þerfore þe tweyn
Johannis   felawes of Maudeleyn alle heuye & disconfortede wiþdrowe hem
[20]. | & seten don sumwhere a litel byside makyng her mone to oþer. *f. 101ᵛ*
Bot Marye Maudeleyn wityng neuer what she miht do. for with 40
out hir maister she koude not lyue. & for she fonde him not þere
Textus.   nor wist where she sholde seke him elles. she stode stille þere

without þe graue wepyng, & eft she lokede inne, for she hopede

euer to fynde him þere as she helpede to birye him.

And þan seide þe angeles to hir, Woman whi wepeste? Whom sekeste? And she seide, þei haue take aweye my lorde, &

5 I wote note where þei haue put him.

Beholde here þe wondurfull worching of loue. A litel before she herde of one angele þat he was rysene, & after of tweyn þat he lyuede, & ȝit she hade it not in mynde, bot seide I wote not, & alle þat made loue.

10 For as Origene seiþ, hir herte & hir mynde was not þere she was in bodye. bot it was þere as hir loue was, þat is to sey hir maister Jesus, & þerfore she koude not speke nor here bot of him. And þerfore befelle þat what tyme she wept so & toke none rewarde to þe angeles bycause of þe feruent loue þat she hade to

15 him þat was lord of angeles. hir mercifulle maister miht non lengir halde him fro hir, bot aperede to hir as it foloweþ.

Maria stabat ad monumentum &c.

Notabile.

Nota Origenem.

How oure lorde Jesus aperede aftere his Resurrexion to Maudeleyn. Capitulum lij.

Ovre lorde Jesus spekyng with his blessede modere at his

20 first aperyng to hir as it was tolde before. among oþere louely comunyngis, tolde hir of þe grete bisinesse & feruent sekynge of Maudeleyn & seide þat he wolde go shewe him bodily to hir to confort hir. And oure lady gladde þerof seide, My blessede sone goþ in pees & confort hir, for she loueþ ȝow ful miche & ful

25 treuly, & was ful sory of ȝour deþ. Bot I pray ȝowe þenkeþ to come aȝeyn to confort me, & so she louely clippyng him & kissinge, lete him go.

¶ And anone was he in þe gardyne where Maudeleyn was & seide to hir, woman whom sekeste, & whi wepeste? Oure lorde

30 askede hir þat he wist wele, to þat ende as seynt *Gregour* seiþ. þat by hir answere in þe nemyng of him, þe fire of loue sholde be [þe] more feruently kyndelet in hir herte. Neuerles she not knowyng

f. 102ʳ him, | bot alle distracte & out of hir self, supposyng þat he hade bene a gardynere, seide, Sir, if þou hast take him awey, telle me

35 where þou hast done him, þat I may take him to me.

And þouh oure lorde was not bodily [as she supposed] a gardinere. neuerles as þe same clerke gregore seiþ, he was so in soþe gostly to hir. For he was, þat plantede in [þe gardyne of] hir

Luce 15. Johannis 20.

N.

Gregorius.

herte þe plantes of vertues & trewe loues.

B.   And þen oure lorde Jesus hauyng compassion of hir grete
sorowe, & wepyng chere.' clepede hir by hir homely name, &
seide *Marie*, þe which worde sodeynly helede alle hir sorowe, &
she þan knowyng him.' with vnspekable ioy seide Raboni, *A*   5
maister, 3e be he þat I haue so longe souht, & whi haue 3e so
longe hidde 3ou fro me?

        And anone she ranne to him, & fallyng done to þe erþe,
wolde haue kissede his feete as she was wont before by vnperfite
affeccion to his manhode þat was þen dedely, bot not so now after   10
his resurrexion.

N.   Wherfore oure lorde willyng to lift vp gostly hir herte &
hir affeccion to heuene & to þe godhede, & þat she sholde no
more seke him in erþe in maner as she dide before when he was

Textus.   dedely.' seide, *Touche me not* in þat erþely manere, *for I haue not*   15
steyhen vp to my fadere, þat is to sey, I am not 3it lift vp in þi
soule by trewe & perfite byleue, þat I am euene with þe fadere
verrey god, & þerfore touch me not in þat manere imperfitely. *Bot*
go & sey to my breþerne, I stey vp to my fadere & 3our fadere, to
my god & 3our god.   20

B.   And forþermore oure lorde homely comunyng wiþ hir.'
spake to hir in þis manere.' wost not wele douhter, þat I tolde þe
before my passion þat I sholde rise þe þridde day fro deþ to life?
& whi woldest þou þan so bisily seke me in þe sepulcre? And she
seide, soþely maister I sey 3owe, þat my herte was fillede with so   25
grete sorowe, of þe bitternesse of 3our harde passion & deþ, þat
I for3ate alle oþere þinge, & onely þouht o[n] 3our bodie dede &
biriede, & on þe place þat it was biriede in. And þerfore I brouht
now þis oynement fort haue anoyntede with 3oure glorious bodye.
Blessede be 3our almihty godhede, whereþorh 3e wolde rise vp   30
fro deþ, & come a3eyn to vs.

        And so þei tweyn trewe louers standen & speken to geder
with grete likyng & ioy, & she curiously beholdeþ his gloriouse
body, & askeþ what | hir likeþ, & he in alle þinge answerede   *f. 102ᵛ*
plesynglye to hir paye.   35

        And forþermore þouh oure lorde so straungely as it semeþ
answerede hir at þe byginnyng biddyng hir þat she sulde not touch
him.' neuereles I may not trowe, bot þat afterwarde he suffrede hir
to touch him, & to kysse boþe handes & feete, or þei departeden.
For we mowe suppose & godely trowe þat siþen he wolde so   40
affectuously & specialy after his owne modere first before alle
oþere visete & apere to.' þat he wolde not þereby in any maner

disturble hir or heuye hir, bot raþer in alle poyntes confort hir.
And þerfore þe goode lorde þat is so benynge & ful of swetnes,
namely to alle þoo, þat trewly louene him spake not to hir þe
forseide wordes in straunge manere & bostesly. bot in misterye,
5 shewyng hir in perfite affeccion as it is seide, & willing lift vp hir
herte holly to god & to heuenly þinges, as seiþ seynt Bernerde.

Þan seide our lorde þat he wolde go fro hir, & visete &
confort oþere, & Maudeleyn þan turnede sumwhat in to sorowe,
for she wolde neuere haue be departede fro him. seide, A gude
10 lorde I se wele nowe þat ȝoure conuersacion wole not be with vs
in maner as it haþ [be] here before. Bot gude maister haue euer
mynde of me, & of þe grete godnes & þe homelynes & þe speciale
loue þat ȝe hade to me, & so þenkeþ euer on me my dere lorde
god. And he answerede, Drede not bot be stedefast & triste wele
15 þat I sal euer be with þe. And so she takyng deuoutly his blessyng.
& he vanyshyng awey fro hir. she came to hir felawes & tolde
hem alle þe forseide processe, wherof þei were gladde as touching
his resurrexion, bot þat þei sauh him not with hir. þei were heuy
& sorye. Bot þe gude lorde suffrede not hir sorowe longe laste, bot
20 sone confortede hem as it after foloweþ.

How oure lorde Jesus aperede to þe þre Maries. Matthei 29. Capitulum liij.

FOrþermore as þese þre Maries wenten towarde þe cite,
oure curtese lorde Jesus metyng with hem, by þe weye. mekely
25 gret hem seying *Auete, Heyle to ȝowe*, & þei so ioyful of his   Auete.
presence, þat it may not be seide. felle done at hees feete &
clipped hem & kissede with ioyful teres & speken also with him,
f. 103ʳ & he with hem homely wordes of gostly confort, | beholdyng
þerwiþ his gloriouse body with vnspekable ioy. þe which þei
30 behelde þe þridde day before with souereyn sorowe.

And þan oure lorde Jesus seide to hem, Goþe & seiþ to my
breþerne, þat þei go in to Galile. for þere soþely þei shole me se
as I tolde hem before.

Lo how þe maister of mekenes clepeþ hees disciples   Nota.
35 breþerne. He laft neuer þis vertue þe which he souereynly loueþ.

And whoso wole haue swete vndurstandyng & gostly
confort in þe forseide processe & also in þat foloweþ here after.
him behoueþ to make himself by deuout meditacion as he were

bodily present in alle places & dedes as I seide here before.

How þat oure lorde aperede to Joseph of Arimathye as
telleþ þe gospell of Nichodeme, & also to þe lasse James as seynt
Jerom witnesseþ.´ I passe ouer for litel fruite of hem.

How oure lorde Jesus aperede to Peture. Luce 2[4]. 5
Capitulum liiij.

When Maudeleyn & hir felawes were come home &
tolden þe disciples þat oure lorde was vprysen.´ Petur þat was
mooste feruent in loue inwardely sorowyng þat he sawe not his
lorde, & not mowyng rest for his grete loue.´ toke his weye al one 10
towarde þe sepulcre for he wiste not where he miht seke him elles.

¶ And sone after oure benynge lorde Jesus hauyng
compassion of his sorowe.´ aperede to him in þat weye, & gret him
seying Pees to þe Symonde. And þerwiþ Petur smityng himself
saddely on þe breest & fallyng done to þe grounde wiþ sore 15
wepyng teres, seide, Lorde I knowelech my grete trespasse in þat
I kowardely forsoke þe & oft siþes [falsely] denyede þe, & þerwiþ
he kissede his feete. And oure lorde benyngly liftyng him vp
kissede him & seide, Be in pees & drede not for alle þi synnes
bene for3iue þe. I knewe þine infirmite better þan þi self, & 20
þerfore I tolde þe before. Bot nowe go & confort & stable þi
breþerne, & tristeþ saddely þat I haue ouercome alle 3oure
aduersaries & enemyes. And so þei standen & speken homely to
gedir, & Petur ful bisily beholdeþ him & takeþ hede of alle
þinges, & after his blessyng taken he went home a3eyn with grete 25
ioy tellyng oure lady & þe disciples what he hade seene & herde.

¶ Of þis processe of apperyng to | Petur is not expressede *f. 103ᵛ*
in þe gospele. Bot þus by deuoute ymaginacion I haue set it here
before oþer apperynges þat folowene, for so it semeþ þat holy
chirch halde, as it is contenede more pleynly in þe legende of þe 30
Resurrexion.

Of þe comyng aȝeyn of oure lorde Jesus to þe fadres & of hir ioyful songe. Capitulum lv.

OVure lorde Jesus after he departede fro Petur, willyng visite & confort after his resurrexion þe fadres of þe olde lawe &
5 oþer þe which he hade anone after his deþ delyuerete out of þe deuels þraldame & sette in paradise of delices: he came to hem alle glorious in white shynyng cloþes with a grete multitude of angeles. And þei seynge him aferr, comyng with so grete blisse: with vnspekable ioy & lovyng, with songe[s] of mirþe þei receyuet
10 him seying, *Loo oure kynge of blisse: comeþ alle & mete we with oure sauyour. For nowe þe holy day shyneþ vpon vs, & þerfore comeþ alle & honour we as worþi is oure lorde.*

And þan alle þei fallyng done to þe erþe deuoutly honourede him, & after risyng vp & standyng before him:
15 reuerently & mirylye songene þe psalmes of Dauid þat specialy pertynede to his lovynge in þis tyme.

¶ And when it drowe sumwhat towarde þe euentyde: oure lorde Jesus seide to hem, I haue compassion of my breþerne þe whech bene wondur sory for my deþ, & for drede bene disparklet
20 as shepe þat errene without gouernour, & sore þei desirene to se me. Wherfore nowe I wole go & shewe me to hem & confort hem, & sone after I shalle come aȝeyn to ȝowe. And þei alle fallyng done & honouryng him, seiden, Lorde so be it at ȝour wille.

How oure lorde Jesus apperede to þe tweyn disciples
25 ## goynge towarde þe Castelle Emaus. Capitulum lvj.

ÞE self day of þe Resurrexion as tweyn disciples of Jesu ȝeden towarde þe Castele Emavs, & mournyng, & in manere of despeire talkyng to gedire by þe weye of þat befelle þe friday
30 before: oure lorde Jesus come in maner of a pilgryme & felaweshipede wiþ hem, askynge hem questions & answerynge, & tellyng hem swete wordes of edificacion as þe processe of þe gospel of Luke pleynly [makeþ mynde], & at þe last bydene, drawene & constreynede to entere & duelle with hem: shewede
35 him to hem & was knowen in þe brede brekyng.

f. 104ʳ   ¶ Here mowe we vndirstande | & se þe grete godenes & þe   Notabilia 3ᵃ.

benignyte of oure lorde Jesu in many maneres.

Primum.
First he shewede his godenes in þat his feruent loue wolde not suffre hese belouede disciples longe erre & be sorye. Soþely he is a trewe frende, a confortable felawe, & a benynge lorde. For loo he ioyneþ & felaweþ him to hem homely, he askeþ þe cause 5 of hir sorowe & heuynes, gudely, & he expowneþ þe scriptures to hem wisely. & enflawmeþ hir hertes gostly, consumyng alle þe rust of misbyleue.

Þus he doþ with vs euery day gostly. For what tyme we bene in any perplexite, ouereleide with heuynes or slouth. & we 10 speke & comune to gedir of Jesu. anone he comeþ to vs, confortyng vs & lihtynyng oure hertes & enflawmynge in to þe loue of him. For þe best medicine aȝeynus seche gostly sekenesse,

Quam dulcia faucibus meis &c.
is fort speke of god, as þe prophete Dauid seiþ, *Lord how swete bene þi speches & þi wordes to myn chekes, ȝe soþely passyng* 15 *honye to my mouþe*, & in a noþer place, *þi spech is gretely*

Ignitum eloquium &c.
enflawemede as fir þorh þe worching of þe holy goste, & I þi seruant louede it. Also to þenke on god & þe grete godenes of Jesu helpeþ miche in temptacion & disese, as þe self prophete

Concaluit cor meum &c.
seiþ, *My herte verreyly hetede, with þe fir of cristes loue, & in my* 20 *meditacion of Jesu. shal brenne fir of perfite loue.*

Secundum. Humilitas Jesu 3ter commenda- tur.
Also we mowe se here þe godenes of oure lorde Jesu not onely in loue as it is seide. bot also in his profonde mekenes, as if we take hede how lowely & mekely he goþ with hem, þat is to sey þe hye lorde of lordes, with hese simple seruantes as one of hem, 25 kepyng nowe þe mekenes in his body glorifiede, þat he shewede before in his body dedely, & ȝiuyng vs ensaumple to folowe him in þat vertue.

ȝit also here we mowe vndirstonde þe mekenes of our lorde Jesu. in þat he made him self so homely with þoo tweyn 30 simple disciples, þe whech were of lowere degre þan þe Apostles.

Nota contra elatos.
Bot þ[u]s done not proude men for þei wole not gladly go & speke & be conuersant. bot with hem þat bene of grete fame, & of hye astate towarde þe worlde.

Contra elatos pre- dica[tores].
And ȝit forþermore here is shewede his mekenes in þe 35 þridde poynt aȝeynus proude men. For as we mowe se þei wole not gladly shewe hir wisdam & hir curiouse | wordes amangis *f. 104ᵛ* fewe folke. Bot oure souereyn maister of alle wisdam haþ none dedeyn of fewe, for he sheweþ his priue wisdam & hye misteries not onely to tweyn as now at þis tyme. bot also to one as he dide 40 before with þe woman samaritane.

Tercium.
¶ More ouere we mowe considere þe grete godenes of oure

lorde Jesu in alle þis processe of þe gospelle forseide þat is to sey howe he enformeþ his disciples in maneres, also feduþ & conforteþ. And specialy take hede how he feineþ him to go ferþer, vnto þat ende, fort kyndele & encrese hir desire & affection to
5 him & to be þe more feruently bydene & wiþhalden of hem. And forþermore howe benyngly he entreþ & goþe in with hem, after takeþ brede & blisseþ it, & wiþ hees holy handes brekeþ [it] & ȝiueþ it to hem, & þen sheweþ himself to hem.

¶ Þus he doþ euery day with vs gostly. For he wolde be Notabile.
10 byden of vs to duelle with vs & drawen with feruent desires, deuout praieres & holi meditaciones, & þerfore as he haþ tauht vs, *It behoueþ euere to praye, & not faile,* bot þat we take in mynde Oportet þe werkes of pyte & hospitalite, & how it sufficeþ not to rede or semper here þe wordes & þe biddynges of god: bot þei bene performede orare.
15 in dede, as we mowe here of more pleynly be enformede in þe Omelye of seynt *Gregory* vpon þis gospel.

¶ At þe last oure lorde Jesus willyng also visite & confort oþere: duellede not longe wiþ þees disciples, bot also sone as he hade broken & ȝiuen hem þe brede: he vanyshede awey fro hir
20 eyene.

How oure lorde Jesus aperede to hees apostles & disciples þat were reclusede for drede: on þe self day of his resurrexion. Capitulum lvij.

WHen þe forseide tweyn disciples were þus confortede as
25 it is seide, by þe presence of oure lorde: anone for ioy þei turnede aȝeyn to Jerusalem, & comen to þe apostles & oþer disciples þere priuely gederet, bot Thomas absent, & tolden hem þe forseid processe & herden aȝeynwarde of hem, *þat soþely oure lorde is rysene, & haþ aperede to Petur,* & þerwiþ sudeynly oure lorde
30 Jesus entryng in to hem & þe ȝates closede: stode in middes of hem & seide *Pees to ȝowe.* And anone þei fallyng done to þe erþe &c, knowelechynge þere gilt, in þat þat þei hade so laft him &
f. 105ʳ forsaken: | receyuede him wiþ grete ioy. And þan seide he to hem, Riseþ vp breþerne & beþ of gude confort, for alle ȝour sinnes
35 bene forȝiue ȝowe. And so standeþ Jesus amongis hees disciples spekynge homely with hem & shewyng hem boþe hees handes & his side, & openeþ hir wittes to vndirstande clerely holy scriptures & fort knowe soþfastly his resurrexion. He askeþ wheþer þei haue

ouht þat is to be etene, & he eteþ homely before hem a part of a
rostede fisch & of a honye kombe to preue his verrey body present
& risene. After he breþeþ on hem & ȝif hem þe holi goste.

Loo if we take inwardly hede: alle þees forseide þinges
bene ful swete, & ful of gostly likyng. Forþi þan were þe disciples 5
ioyful in þat siht of oure lorde þe whech were before heuye &
dredefulle. Lorde god how gladly þei ȝiuen him þat he askede.
How treuly þei ministrede & seruede him, & how myrily þei
stoden about him.

Bot here wiþ also beholde we oure lady his blessede 10
modere þat was þere present in þat tyme, for to hir were þe
disciples gederet. Howe she takeþ hede to alle þo þinges done of
hir swete sone with vnspekable ioy sittyng by him homely &
seruynge him fulle gladly, & oure lorde takeþ bliþly hir seruyse &
wirchipeþ hir þerwiþ to fore þe disciples. 15

And ȝit more ouer forȝete we not here Maudeleyn þe
belouede disciples & of þe apostles Apostlesse. How she after hir
olde manere sitteþ at þe feete of hir maister, & bisily hereþ his
wordes, & in alle þat she may gladly & with gude wille ministreþ.

A lorde Jesu, how worþi is þat litel hous, & how likyng & 20
gracious it is to [dwelle] þerinne! Soþely whoso haþ any deuocion
& gostly tast: he may se & fele þat here is nowe a grete Paske.

Bot oure lorde Jesus stode bot litel while [þere] with hem,
for it was nihe þe euene, & neuerles we mowe suppose þat þei
with alle þe instance þat þei kouþe helde him þere als longe as þei 25
miht, & namely Maudeleyn loþe to depart fro him & perauentur
with a reuerente boldenes she helde him by hees cloþes. For oure
lorde was cloþede wiþ alleþere whittest cloþes of his blisse. And
soþely if it so were þat Maudeleyn so helde him: it is no doute she
dide not þat | presumptuosly: bot treuly & mekely in als miche as *f. 105ᵛ*
she was so trewely louyng him, & so treuly belouede of him, & 31
þerfore þat displesede not oure lorde. For it is his wille to be
holden & drawen by feruent desire, as it shewede in þe forseide
tweyn disciples þe nekst chapitre before.

At þe last oure lorde doyng reuerence to his modere & 35
takynge aȝeynwarde reuerence of hir: blessyng hem alle: passede
aweye fro hem, & þei fallyng done besouhten him of his sone
aȝeyn comyng. For þei duelleden euer in his absence hungry &
þristye of her swete lorde of whome before þei were wont to haue
so grete copye, & þerfore no wondur þouh þei oft siþes with 40
sihynges & feruent desires: clepede him aȝeyn.

In alle þees forseide aperynges of oure lorde, þe whech

were done on þe self day of his resurrexione, is grete matir of
gostly ioy & solempne paske, whoso inwardly tasteþ hem. Bot þe
more harme is, þere bene many þat heren hem with bodily ere, bot
fewe þat tasten hem with gostly sauour, & þe cause is for þei

5 [haue not trewe compassion in his passion, & þerfore þei] fele not
gostly ioy in his resurrexion. For soþely I byleue þat whoso kouþe
haue inwarde compassion of þe peynes þat oure lorde suffrede for
man. he sholde haue a ioyful paske in alle þe forseide processe of
his resurrexion. And þat sholde falle euery soneday to him, þat þe

10 friday & þe saturday wolde dispose him in a hole mynde with
drawen fro worldly & fleshly lykynges, & veyn & curiouse þinges.
haue trewe compassion of þe passion of oure lorde Jesu as þe
apostle witnesseþ seying þat, *If we be felawes & perceyneres of þe*   Simus socij
passiones. we shole be perceyners of þe consolaciones & þe   passionis

15 *confortes.*   &c.

Seynt bernerde in a sermon of þis feest of Paske, acordyng   **N.**
to þis purpose, seiþ in þis sentence, þat alle cristien men þat bene   Sermo
trewe membres of criste sholde folowe him þat is hir hede in þees   incipit:
þre dayes, þat is to sey þe friday in þe which he suffrede penance   Vicit leo.

20 & henge on þe crosse in to tyme he was taken done with oþer   [Processus
mennes handes. Also þe seturday in þe which his body restede and   Bernardi.]
laye in þe sepulcre, & þe þridde day þat was þe soneday when he   Nota de tri-
rose fro deþ to life. Riht so alle cristien men sholde folowe him   bus diebus
first on þe friday þat is vndirstande alle þe tyme of oure bodily   spiritualiter

f. 106ʳ lyuynge in | þis worlde hangyng on þe crosse by penance doyng &   obseruandis.

26 mortyfiynge hem self to alle lustes & likynges of þe flesh & þe
worlde. And on þe seconde day þat is to sey, when þei bene dede
hir bodies rest in þe graues, so þat on þe þridde day of
Resurrexion, þat shalle be þe day of dome, þei miht rise in body

30 & soule to lyfe euerlastyng. Bot now þe more pite is, þe most
parte of hem þat beren vntrewly þe name of cristien men
practisene & vsene a ferþe day þat was neuer made of oure lorde
Jesu, bot of þe feende, in þe which at þis holy tyme þei turnene
aȝeyn to alle þe lustes of þe flesh & sinnes þat þei vsede before

35 Lente þe which is as þe friday, & so þei gone done wilfully fro þe
crosse or þei be taken don by god & by his angeles, not folowyng
Jesu neiþer in þat day nor in þis day, þat is Paske, þat is as miche
to sey as passyng forþe. For als miche as oure lorde þan passede
forþe fro deþ to life without turnynge aȝeyn, for he sal neuer more

40 dye, bot þei passene not forþ, bot turneyn aȝeyn to gostly deþ, &
so maken hem þe ferþe day falsly as it is seide, in þe which þei
turnene aȝeyn to [þe] vices & sinnes þat þei vsede before, &

herefore is alle hir ioy in þis holy tyme of Paske, fleshly & bodily
& not gostly, as it sholde be wiþ trewe inwarde ioy of cristes
resurrexion, þat is soþefast ensaumple & erneste of oure
resurrexione to come, when we shole rise in body & soule to life
euerlastyng. And þus miche be seide at þis tyme touching þis holy   5
paske daye.

How oure lorde Jesus apperede þe viij daye aftere to hees disciples Thomas present. Johannis 20. Capitulum lviij.

When þe viij day of his resurrexion was come, oure lorde   10
Jesus aperede eft to hees disciples in þe forseide place, & þe ȝates
closede, where Thomas was þan present with hem, þat was not so
þe first day before seide, & after hees felawes hade tolde him
howe þei hadden seen hir lorde, & he not byleuyng bot if he miht
touch him as þe processe of þe gospel pleynly telleþ. þan þe gode   15
herdeman of his erryng shepe bysye & hauyng compassion,
Textus. sudeynly standyng in middes of hem saluede hem & seide, *Pees
to ȝowe.* And þerwiþ turnyng him specialy | to Thomas seide, put   *f. 106ᵛ*
in þi fingir hider & se, & touch my handes, & bringe forþ þi hande
& put in to my side, & be nomore of misbyleue, bot heþen   20
fowarde treuly byleuyng. And þan Thomas reuerently knelyng don
wiþ boþe ioy & drede touchede hees wondes as he badde & seide,
My lorde & my god. He sauhe him man & beleuede him god, &
þan also he knowlechede his gilt, in þat he hade forsaken him as
oþere also diden, & oure lord godely takyng him vp. seide, Drede   25
not alle þi sinnes bene forȝiue.

And þis longe dout & misbyleue of Thomas was of þe
grete gudenes of oure lorde, in þat maner suffrede for oure profite,
to þe more opun preue & certeyne of his verrey Resurrexion.

And so we mowe se here þe grete benignyte, mekenes &   30
feruent loue of oure lord Jesu, in þat þat he sheweþ to Thomas &
his oþer disciples so opunly hees wondes fort put awey fro hir
hertes alle maner derkenes of misbyleue to boþe heren & oures
grete profite.

Nota. And specialy oure lorde reseruede in his gloriouse body þe   35
steppus of his wondes, for þre skilles, þat is to sey first to
confermyng of þe feiþ of his Resurrexion to þe disciples, &
secondely fort shewe hem to þe fadre when he wole pray for vs,

& make him pleisede to vs, for he is oure special[e] & souereyn
aduokete in þat partye. And þe þridde skille is, fort shewe hem at
þe day of dome, to þe reprouede peple vnto hir confusion.

And so standeþ oure lorde with his blessede modere &
5 Maudeleyn, & hees disciples as longe as him luste comunyng
homely with hem, in manere as it is seide in þe nexst chapitre
before to be hade in contemplacion.

¶ And þen at þe last he badde hem go in to Galile to þe
mont Thabor as it is seide, for þere he seide he wolde speke more
10 wiþ hem & þen ȝiuyng hem his blessyng he passede awey fro
hem.

How oure lorde Jesus aperede to þe disciples in Galile. Matthaei vltimum. Capitulum lix.

Aftere þe disciples were go in to Galile as oure lorde
15 badde. þere he aperede eft to hem & seide, *þere is ȝiuen to me*   Textus.
alle þe powere in heuene & in erþe. Goþe nowe & techeþ alle
maner peple baptizinge hem in [þe] name of þe fadre & þe sone &
f. 107ʳ *þe holy goste, & | techyng hem to kepe alle þoo þinges þat I haue*
byden ȝow, & beþe of gude confort, for lo I am with ȝowe alle
20 *dayes in to þe worldes ende.* And þei honourede him at his
comyng & standen after wiþ him fulle ioyfulle & gladde.

Now take we gude hede to þe forseide wordes for þei bene   Notabilia 4ᵒʳ.
ful confortable & worþi. First he sheweþ to hem þat he is lorde of
alle þinge. After he ȝiueþ hem auctorite & [a] mandment to
25 preche. Þe þridde he ȝiueþ hem þe forme of baptisyng. And at þe
last þe strengest holt & confort þat þei miht haue, when he seiþ
þat he sal euer be with hem. Loo what ioy & confort he ȝiueþ
hem, & how many grete tokenes of charite he sheweþ to hem, &
so ȝiuyng hem his blessyng. he passede awey fro hem.

30 How oure lorde Jesus aperede to þe disciples at þe see Tiberiadis. Johannis 21. Capitulum lx.

DWellyng ȝit þe disciples in Galile. vpon a tyme vij of
hem wenten to fishe in þe see of Tiberiadis, as þe gospel telleþ in
processe, þe whiche I passe ouere. Bot if we take hede inwardely

to alle þoo þinges þat were þere spoken & done. we mowe fynde
mich gostly mirþe & confort in hem, & namely in þat solempne
feste þat oure lorde made þere to hem. In þe which he homely
etynge with hem, & as his manere alwey was mekely seruyng
hem. fulle lykyngly fedde hem, not onely bodily. bot miche more 5
gostly, whereof he ȝiue vs part & gostly tast Jesus for his mercy
Amen.

¶ Aftere þe forseide feste complete. oure lorde Jesus
askede of Petur wheþere he louede him more þen oþere, & eft, &
þe þridde tyme askyng wheþere he louede him. at euery tyme he 10
commendet to him his peple, þat he sholde after gouerne, & badde
him feede his shepe, where in we mowe se þe propre benignite &
mekenes of oure lorde Jesus, & specialy his hye charite & þe grete
loue þat he haþ to oure soules.

¶ And after he telleþ before to Petre þe deþ þat he sholde 15
suffre for his loue, & Petur willyng [to] wit also of John þat
folowede with him, in what manere he sholde dye. was answerede
þus of oure lorde, *I wole þat he duelle so til I come*, as who seiþ,
I wole not þat he folowe me as þou by þe passion suffryng. bot þat
in his fulle elde & contemplacion. he ende þis life in pees, 20
neuerles oþere disciples | misvunderstode by þat worde þat he *f. 107ᵛ*
sholde not haue diede & ȝit hade not þat bene a grete ȝift, siþen
it is better to be bodily dede & duelle euer with criste, as þe
apostle seiþ.

After þis, oure lorde Jesus passede awey fro hem & went 25
aȝeyn as he was wont, to þe holi fadres in paradise[, & þe
disciples with grete ioye turnede aȝeyn vnto Jerusalem].

Also oure lorde apperede a noþer tyme, to moo þan fyue
hundreþ disciples & breþerne, gederet to gedir, as þe apostle poule
witnesseþ, bot where or what tyme or how, it is not writen, 30
neuerles we mowe suppose þat it was as he was wont, with grete
charite mekenes & gudenes on his side, & with grete ioy &
confort on hir side.

And so haue we now touchede of xij apperinges of oure
lorde Jesu after his Resurrexion without tweyn þat folowen after 35
in his Ascension.

Of alle þe apperynges of oure lorde Jesu in generale. Capitulum lxj.

ÞOuh it so be þat oure lorde Jesus apperede in diuerse manere after his Resurrexion fourtene siþes as it is seide. neuerles
5 þe gospel specifieþ not bot onely of tenne. For how he apperede to his modere. it is not writen in any place, bot we [mowe] resonably & deuoutly trowe it as it is seide before.

Also of oþere þre apperynges, þat is to sey, to Joseph, to James & to moo þan fyue hundreþ breþerne. is specifiede before
10 where þei bene writen, bot not in þe gospel.

Also we mowe wele suppose of many moo. For it is likely þat he þe moste benigne lorde, oft siþes visitede boþe his modere & hees disciples & Maudeleyn, his speciale belouede, confortyng & gladynge hem specialy. þat weren in his passion moost dredeful
15 & sorye, & þat semeþ þat seynt Austyn felt, where he seiþ þus, Of oure lordes body apperynge after his Resurrexion. alle þinges bene not writen, for his conuersacion with hem was oft siþes.

And perantere also þe holi fadres, namely Abraham & Dauid to whome was made of god þe speciale behoste of þe
20 incarnacion of goddus son. comen oft siþes with him, to se þat moste excellent virgine hir douhtere & goddus modere, þe which for hem & for alle oþer. foonde so grete grace, & þat bare hir sauioure & alle mankynde.

Aa lorde godde how lykyngly þei behelde hir, how
25 reuerently þei enclynede to hir, & with alle þe deuocion þat þei
f. 108ʳ kouþe þei blessede hir & honourede | hir. þouh it so were þat þei were not seene of hir.

Also in alle þees we mowe considere, þe grete benignite, þe hye charite, & þe profonde mekenes of oure lorde Jesu as we
30 be wont, of þe whech oft siþes we haue made mynde, & þe whech shewen in alle hese dedes & specialy here in þat he wolde after his resurrexion & gloriouse victorye, not steye vp anone to his blisse, bot in maner of a pilgryme xl dayes abide here in erþe to conferme & strengþe hees disciples & vs in hem, & þat not by
35 hees angeles as he miȝt haue liȝtly done, bot compellyng him his hye charite, he wolde onely do þat in his owne persone, & bodily be conuersant with hem, apperynge to hem as it is seide xl daies, & spekyng of þe kyngdome of god.

And alle þis he dide not only for hem. bot also for vs & Vide et caue.
40 ȝit we cune not se it. He haþ louede vs & ȝit he loueþ vs so feruently, & we loue not him aȝeynwarde, & þat is a grete

reprouable vnkyndnes in vs. For at so grete fire of loue, we sholde not onely be made hote.̇ bot by reson we sholde fully brenne. Bot nowe leuyng þis.̇ go we to his glorious ascension.

Of þe Ascension of oure lorde Jesu. Capitulum lxij.

Prefacio. TOuching þe wondurfull Ascension of oure lorde Jesu, 5
þou þat herest or redest þis, if þou wolt fele þe swetnes þerof.̇ I
wole þat þou be wakely & qwikke in þi soule, so ferforþ.̇ þat if
euer here before as it was bydene þe, þou madest þe by deuout
ymaginacion as present to hees wordes & dedes.̇ now þou do
miche more with alle þi miht, for þis solempnite passeþ alle oþer, 10
as I shale clerely shewe þe withinforþ in processe. And namely þis
one þinge sholde stire & herte þin entencion & quikene þine
affeccion, þat þi lorde nowe is in passyng aweye, fro þe as by his
bodily presence þe tyme of his pilgrymage here in erþe with þe
fully complete & endet. Wherfore hees wordes & hees dedes 15
nowe bene þe more attentily & bysily to be considerede. For
soþely euery trewe cristien soule sholde, hir spouse, hir lorde &
hir god, in his awey passyng most wakely & bisily take tent to &
þo þinges þat bene by him spoken & done, moste inwardly sette
in mynde, & moste deuoutly & mekely recommende here to him, 20
& vtturlye | wiþdrawe alle her mynde in þis tyme fro alle oþere *f. 108ᵛ*
þinges, & set it holly vpon hir spouse.

Processus. Fort go þen to þe processe of þe Ascension of oure lorde
Jesu, we shole haue in mynde þat on þe xl daye after his
Resurrexion oure lorde Jesus knowyng þat his tyme was come fort 25
passe fro þis worlde to þe fadere.̇ takyng out of paradise terrestre,
þe holy fadres & alle oþer blessede soules, & blessyng Enoke &
Helye þat þere abydene stille ȝit lyuyng.̇ he came to hees
disciples, þe whech were þat tyme to gedire in Mont syon, & in þe
place where he made þat worþi sopere þe niht before his passion, 30
þere beynge þan with hem his blessede modere & oþer
disciplesses.

And so apperinge to hem.̇ he wolde ete with hem or he
passede fro hem in a speciale token & a memoriale of loue & ioye
to hem. Wherefore alle etyng to gedir with grete ioy & mirþe in 35
þis laste feste of our lorde Jesu.̇ þen seide he to hem:

Textus. Tyme is come nowe þat I turne aȝeyn to him þat sende me.
Bot ȝe shole duelle & abide in þe cite til ȝe be newe cloþede

gostly þorh vertue þat shale come fro abouene. For soþely within
fewe daies here after ȝe shole be fillede with þe holy gost as I
beheiȝt ȝowe, & after ȝe shale go & preche my gospel þorh alle
þe worlde, baptisyng hem þat wole beleue in me, & so ȝe shalle
5 be myne witnesses in to þe vttreste ende of erþe.

Also he reprehendet or obreydede hem nowe specialy
when he biddeþ hem preche of hir misbyleue in þat þat þei
trowede not to hem þat seye him haue vprisen, & þat were þe
angeles. As þei he seide to hem in þis manere sentence to make
10 hem vndurstande, Miche more ȝe sholde haue trowede &
byleuede to þe angeles or ȝe seene me: þen þe peple shal trowe to
ȝo[we] prechinge þe which shalle not se me.

Also he reprouede & obreydede þan hir mysbyleue for þei
sholde knowe first hir owne defaute, & þereby be þe more meke,
15 shewyng hem nowe in his departyng howe miche it pleisede him
mekenes, & þerfore he specialy recommendet it at þe last to hem.

Þan þei askeden him of þoo þinges þat were to come after
bot he wolde not telle hem, for it was not spedful to hem to knowe
þe priuytes of god, þe whech þe fader hade reserued & set in his
20 owne powere to fulfille when him likede.

f. 109ʳ | Þus standen þei to gedir etyng & spekyng with grete ioy
to hem, of þe blessede presence of hir lorde, bot neuerles with
grete drede & turblance of his awey passyng, & no wondre for þei
louede him so tendirly: þat þei miht not with esy herte bere þe
25 wordes of his bodily departyng fro hem, & namely oure lady his
blessede moder, þat louede him passyng alle oþere. We mowe
wele suppose þat she touchede & stirede souereynly with þe
swetnes of modere loue: as she satte nexst him at þat mete, leyde
don hir hede swetely & restede vpon his blessede breste, as seynt
30 John dide before in þat forseide moste worþi sopere, & so with
swete teres sihynge, she spake to him in þis manere prayinge:

My dere sone if þou wolt alle weye go to þi fadere: I praye
þe lede me with þe. And oure lorde confortyng hir seide, I pray þe
dere modere take not heuyly my goyng fro þe, for I go to þe fadere
35 for þi beste, & it is spedeful þat þou duelle here ȝit awhile, to
conferme hem þat shale treuly byleue in me, & after I shale come
& take þe with me in to euerlastyng blisse. And þan she seide, My
swete sone þi wille be done. For not onely I am redy to abide at þi
wille: bot also to suffre deþ for þoo soules, þat þou suffrest deþ
40 fore. Bot euer I beseke þe haue mynde on me.

And þan oure lorde confortede more ouere hir &
Maudeleyn, & oþer, seying þus to hem, *Be not ȝour herte turblete* Textus.

& drede [ʒe] not. For I shalle not leue ʒow desolate as faderles,
for I shalle go & come & euer be with ʒowe. And at þe laste he
badde hem go in to þe Monte of Olyuete, for þennes he wolde stey
vp, & so passede he at þat tyme awey fro hem.

And anone riht his modere & alle oþer wiþout taryinge   5
ʒeden in to þe forseide Monte, þat is fro Jerusalem about a myle,
& þere eft sones oure lorde apperede to hem.

Loo here haue we on þis day tweyn apperynges.

Þan clippede he & kissede his modere, takyng his leue, &
she aʒeynwarde clippede & kissede him ful tendirly. And þe   10
disciples & Maudeleyn, & alle oþere fallyng done to þe gronde &
wepyng. kisseden hees feete deuoutly, & he takyng hem vp
kissede alle hees apostles benyngly.

Now take hede inwardely of hem & of alle þat beþ nowe
here done, & þerwiþ beholde þe holy fadres | þere beynge   *f. 109ᵛ*
inuisible, how gladly & reuerently þei beholden, & inwardely   16
blessen hir. by whom þei hauen receyuet so grete a benefice of hir
sauacion, & also how þei beholden þoo worþi championes &
lederes of goddus hoste, þe whech among alle oþer peple, oure
lorde Jesus specialy haþ chosen fort conquere alle þe worlde.   20

At þe laste when alle þe misteries were complete &
fulfillede. oure lorde Jesus began to be lift vp fro hem, & to stey
vp by his owne vertue, & þan oure lady & alle oþer felle done to
þe erþe, wirchipyng him, & oure lady seide, My blessede sone
Jesu þenke on me, & þerwiþ she miht not wiþ halde hir fro   25
wepyng bycause of his goyng, neuerlese she was ful ioyful þat she
sawe hir sone so gloriously stey[ing] vp to heuen.

Also þe disciples þis seyng. seiden, Lorde we haue forsake
alle worldes godes for þe. haue mynde on vs. And so he hauyng
hees handes lift vp, & blessyng hem with a briht ioyful face,   30
coronede worþily as a kynge & gloriously arayede, steying vp to
heuen. seide, Beþ stedfast & worcheþ manfully, for I shalle be
euere with ʒowe.

And so oure lorde Jesus, alle glorious, white & rudye,
shynyng & ioyfulle, ledyng with him, þat noble multitude, &   35
goyng before, & shewyng þe weye to hem. in dede fulfillede þan
þat þe prophetes hade seide longe before of his Ascension, & þei
also with vnspekable ioy folowyng him. songen myrily þe psalmes
& ympnes of his lovyng, as pertenede to þat blisfulle tyme of hir
delyuerance fro alle sorowe & entre in to alle blis without ende.   40

And in þat tyme þe Archangele Michaele prouoste of
paradise, goynge before, tolde þe blessede court of heuen þat oure

lorde Jesus was comyng & vp stey[ing], & anone alle þe blissede
spirites after hir ordres ʒedene aʒeyn hir lorde, none laft behynde,
& metyng with him & worchipyng him with alle þe reuerence þat
þei kouþe, ladden him with ympnes & songes of ioy þat may not
5 be spoken nor þouht. And so metyng to gedir þe holy fadres & þe
blessede spirites & sing[yng] Alleluia, & moste ioyfulle songes
with reuerence before him: maden a grete solempnite, & a
wirchipful feste.

ʒe lorde who miht telle what feste þat was & what ioy þei
10 hade, when þei mette to gedir?

f. 110ʳ And | when þei hade done dewe reuerence to oure lorde &
fulfillede hir myrye songes þat pertenede to his gloriouse
Ascension: þei turnede hem to oþere boþe þe blessede spirites &
þe holy fadres reioycyng & singyng. And first þe holi spirites in
15 þis maner seyinge:

ʒe princes of peples beþ welle come & ioyfulle we be of   Principes
ʒour comyng Alleluia. ʒe are nowe here gederet & wondirfully lift populorum
vp with ʒour god, Alleluia. Þerefore make mirþe & singeþ nowe   &c.
to him þat so gloriously steþ vp aboue heuen & heuene Alleluia
20 Alleluia.

And þe holy fadres ioyfully answerede, To ʒowe princes Principes
of goddus peple, Alleluia. Oure keperes & helperes Alleluia, ioy populi
& pees be euer Alleluia. Singeþ ʒe & makeþ mirthe also to our domini &c.
godde, lorde, kynge & sauyoure, Alleluia. Alleluia. Alleluia.

25 And forþermore alle to gedir songen & seiden, Now we In domum
gone mirylye in to þe hous of oure lorde Alleluia, & þat domini
wirchipefull Cite of godde shalle receyue vs alle to gedir letus &c.
Alleleuia, in ympnes & songes of mirþe & ioy, Alleleuia Alleluia.

Loo here was miche mirþe & ioy, alle þei songene &
30 souereynly ioydene as þe prophete Dauid seiþ.

God steieþ [vp] in to heuen in moste wondurfulle ioy of Ascendit
Apostles þat seye him þat tyme. And in voice of Trumpe þat is in deus in
voice of angeles þat aperede þan & spake to þe apostles. Soþely iubilo &c.
oure lorde Jesus steye vp þan oponly to þe confort of his modere
35 & þe apostles, as longe as hir bodily siht wolde suffice to se him.
And after a briht cloude toke him fro hir eyene, & anone in a
momente þat is in an vnperceyuable short tyme, he was with alle
hees angeles & þe forseide holi fadres in þe hiest heuen.

A lorde what ioy was þat þan to se þat blessede lorde so
40 gloriously vp steying, Soþely I trowe who so miht haue seene þat
as þe apostles didene, & þerwiþ herde þat ioyful songe of angeles
& holi soules with him vpsteying: for þat passinge ioy: his soule

sholde haue be departede fro þe bodye, & gone vp to heuen also
with hem & no wonder.

N.B.   Wherfore oure lorde knowynge þe infirmite of mankynde
in bodily life here: wolde shewe sume of his blisse to his modere,
& oþer disciples, in als miche as þei miht bere, þat was in þat   5
blisfulle [siht] of him vpsteyinge & hidde fro hem, þat þei miht
not bere so in flesh lyuyng. And þerfore also he sende to hem
tweyn angeles in mannus likenesse, | þat þei sholde not ouer   *f. 110ᵛ*
[myȝt] be trauailede in þat standynge & lokyng vp after him to
heuen, for þei were so rauyshede by þat blisfulle siht of him þat   10
þei hade forȝete hem self, & also he sende þe angeles to conforte
hem in þat þei herde þe angeles witnesse acordyng with hem of þe
Ascension of oure lorde.

            And when þe angeles hade byden hem þat þei sholde no
lengir loke after Jesus bodily presence in þat forme þat þei seye   15
him þan stey vp: in to þat tyme þat he sholde come in þat self
forme bodily to deme alle quikke & dede: bot þat þei sholde turne
aȝeyn in to þe cite, & þere abide þe holi goste as he hade seide
B.   hem before: þen oure lady mekely praiede þe angeles to
recommende hir to hir blisfulle sone, & þei lowely enclynyng to   20
hir: gladly toke hir bidyng, & also þe apostles & Maudeleyn
recommendet hem in þe self manere, & after þe angeles passyng
fro hem, þei turnede aȝeyn in to þe cite as þei were byden to Mont
syon þere abydyng þe behoste of oure lorde Jesu.

N.B.   Nowe go we vp by deuout contemplacion to oure lorde   25
Jesu beholdyng in ymaginacion of heuenly þinges by likenes of
erþely þinges, howe he with alle þat forseide worþi & blisfulle
multitude of holi soules, oponyng heuen ȝates þat were before þat
tyme sperede aȝeynus mankynde, as a worþi conqueroure ioyfully
entrede, & gladly [knelyng] before þe fadere, seide, Fader I þonke   30
þe þat hast ȝiuen me þe victorye of alle our enemyes &
aduersaries, & loo fadere here I presente to þe oure frendes þat
were halden in þraldame, & for als miche as I haue beheyht to my
breþerne & disciples, þe whech I laft in þe worlde, to sende to
hem þe holi goste: I pray þe fadere fulfille my behost, & I   35
recommende hem also to þe.

            Þan þe fadere takyng him vp: made him sitte on his riht
hande & seide, My blessede sone alle powere & dome I haue
ȝiuen to þe, & þerfore of þat þou askedest: dispose & do as þe
likeþ.   40

            After þat alle þe holy fadres & þe blessede spirites þe
whech hade in wirchipyng of þe holi trinite falle done lowely with

alle reuerence: risyng vp begunne aȝeyn to singe hir songes of
mirþe & vnspekable ioy, before þe throne of god. For siþen
Moises & þe childrene of Israel songene in þankyng & lovyng of
f. 111ʳ god, when þei were passede þe rede see & hir | enemyes þerin
5 drounede. And also þe self tyme Marie Aaron sistre, with oþere
women folowyng hir in timpanes & oþer melodye, dawnsedene &
songen to goddus lovynge.

Also Dauid with his peple ledyng þe Arke of god in to
Jerusalem herpede & daunsede for ioy before þe Arke, &
10 chanteres songen, & in oþere diuerse minstralsye þei honourede
& wirchipede god.

And also seynt John seiþ in þe Apocalipse, þat he herde a
voice in heuen of an hundret & foure & fourtye þousande herperes
herpyng & singyng a newe songe before þe throne & þe sete of þe
15 verrey lambe Jesu. Miche more we mowe resonable trowe, þat
nowe in þis ioyful tyme, when Jesus with his cumpany were
passede alle sorowe & alle aduersaries were so graciously
ouercome, & he þat was tokenede by þe Arke Jesus was so
gloriously come in to þe cite of heuenly Jerusalem: alle þat
20 blessede felaweshipe of spirites & soules, without noumbre
songen & maden ioy & mirþe þat none tonge may telle nor herte
þenke. Soþely nowe in þat blessede cite of heuenly Jerusalem is
songen & herde þat souereyn songe of ioy, & after þe prophecie
of Thobie, by alle þe stretes þerof is songen *Alleluia*, þat is als
25 miche to sey, as þe lovyng of oure lorde.

Neuer fro þe bygynnyng of þe worlde was þere so
sollempne & so ioyful a feste, ne neuer perantre shalle be, bot at
þe laste after þe day of dome, when alle þe chosen soules shole be
presentede þere wiþ hir bodies glorifiede. And þerfore as I seide
30 at þe beginnyng of þis chapitre, þis solempnite alle þinges
consideret passeþ alle oþere. Take hede of eche of hem, & se
wheþer it be soþe þat I sey.

First þe Incarnacion of our lorde Jesu is a solempne feste
& worþi, for þat was þe byginnyng of alle oure gude & oure
35 sauacion. Bot þat was oure ioy & not hisene, for he was þan
closede in his modere wombe.

Also þe Natiuite of him is a sollempne & hie feste, &
worþily mirþe to be made þerin. Bot þat is also as on oure side, for
as on his side we oweþ to haue compassion of him þat was for vs
40 born in so grete pouert, hardenes of wedur & oþere abiection.

Also as to vs his passion is a grete feste, þorh þe which we
f. 111ᵛ bene brouht | out of þe fendes þraldame, & alle oure sinnes bene

Marginal notes:

Nota excellenciam festi Ascensionis supra alia festa.

Incarnacio.

Natiuitas.

Passio.

for3iuene & done aweye. And as seynt gregour seiþ, Hit hadde no3t auaylede vs to be born, bot it hade also profitede vs fort be bouht. Neuerles for þe grete tormentes of him & þat hardest & moste disputose deþ þat he suffrede for oure redempcion & byinge. þere was [þan] no matir of ioy but raþere of sorowe, boþe   5
to him in þat peynfulle suffryng, & to vs for oure sinfulle deseruyng.

Resurrexio.

Forþermore 3it þe Resurrexion of oure lorde Jesu is a gloriouse, sollempne & a ioyfulle feste, boþe for him & for vs. For þen was his bodie glorifiede & alle peyne & sorowe passede. &   10
we iustifiede, & haue an erneste & ensaumple without doute also of oure laste vprisyng in body & soule. And þerfore of þis worchipeful & ioyful day, specialy singeþ holi chirch, by þe wordes of þe prophete Dauid, *þis is þe day þat oure lorde made, be we mirye þerein & glade.*   15

Haec dies quam fecit dominus &c.

And as seynt Austyn seiþ in a sermone, þis day is holiest of alle oþere, bot þat may be vndirstonde of alle oþer before þat day. For þis day of þe Ascension by reson is gretter & holiere. & þat touchyng þre parties, þat is to seye, oure lorde him self, þe blessede spirites in heuen & mankynde in erþe. For as to þe first   20
þouh oure lorde hade þan gloriously in body & soule vprisen fro deþ to euerlastyng life. neuerles he was bodily 3it as a pilgryme in erþe, fro his owne kynde heritage & rewme. Also as to þe seconde, 3it seye not þe angeles hir felawshipe encresede by seyson takyng of mankynde with hem in blisse. And as anentes þe   25
þridde. 3it was closede & stokene þe 3ate of heuynly paradise, & 3it were not þe holi fadres & soules presentede to þe fadere of heuen, þe whech alle þre were complete & fulfillede in þis holi Ascension.

And if we take gude hede. we mowe se þat alle þat god   30
wrouht & dide. he dide fort come to þis ende. And withoute þis. alle hees werkes, hade be as imperfite. For loo heuen & erþe & alle þat is made in hem. is made for man, & man fort haue þe blisse of heuen, & þerto miht no man come after he hade sinnede in to þis day were he neuer so gude & rihtwise, & so we mowe se,   35
how worþi þis holi day is.

Pentecostes.

3it more ouer þe feste of pentechost is hye & holy, & worþily | holy chirche makeþ it solempne. For þen was 3iuen þerto   *f. 112ʳ*
þat hye worþiest 3ift, þat is þe holy goste. Bot þis is to vs & not to him.   40

Ascensio festum Jesu.

Bot þis Ascencion day is proprely þe moste solempne feste, of oure lorde Jesu. For þis day first in his manhede he began to sitte, on þe fadere riht hande in blisse, & toke fulle rest of [alle] his pilgrimage before.

Also þis is proprely þe feste of alle þe blessede spirites in heuen. For þis day þei hade a newe ioy of here lorde, whom þei
5 seye neuer before þere in his manhede, & also for þis day began first to be restorede þe fallyng done of hir felawes, & þat in so grete multitude & noumbre of blessede soules, of patriarkhes & prophetes & alle þo holy soules, þat þis day first entrede in to þat blessede cite of heuenly Jerusalem her kynde heritage aboue.

Ascensio festum angelorum.

10 Wherefore siþen we maken solempne feste of one seynt þat is passede out of þis worlde to heuen.' miche more we oweþ to do of so many þousandes, & 3it passyngly of him, þat is seynt of alle seyntes.

Also þis is specialy þe feste of oure lady, for als mich as
15 þis day she sawe hir blessede son Jesu verrey god & man so gloriously coronede as kynge stey vp to heuen.

Ascensio festum domine.

3it also þis is proprely oure feste, for þis day was first oure kynde exaltede & lift vp aboue þe heuenes, & also for bot if criste hadde so stey vppe.' þat worþi 3ift of þe holi goste whereof we
20 makene solempnite, we miht not haue receyuede, as he seide to hees disciples, *It is spedeful to 3ow, þat I go vp to þe fadere, for bot if I go so fro 3owe.' þe holy goste confortere shalle not come to 3owe.* And þerfore seiþ seynt *bernarde* in a sermon of þis feste of þe Ascension in confirmacion of my forseide sentence.' þat þis
25 gloriouse feste of þe Ascension of oure lorde Jesu is an ende & fulfillyng of alle oþere solempnites & feestes, & a blessede conclusion of alle þe iurneye of oure lorde Jesu after his manhede &c.

Ascensio festum nostrum.

Bernardus sermone quarto.

Þus mowe we opunly see þat þis day & þis feste is most
30 hie & solempne of alle oþere. And þat soule þat louede treuly oure lorde Jesu, sholde þis day be more ravyshede to heuen, & more gostly ioy haue in herte.' þan in any day of þe 3ere. For þus seide oure lorde Jesus to hees disciples, *If 3e louede me.' soþely 3e*
f. 112ᵛ sholde be gladde & ioyfulle | for þat I go to þe fadere. Wherfore
35 I leue þat I seide trewly before þat was neuer in heuen a day so ioyful & so solempne as þis day. And so þis ioy & þis solempnite [durede] in to þe day of Pentechoste, whereof we mowe deuoutly ymagine & haue meditacion in þis manere:

Nota bene.

Si diligeritis me &c.

Þe Ascension of oure lorde was at þe sexte houre. For
40 before he ete with hees disciples at tierce, þan mowe we þus ymagine, þat þoo tenne dayes fro þat houre þat he ascendet in to þe houre of þe holi goste sende.' þe ix ordres of angeles with þe

Hora sexta ascendit Jesu.

holi fadres & soules þat he toke vp with him, made him tenne festes, & he aȝeynwarde rewardede hem specialy in sume singulere comforte euery day.

And so þouh alle þat were þen in heuene generalye were of his Ascensione ioyful & made so myrye a feste þat no tonge 5 kanne telle: neuerles specialy þe first day, fro þe houre of his ascension in to sexte of þe nekst day folowyng: angeles made hir feste. Þe seconde day in þe self manere maden hir feste: archangeles. Þe þridde day: vertues. Þe ferþe day: potestates. Þe fyueth day: Principates. Þe sexte day: Dominaciones. Þe seuent 10 day: Thrones. Þe eyhteþ day: Cherubyn. Þe nynþe day, Seraphin.

And so þees ix ordres of angeles continuede hir festes in to [þe] sixte houre of þe vigile of Pentechoste, & fro þennus: in to terce of þe day folowyng, þat is of þe soneday in Pentechoste: þe holy fadres with hir felawchipe made hir feste to Jesu blessede 15 without ende. Amen.

Of þe sendyng done & þe comyng of þe holy goste. Capitulum lxiij.

N. Aftere þat oure lorde Jesus was gone vp to his blisse, & þe angeles hade byden þe disciples to turne aȝeyn in to þe cite as it 20 is seide nexst before, þei with his blessede modere wirchipyng him & kissinge deuoutly þe steppes of his feete, where he laste touchede þe erþe: as þe gospelle of Luke telleþ: þei went aȝeyn in to Jerusalem with grete ioye, & þere þei abyden þe comyng of þe holi goste continuely in deuout prayeres, lovyng god & blyssyng 25 oure lorde.

¶ And when þe tenþe day was come fro his Ascension, þan was þe fiftyþe day fro his Resurrexion | oure lorde Jesus ioynyng *f. 113ʳ* þe figure of þe olde testament with þe newe: for als miche as þe tyme of grace was in þat day come: he seide to þe fadre þus: 30

B. My fadre haueþ nowe in mynde þe behoste þat I made to my breþerne of þe holy goste. And þe fader answerede, My dere sone I am wele apaide of þat behoste, & nowe is tyme þat it be fulfillede, & more ouere he seide to þe holy goste, we praye þe þat þou go done to oure disciples, & þat þou fille hem of þi grace, 35 conforte hem, strengþe hem, teche hem, & ȝiue hem abundance of vertues & ioye.

And anone þe holi goste come done with a wondirfull noys

in brennyng tonges vpon a hundret & twenty disciples, gederet þat
tyme to gedir & fillede hem with alle ioy, vertues & grace. By
vertue whereof þe disciples strengþhede, tawht, liȝtnede &
enflawmede˙ ȝeden after by alle parties of þe worlde, & made it
5 suget to hem in grete partie.

  Þis is a worþi feste & þis is amongis oþere a swete &
louely feste. For þis is þe feste of him þat is loue proprely, as seynt
gregour seiþ˙ þat þe holi goste is loue. Wherefore he þat loueþ
god˙ sholde in þis feste specialy be enflawmede wiþ loue, or at þe
10 leste with a brennyng desire to loue. Bot þis wole not be with
fleshly or worldly loue medelet, as seynt *Bernard* seiþ in a sermon
of þe Ascension in þis manere sentence, He erreþ gretely wh[at]so
he is, þat weneþ fort medle to gedir þat heuenly ioy with þees
bitter askes of fleshly likyng, or þat swete gostly bawme, with þis
15 venyme, or þoo gracious ȝiftis of þe holi goste, with þees foule
stinkyng lustes, & no wondre. For as þe self Bernerde seiþ, þe
apostles for þe tyme þat þei hade oure lorde bodily present with
hem, for þe loue þat þei hade to his body, þouh it was holye &
gude˙ ȝit for þat tyme þei were vnable to receyue perfitely þe holi
20 goste, as he seide himself, *Bot I go fro ȝowe.˙ þe holi gost shalle*
not come to ȝowe.

  Miche more þen he þat is knit with loue to rotene mukke
or to a stinkyng kareyn˙ is in alle maner vnhable to þat clanest &
swettust loue of þe holy goste. For þere is none acorde nor
25 knittyng to gider of soþefastnes & vanite, of liht & derkenes, of þe
spirite & þe flesh, and of fire & colde watere. Bot perantre þou þat
felest not | þe swetenes & confort of þat gostly likyng & loue˙ seist
to me, withouten confort of loue & likyng I may not be, what
shalle I do þan, while I fele not þat gostly loue? Seynt bernarde
30 answereþ þus & seiþ to þe, Forsake first fully & treuly alle veyn
worldes confort, & alle fleshly loue & likynge, & abide a while in
deuout prayeres as þe apostles dide þe comyng of þe holi gost,
whereof þei knewe none certeyne tyme˙ & þou shalt fele within
shorte tyme þat he shale come & confort þe better þan þou
35 kowedest before knowe or þenke.

  ¶ And in grete confort of him þat forsakeþ worldly confort
for god˙ þe same seynt *Bernard* concludeþ in þees wordes, þe
apostles in þis abyding seten perseuerant with one wille to gedir
in praiere with þe women & Marie Jesu modere, & in þe self
40 manere lerne þou to pray, lerne to seke, to aske, & to knokke at þe
dore˙ til þou fynde, til þou take & til it be oponede to þe. Oure
lorde knoweþ þi freele & feble kynde, & he is trewe & wole not

N.
[Totum
sequens.]

Bernardus.

Nisi ego
abiero &c.

Nota bene.

suffre þe be temptede more þan þou maiht bere. And I trist in him,
þat if þou wolt abide trewly: þou shalt not abide þe tenþe day, bot
þat he shalle come before & confort þi desolate soule, & so
praying, in hees blessinges of gostly swetnes, so þat þou shalt haue
so grete likyng in his mynde & in þoo gostly drinkes, þat he shale   5
make þe drunken of in soule: þat þou shalt be ioyful & gladde þat
euer þou forsoke þe fals confortes of þe worlde.

¶ Loo by þis forseide sentence of seynt bernarde we mowe
se in partie, what behoueþ to receyue þe holi goste & his loue.
Wherfore þat we mowe be able to receyue here þat grete ȝift of þe   10
holy goste & his conforte, & after come to þat blisse þat oure
lorde Jesus is nowe steye vp to, & haþe made oure weye before vs,
leue we & hate we alle fals loue & likyng of þis wrecchede
worlde, & set we not oure loue on þe stinkyng flesh & norish we
it not in desires, bot desire we continuely fort be departede   15
þerefro, so þat þorh þe grace of þe holy goste helpyng vs, we
mowe folowe sumwhat þe blessede life of oure lorde Jesu in þis
worlde, & after go vp to him & to oure kynde heritage of blisse in
þe gloriouse cite of heuenly Jerusalem, where he souereyne kynge
with þe fadere & þe | holy goste one godde in trinyte lyueþ &   *f. 114*^r
reigneþ without ende Amen.   21

¶ Þus endeþ þe contemplacion of þe blessede life of oure
lorde Jesu þe which processe for als mich as it is here þus writen
in english tonge lengir in many parties & in oþere manere þan is
þe latyne of Bonauenture: þerfore it semeþ not conuenient to   25
folowe þe processe þerof by þe dayes of þe wike after þe entent of
þe forseide Bonauentur, for it were to tediouse as me þinkeþ, &
also it shulde so sone be fulsome & not in confortable deynteþ by
cause of þe freelte of mankynde þat haþ likynge to here & knowe
newe þinges. & þoo þat bene seldome herde: bene oft in þe more   30
deynteþ. Wherefore it semeþ to me beste þat euery deuout
creature þat loueþ to rede or [to] here þis boke: take þe partes
þerof as it semeþ moste confortable & stiryng to his deuocion,
sumtyme one & symtyme an oþere, & specialy in þe tymes of þe
ȝere & þe festes ordeynet in holy chirche, as þe matires bene   35
perteynent to hem.

¶ And for als miche as þat blessede & worþi feste of þe
precious sacrament of Jesu body, in þe whiche he is euery day
bodily present with vs to oure mooste confort þat we mowe haue
here in erþe: is þe ende & þe conclusion of alle oþere festes of   40

him: graciously & resonably ordeynet by holi chirch as it was
seide before: þerfore with þe grace of þe holi goste & of him of
whom þat feest is: we shole speke sumwhat more to confort of
hem þat treuly byleuen, & to confusion of alle fals lollardes &
5 heritykes Amen.

¶ Blessede be þe name of oure lorde Jesu & his modere
Marye nowe & euere wiþ out ende Amen.

Explicit speculum vite Christi.

¶ A shorte tretes of þe hiest and moste worþi sacrament of cristes blessede body & þe merueiles þerof.

f. 114ᵛ

| *MEmoriam fecit mirabilium suorum misericors, et*
5 *miserator dominus escam dedit timentibus se.* þees wordes of
Dauid in þe sautere seide in prophecie longe tyme before þe
Incarnacion of oure lorde Jesu, specialy of þe wirchipeful
sacrament of his precious body, hauen þis sentence &
vndirstandyng in english tonge, *Oure lorde merciful & mercy*
10 *ȝiuere haþ made a mynde of hees merueiles in þat he haþ ȝiuen*
mete to hem þat dreden him. Þis mete is þat preciouse gostly mete
of þe blessede body of oure lorde Jesu in þe sacrament of þe
awtere þat he of his souereyn mercy ȝiueþ euery day in forme of
brede to álle þoo þat trewly dreden him as hir lorde god, by þe
15 whiche drede, þei kepen hem out of dedely sinne, & mekely
standen in þe stedefast byleue of holi chirch. And þis gostly mete
he ȝiueþ, & haþ made þerebye a speciale mynde of hees
merueiles, þat is to sey as þe preeste reherseþ in þe canone of þe
messe. in mynde of his merueylous & blessede passion, & of his
20 merueilous Resurrexion & of his merueylous & gloriouse
Ascension & generaly in mynde of alle þe merueilous werkes &
dedes of him in his blessede life here in þis worlde, þe which is
tretede in alle þis boke before writen.

For to begynne first at his merueilous Incarnacion. loo
25 howe expresse mynde þerof is þis mete þat he ȝiueþ to vs in þe
sacrament of þe awtere, for þerein is he verreyly, & in þat self
body þat was so merueilously conceyuede by þe holy goste aboue
kynde. And also so merueilously born of his blessede modere
Marie without sorowe or wemme of sinne, & so forþ of alle þe
30 merueilouse werkes & dedes of him. in þis gostly mete we haue
þat speciale mynde þat none may be more & þat we haue of none

223

oþer. For alle oþer þinges passede þat we haue mynde of. we conceyuen in spirite & in herte so þat þereby we haue not þe bodily presence of hem. Bot in þis gostly mete & sacramentale commemoracion of oure lorde Jesu. he is verreyly & bodily present wiþ vs vnder an oþere forme. bot soþely in his owne 5 propre substance verrey | god & man. For what tyme he sholde *f. 115ʳ* stey vp in to heuene. he seide to hees apostles & hees foloweres in þees wordes, *Loo I am with ȝowe alle þe daies in to þe worldes ende*, confortyng hem by þis benigne promisse. þat he sholde duelle with hem not onely by þe gostly presence of his godhede. 10 bot also by þe bodily presence of his manhede, þat he ȝiueþ to vs in þis forseide mete of his flesh & blode, in mynde of hees merueiles generaly as it is seide, bot moste specialy in mynde of þat blessede passion, þat he suffrede for vs. For what tyme he sholde passe out of þis worlde to þe fadere þe niht before his 15 passion at þat worþi sopere with hees disciples as it is seide before. he made & ordeynet þis souereyn & moste wirchipfulle sacrament of his flesh & blode, ȝiuyng his body in to mete & his blode in to drinke, for a speciale mynde of his passion & deþ. For þus seide he to hees apostles in þat first makyng of þis helefulle 20 sacrament, *þis doþe ȝe in mye mynde*. So þat þe souereyn & moste worþi mynde of his passion & passyng loue to vs. sholde be euere more þis hye wirchipful sacrament.

Þis is þat precious gostly mete & speciale mynde of oure lorde Jesu, in þe whiche is hade alle gostly likyng, & þe sauour & 25 taste of alle swetnes. And also þis is þat swete memoriale where þorh we bene wiþdrawen & kept fro wikkednes, & confortede & strenghede in godenes, & profiten euery day in encresse of vertues & of grace in soþefastnes.

Þis is þat hye ȝift & moste noble memoryale þat oweþ 30 worþily to be prentede euer in oure mynde, & to be bisily kept in þe inwarde affeccion of þe herte in continuele mynde of him þat ȝiueþ vs þis swete memoriale & precious ȝift. For whos ȝift is oft tyme seene. his mynde is likyngly prentede in þe herte.

Þus oure lorde Jesus of his grete mercye haþ made a likyng 35 mynde of hees merueiles in þis gostly mete, þe which is moste merueile of alle merueiles, ȝiuyng þis mete specialy to hem þat dreden him.

And here we shole vndurstande þat in two maneres men dreden god, & þeraftere he ȝiueþ þis mete diuersely to hem. 40

For sume dreden god as seruantes dredene | hir lorde, *f. 115ᵛ* leuyng & eschewyng to sinne onely for drede of peyne, & to þees

manere of men if þei bene out of dedely sinne & in grace. oure
lorde ʒiueþ þis forseide mete, as to hir gostly sustinance, so þat by
þe vertue þerof. þei bene sustynede in life of soule & kept fro
euerlastyng deþ.

5   Bot oþer bene þat dreden god as trew children dreden to
offende hir fadere, for þe loue of him, & to þees maner men oure
lorde god ʒiueþ þis precious mete not onely to hir gostly
sustinance. bot also to hir souereyn likyng & wondirfulle confort
in soule, & of þees maner of dredyng folke spekeþ þe self
10 prophete Dauid in þees wordes, *Aa lorde god how mikel is þe*
manyfolde plente of þi swetnes, þe which þou hast hidde to hem
þat dreden þe. Bot þei þat dreden not god. hauen neiþer gostly
sustenance nor heleful likynge of þis precious mete, bot þorh hir
owne wikkednesse & vndisposyng in soule, taken it & eten it to
15 hir gostly deþ & euerlastyng dampnacion. And þat bene tweyn
maner of peple, one is of hem þat drede not to receyue þis holiest
sacrament in dedely sinne, or elles by defaut of drede contynuene
in hir sinne. For as þe wise man seiþ, *þe drede of god casteþ out*
sinne, & þerfore whoso continueþ in dedely sinne. it is an opune
20 prefe, þat he dredeþ not god, & þan is he vnable to receyue &
helefully ete þis worþi sacrament.

        A noþere maner peple þat lakken þe drede of god. bene
heritykes, þe whech in defaut of buxom drede to god & holy
chirch presumptuosly leuyng vpon hir owne bodily wittes &
25 kyndely reson. leue not þat holi doctours hauen tauht, & holy
chirch determinede of þis blessede sacrament, bot falsly trowene
& obstinately seyne þat it is brede in his kynde as it was before þe
consecration, so þat þe substance of brede is not turnede in to þe
substance of goddes body, bot duelleþ stille brede as it was before,
30 bycause þat it semeþ so to alle hir bodily wittes.

        Þe which errour & heresye & alle oþer of þis holiest
sacrament. wiþout doute springen of gostly pride & presumpcion
of kyndely witte, in defaut & lakke of lowely drede. For awþere
seche men leuen þat god may worch alle þoo merueiles abouene
f. 116ᵛ þe comune | course of kynde as holy chirch techeþ in þis holi
36 sacrament. or nouht. And if þei leue not þat he may. þan dreden
þei him nouht as god almihty, & so bene þei worse þan Jewes or
saracenes for boþe byleuen þat god is almihty. And on þat oþere
side if þei seyen & leuen þat god for he is almihty may worch þoo
40 merueiles, bot þei leue not þat he doþe so, for als miche as hir
kyndely reson telleþ hem þe contrarye. þan drede þei not fort
aʒeyne sey þe souereyn godenes & loue of god to mankynde, as in

Quam
magna
multitudo
dulcedinis.

þat partye þat holi chirch techeþ & byleue of þis holy sacrament,
& in þat þei preuene hem self grete fooles. For þouh it were so þat
it were in doute, wheþere þe teching & þe beleue þat holy chirch
haþ, of þis holy sacrament were soþe or nouht. or elles also sette
case þat it were not soþe. ʒit þe sikere part were to byleue as holy   5
chirch techeþ with a buxom drede. For in þat. we leuyn oure
kyndely reson, & bene obeshant to god & holi chirch as him self
biddeþ vs, & also we withdrawe not in oure beleue of þe miht of
god, nor of his loue & souereyn godenes to vs, bot raþer maken it
more. if it so were þat it were not soþe as we beleuen, & þat were   10
litel perile or raþere none bot mede to vs in alle partes for oure
gude wille to god & holy chirch. And also in þat byleue þere is no
perile of ydolatrye, as þe fals heretyke seiþ, þat we honourene &
maken brede oure godde. For we seyen & beleuen, þat in þat holy
sacrament brede is turnede in to goddus bodye, by vertue of cristes   15
wordes. And so we alle holely honouren not brede. bot god & his
blessede body in forme of brede, þat is to sey in þat likenes of
brede þat we seene with oure bodily eyene. we honouren goddus
body þat we seene by trewe byleue in soule with oure gostly
eyene.   20

          Þus we hauyng loue drede of god, & standyng stedfastly in
þe byleue þat holi chirch haþ tauht vs specialy of þis holiest
sacrament. we shole considere & inwardly beholde to kyndlyng
& norishing of oure loue to oure lorde Jesu, þat ʒiueþ vs of his hye
grace þis precious mete of his blessede body. þe merueiles þat he   25
makeþ & worcheþ þereinne, specialy in tweyn maneres, þat is to
sey in one manere, euery day priuely, whereof we haue | knowyng   *f. 116ᵛ*
onely by byleue withinforþ, & also in a noþer manere, sumtyme
opunly. whereof we haue knowyng by trewe tellyng of myracles
shewede wiþoutforþ.   30

          ¶ Touchinge þe first manere of merueiles, it is a fulle grete
merueile þat by vertue of cristes wordes, brede is turnede in to
goddus body, & wyne in to his blode. And to strengþ vs in byleue
of þis merueile, we shole haue in mynde, þat he with þe self miht
of his worde made alle þe worlde of nouht, & of þe ribbe of   35
Adam. made Eue in flesh & blode & turnede þe wife of Loth in to
an ymage of salt, & Moises ʒerde turnede in to a serpent, & [þe]
welles & wateres of Egipte turnede in to blode.

          ¶ Wherfore siþen god almihty wrouht alle þees merueiles
& many moo, abouen þe reson of man, & þe comune course of   40
kynde. whi may he not also by þe self miht turne brede in to his
body? Þere is none reson to preue þe contrarye, bot if we wolde

sey þat god were not alle mihtye, þat god forbede.

    Also it is a grete merueile, þat þe self body of oure lorde Jesu, þat sitteþ in heuen vpon þe fadre riht halfe, is verreyly & holely in alle places of þe worlde where þis holy sacrament is
5 tretede, soþely contynede in þat sacrament, in þ[at] self flesh & blode þat was conceyuede of þe holy goste, & born of þe blessede virgyne Marie, & henge vpon þe crosse for oure sauacion.

    Þis may not be comprehendet fully by mannus reson: bot onely standeþ in byleue, Neuerles þere is a maner of like merueile
10 in kynde, þat a worde spoken of one man to miche peple: is holely in him þat spekeþ it, & also in alle þoo þat heren it be þei neuer so many.

    It is also a grete merueile þat so grete a body of oure lorde Jesu is fully & holely comprehendet in so litel a quantite of þe
15 hooste, & þerwiþ also if þat hoste be departede in to many smale partes, it is als fully in euery part, as it was in alle þe hole.

    Hereto also is a maner of likenes þat we seene in kynde. Howe þe ymage of a mannus grete face, & of a grete body is seene in a litel Mirrour, & if it be broken & departede: ȝit in euery parte
f. 117ʳ it semeþ alle þe hole ymage, & not in partye after þe partes | of þe
21 glasse so broken.

    Many oþere wonderfulle merueiles oure lorde god alle mihty worcheþ in þis precious sacrament, of his endeles mercy to oure gostly confort & hele of soule, þe whech we mowe not
25 comprehende, by kyndly reson & our bodily wittes: bot onely by trewe byleue, & þerfore it is grete foly & gostly perile, to seke curiously in ymaginacion of reson þe merueiles of þis worþi sacrament. Bot it is moste sikere namely to a symple soule, & sufficeþ to sauacion touchinge þe forseide merueiles & alle oþer
30 of þis blessede sacrament, to þenke & fele in þis manere, þus hauen holy doctours tauht, & holi chirch determinede, & þerfore þus I trowe & fully byleue þat it is in soþenes, þouh my kyndely reson aȝeyn sey it.

    For as seynt Gregory techeþ, þat *Feiþ haþ none merite, to*   Gregorius.
35 *þe which mannus reson ȝiueþ experience.*

    Touching þe seconde maner of merueiles & miracles   Nota tres shewede without forþ by vertue of þis holy sacraent, & in þis   causas mira-holy sacrament: as we fynden writen. For þre skilles oure lorde   culorum in sheweþ in diuerse maneres þoo miracles & merueiles in þis   sacramento.
40 preciose sacrament. Þat is to sey, sumtyme to confort hem þat bene in trewe byleue of þis blessede sacrament, & to kyndle hir loue þerby þe more feruently to god & to wirchipyng of þat

sacrament.

Also sumtyme by speciale grace fort conuerte & turne to
trewe byleue. hem þat bene out þerof, & also sumtyme to opune
prefe of þe grete vertue þerof in delyuerance of peynes & sauyng
fro bodily meschefe, & gostly. And of eche of þees þre. I shalle 5
telle shortly sume merueiles & myracles þat I fynde writen, þe
whech bene of so grete auctorite as to my felyng. þat þere may no
man aȝeyn sey hem. bot he be worse þan a Jewe or a payneme.

Prima causa.   Touching þe first þat is to sey. how oure lorde sumtyme
sheweþ opunly merueiles & miracles of þis blessede sacrament to 10
confort hem þat bene in trewe byleue & to kyndle hir hertes in to
þe more feruent loue of god. we fynde writen in þe life of þe holi
confessour seynt Edwarde kynge, whos body lith in shryne at
Westminstre, þe which life, as for | þe more auctorite in soþenes. *f. 117ᵛ*
wrote þe worþi clerke & holye Abbote of Ryuaws seynt Alrede 15
þus seyinge touching þis matere:

Narracio   In þat worþi monasterye of seynt Petur þat is clepede
de sancto Westminstre, & at þe autere dedifiede þere, in þe wirchipe of þe
Edwardo holy trinite. as þe forseide holy kynge Edwarde herde messe on a
confessore. day, with þe worþi Erle clepede leveriche, þe which with his noble 20
wife Godȝiue þe contesse was fondere of many worþi houses of
Religion, what tyme it came to þe consecracion & goddus body in
forme of brede was halde vp to þe peple siht bytwix þe preestes
handes after þe vse of holy chirch. he þat is fairest in shappe
before alle mennus sones oure lorde Jesus criste apperede bodily 25
in þat hoste to boþe hir sihtes, liftynge vp his riht hande &
makyng a crosse towarde þe kynge blessinge. And þan þe kyng
with lowtyng of his hede, honouryng þe presence of goddus
maieste. mekely with alle þe body dide reuerence to so worþi a
blessyng. Bot þe Erle þat sawe þe self siht, not knowyng what was 30
in þe kynges herte. & a[lso] desiryng þat þe kynge miht be
parcynere of so grete & worþi a siht. began to go towarde þe
kynge fro his place, þat was perantere on side beneþen, as longede
to his astate. Bot þe kynge vndurstandyng what was þe Erles
entent. seide to him in þis maner, Stande Leveriche stande. for þat 35
þou seest I se also.

Aftere þis þei boþe of so ioyfulle a siht gostly confortede,
& turnede alle in to deuout praieres & swete weping teres. were
made gostly drunken of þe plente of goddus house, & fedde with
þe ryuere of his souereyn ioy & gostly likyng. And after þe ende 40
of þe messe, þei þat were so blisfully refetede with þat gostly
mete. comunede to gider of þ[at] forseide heuenly siht with swete

teres & inwarde sihynges, oft siþes brekyng hir speches.

And þen seide seynt Edwarde, My dere Leveriche I pray þe & charge þe by þat hye maieste of him, þat we haue so graciously seene, þat neuer while we lyuen þis þinge be brouht forþe in to þe
5 comune knowyng, leste we þerebye falle in to veyn glorie & pride, þorh þe opinion of þe comune peple to oure gostly deþ, or leste þe
f. 118ʳ enuye of misbyleuyng men | lette & destruye [þe] trewe byleue to þe wordes hereof.

Wherfore after þe forseide Erle was gone fro þe kynges
10 court: by þe inspiracion of þe holy goste as it is to byleue, he was tauht, so þat he kept þe biddyng & þe heste of his lorde: & ȝit þerwiþ þat hye vertues miracle sholde not be fully vnknawene, to hem þat were after to come. For afterwarde he came to þe monastery of Wircestre, & þere in confessione to a religious man
15 he tolde þe forseide miracle, chargyng him in manere as þe kynge hadd charget him, & prayinge þat he wolde write þe priueyte of so worþi a vision, & putte it in siche a place: þat it miht be vnknowen to hem þat þan were lyuyng: & þat it miht be knowen to hem þat were after to comyng.

20 And so dide þat holy man after þe Erles praiere, he wrote alle þe ordre & manere of þe forseide vision in a bille, & leide it among reliques closede in a cofre, þe which cofre longe tyme after þe kynges deþ without mannus hande þorh þe miht of god, as it is to byleue was fonden opune.

25 And þan breþerne of þat place bisily serching þe reliques fonden þe forseide bille & radde it, & after for als miche as þei wolde not þat so grete a tresour & worþi miracle sholde be hidde: þei puplyshede it opynely in þe eres of þe peple.

And so as þe kyng wolde, it was for þe tyme hidde, bot
30 after by þe ordinance of god puplishede & knowene to þat ende, þat þe kynges mekenes þerby as hidde shuld be preuede, & neuerles þerwiþ by opune knowyng of þat grete miracle, þe feiþ of trewe byleuyng men sholde be confermede & strengþede, to þe wirchipe of oure lorde god Jesu, þat of his speciale grace worcheþ
35 sech miracles & merueiles in þat blessede sacrament of his preciose body in speciale confortyng of trewe lyueres, & more feruent stiryng to his loue. Amen.

Also acordyng to þis self purpose I fynde writen in þe longe life of seynt Hugh bishope of Lincoln, & first Monke of þe
40 ordre of Charthous & Prior of Witham, þe which life wrote a chapeleyn of his & monke of þe self ordre þat herde & sawh þat he wrote. And among oþer in þis manere sentence seyinge:

Miraculum de corpore christi per sanctum Hugonem ostensum.

It befelle vpon a setturday | þe forseide bishope seynt Hugh   *f. 118ᵛ*
duellyng at a manere of his clepede Bukedene as he sange a messe
of oure lady after his comune custome in þat day. þere herde his
messe with oþere a deuout Clerke þat was sende to him by
speciale reuelacion of god. Whereof þere is writen a faire processe   5
touching a noþer matere, þe which we passen ouere here.

And as to oure purpose what tyme it was come to þe
sacringe as þe bishope helde vp goddus body in forme of brede.
þere aperede to þe siht of þe forseid clerke, bytwix þe preestes
holy handes oure lord god Jesus bodily in likenes of a passyng   10
faire litel childe. Of þe which siht, he þat sawh it inwardly
compuncte as no wondre was, & hyely stirede in to feruent
deuocion. contynuede alle þe tyme of þat messe in swete teres &
deuout praieres, til it came to þat place, where þe hooste sholde be
lift vp aboue þe chalice, & be departede in þre. At þe which tyme   15
he sawh eft in þe self liknes þe forseide Jesu goddus son of heuen,
offringe him self in sacrifice to þe fadre for mannus hele &
sauacion.

After þe messe was fulle endet. þe self clerk spekyng with
þe holy byshope in priuete. tolde him first þe reuelacion before   20
nemede, & after þat faire vision of goddus body here declarede,
& þerwiþ at þe ende with shedyng teres in þis maner concludyng.
seide þus, I sawh my holy fadre with myn vnworþi eyene, þat
blessede siht, þe which it is no doute bot [þ]at ȝe seene it also
miche more clerely for lengir & nerre & more worþily.   25

And þerwiþ boþe þe bishope & he with swete teres
comunyng gostely a grete while to gedir. after at þe conseile of þe
bishope & biddyng fort kepe þe forseide vision priuey. þe clerke
became a religiouse man, & after holy lyuyng here. went to blisse
euerlastyng. Amen.   30

Secunda
causa mira-
culorum.
Touching þe seconde cause of myracles & merueiles
shewede in þis blessede sacrament of goddes body. þat is to sey
fort conuerte hem þat bene of misbyleue in to þe trewe byleue.
First we redene in þe life of seynt *Gregory* pope & worþi doctour
in þis maner sentence: 35

Miraculum
de corpore
christi per
beatum
Gregorium
ostensum.
Þere was a Matrone of Rome þe which euery soneday
offrede to | seynt Gregore certeyn lofes of brede, whereof was   *f. 119ʳ*
made goddes body. And vpon a day when seynt Gregour wolde
haue comunede þe forseide woman with one of hem þat was
consecrate, & made goddes body, seying after þe comune vse of   40
holy chirch in þees [maner] wordes, þe body of oure lorde Jesu
criste kepe þe in to euerlastyng life. she brest out in to a dissolute

lawhtere. And þan seynt Gregour wiþdrowe þe sacrament fro hir, & kept it in to þe ende of þe messe, & after before þe peple he askede þe Matrone whi she lowh, & þen she seide, by cause þat þou clepedest goddus body þe brede þat I made wiþ myn handes.

5   And þan seynt Gregour felle done in to hees praieres to god for þe misbyleue of þe woman. And after þat he rose vp, he fonde þe sacrament turnede in to þe likenes of a fynger in flesh & blode. Wherþorh þe woman was fro hir misbyleue turnede in to þe trewe byleue, & so after with þe self sacrament by praiere of seynt

10 gregour turnede in to þe likenes of brede as it was before. she was comunede, & more stifely sette in trewe byleue of þis blessede sacrament. & also oþer þorh hir. to þe wirchipe of þe hye gracious auctour & worchere hereof oure lorde Jesus criste. Amen.

    To þis self purpose acordyng also I fynde writen in þe

15 forseide life of seynt Hugh, þat vpon a tyme as seynt Hugh goyng þorh France was innede for þe tyme in a town, þat is clepede Joye. þere came to him þe parish preste of þe towne, þe which was an olde man & a reuerent in siht, & wondre leene for grete penance doyng for his sinne as it was supposede, & whereof it foloweþ

20 after in processe, þe which I take as in short wordes to oure purpose, & þe self preste tolde of him self in þis manere:

    When I was ȝonge he seide, [&] was made preste, bot neiþer ȝeres nor maneres acordyng to þat worþi degre. þorh temptacion & stiring of þe feende I felle in to a grete dedely sinne.

25 In þe which sinne I contynuede without contricion & confession, þat is horrible to here, so as I was pollute in body & soule & gostly blynde & seke in þe feiþ. I vsede to synge my messe boldly *f. 119ᵛ* & dredde not to trete & receyue þat | worþi sacrament of cristes precious flesh & blode. And vpon a day as I was atte my messe in

30 tyme of þe consecracion felle to my mynde þe grete horrible sinne þat I hade so longe tyme contynuede in. & among oþere wrecchede þouhtes of my blynde herte. I þouht in þis manere, Lorde wheþere þat precious body in flesh & blode of my lorde Jesu þat is clepede þe brihtnes of euerlastyng life, & þat gostely

35 mirrour of þe godhede without wemme. is nowe made, tretede & receyuede verreyly of me so foule & abhominable sinnere. And so hauyng [in my mynde] sech vnthrifty þouhtes, when it came to þe tyme of þe fraction. & as þe vse is I hade broken þe hooste in tweyn. anone fresh blode ranne out þerof, & þat part þat I helde

40 in my hande was turnede in to flesh & alle ouere wete with þe rede blode.

    And þerwiþ I seynge þis. was alle astonede & abashede,

Nota.
Miraculum
de corpore
christi per
quendam
sacerdotem
ostensum.

& welnere out of my witte, & so as forloste þe consele of alle
reson. alle þat I helde in my handes I lete falle done in to þe
chalice.

Þere was þan to see & ȝit now is, a wonderfull myracle,
þat is to sey, wyne turnede opunly to mannus siht in to blode & 5
brede in to flesh, declaring expressely þe forme & þe soþenes of
þat blessede sacrament.

Forþermore he seide, when I sawe þees manere of likenes
abide stille without any turnyng or changyng. I dorst nomore
touche hem bot priuyly I hilede þe chalice with þe patene, & þe 10
patene with þe corporase, & after þe messe was done & þe peple
awey passede. I sette þe chalice with þoo holy reliques, þat ȝit in
to þis day beþ contenede þerinne in [a] conuenient place be side
þe autere with dewe reuerence to be kept.

After þis I went to þe pope, & made to him my confession 15
with soþefast tellyng of alle þe case before seide, & of alle myne
sinne. And after he hade enioynede me penance & dewe
satisfaccion. he assoilede me & lete me go. And so aftere þe
miracle publishede & knowen, þere comen fro diuerse cuntreys
mikel folke to see þo preciose reliques with grete reuerence 20
magnifiynge oure lorde Jesu, þat alone worcheþ sech hye miracles
& merueiles.

And þen at þe ende þe forseide preste | preide þe clerkes *f. 120ʳ*
of seynt hugh, to þe whech he tolde alle þe forseide tale. þat þei
wolde also telle it to him, so þat he miht be holpene as anentes 25
god þorh hees holy praieres.

Ande when þei hade so done. supposyng þat he wolde with
a grete desire haue gone fort se þe forseide merueiles. he
answerede in þis maner sentence, þat is worþily to be notede,
touching þe feiþ of þis holy sacrament: 30

Nota dictum   Wele he seide in þe name of oure lorde, Lette hem haue to
samcti   hem self þoo tokenes of hir misbyleue. What is þat to vs of þees
hugonis.   þinges? Wheþere we þat euery day seene with þe trewest innere
siht of oure soule alle holy & fully þis heuenly sacrifice. hauen in
merueile þe particleres ymages of þis ȝift of godde? As who seiþ 35
naye. Bot let him go see þo litel smale porciones þerof wiþ his
bodily eye. þat seeþ not alle þe hole with his innere gostly eye.

And when he hade þus seide, ȝiuyng his blessynge to þe
preeste at his goynge. afterwarde he reprehendet hees meyne of
hir curiosite, & not onely stablede hem in byleue. bot also 40
declarede opunly, þat þoo þinges þat oure feiþ techeþ vs. sholde
be vndirstande & halde more certaynly of trewe byleuyng man.

þen þoo þinges þat þis erþly liht by reson sheweþ to bodily siht.

Þus oure lorde of his speciale grace by opune miracles & merueiles shewede in þis blessede sacrament: draweþ sume folke out of hir misbyleue, & stableþ hem & strenghþ in trewe byleue
5 as it is nowe shewede in tweyn maneres.

Touching þe þridde cause of shewyng myracles & merueiles in þis blessede sacrament, þat is to opune prefe of þe grete vertue þerof in delyuerance of peynes & sauynge fro bodily meschefe & gostly: seynt *Gregore* telleþ in hees Dialoges: & also
10 in an Omelye vpon þat gospel of Luke, *Siquis venit ad me &c.* How þer was not longe before his tyme a man taken by enmyes & ladde in to ferre cuntreye & þere leide in prison & set in harde bondes longe tyme. And after many daies his wife þat harde no more of him, & supposede þat he hadde be dede: lete synge euery
f. 120ᵛ wike ones a messe, & offrede | þe sacrede hooste for his soule, &
16 also oft as þoo messes were so done for his soule: so oft tymes, his feteres & bondes were lowsede in þat prison. For longe tyme after when he was delyuerede oute of prison & comene home in to his owne cuntre: he tolde his wife with grete merueile howe þat
20 certeyne dayes euery wike, his bondes were lowsede & vndone, & his wife bisily acontyng & notyng þoo self dayes: vnderstode wele & hade knowlech þat als oft as she lete offre þe sacrede hooste for him: so oft was he lowsede & his bondes vndone.

And þen þe forseide seynt Gregore concludeþ in þis
25 sentence, Wherfore dere breþerne, hereof in certeyn consideracion takeþ & gedireþ in to ȝour mynde of þe sacrede hooste þat is offrede of vs, how miche it may in oure self vnbynde gostly þe bonde of oure herte, siþen þat it offrede of one man: was of so grete vertue þat it miht lowse in a noþer þe bonde of his body.
30 Wherfore miche oweþ euery preste to loue fort synge his messe oft siþes, & fort dispose him þerto by clene life & contricion & confession.

To þis self purpose also þe forseide seynt Gregore telleþ in þat boke clepede *Dialogus*, how vpon a tyme, when a bishope
35 was in þe see towarde Rome & þere came vpon him so grete a tempeste þat he was in despeire euer to skappe & come to lande : þe shipman þat was in a litel bote folowyng þe shippe, after þat þe rope wherewith þe bote was bonden to þe shippe, by violence of þat tempest was broken: sodeynly with þe self bote he was so cast
40 among þe wawes of þe see: þat þe bishope sawe no more of him. And afterwarde when þe bishopes shippe after many periles was driuen to lande in a certeyn yle: þe þridde day he went by þe see

Tercia causa mira-culorum in sacramento.

De quodam a vinculis absoluto virtute sacre hostie.

Nota.

De quodam in mari sal-uato virtute sacre hostie.

side bisily lokyng wheþere he miht haue seen of þe bote or of þe
shipman before seide, bot when he miht not se of hem in any
partye of þe see: supposyng þat þe shipman was drownede &
dede: hauyng grete sorowe for him: he lete singe a messe & offre
þe heleful sacrifice of goddus body for þe assoilyng of his soule. 5
And after warde in þe self shippe restorede he toke þe see | *f. 121ʳ*
towarde Italye, & when he came to þe hauen of Rome: þere
sodeynly he foonde alife þe forseide shipeman þat he wende hade
bene dede. Whereof gladde & ioyful: he askede him in what
manere he miht life so many dayes in so grete perile of þe see: 10
And he answerede & tolde, how oft siþes in þe flodes of þat
tempeste he was cast vp & done, nowe aboue þe bote ful of watere
& now vnder, & at þe last what for trauaile & what for fastyng,
when he was so ouercome & nere dede, þat he wist neiþere
forsoþe wheþer he slept or woke: sodeynly him þouht þat one 15
aperede to him in middes [of] þe see: & ʒafe him brede to ete, þe
which also sone as he hade eten, he toke strengþe, & sone after in
a shippe, þat came þereby he was taken & brouht to lande safe.

     And when þe bishope hade askede of him & vndirstande
þe day in þe which he hade receyuede þe forseide brede, & was 20
revigorede: þan knewe he wele þat it was þe self day in þe which
he lete þe preest singe for him, & offre þe sacrede hooste in þe
forseide yle for his soule.

     Þus sheweþ oure lorde opunly by myracles & merueiles þe
souereyn vertue of þis blessede sacrament, & þat not onely in 25
helpyng & sauyng of men alyue as it is now here before seide: bot
also þat is more to charge in lowsyng & vnbyndyng of soules
heþen passede out of þe fir & þe peynes of purgatory, as þe self
seynt Gregore telleþ in þe forseide boke pleynly of a monke, þat
for þe sinne of proprete was in þe peyne of purgatory, & after þat 30
þe sacrede hooste was offrede for him þritty dayes, he was relesed
& deliuerete out of peyne.

     And also howe a noþere soule was delyuerete out of
peyne: by vertue of þat blessede sacrament offrede for it alle þe
daies of a wike.   35

     And here mowe we se opun prefe of þe passing profite &
vertue of speciale messes done & songen boþe for þe qwikke & þe
dede.

     For als þe self seynt Gregore seiþ, þe holy sacrede hoost
syngulerely & souereynly helpeþ to vnbynde oure soules fro 40
synne, & moste principaly pleseþ þe kyng of heuen, & makeþ him
sawht to vs: when he comeþ to deme vs so þat | it be offrede with *f. 121ᵛ*

teres of compunccion & clannesse of herte.

For he þat in him self risyng fro deþ shalle neuer dye. ȝit
by þis blessede hooste in his mistery suffreþ eft for vs. For als oft
as we offre to him þe hooste of his passion. so oft we maken new
5 to vs his passion to oure vnbyndynge fro sinne.

Þus oure lorde Jesus fulle of mercye, & shewyng to vs
souereynly his endeles mercye in makyng & ȝiuyng of þis moste
preciouse gostly mete of his blessede body, worcheþ in diuerse
maneres as it is seide hees merueiles & miracles opunly shewede
10 in þis excellent sacrament, & ȝit continueþ priuely &
wondurfully. þere he vouche safe in hem þat by trewe byleue &
loue dreden him.

Bot þis loue & drede wanteþ many grete clerkes, þe which
leuen so miche vpon hir owne kyndely reson, & þe principales of
15 philosophy, þat is mannus wisdame grondete onely in kyndely
reson of man. þat þei wole not leue þe trewe feiþ tauht by holy
chirch of þis blessede sacrament, & þerfore þei fele not þe soþfast
confortable effecte of þe merueiles & myracles before seide
neiþer opune nor priuey touchyng þis holy sacrament.

20 Wherfore miche folke is deceyuet in þat party þat raþere
ȝiuen credence to þat a grete clerke techeþ acordyng to kyndely
reson. þen to þat holy chirch techeþ hereof onely in byleue aboue
reson.

For þere may no man sonere erre in byleue of þe
25 sacramentes of holy chirch & specialye in þis hye wondirful
sacrament of cristes precious flesh & blode. þen may grete
clerkes, bot þei haue grace of trewe mekenes & loue drede,
wherby þei leue hir owne witte & kyndly reson. & submitte hem
lowely by trewe byleue to þe doctrine of holy chirch.

30 Þat grace god graunt vs specialy of his grete mercye in
þees last dayes þat bene as it semeþ nihe to þe comyng of
Anticriste & hees disciples, þe whech shole principaly foonde to
destruye þe trewe feiþ of þis blessede sacrament, & þat by grete
clergy of mannus konyng, & by merueiles & miracles worchinge,
35 as seynt *gregore* in his morales vpon þat worde of criste in þe
f. 122ʳ gospel spekyng of Anticriste | & hees disciples. seiþ in þis
sentence, *þere shole rise vp fals cristenmen & fals prophetes, &*
þei shole shewe & worche grete signes & wondres in to so miche,
þat þei þat beþ goddes chosen folk if it may be, shole be brouht in
40 *to errour.* Soþely seiþ seynt Gregore now oure trewe martires
worchen merueiles. what tyme þei suffrene tormentes & peynes,
bot þen þat is to sey at þe comyng of Antycrist. hees disciples

Moralia 32
& Job 40.

Surgent
pseudo
christi &
pseudo pro-
phete &c.

when þei ȝiuen tormentes & peynes. þei shole also þerwiþ worche
m[eruei]les.

Lette vs þan þenke & haue in mynde what temptacion of
mannus þouht, þat shale be. when þe meke martire submitteþ his
body to tormentes. & neuerles þe tormentoure before hees eyene   5
worcheþ miracles, whose vertue shalle þan be so saddely grondet
in byleue. þat ne he shalle be meuede in his þouht. what tyme he
seeþ þat he þat tormenteþ also þerwiþ, by signes & merueiles
opunly shyneþ? For þan shalle Antyrciste by hye in wirchipe by
merueiles worching. & harde & sharpe by cruelte of tormentyng.   10

Þees bene þe wordes of þat holy doctour seynt *Gregore*; &
many moo spekynge of þe wondrefulle miht of Antycrist, & hees
disciples, & þe grete temptacion þat shalle be þat tyme to cristien
men. And it is likely by reson, þat as þe moste confort of oure
cristien byleue, stant in þis moste excellent sacrament of cristes   15
bodye. so Antycrist & hees disciples shole principaly worche in
to destruccion first of þe trewe byleue of þis blessede sacrament
in þe forseide tweyn maneres, þat is to sey by clergy & euidence
of worldes konnyng acordyng to naturele reson. & by merueiles
& miracles worching in fals deception.   20

And of þe first manere worching, we haue seene in oure
dayes, howe þe disciples of Anticrist þat bene clepede Lollardes,
hauen made mich dissension & diuision in holy chirch, & putte
many men in to errour of þis blessede sacrament, by þe fals
doctrine of hir maistere þe whech þorh his grete clergy & kunnyng   25
of philosophye was deceyuede. in þat he ȝaf more credence | to þe   *f. 122ᵛ*
doctrine of Arestotele þat stant onely in naturele reson of man.
þan he dide to þe doctrine of holy chirch & þe trewe doctours
þerof touching þis preciouse sacrament.

For Aristotle techeþ as kyndely reson acordeþ þat þe   30
accidentes of brede or wyne, þat is to sey þe colour, þe sauour &
so forþ of oþere. mowe not be bot in [þe] substance of brede or
wyne after hir kynde. Bot þe doctrine of holy chirch is, þat in þis
blessede sacrament, by speciale myracle of god aboue kynde, þe
colour þe sauour, & oþere accidentes of brede & wyne bene þere   35
with out hir kyndely subiecte, þat is to sey without þe substance
of brede & wyne, þat was before þe consecracion.

And for als miche as þis doctrine of holy chirch is aȝeynus
þe principales of philosophie þat is naturele science. þerfore þe
forseide maister of Lollardes reprouede it & scornede it, & so he   40
errede him self & made many oþere to erre touching þe byleue of
þis holiest sacrament, þe whech ȝeuen more credence to him for

þe opinion of his grete clergy. þan to þe trewe doctrine of holi chirch.

And þus ȝit in oure dayes haþ Antycrist wrouht in þe first manere before seide, by þis fals maister of Lollardes & many
5 oþere of hees disciples in to destruccion of trewe cristien byleue touching þis blessede sacrament of cristes body, & many oþere poyntis aȝeynus holi chirch. without þe seconde manere, þat is to sey worching of merueiles & miracles. For & Antecrist hade in hem hadde so grete powere, þat þei hade with hir resones, also
10 wrouht merueiles & miracles. it hade be likly þat holy chirch & þe trewe byleue specialy of þis blessede sacrament, in grete partie hade bene destruede for þe vnstablenes of þe most party of þe peple, not wiþstandyng þe grete merueiles & miracles many & fele þat oure lorde haþ shewede here before in þis holy sacrament
15 as it is seide. to strengþ vs & stable vs in þe trewe byleue þat holy chirch haþ tauht vs þereof.

In þe which byleue by reson we sholde be so saddely sette.
f. 123ʳ þat after þe sentence of þe apostle Poule, þouh | þere came done an Angele fro heuene & tauht þe contrarye. we sholde not ȝiue
20 credence to him, bot halde him as cursede, bot soþe it is þat þere may none trewe Angele teche þe contrarye of þe byleue of holy chirch, & þerfore he þat so doþ. is þe Angele of Sathanas & not of god, as bene alle þe fals lollardes, þe whech hauen neiþer trewe drede nor parfite loue of oure lorde Jesus, & þerfore þei fele not
25 þe gostly swetnesse of þis heuenly mete of his precious body, ne þe likyng mynde of hees merueiles shewede in þat blessede sacrament.

Bot we þat þorh grace standen in trewe byleue as holi chirch haþ tauht vs [of] þis souereyn holiest sacrament. with
30 gostly likyng of soule haue we in mynde, not onely þe merueiles & miracles writen & prechede of þat holy sacrament in diuerse maneres shewede as it is before seide. bot also considere we how þat oure lorde Jesus of his vnspekable gudenes shewede to mankynde he ȝiueþ him self to vs euery day bodily in þat precious
35 sacrament, as in a conclusion & most special[e] mynde of alle his blessede life, to souereyn confort & helpe of oure wrecchede life, þe which is fulle of temptaciones & ouere sette with many enemyes. Wherfore it is spedeful to vs contynuelye to crye after helpe of þe souereyne vertue of þis blessede sacrament, by þe
40 wordes þat holy chirch singeþ in þe ympne of þis sacrament þus,

O þou helefulle hooste þat opunest þe dore of heuen, þe O salutaris
batailes of oure enmyes oppressene & ouersettene vs, wherfore hostia.

ʒiue vs strengþ of wiþstandyng & brynge vs þi helpe to hir
ouercomyng.

Also to wiþstondyng of temptaciones & ouercomyng of
vices, to getyng of vertues & encrese of feruent affecciones in þe
loue of oure lorde Jesu. as for a fulle ende of alle his blessede life 5
before writen. her foloweþ a shorte deuoute praiere to him & his
blessede body in þe sacrament of þe awtere, þe which oweþ to be
seide in presence of þat holy sacrament at þe messe with inwarde
deuocion:

[H]Eyle holiest bodye of oure lorde Jesu criste þat art 10
nowe | soþefastly contynede here in þis moste excellent *f. 123ᵛ*
sacrament. I knowlech þe my lorde god wiþ my mouþe. I loue þe
with alle myne herte, & I desire þe with alle þe inwarde affeccion
of my soule. I beseke þe swete Jesu, þat þou vouch safe of þine
souereyne gudenes, þis day so benyngly & graciously to visite my 15
seke soule, desiringe to receyue þe gostly oure helefulle sacrifice
& welle of alle graces. þat I may with gladnes fynde medicine &
hele in body & soule, be vertue of þi blessede presence. Beholde
not lorde Jesu to myne wikkednesses & manyfolde negligences &
myne grete vnkyndenes, bot raþer to þine souereyn mercye, & 20
endles gudenes. Soþely þou art þat holy lambe wiþout wemme of
sinne. þat þis day art offrede to þe euerlastyng fadre of heuene for
þe redempcion of alle þe worlde.

Oo þou swettest manna, Angeles mete, O þou moste likyng
gostly drinke. bringe in to myne inwarde mouth þat honyswete 25
taste of þine helefulle presence. Kyndle in me þe feruour of þine
charite, qwench in me alle maner vices, shede in to me þe plente
of vertues, encrese in me þe ʒiftes of graces, & ʒif me hele of
body & soule, to þi plesinge. Mye god, I beseke þe, þat þou wille
so graciously bowe þe, & fro þi hye heuen nowe come done to me, 30
þat I knittede & ioynede to þe, be made one spirite with þe.

O þou wirchipful sacrament, I beseke þe þat alle myn
enemyes bene putte awey fro me, by þe strengþ of þe, & alle myn
sinnes forʒiuene, & alle wikkednesse be excludet by þe blessede
presence of þe.   35

Gude purpose lorde þou ʒiue me, myn maneres þou
correcte & amende, & alle myne werkes & dedes þou dispose in
þine wille. My witte & vnderstandyng, by þe swete Jesu be made
here clere wiþ a newe liht of grace. Myn affeccion be enflaumede
with fire of þi loue & myne hope confortede & strengþede with 40
þis blessede sacrament. so þat my life here profite euer in

amend[ment] to bettur, & at þe last fro þis wrecchede worlde with
a blissede departyng, þat I may come wiþ þe to life euerlastyng,

f. 124ʳ Jesu lorde | by vertue and grace of þi life blessede wiþ out
endynge Amen. amen. amen.

5   Jesu lorde þi blessede life˙ helpe & confort oure
wrecchede life. Amen.

[E]xplicit speculum vite christi complete.

EXPLANATORY NOTES

The primary purpose of the following Notes is to identify all citations of scriptural, patristic and monastic sources in Nicholas Love's *Mirror of the Blessed Life of Jesus Christ*, or in his base-text, the pseudo-Bonaventuran *Meditationes Vitae Christi*, and all additions made in Love's *Mirror* to that base-text. Further, the major variations among the families of manuscript of the *Mirror* are given here as well. Parallel discussions of theological issues in contemporary Middle English religious literature have also been adduced, particularly when the *Mirror* appears to refer itself to this literature. For ease of reference, the following notes are subdivided according to the major structural divisions of the *Mirror*.

ABBREVIATIONS

B: [Pseudo-] Bonaventure, *Meditationes Vitae Christi*, in *S. Bonaventurae Opera Omnia*, ed. A.C. Peltier, vol. 12 (Paris, 1868), pp. 509-630. See also *Iohannis de Caulibus Meditationes Vite Christi, olim S. Bonauenturo attributae*, ed. M. Stallings-Taney, Corpus Christianorum Continuatio Medievalis CLIII (Turnhout: Brepols, 1997).

EETS; o.s., e.s.: Publications of the Early English Text Society; original series, extra series.

N: The text of the present edition of Nicholas Love's *Mirror of the Blessed Life of Jesus Christ*.

PG: *Patrologiæ Cursus Completus ... Series Graeca*, ed. J.-P. Migne (Paris, 1857-66).

PL: *Patrologiæ Cursus Completus ... Series Latina*, ed. J.-P. Migne (Paris, 1845).

"ATTENDE" NOTE

Note, reader of the following book written in English, that wherever the letter "N" is placed in the margin, the words are added by the translator or compiler beyond those in the Latin book of *The Meditations of the Life of Christ* written, according to the common opinion, by the venerable doctor Bonaventure. And when it returns to the narrative and words of that doctor, then the letter "B" is inserted in the margin, as will be readily apparent to whoever reads or examines this book of *The Mirror of the Life of Christ*.

This note, which occurs even in the earliest manuscripts of the α and β manuscript traditions, is apparently authorial; the marginal notes marking Nicholas Love's additions to the *Meditationes Vitae Christi* are found throughout the text. The note does not occur in manuscripts of the γ textual family, although the marginalia to which it refers are usually present.

MEMORANDUM

Translated above, p. xv. The Memorandum is not present in any of the earliest manuscripts of the α, β or γ form of the text; in MS A1, it is added in another hand than that of the scribe. In all β manuscripts that have the Memorandum, it occurs not at the beginning, but at the end of the text.

7.19-20 ad fidelium ... lollardorum confutacionem] This verbal formula echoes Love's phrasing at 152.13-14, 156.15, and 221.3-5.

MONDAY

9.4-6 Quecumque ... capitulo] Rom. 15:4.

9.22-4 Seynt Austyn ... be þouȝt] Augustine, *De Agone Christiano*, *PL* 40, cols. 289-310 (citation from col. 297).

10.14-16 þe whiche ... contemplacion] Cf. 1 Cor. 3:1-3.

10.22-9 as seynt Bernerde seye ... deuocion] The reference is actually to the *Golden Epistle* of William of St. Thierry, which was commonly ascribed at the time to Bernard. *Guillaume de Saint-Thierry: Lettre aux frères du Mont-Dieu (Lettre d'or)*, ed. Jean Déchanet, Sources Chrétiennes 223 (Paris: Éditions du Cerf, 1976), pp. 282-5, para. 174; *The Works of William of St Thierry, vol 2: The Golden Epistle (A Letter to the Brethren at Mont Dieu)*, trans. Theodore Berkeley, Cistercian Fathers Series 12 (Spencer MA: Cistercian Publications, 1971), pp. 68-69.

10.36-9 as Seynt Gregory seiþ ... knoweþ not] Gregory, *XL Homiliarum in Evangelia Libri Duo*, *PL* 76, "Homilia XI", cols. 1114-18 (citation from para. 1, cols. 1114-15).

10.40-1 Also Seynt Jon ... Gospelle] John 20:30.

11.1-4 as seynt Gregory ... maneres] N is presumably referring here to the argument of the *Epistola Missoria* of the *Moralium Libri, sive Expositio in Librum B. Job*, *PL* 75, cols. 509-76, col. 782 (citing cols. 509-16).

11.23-4 þe holy virgine Cecile] B, referring to the story in the *Legenda Aurea*; see Th. Graesse, ed., *Jacobi A Voragine Legenda Aurea, Vulgo Historia Lombardica Dicta*, 1850; 3rd edn, 1890, repr. Osnabrück: Otto Zeller, 1969, pp. 771-77 (citation from p. 771). The passage referred to is that which gave Cecilia her primary iconographic attribute -- by which, ironically (since the point of the story is that she ignored even the playing of the organs), she became the patron of musicians.

12.13-21 as seynt bernarde seiþ ... denye god] B, citing Bernard, *Sermo in Cantica Canticorum* LXI, *PL* 183, cols. 1070-74 (citation from paras. 7-8, cols. 1073-74).

12.34-7 Herefore ... vertues] B, citing Bernard, *Sermo in Cantica Canticorum* XXII, *PL* 183, cols. 878-84 (citation from para. 11, cols. 883-84).

13.5-30 And for als mich ... & þe first chapitre] N addition.

16.14-18.26 Als seynt bernarde ... after þi mikel mercy] This is a reorganized paraphrase of Bernard, *In Annunciatione Beatae Mariae Sermo* I, *PL* 183, cols. 383-90 (citation from paras. 9-14, cols. 387-90).

16.19 *note* Numquid in eternum ...] N addition: Ps. 76:8.

16.26 *note* Misericordia eius ...] N addition: Ps. 144:9.

16.30 *note* Misericordia domini ...] N addition: Ps. 118:64.

16.37 *note* Principium verborum ...] N addition: Ps. 118:160.

17.7 *note* Justicia tua ...] N addition: Ps. 118:142.

17.16 *note* In pace ...] N addition: Ps. 75:3.

17.31 to his Chancelere Resone] in B, as in Bernard, the Father, as King, gives his judgement to Peace. The character of Reason, with its echo of the Logos-Christ of the opening of the Gospel of John, is an N invention.

18.6 *note* Domine in celo ...] B, citing Ps. 35:6 from Bernard.

18.14-15 bot þer was ... one dayis birþe *and note* Omnes declinauerunt ...] B, citing the *Vetus Latina* reading of Job 14:4 from Bernard.

18.20 *note* Non est ...] B, citing Ps. 13:1b from Bernard.

18.25 *note* Homines & iumenta ...] N addition: Ps. 35:7.

19.1-8 Also it semeþ ... trew wisdome] N addition.

19.13 *note* Misericordia & veritas ...] B, citing Ps. 84:11 from Bernard.

19.18-24 Þe which processe ... wrecchednes] N addition.

19.36-21.26 ... þe reuelationes made of hire to a deuoute woman which men trowen was seynt Elizabeth ... contyned in þe forseid reuelaciones] See Sarah McNamer, *The Two Middle English Translations of The Revelations of Elizabeth of Hungary, ed. From Cambridge University Library MS Hh.i.11 and Wynkyn de Worde's printed text of ?1493*, Middle English Texts Series 28 (Heidelberg, 1996). The passage cited comes from the fifth revelation, pp. 66-76. See also Livario Oliger, "Revelationes B. Elisabeth. Disquisitio Critica una cum textibus latino et catalaunensi", *Antonianum* 1 (1926), pp. 24-83 for a different Latin version of the *Revelations*.

20.9-12 Þe first is ... þin enmye] Cf. Matt. 22:37-39 and cognates. The injunction to "hate thine enemy" is not scriptural, but is an important theme in this revelation.

21.27 Also seynt Jerome] B quotes the description of Mary's daily activities from Jerome, to whom it is also attributed in the account of "The Nativity of Mary" in the *Legenda Aurea*, which B uses for other details.

22.29 plente of tyme of grace] Cf. Gal. 4:4.

22.37 *note* Petrus rauenensis] See Peter Lombard, *Collectanea in Epistolis D. Pauli, PL* 191, col. 1297 - 192, col. 520. The reference is to 191, cols. 1305-09.

23.15 perauentur redyng þe prophecie of ysaie] This passage, apparently deriving not from Bernard of Clairvaux, but from the *Revelations* of Elizabeth of Hungary, is lacking in B.

24.15-17 Heile ful of grace ... aboue al women] Luke 1:28.

25.13-14 Lo þou shalt ... his name Jesus] Luke 1:30-31.

25.16-26.10 Here seiþ sent Bernerd ... my lord Jesu] N addition, from Bernard *Super "Missus Est"* IV, *PL* 182, col. 183.

26.32-6 And forþermore ... alle mankynde] N addition, from Bernard *Super "Missus Est"* IV.

27.5-10 For as seynt Bernerd seiþ ... Bernerd] N addition, from Bernard *Super "Missus Est"* IV.

27.13-14 as it is writen in hire reuelaciones] B cites this detail from the *Revelations* of Elizabeth of Hungary.

27.16-17 Lo here ... after þi worde] Luke 1:38.

27.17-25 And so ... in wirchipe] N addition, incorporating a citation from Bernard, *Super "Missus Est"*

IV.

28.33-29.19 And so þis day ... *Aue maria &c.*] This passage, an N addition, summarizes the themes in the corresponding chapter of B, and stands in place of its final, summary paragraph. The following exposition of the *Ave Maria*, 29.20-31.20: "As I conceyne ... tretyse be writen. Amen" is an N addition.

31.10 cronyng] The β and γ manuscripts add at this point, "Gete us þese vertues as for oure spede / to þi sone Jesu & þi plesynge [from MS Tk2]."

31.12 endynge] At this point, the β¹ manuscript family adds, "Thus þenkeþ me may be hadde contemplacioun more conueniently aftir þe ordre of þe fyue ioyes of oure lady seynt marye in þe forseide gretynge Aue Maria &c. þan was byfore wryten to þe Ankeresse as it scheweþ here / Chese he þat lyste to rede or write þis processe as hym semeþ best or in oþere better manere ȝif he kan / so þat be it one be it oþere þat þe ende & þe entent be to þe worschippe & þe pleisynge of oure lorde Jesu and his blyssed moder marye [from MS Tk2]." β² reads, "Þus þenketh ... Aue Maria", followed by: ... and þis y sey noȝt to þat entent þat as ofte as þou seist þis gretynge for to sey it in þis manere but whan þe liketh to haue contemplacion of hir fyue ioyes & vertues byfore seyde to stir þi deuocion þe more to hir worschepe & þin profite [from MS Fo]." At the same point as the β addition, γ manuscripts add a Latin version of the preceding prayer, "¶ Ave maria, virgo mitissima / digna angelica salutacione. ¶ Gracia plena, Mater castissima / in tui prolis iocunda generacione. ¶ Dominus tecum, fide firmissima / in tui filij gloriosa resurreccione. ¶ Benedicta tu in mulieribus, spe certissima / in eius admiranda assencione. ¶ Et benedictus fructus ventris tui Jesus, Caritate plenissima / te coronans in celesti habitacione. ¶ Esto nobis auxiliatrix / in omni angustia et temptacione Amen [from MS Ar2]."

31.13-20 Siþen ... Amen] γ manuscripts omit.

32.9-12 Blessed be þou ... come to me? &c.] Luke 1:42-43.

32.26-7 My soule ... my sauyour *and note* Magnificat ...] Luke 1:46-47.

33.6-17 In þis forseid ... wirchipe of god] N addition.

33.32-4 Blessed be ... his peple *and note* Benedictus ...] Luke 1:68.

34.23-7 And as in a ... bot by man] N addition. In contradiction both of his source and of the literal meaning of the underlying biblical text, N stresses Joseph's lack of suspicion of Mary.

34.38-35.2 Þis is an opun ensaumple ... of avoutre] N addition.

36.14-35 Bot for als mich ... blessed modere Marie] N addition, expanded from B. N's reference, "þou þat art enclosed bodily in Celle or in Cloystre", would indicate that despite his statements that his book is written for "simple souls" of the laity, at least some religious are among his intended audience.

37.5-29 And so shold ... wiþout ende. Amen.] N addition.

37.27 Moneday] In fact, this chapter ends the *Prima Feria* section of B; but by introducing the qualification that this ends "þe tyme of Aduent in to þe Natiuite", N allows himself to continue the Monday section for four more chapters (that is, he includes B Tuesday as part of his own Monday section).

39.5-10 Bot in þis ... to þis world] N addition.

39.11 Bernard] From B, citing Bernard, *In Nativitate Domini Sermo* V, *PL* 183, cols. 127-30 (citation from para. 5, col. 130).

39.15-16 Lord ... peple] Ps. 10:14.

39.16-17 Wo to ȝow ... here] Luke 6:24.

39.36-7 seynt bernarde seiþ þus] B, citing Bernard, *In Nativitate Domini Sermo* III, *PL* 183, cols. 122-26 (citation from para. 1, cols. 122-23).

40.16-18 Joy ... gude wille] Luke 2:14 (not cited in B).

40.27-9 þat when ... wirchipe him] Hebr. 1:6.

40.41-41.3 lord of al ... seide before] N addition.

41.5-7 A child ... godhede] Is. 9:6.

42.4-5 as þe apostle Petur ... to be sauede] Acts 4:12.

42.6-7 Of þe whiche ... sal be seid aftur] N addition; if he is implying here that he will provide a discussion of the Holy Name at some later point in the *Mirror*, he did not in fact do so.

43.8-9 þe apostle techeþ ... hold vs paied] 1 Tim. 6:8.

43.16-18 of þe which ... þis chapitre] N here omits the closing section of the chapter in B, which comprises a series of quotations from Gregory and Bernard.

45.29-31 for als Dauid witnesseþ ... mennus sonnes] Ps. 44:3.

46.5-6 as þe gospel seiþ ... an oþere wey] Matt. 2:12.

46.7-10 What þat þes ... alle þat here] N addition, reflecting a passage from B omitted elsewhere.

47.10-12 Þat vertue ... Jesus. Amen] N addition.

47.13-15 De mora ... meditari] The first five words of Love's Latin are the title of the following chapter in B, most of which N omits.

48.7-8 as þe maner was] See Lev. 12:8.

48.20-22 Lord I þonk þe ... sauyoure &c] Luke 2:29-30.

48.23-4 & of þe ... moder herte] N addition, from Luke 2:35.

48.33 with liȝt ... goddus wirchipe] This reference to bearing of the candle in the Candlemas procession is an N addition.

48.36-9 Lord god ... alle þe world *and note* Suscepimus deus ...] Ps. 47.10. N here omits further citation in B of the psalms sung on this feast.

50.13-14 Bot ȝit ... shewe after] N addition.

50.21-30 And forþermore ... in dede. Amen] N addition.

50.31-2 And þus endiþ ... for þe Moneday] This is the end of the Tuesday section in B.

TUESDAY

53.30 þe prophete ysaye] Is. 19:1.

54.31-2 seynt Gregory seiþ] B, citing Gregory, *Homilia in Evangelia* XXX, *PL* 76, cols. 1219-27 (citation from 1221). This commonplace is also cited below, at 103.31-4.

55.32-56.2 Here mowe we ... as it is seide] N transition replacing a long, directed meditation addressed to the reader in the second person singular in B. Here, as in other omitted passages, B closely instructs his reader in imagining herself partaking in the events of the gospel narrative.

56.6-7 I am pore ... first ȝouh *and note* Pauper sum ...] Ps. 87:16.

56.32-4 Wherfore we ... forseid wey] N addition.

57.5-6 with presentes ... housholde] N addition.

59.14-15 & I behete ... befalle me] N addition.

59.18-22 In þis manere ... Jerusalem] N here omits an Italian geographical comparison in B.

60.8-11 And sume doctours ... also to perfeccion] N addition, replacing a passage in B that directs the reader's meditation to the scene of the boy Jesus questioning the teachers in the temple. Love's alteration, with its suggestion of the moral ambivalence of mendicancy, is hardly in keeping with the Franciscan spirituality of the underlying Latin text.

60.32-3 And þis is ... hir souereyns] N addition. Here, as elsewhere, he specifies the application of the text to a religious audience.

61.38-9 Jesus profitede ... god & man] Luke 2:52.

62.3-4 I am a worme ... of þe peple *and note* Ego sum vermis ...] Ps. 21:7.

62.17 as salomon witnesseþ *and note* Melior est ...] Prov. 16:32.

62.21-2 as god him self witnesseþ] Luke 17:10.

62.25-7 Who so ... deceyueþ himself *and note* Qui se ...] Gal. 6:3.

62.39 *note* Discite a me ...] Matt. 11:29.

63.2-3 What is ... Joseph] Luke 4:22.

63.3-4 In þe deuelues ... d́eueles] N addition, from Matt. 9:34.

63.8 aftur ... prophete *and note* Accingere gladio ...] Ps. 44:4.

63.16-17 Als longe ... to me] Matt. 25:40.

63.29-30 as seynt Bernarde seiþ in diuerse places *and note*] N here omits a B passage citing Bernard, *Ad Ogerum Canonicum Regularem*, and *Sermo in Cantica Canticorum XXXIV*, *PL* 183, cols. 211-17, 959-62.

63.31-2 For soþely ... vertue] N addition: note the personal reference.

64.1 Mannus ... serue] Matt. 20:28.

64.36 aftur þe doctrine of his apostle] 1 Tim. 6:8.

64.40-1 þat we mowe .. In joy. Amen] N addition.

65.38 *note* Aduena & peregrinus ...] Ps. 38:13.

66.25-7 Lord I sholde ... riȝtwisnes] Matt. 3:14-15.

67.12-15 When þe holi goste ... Heire ȝe hym] Matt. 3:17 and cognates.

67.16 seynt bernarde spekeþ] B, citing Bernard, *In Epiphania Domini Sermo I*, *PL* 183, cols. 141-47 (citation from para. 7, cols. 146-47).

67.24 Luke in his gospell] Luke 3:23.

67.39-40 Lerneþ of me ... herte] Matt. 11:29.

68.40-69.1 Explicit pars secunda ... Incipit pars tercia] The *Tercia Feria* section of B has already begun, at Caput XII (the opening of the Tuesday section in N: see above, 50.31-2). The *Quarta Feria* section will begin at Caput XVIII: 75.33 below.

WEDNESDAY

69.8 as þe Euangelist Marke telliþ] Mark 1:13.

69.24-5 in þat booke ... Collationes Patrum] B, citing Johannes Cassian, *Collationes*, *PL* 49, cols. 477-1328. The citation is from *Collatio* I, chap. 7, cols. 489-90.

69.28-9 in þe gospel ... shul se god] Matt. 5:8.

70.13-14 for oft siþes ... in to þe soule] Jer. 9:21.

70.26 as seynt Bernard seiþ] N here omits a passage from B, citing only the latter part of the B reference to Bernard, *Sermo in Cantica Canticorum LX*, *PL* 183, cols. 981-84 (citation from para. 4, col. 983).

70.31-2 & also ... religiouse] N addition.

71.4 seynt bernard sentence] B, citing Bernard, *Sermo in Cantica Canticorum LX*, *PL* 183, cols. 981-84 (citation from para. 5, col. 984).

71.28-9 If þou be ... loues] Matt. 4:3 and cognates.

71.35 *note* De abstinentia ...] See below, 98.1-37.

71.36-7 as þe enemye ... lyuyng] N addition.

71.40 as doctours seyn] B: "Sic enim dicit Glossa."

72.12 as seynt Bernard seiþ] B, citing Bernard, *In Die Sancto Paschae Sermo*, *PL* 183, cols. 273-84 (citation from para. 11, cols. 279-80).

72.18-22 as diuerse ... of þis boke] N addition.

72.26 seynt bernard seiþ] B, citing Bernard, *In Psalmum XC, "Qui Habitat" Sermones XVII, in Quadragesima Habiti, PL* 183, cols. 185-254 (citation from *Sermo* XIV, para. 4, col. 240).

72.27 as þe apostle seiþ] Hebr. 4:15.

72.37-9 not by ... of þe manhode] N addition; the balancing phrase at 74.40, "aftur þe godhede", is also an addition.

73.3 twey tymes] because of the disparity of the gospel accounts at Matt. 14:13-24, Mark 6:31-44, Luke 9:10-17 and John 6:1-13, tradition identified at least two separate occasions of multiplication of loaves and fishes.

73.5-7 Bot of hese ... here aftur] N addition; the reference is to Chapter 24, below.

73.8 he ... was wery] John 4:6-8.

73.18 as it befelle ... Daniel] Dn. 14:33-35.

74.6-11 Now take ... longe fast] expanded by N.

74.13-14 in þe stede of mynstrelsye] N addition.

74.15 as it longed to hem] N addition.

74.16-24 Þis felawship ... present gostly] N addition. The remainder of the paragraph, addressed to the reader in N, describes the attitude of the worshiping angels in B.

74.26-7 þat ȝiueþ ... creatours] Ps. 135:25.

75.2-10 And þus ... spekyng forþermore] N addition. The first reference is to Gregory, *Homilia in Evangelia* XVI, *PL* 76, cols. 1134-38. The second is to the *Opus Imperfectum in Matthaeum*, spuriously attributed to Chrysostom (see Eligius Dekkers, *Clavis Patrum Latinorum*, Sacris Eruditi 3 (Bruges, 1951), item 707): *PG* 56, cols. 601-946 (the citation is from *Homilia quinta ex capite quarto*, cols. 661-71). This passage is also cited in Alphonse of Pecha's *Epistola Solitarii ad Reges*, and from it in *The Chastising of God's Children*. See *The Chastising of God's Children and The Treatise of Perfection of the Sons of God*, ed. Joyce Bazire and Eric Colledge (Oxford: Blackwell, 1956), pp. 291-92. We should note that Love is probably here referring to such treatises on temptations as the *Chastising*, or the Latin and English versions of William Flete's *De Remediis contra Temptaciones*.

75.14-16 Lo þe lombe ... baptized him] John 1:29-32.

75.17-20 Afturwarde ... in his gospel] N has here compressed B.

75.33-76.18 mekely ... Amen] N paraphrase and expansion of the beginning of B Caput XVIII, which opens the *Quarta Feria* section.

76.9 *note* Vide in capitulo ... *and* 76.19 *rubric* De Aperitione ...] N translates the opening of B Caput XIX below, at 77.21.

76.36 vpon a sabbate day] Luke 4:16.

77.3-5 þe spirite ... send me &c.] Is. 61:1-2.

77.18-20 þou art ... lippes *and note* Speciosius forma ...] Ps. 44:3.

77.21] This is the opening of B Caput XIX.

77.21 *note* De qua vocatione ...] John 1:40.

77.28 as Luke telleþ] Luke 5:3.

77.31 as Mathewe telleþ *and note*] Matt. 4:19, Mark 1:17.

77.37-8 as seynt Jerome seiþ] B, citing the preface to the Gospel of John in the Vulgate.

77.41-2 saue þat ... hem alle] N addition, referring to Luke 6:14-16.

78.18-19 as of ... vnlernde] N addition.

78.28-30 Befelle ... þe Cane] N addition.

79.33-4 þis lesson of þe gospel] Luke 14:10.

79.36-8 þerfore ... symple men] N addition.

80.9-10 & as it ... processe] N addition; N here omits a citation from Bernard in B; part of this material has been displaced to 81.2 below.

80.17-18 þat is to sey ... in þat house] N addition. Although Love has missed the meaning of the word "architricline" (i.e. "the chief steward of the feast"), he has avoided the mistake of interpreting it as a personal name, as did both Walter Hilton (in Book I, Chapter 4 of *The Scale of Perfection*) and the anonymous translator of the Bodley 423 version of Aelred of Rievaulx's *De Institutione Inclusarum*. See *Aelred of Rievaulx's De Institutione Inclusarum: Two English Versions*, ed. John Ayto and Alexandra Barratt, EETS o.s. 287 (1984), p. 19, line 745 and note.

80.28-9 more sadly ... godhede] N addition.

80.42

81.1-2 What is ... woman] John 2:4.

81.2 As seynt bernard seiþ] N displacement of material in B at 80.9-10 above, citing Bernard, *Dominica Prima Post Octava Epiphaniae Sermo* II, *PL* 183, cols. 157-62 (citation from para. 5, col. 160).

81.22-9 Forþermore ... & gostly likyng] N addition. The phrasing of the second sentence suggests that of Hilton's treatment of the same theme, in Book I, Chapter 4 of the *Scale*.

81.29-36 Aftere þis ... edificacion] N here loosely paraphrases B; the final sentence of the chapter in N replaces that in B.

82.8-11 þe whiche ... his blisse *and note* Augustinus ...] N addition. The reference is to Augustine, *De Sermone Domini in Monte*, *PL* 34, cols. 1229-1308 (the citation is from cols. 1229-30).

82.14-18 & diuerse doctours ... of meditacione] N here paraphrases B, adding the reference to writings "in latyn & english".

82.23-4 namely he ... worldly gudes] N addition.

82.30 Wherfore seiþ seynt bernarde *and note* Bernardus ...] B, citing Bernard, *De Adventu Domini Sermo* IV, *PL* 183, cols. 47-50 (citation from para. 5, col. 49).

82.38-83.3 Lo he ... worldly gudes.] N addition.

83.13-86.6 And specialy ... contemplacion] N addition. Norman Blake notes, "Some Comments on the Style of Love's *Mirror of the Blessed Life of Jesus Christ*", in *Nicholas Love at Waseda*, pp. 99-114, that the tone of this passage is both more Latinate and more colloquial than that usual in Love's translation of the *Meditationes Vitae Christi*, and employs a striking amount of repetition of sounds.

84.16-19 Bot for ... hereof] Similar criticisms of those who prefer private prayers to those ordained by the church can be seen in Hilton's *Scale of Perfection*, Book I, Chapter 28, and in Chapter 27 of *The Chastising of God's Children*. See *The Chastising of God's Children*, ed. Bazire and Colledge, pp. 220.5-221.28. Elizabeth Salter, *Nicholas Love's "Myrrour"*, p. 33, referred Love's mention of other expositions of the *Pater noster* specifically to *The Pater Noster of Richard Ermyte*, although there are a number of others which he may equally have intended. In MS Mu, which belonged, apparently, to the wife of Thomas Beaufort, the "second founder" of Mount Grace, the *Mirror* is followed by a copy of *A Myrour to Lewde Men and Wymmen*, a didactic treatise structured as a commentary on the *Pater noster*. See *A Myrour to Lewde Men and Wymmen*, ed. Venetia Nelson, Medieval English Texts 14 (Heidelberg: Carl Winter: Universitätsverlag, 1981).

85.29 þe prophete Abdo] 3 Kg. 13:24.

85.31-2 as holy writ witnesseþ *and note* Justus si morte ...] Wis. 4:7.

86.2-3 neuerles ... sufficiantly] see above, note to 84.16-19.

86.7 after þat noble lesson] N here returns to B.

87.21-4 Þe gospel ... Marie Maudeleyn] N addition, referring to the sermon *De Salomone*, ascribed to Ambrose: *PL* 17, cols. 693-702 (the reference is to chap. 4, para. 14: col 698).

88.19-20 forseid ... sorow of herte] This passage, which is underlined in red as are other direct citations from scripture, is not in fact to be found in the text on which this chapter of B is based, Luke 7:32-50.

89.7 barefote *and note* Discalcatus Jesus] The reference in B to Christ's going barefoot, like references elsewhere to his poverty, may be seen as reflecting Franciscan practices.

89.20-6 & also ... grete deuocion] N addition. The reference to Magdalen's later anointing Christ's head derives from the traditional identification of the unnamed woman in the Gospel of Luke and cognates (including John 11:2) with Mary, who is identified in John 12:3, and with the unnamed woman taken in adultery, John 8:3-11.

89.38 passyng alle oþer prophetes] N addition.

89.40 & more þan a profete] N addition.

90.4-5 Many sinnes ... loued miche] Luke 7:47.

90.7-8 þi feiþ ... in pees] Luke 7:50.

90.15-21 In þe forseide ... his mercy] N addition.

90.24-5 charite ... sinnes] 1 Pet. 4:8.

90.26 as seynt bernarde seiþ *and note* Bernardus ...] B, citing Bernard, *Sermo in Cantica Canticorum* XXVII, *PL* 183, cols. 912-21 (citation from para. 10, cols. 918-19).

90.34-94.2 Forþermore ... blessede Jesus] N addition, in place of the remainder of the chapter in B.

90.37-8 penance ... of dede] This formulation of the three requirements for true penance is traditional: see Thomas Aquinas, *Summa Theologica* Pars III, Quest. 90, ed. J.-P. Migne (Paris, 1859), vol. 4, cols. 911-16, and the later declaration in the papal bull *Exsultate Deo* (22 Nov., 1439): Henricus Denzinger and Adolfus Schönmetzer, eds., *Enchiridion Symbolorum, Definitionum et Declarationum de Rebus Fidei et Morum*, 36th edition: emended (Freiburg im Breisgau: Herder, 1976), item 1323.

91.31-3 What so euere ... in heuen] Matt. 16:19.

94.3 *rubric* Hic pretermittuntur ...] N here omits B Capitula XXIX, XXX.

94.12-19 Lord Jesu ... be þou euere] N addition.

94.33-5 & in þat ... hir nede] N addition. Love may be responding here to Lollard arguments for disendowment as a remedy for the abuse of clerical wealth, on which see Anne Hudson, *The Premature Reformation: Wycliffite Texts and Lollard History* (Oxford: Clarendon Press, 1988), pp. 334-46. On the other hand, this argument was not unique to the Lollards: see Pamela Gradon, "Langland and the Ideology of Dissent", *Proceedings of the British Academy* 66 (1980), pp. 179-205. On the other hand, although it is unclear what other question Love might have been addressing in adding this defence of the right of the clergy to hold money, the text does not specifically refer to disendowment.

95.19-21 I haue mete ... sent me] John 4:32.

95.26-35 Miche more ... nekst Chapitre] N addition. The reference is to Augustine, *In Johannis Evangelium Tractatus* CXXIV, *PL* 35, cols. 1379-1975 (citing *Tractatus* XV, cols. 1510-22).

95.36-40 *rubric* Hic pretermittuntur ... pro die Jouis] N here omits B Capitula XXXII-XLIII.

96.7-8 þat euer ... hir lawe] N addition.

96.11-16 As Dauid ... hem leue] N addition.

96.17-36 Bot if ... to vs] N here expands on B.

96.37-8 Þat is to sey ... abstinence] N here compresses B.

96.39-97.10 And as to ... comparisone] N addition, in place of a passage in B that refers specifically to the religious vocation of its original addressee.

97.11-23 For oþer ... set at nouht] N here paraphrases B.

97.16-19 as it semed ... nedye] N addition.

97.23-4 Bot neuerles ... þerof] N addition.

97.26-42 Bot if ... domini] N addition.

98.7 seynt bernarde in diuerse places *and note* Bernardus ...] B, citing Bernard, *Sermo de Conversione ad Clericos*, *PL* 183, cols. 833-56 (citation from cap. 8, para. 13, cols. 841-42).

98.10-19 Wherefore ... made him to] B, citing Bernard, *Sermo de Diversis* XVI, *PL* 183, cols. 579-83 (citation from para. 2, col. 580).

98.20-99.29 And soþely ... Amen] N addition, often loosely paraphrasing the discussion in B.

99.8 as seynt bernarde seiþ *and note* Bernardus ...] Bernard, *Sermo in Cantica Canticorum* XXIII and *In Cantica Canticorum* XLIX, *PL* 183, cols. 884-94, 1016-20, are cited in B.

99.11 as seynt Austyn seiþ] Augustine, *Confessionum Libri Tredecim*, *PL* 32, cols. 659-868 (citation from Bk. X, chap. 30, para. 44: col. 797).

99.31-3 *rubric* Item bernardus ... domini] So B, citing Bernard, *In Circumcisione Domini Sermo* III, *PL* 183, cols. 137-42 (citation from para. 11, col. 142). The reference to the "Epistola ad fratres de monte dei", as above (note to 10.22-8), is to the *Golden Epistle* of William of St. Thierry, *Guillaume de Saint-Thierry: Lettre aux frères du Mont-Dieu*, ed. Déchanet, pp. 242-44 (paras. 126-28); *The Works of William of St Thierry, vol 2: The Golden Epistle*, trans. Theodore Berkeley, p. 53.

THURSDAY

101.4 Tweyn tymes] This is the opening of B Caput XXXIV, referring to the separate accounts in Matt. 15:32ff. and John 6:5ff. N has here omitted B Capitula XXXII, XXXIII; part of the omitted material will be used in Chapter 28.

101.14 I haue ... peple] Matt. 15:32a; the remainder of the verse will be cited at 101.18-20: for lo ... ete; and 102.2-4: If I ... þe wey.

101.16 Alle ... mercy] Ps. 32:5.

101.23-4 þat he haþ likyng to dwel with vs] Prov. 8:31.

102.5-12 & þerfore ... in erþe] N addition.

102.32-9 Also here ... Amen] N here paraphrases a passage in B referring specifically to the author's sense of his own sinfulness. N omits the remainder of the chapter in B.

103.31 as seynt Gregory seiþ] B, citing Gregory, *Homilia in Evangelia* XXX, *PL* 76, cols. 1219-27 (citation from 1221). This commonplace is also cited above, at 54.31-4.

104.5 as þe apostle seiþ] Gal. 6:3.

104.7 in þe gospel] Luke 17:10.

104.12 *note* 5^m] N has in fact omitted the fifth reason in B, proceeding immediately to the sixth.

104.20-1 seynt bernard spekeþ] B, citing Bernard, *In Ascensione Domini Sermo* IV, *PL* 183, cols. 309-16 (citation from paras. 3-5, cols. 310-11).

104.24-5 & hye miht ... Lucifer þat] N addition.

104.35-6 ȝe shole ... ille] Gen. 3:5.

104.36-105.5 And for als miche ... as he dide] N addition, in place of the remainder of the chapter in B.

105.19-36 Bot what ... Amen] N addition, paraphrasing the arguments from Bernard, *Sermo in Cantica Canticorum* XVII, *In Cantica Canticorum* XXXII, and *In Cantica Canticorum* LXXIV, *PL* 183, cols. 855-59, 945-51, 1139-44, cited in B.

105.32 diuerse tretes of contemplacion] The question of spiritual aridity in the contemplative life is the primary subject of *The Chastising of God's Children*, which according to its editors would have been composed between 1382 and 1408. They specifically date it prior to Arundel's Oxford Constitutions. See *The Chastising of God's Children*, pp. 34-37. Colledge and Bazire note particularly an *ex libris* in MS Bodley 923 of *The Cleansing of Man's Soul*, a work that refers to the *Chastising*; the *ex libris* identifies the owner of the book as Sibyl de Felton, Abbess of Barking, and is dated 1401; Sibille de Felton left a similar, but undated, *ex libris* inscription in MS Fo of Nicholas Love's *Mirror*.

106.11 he loweþ ... manhede] N addition.

106.16-17 þat we sholde ... preiere] N addition.

106.19-24 He tauht ... luke telleþ *and note*] Luke 18:1-4.

106.25-29 Also ... to 3owe *and note*] Luke 11:5-9.

107.5-7 & fele ... not spoken] N addition.

107.12 & doctours seyinges] N addition.

107.20-5 Of þis ... of hem *and note* Bernardus ...] N addition, in place of a passage in B citing Bernard, *Sermo in Cantica Canticorum* IX, *In Cantica Canticorum* LXXXVI, and *In Quadragesima Sermo* V, *PL* 183, cols. 178-81, 815-19, 1195-98.

107.34-7 þat was ... confort & help] N addition.

108.1-2 & was ... his wille] N addition.

108.6 he þat 3e desiren] N addition. The scriptural citation is from Matt. 14:27.

108.9 as a gret wynd blewe] N addition.

108.14-15 Þis is ... shortly] N addition.

108.23-5 he beteþ ... of auoutrye] Hebr. 12:6, 8.

108.38-41 Neuerles ... tretees *and note* Bernardus ...] N addition, in place of a passage in B citing Bernard, *In Psalmum XC*, "*Qui Habitat*" *Sermones XVII*, *PL* 183, cols. 185-254 (citation from *Sermo* XVI), *Sermo in Cantica Canticorum* XIII, *In Cantica Canticorum* XXV, and *In Cantica Canticorum* LXXXV.

109.8-9 *rubric* Capitulum sequens ... capitulo xxx°] N here omits B Caput XXXVII. Part of the omitted material will be included at the end of Chapter 31.

109.22-7 þat þei breken ... þorh malice] N addition, in place of a passage in B. One sentence of the omitted material will be used in the summary of this chapter.

109.28-110.18 Also oft siþes ... any sclandre] B text displaced from above: see note to 95.36-40.

110.19-35 Wherefore ... his broþere] N addition.

110.36-8 Also ... no vertue inne] from B.

110.39-111.8 Neuerles ... seide before] N addition.

111.12 What tyme] This is the opening of B Caput XXXIX.

111.12-14 What tyme ... heuen] N expansion of B, giving the scriptural setting from Matt.19:16-30 and cognates. This chapter in N is generally an expanded version of B.

111.37-112.6 Þis speciale 3ift ... graunt vs part Amen] N addition, in place of B, which cites Bernard, *Sermo in Verba Evangelii:* "*Ecce nos reliquimus omnia*", *PL* 184, cols. 1127-32. The scriptural citation of Ps. 30:20 at 112.2-3 does occur in B; it will be echoed in Love's treatment of the Eucharist. See below, 153.3-5 and 225.10-12. The present passage appears, indeed, to foreshadow these later discussions.

112.6] N here omits B Caput XL.

112.9-113.26] This chapter is an expanded version of B Caput XLI.

112.9-25 Oure lord ... day aftur] N addition.

112.26-7 as clerkes seyn] N addition.

112.32-113.3 In þe which ... & Jesus] N addition; the scriptural citation is Mark 9:5-6.

113.9-13 þat is to sey ... in Helye] N addition.

113.19-26 And as ... Jesus crist, Amen] N addition.

113.29] This is the opening of B Caput XLIII. N has here transposed two chapters in B.

113.32 aftere þe opinione of sume clerkes] N addition.

114.2-3 & bade hym ... more plenerely] N addition.

114.10-11 as seynt Austyn seiþ] B, citing Augustine, *Sermo* CLXIX, *PL* 38, cols. 915-26 (citation from chap. 11, para. 13: col. 922).

114.17-18 Go ... to þe] John 5:14.

114.18-21 For oft ... bodily sekenes] N addition.

114.40 as seynt bernard sheweþ in diuerse places] N here omits a passage in B citing Bernard *Sermo in Cantica Canticorum* XIV, *In Cantica Canticorum* XL, and *In Cantica Canticorum* LIV, *PL* 183, cols. 839-43, 981-84, 1038-44.

115.4-5 What so ... him sorye *and note* Non contristabit ...] Prov. 12:21.

115.9-19 Forþermore ... sermone lxxjᵒ] N paraphrase of B, citing Bernard, *In Psalmum* XC, "*Qui Habitat*" *Sermones* XVII, *PL* 183, cols. 185-254 (citation from *Sermo* XII, para. 6, col. 233). See above, 109.8-9.

115.23] This is the opening of B Caput XLII: see above, 113.29.

115.37-8 aftur þe exposition ... is ful dredeful to al cristien men] N addition, more negative in tone than in the comparable passage in the original.

116.11-13 Bot for ... þis tyme] N addition.

116.22] This is the opening of B *Feria Quinta*, Caput XLV.

116.35-117.1 þat was so ... in ydulnes] N addition.

117.7-118.5 And þen ... as ydul] N addition.

118.27-9 First as ... plernerly] N addition.

119.15-123.4 Vpon þis ... lord god. Amen.] N addition, in place of the treatment of the active and contemplative lives in B Capitula XLVI-LVIII. Interestingly, N presents a more conservative treatment of the "mixed life", here attributed to bishops and prelates (such, we may note, as Carthusian Priors) who were already experienced in both the active pursuit of virtue and in contemplation, than does Walter Hilton, whom he cites below. Hilton prescribes a form of "mixed life" to active people – including some members of the laity – who find themselves drawn to the ideal of contemplation despite their status in the world.

119.32-120.3 For seynt Gregory seiþ ... ydulnes] Gregory, *Moralia in Job*, *PL* 75 (citation from Bk. V, chap. vet. 20, cols. 705-07).

119.38-40 spekeþ ... sabbata eius] Lam. 1:7.

120.4-25 Also þe same ... seiþ gregory] Gregory, *Moralia in Job*, *PL* 75 (citation from. Bk. VI, chap. vet. 23, cols. 758-59).

120.26-39 Hereto acordyng ... so shortly] The moralization of the characters of Jacob, Rachel and Leah (from Gen. chaps. 29-30) was a commonplace in medieval contemplative literature: the most prominent treatment in Middle English is in *A Tretyse of þe Stodye of Wysdome þat Men Clepen Beniamyn*. See Phyllis Hodgson, ed., *Deonise Hid Diuinite and other Treatises on Contemplative Prayer Related to The Cloud of Unknowing*, EETS o.s. 231 (1955, for 1949), pp. 11-46.

122.34-123.4 Whereof ... lord god, Amen] Love's primary reference here is to Hilton's letter *Of Mixed Life*; see *Walter Hilton's Mixed Life, Edited from Lambeth Palace MS 472*, ed. S.J. Ogilvie-Thomson, Salzburg Studies in English Literature: Elizabethan & Renaissance Studies 92:15 (Salzburg, 1986). Secondarily, Love would also have been referring to Hilton's more prominent *Scale of Perfection*: the *Mixed Life* occurs together with at least parts of the *Scale* in ten of fifteen originally complete manuscripts and early prints. We may also note that the *Mixed Life* occurs in *Mirror* MS Ch.

123.7-11 Among alle ... diuerse misteries] N expansion of the opening of B Caput LXVI. N has here omitted B Capitula LIX-LXV; parts of Capitula LX and LXV will be translated below, 126.15-127.3.

123.7-10 Among alle ... itself] Augustine, *In Johannis Evangelium Tractatus* CXXIV, *PL* 35, cols. 1379-1976. The bulk of this chapter derives from *Tractatus* XLIX; the immediate citation is from col. 1746.

123.11-14 þe whech ... to þe purpose] N addition.

123.15-125.11 And for als miche ... as it is seide] Augustine, *In Johannis Evangelium ... Tractatus* XLIX, paras. 2-3, cols. 1747-48.

125.12-19 Bot neuerles ... here ouere] Gregory, *Moralia in Job*, *PL* 76 (citation from Bk. XXXIII, chap. 24, cols. 666-67).

125.20-126.6 Of þe reisyng ... of þe peple] Augustine, *In Johannis Evangelium ... Tractatus* XLIX, para. 3, col. 1748.

126.7-15 Bot now ... witneseþ] N addition.

126.15-127.3 And first ... hees disciples] N here translates B Caput LXV, suppressed above, inserting into it a section of Caput LX. See above, 123.7-11.

126.21-3 how longe ... vs opunly] John 10:24.

126.29-31 I speke ... what I am] John 10:25.

126.31-7 And after ... malice] N addition.

126.32 I & ... alone] John 10:30.

127.8 Lo lord ... seke] John 11:3.

127.14-128.29 þis infirmite ... seide] N addition.

127.14-15 þis infirmite ...þerby] John 11:4.

127.40-1 he duelled ... Jewery] John 11:6-7.

127.42-128.2 Maister ... þe day] John 11:8-9a.

128.5-19 Bot ... or erre] Augustine, *In Johannis Evangelium ... Tractatus* XLIX, para. 8, cols. 1749-50.

128.13-14 Are þere not ... erreþ not] John 11:9.

128.21-2 Lazare ... fro slepe] John 11:11.

128.23-4 Sir if ... sekenes] John 11:12.

128.29-30 Lazare is dede ... ȝowe] John 11:14b-15.

128.30-130.23 þat þereby ... to life aȝeyn] N addition, echoing the argument of Augustine, *In Johannis Evangelium ... Tractatus* XLIX, paras. 14-17, cols. 1752-54.

130.24-133.15 Who so wole ... mykel myrth] Augustine, *In Johannis Evangelium ... Tractatus* XLIX, para. 19, col. 1755.

131.11 Lord come & se] John 11:34b.

131.12 Lo ... him] John 11:36.

131.13-14 I came ... penance] Matt. 9:13.

131.34-5 Lord now ... dede] John 11:39.

132.8-9 Wille ȝe ... lecherye *and note* Nolite inebriari ...] Eph. 5:18.

132.27-133.2 Þis is ... sentence] Augustine, *In Johannis Evangelium ... Tractatus* XLIX, para. 24, cols. 1756-57.

133.2-15 Alle þis ... myrth] N addition.

133.15-22 And þen ... to Jesu] N paraphrase of B.

133.23-5 Now þen ... sentence] N addition.

133.25-134.2 Alle þese ... hauen nede] Augustine, *In Johannis Evangelium ... Tractatus* XLIX, para.

19, cols. 1755-56.

134.4 *rubric* Hic pretermittuntur ...] N here omits B Capitula LXVII and LXVIII.

134.6 Aftere ... seide] N addition.

134.6 when þe tyme] This is the opening of B Caput LXIX.

134.18-135.8 And so ... worldes changyng] N addition.

134.25-6 haþ not ...wryten] All manuscripts read "haue ȝe not wryten of þe wiseman", but the sense demands the reverse.

134.26 þere is ... god] Prov. 21:30.

134.31-2 þe story ... Tite & Vespasiane] The story of the siege and destruction of Jerusalem by Titus and Vespasian was quite widespread in the middle ages. There were two Middle English poetic versions, and one in prose. See Lillian Herlands Hornstein, in J. Burke Severs, ed., *A Manual of the Writings in Middle English 1050-1500* vol. 1 (New Haven: The Connecticut Academy of Arts and Sciences, 1967), item [107].

134.36 þat þe ... best] This reading occurs in no manuscript, but is required by the sense.

135.18-22 where he duelled ... declareþ] N addition.

135.27-8 Ovure lord ... ȝiuyng] N addition.

135.28-9 riht as in] This is the opening of B Caput LXX.

136.6-7 And forþermore ... temple] N addition.

136.22 þat hade ... leprose] N addition.

136.25-7 And as ... oure lorde] N addition. The scriptural reference is to John 12:2.

136.29-137.16 of þe which ... contemplatif life] N addition.

137.42-138.35 Here mowe ... before seid] N addition.

138.20-1 as it is opunly shewede in þe gospell of Marke & of Luke *and notes*] Mark 12:41-44; Luke 21:1-4.

138.36-139.17 Bot nowe ... dredynge] N addition, loosely paraphrasing some ideas from the remainder of the chapter in B.

139.20] N omits the first sentence of B Caput LXXI.

139.22-3 bot ... purpose] N addition, citing Zach. 9:9.

140.23 þe apostle poule] Hebr. 5:7.

140.27 Also holi chirch makeþ mynde] B refers to the hymn "Vagit infans inter arcta conditus". See Ulysse Chevalier, *Repertorium Hymnologicum* (Louvain, 1897), no. 21095; Franz Joseph Mone, ed., *Lateinische Hymnen des Mittelalters, aus Handschriften herausgegeben und erklärt* (1853, repr. Freiburg im Breisgau: Aalen, 1964): vol. 1, no. 101, vv. 17-19.

140.40-141.2 & also ... chapiter] N addition.

141.15-16 Soþely ... Amen] N addition.

141.20-144.12] This entire chapter is an N addition, in place of B Caput LXXII. N may have omitted the B chapter, "Quomodo Dominus Jesus mortem suam praedixit matri", because of its apocryphal character; but we should note that he did not hesitate to translate the parallel, and equally apocryphal, account of Jesus' apparition to his mother first on Easter Sunday.

142.17 Wo ... pharisees] Matt. 23:13-33.

142.36-8 witte ȝe ... crucifiede] Matt. 26:2.

142.42-143.1 on þe morow þat was þe wendesday] In the gospel accounts, the dating of the council of the chief priests and elders, and of Judas' betrayal of Jesus to them, is indefinite: Matt. 26:3 begins, "tunc ...". Love's purpose here, as below at 143.16-18, appears to be to explain the monastic practice of fasting on Wednesday.

144.33-4 & þe maner ... þe lawe] N addition.

145.9-16 Now take hede ... processe] N addition, incorporating material omitted below. The reference to the pacing of the work is original to N.

145.20 aloft] N here omits a passage in B referring to the mention in the Life of St. Martial of Christ's washing the feet of seventy-two disciples. The omission may reflect Love's Carthusian vocation, since a Carthusian prior would only wash the feet of the twelve other choir-monks of his house in the Maundy Thursday service.

145.39-40 at Rome in þe chirch of Lateranensis] The reference in B is in the first person: "ego vidi ... et ego eammet mesuri". The Church of St. John Lateran was a famous pilgrimage site in the Middle Ages, where the Table of the Last Supper was just one of the wonders to be seen.

146.3-4 He þat ... betraye me] Matt. 26:23 and cognates.

146.22-4 I haue ... bytraye me] Luke 22:15.

146.39 as seynt Austin seiþ *and note* Augustinus ...] B, citing Augustine, *In Johannis Evangelium ... Tractatus* LXI, cols. 1799-1801.

147.9-10 as whan ... þerto] N addition, in place of a passage in B referring to material in the chapters on the active and contemplative lives omitted above.

147.22-6 Þis was ... diuerse heretikes] N addition, apparently preparing for the addition of the anti-Lollard arguments below.

147.30-35 And þus miche ... bodily fode] N addition. The argument that Christ was not recorded otherwise as eating meat may refer to Love's Carthusian vocation, since the Carthusians were vowed to vegetarianism.

148.1-2 þat were ... þouht do] N addition.

148.8 þat elles ... in blisse] N addition.

148.37-8 If 3e ... dede] John 13:17.

148.39-149.3 Here also ... þridde article] N addition.

149.17-21 Takeþ ... of sinnes] Matt. 26:27-28.

149.22-3 And aftur ... in hem] N addition.

149.23-4 þis doþ ... of me] Luke 22:19.

149.29-36 And on ... sacrament] N addition.

149.37-150.12 Þis is ... forme of brede] from B.

150.7-8 & þat shale ... mankynde] N addition.

150.12-154.14 euery day ... without endyng. Amen] N addition.

150.26-40 As anentes ... blessede sacrament] N also opens the "Treatise on the Sacrament" with the argument that the Eucharist is an extension of the Incarnation: see below, 223.24-224.38.

151.31-152.1 Þe which feiþ ... heritike seiþ] In this concise formulation of the doctrine of the Eucharist, Love has stated the traditional teaching on the consecration and transubstantiation, echoing the wording of the condemnation and abjuration of Berengar of Tours: see *PL* 148, cols. 809-12 (Denzinger and Schönmetzer, *Enchiridion Symbolorum*, no. 298). See also Thomas Aquinas, *Summa Theologica* Pars III, Quest. lxxiv-lxxviii: ed. J.-P. Migne (Paris, 1859), vol. 4, cols. 704-72, and the later declaration in the papal bull *Exsultate Deo*: Denzinger and Schönmetzer, *Enchiridion Symbolorum*, nos. 3121-22.

152.13-16 Bot here ... oure lord Jesus *and note*] This echoes (or is echoed by) the phrasing of Arundel's approbation of the *Mirror*: see above, 7.19-20. The phrasing of 156.15, at the end of this chapter, is similar as well; and there is a direct echo at the close of the part of the *Mirror* translated from the *Meditationes Vitae Christi*, at 221.3-5 below.

152.13 *note* Nota bene prior lufe] This note occurs in another hand than that of the scribe in MS A1, and does not occur in any other manuscript at all.

155.3-5 A lorde ... dreden þe *and note* Quam magna] Ps. 30:20. This verse has a particular resonance in Love's Eucharistic devotion. When it occurred above at 112.2-3, in a section replacing the text of the *Meditationes*, Love used it to make what appears to be a reference to the present example; and it will be cited again below at 225.10-12, in the "Treatise on the Sacrament".

153.17-25 For what tyme ... bodily siht] Although Love here belittles the importance of such visual miracles of the Eucharist as are recounted in the Lives of Edward the Confessor and Gregory the Great, these are precisely the miracles that he will translate in the "Treatise on the Sacrament". We should also note that the two reasons named here for such miracles, that they strengthen belief and comfort the faithful, are repeated as part of the basic organization of the "Treatise".

153.35-40 þat þat holi chirch ... in god *and note* Impleta gaudent ...] The hymn "Impleta gaudent viscera" is sung at Lauds on Pentecost. See Chevalier, *Repertorium Hymnologicum*, nos. 8505-06; Mone, ed., *Lateinische Hymnen*, vol. 1, no. 182, vv. 17-20.

153.42-154.1 My herte ... Jesus *and note* Cor meum ...] Ps. 83:3.

154.3-14 Bot now ... Amen] This paragraph, in which Love states his intention to add the "Treatise on the Sacrament" at the end of the *Mirror*, does not occur in manuscripts of the β textual family – Love's original version of his text.

154.15 Forþermore] N returns here to B.

154.21-2 þat þou ... anone *and note* Quod facis ...] John 13:27.

154.22-5 As who ... þoo wordes] N addition.

154.30-155.42 Of þe which ... holy goste] N addition.

154.35-7 I ȝife ... to oþer *and notes* Mandatum nouum ... *and* In hoc ...] John 13:34-35.

154.39-40 If ȝe ... myne hestes *and note* Si diligitis ...] John 14:15.

154.40-2 Whoso ... with him *and note* Qui diligit me ...] John 14:23.

155.4-6 Be not ... in me *and note* Non turbetur ...] John 14:1.

155.10 þat whoso ... þe fadere *and note* Qui videt ...] John 14:9.

155.11-13 Leue ȝe ... beleueþ *and note* Non creditis ...] John 14:11-12.

155.15-17 If ȝe ... ȝiuen ȝow *and note* Si manseritis ...] John 15:7.

155.19-20 ȝif þe world ... ȝowe *and note* Si mundus ...] John 15:18.

155.30-3 Alle þese ... þe world *and notes* Haec locutus ... *and* In mundo ...] John 16:33.

156.1-4 A lorde Jesus ... þi grace] N expansion of B.

156.15 to edifiyng ... hye confort] N addition.

156.16 Forþermore] N here returns to B.

156.32-157.4 Here mowe ... to friday] N addition.

FRIDAY

N.B.: The archetypal manuscript of the β textual family – Love's original version of his text – had the anonymous "Middle English *Meditationes de Passione Christi*" at this point. See Jason Reakes, "A Middle English Prose Translation of the *Meditationes de Passione Christi* and its Links with Manuscripts of Nicholas Love's *Myrrour*", *Notes & Queries* n.s. 27 (1980), pp. 199-202. It was excised from almost all surviving copies, or their immediate exemplars, and replaced by Love's version of the same meditation, although the rubric with which the "ME*MPC*" begins, or its opening words, survive in MSS Tk2, Ad3, Hm1, Ry3, Pr, Tk4 and Ll. In MSS Tk3 and Fo, the complete "ME*MPC*" is followed by Love's version; the same was the original state of MS Bc, from which virtually all of the "ME*MPC*" has been excised; in MS Ch, Love's version does not occur at all.

159.3-160.8 At þe bigynnyng ... Bonauenture] N addition.

160.8-9 whoso desireþ] This is the opening of B *Sexta Feria*, Caput LXXIV.

160.9 with þe apostle Poule] Gal. 6:14.

160.31 þat redist or herest þis boke] N addition.

160.38-40 *rubric* Nota hic ... ibidem] N here omits the "General Meditation on the Passion" that occupies most of B Caput LXXIV; much of this material will be inserted below, at 172.24.

161.1-3 Go we ... seynt John] N addition, in place of the opening of B Caput LXXV.

161.5-8 whereof ... hees disciples] N addition.

161.9-12 And forþermore ... in praieres] N addition.

161.34-42 þre maner ... anguysh] N addition, in place of a passage in B describing a "fourfold will" in Christ – distinguishing the wills of the flesh and the sensuality, which N conflates.

161.37-8 as þe prophet ysaie seiþ *and note* Oblatus est ...] Is. 53:7.

161.42 And þerfore] N here returns to B.

162.3-4 he is ... vs alle *and note* Proprio filio ...] Rom. 8:32.

162.15-21 I beseke ... my bede *and note* Exaudi deus ...] Ps. 54, paraphrased.

162.21, 22 þe, 3owe (B tibi *bis*)] As elsewhere, N here alters the Latin text's familiar second-person singular pronoun forms to the polite plural. This reflects a change in devotional attitudes in the later Middle Ages, by which the Trinity, God the Father, and eventually even the Son, come to be thought of as an unapproachably distant ruler, whom one approaches only through the mediation of Mary and the saints.

162.29-30 I haue ... to þe] Ps. 39:9.

162.31-2 þei a3eynwarde ... for my loue] Ps. 108:5.

162.33-4 & set ... penyes] Zach. 11:12.

162.35-7 Goode fadere ... to drinke *and note* Transfer calicem ...] Luke 22:42 and cognates.

163.4-6 Haue in mynde ... fro hem *and note* Recordare ...] Jer. 18:20.

163.7-8 Wherfore ... not] Ps. 34:22.

163.8-9 For grete ... þou alone *and note* Quoniam tribulacio ...] Ps. 21:12.

163.13-14 as in ... grete strengh] N omits a sentence in B referring to a Franciscan confrère of the author who had seen the site.

163.19 alle þe while ... with hem] N addition.

163.23-9 Soþely here ... on blode] N addition.

164.11 a manful man] B "magnanimum".

165.1-2 Nowe slepeþ & resteþ] Matt. 26:45.

165.21 Heile maistere] Matt. 26:49.

165.22 Oo verrey traitour] N addition.

166.9-10 & aposyng ... questiones] N addition.

166.12-13 Prophecie ... smote þe last] Matt. 26.68.

168.6 as þe gospelle of Luke telleþ] N addition; the reference is to Luke 23:6-12.

168.13-17 Þus as seynt gregour seiþ ... soules] N addition, citing Gregory, *Moralia in Job*, *PL* 76 (citation from Bk. XXII, chap. 16, para. 38, cols. 235-36).

168.18 Beholde nowe] N here returns to B.

168.28-30 I finde ... amendet] Luke 23:15b-16.

168.38 þat fairest ... were born] Ps. 44:5.

169.5 in stories] See Peter Comestor, *Historia Scholastica*, *PL* 198, cols. 1053-1722. The reference is to cap. 167, col. 1628.

169.11-14 We seene ... of him *and note* Vidimus eum ...] Is. 53:2.

169.28 as þe gospelle witnesseþ] John 18:18.

170.18-26 Aftere þat ... fulfillede] N expansion of B.

171.11-13 & in als miche ... his loue] N addition.

171.25-6 ȝe bene ... wikked doeres *and note* Cum iniquis ...] Is. 53:12.

171.40-1 ȝhe douhteres ... ȝour self *and note* Filie ierusalem ...] Luke 23:28.

172.19-21 Nota hic ... conueniencior hic] The "General Meditation on the Passion", omitted above at 160.37, is inserted here.

172.22-4 And namely ... þis tyme] N transition.

173.16-17 And at þe laste ... crucifiede] N addition.

173.18 þat were ... scourgyng] N addition.

173.28-31 is he now ... of him *and note* Factus sum ...] Ps. 68:12-13.

175.21-2 Þis is ... sume men] N addition.

175.30-4 & after ... peyne] N addition.

175.37 þe prophete Dauid *and note* Dinumerauerunt ...] Ps. 21:18.

176.5-7 Vaath ... saue himself] Matt. 28:40.

177.9-10 Fadere ... done *and note* Pater ignosce ...] Luke 23:34.

177.12-13 Woman ... þi modere *and note* Mulier ecce filius ...] John 19:26.

177.16-17 þis day ... paradise *and note* Hodie mecum eris ...] Luke 23:43.

177.17-18 whereinne ... shewede] N addition.

177.19-21 Helye ... forsake me *and note* Hely, hely ...] Matt. 27:46.

177.24-33 Lorde Jesu ... godhede] N addition.

177.34 Sicio, I am aþrist *and note* Sicio] John 19:28.

178.6-7 Consummatum ... endete *and note* Consummatum est] John 19:30.

178.19-20 & alle þe vaynes þan voide] N addition.

178.22-3 Fadere ... þi handes *and note* Pater in manus ...] Luke 23:46.

178.27 Soþely ... sone *and note* Vere filius dei ...] Matt. 27:54.

179.6-7 fro þe sole ... passion] Is.1:6.

179.8-18 Þis is ... Amen] N addition.

179.11-16 Soþely ... feleþ it] Love seems here to be recalling the devotion of "one person that he knew" to the Eucharist and the passion that he had described above in the treatment of the Last Supper: see 152.38-40.

179.17-18 Betyde me ... Jesu criste *and note* Mihi autem ...] Gal. 6:14.

180.31 longyne] Longinus, the traditional name of the soldier of John 19:34.

181.9-10 His swerde ... soule *and note* Tuam ipsius ...] Luke 2:35.

181.10-11 þat is ... in þis day] N addition.

181.25 þat vnneþ ... to life] N addition.

181.26 & relesyng of hir sorowe] N addition.

181.29-31 In ... &] N addition.

181.31 þen see] This is the opening of B Caput LXXXI.

181.38-182.1 not knowyng what þei wolde do] N addition.

182.8-9 & welcome ... socoure] N addition.

182.20 & alle ... passione] N addition.

183.8 for disconfortyng] N addition.

183.13-14 Soþely ... lorde Jesu] N addition.

183.17-18 Joseph ... hande] N addition.

183.23-5 after ... childe *and note* Plangent super eum ...] N addition, citing Zach. 12:10.

183.26-34 And namely ... aweye &c] N addition, incorporating material from B.

183.32-4 I ȝaf ... aweye &c *and note* Corpus meum ...] Is. 50:6.

183.37-8 liggyng ... seide] N addition.

184.22-3 he ... witnesseþ] Luke 7:47.

185.27-8 þe space of a stones cast] In B the distance is said to be "as great as the length of our church".

185.35 Bot Joseph ... & seide] N here paraphrases the opening of B Caput LXXXIII.

186.21-2 as she was ... born] N addition.

187.20-1 after he had conget þat oþer women] N addition.

187.22 þei beyng ... to gedir] N addition.

187.23 & myssyng hir louede sone Jesu] N addition.

187.25 þat so hie ... to þe] N addition.

187.26-7 & þou ... seruedest him] N addition.

SATURDAY

189.3] This is the opening of B Caput LXXXIV.

189.5-6 þe grete ... before] N addition.

189.8-9 & knowene ... socour] N addition.

190.9 alle shalle be wele] N addition.

190.20 þat he ... at euene] N addition.

190.33-9 Namely when ... of charite] N addition, supporting his earlier treatment of the Eucharist.

191.9-10 bycause ... verrey godde] N addition.

191.34 Bot what ... daye] N addition, in place of the opening of B *Sabbato Die*, Caput LXXXV.

192.6-11 of prophetes ... Amen] N addition.

SUNDAY

193.4-21 Aftere ... Jesu] N addition.

194.9-11 as he ... of sinne] N addition.

194.20-9 whome I ... harde deþ] N addition.

194.42 Salue sancta parens] See Chevalier, *Repertorium Hymnologicum*, no. 18197.

195.3-4 I haue ... with þe *and note* Resurrexi ...] Ps. 138:18.

195.21-3 & þis ... Amen] N addition, citing Ps. 117:24.

195.35-6 of Jerusalem ... him] N addition.

196.7 *note* Textus] The scriptural reference is to Mark 16:3.

196.16 & whidere þei wist not] N addition, based on John 20:2.

196.17-18 *notes* Luce 24° ...] The scriptural references are to Luke 24:12, John 20:3.

196.19-20 after þe processe of þe gospel] N addition.

196.22 with grete heuynes] N addition.

196.26-32 Also here ... despeire] N addition.

196.32 þe forseide Maries] This is the opening of B Caput LXXXVIII.

196.33 *note* Luce 24°] The scriptural reference is to Luke 24:5b.

196.37 & for ... þerfore] N addition.

197.10 as Origene seiþ] B, citing Origen (source of citation unknown).

197.19-22 at his ... Maudeleyn &] N addition.

197.28-9 (*notes*)] The scriptural reference is to John 20:11-17, the unique text for this narrative: only Mark 16:9 refers otherwise to the appearance to Magdalen alone.

197.29-198.1 Oure lorde ... loues] N addition. The passage derives from Gregory, *Homilia in Evangelia* XXV, *PL* 76, cols. 1188-96.

198.9-11 as she ... resurrexion] N addition.

198.12-15 Wherfore ... was dedely] N here expands B.

198.15-16 Touche me ... fadere *and note* Textus] John 20:17a.

198.18-20 Bot go ... god] John 20:17b.

198.41-2 after ... apere to] N addition.

199.5-6 & willyng ... Bernerde] N addition, based on a passage in B omitted above. The reference is to Bernard, *Sermo in Cantica Canticorum* XXVIII, *PL* 921-28 (citation from para. 9, cols. 925-26).

199.19-20 Bot ... foloweþ] N addition.

199.25 Heyle to 3owe *and note* Auete.] Matt. 28:9.

199.29-30 þe which ... sorowe] N addition.

200.2-4 How þat ... hem] N here omits the opening section of B Caput LXXXIX.

200.30-31 as it is ... Resurrexion] See the treatment in the *Legenda Aurea*, ed. Graesse: 235-45.

201.5-6 þe which ... delices] N addition.

201.10-12 Loo ... oure lorde] B here quotes the Easter hymn "Ecce Rex noster"; N omits material deriving from the liturgy in the B text at this point.

201.27 Þe self ... Resurrexion] N addition.

201.27 as tweyn] This is the opening of B Caput XCI.

201.32-3 þe gospel of Luke] N addition: the passage is based on Luke 24:13-24.

202.14-16 Lord ... my mouþe *and note* Quam dulcia ...] Ps. 118:103.

202.16-18 þi spech ... louede it *and note* Ignitum eloquium ...] Ps. 118:140.

202.17 þorh ... goste] N addition.

202.20-1 My herte ... loue *and note* Concaluit cor ...] Ps. 38:4.

202.26-7 in his ... dedely] N addition.

203.12 It behoueþ ... faile *and note* Oportet semper ...] Luke 18:1.

203.15-16 þe Omelye of seynt Gregory vpon þis gospel] Gregory, *Homilia in Evangelia* XXIII, *PL* 76, cols. 1181-83.

203.28-9 þat soþely ... Petur] Luke 24:34.

203.31 Pees to 3owe] Luke 24:36.

204.2-3 to preue ... risene] N addition.

205.2-6 Bot ... resurrexion] N addition.

205.13-15 If we be ... confortes *and note* Simus socij ...] 2 Cor. 1:7.

205.16-206.6 Seynt bernerde ... paske daye] N addition, citing Bernard, *In Die Sancto Paschae Sermo*, *PL* 183, cols. 273-84 (citation from para. 8, col. 278).

206.10] This is the opening of B Caput XCIII.

206.17-18 Pees to 3owe *and note* Textus.] John 21:26.

206.23 My lorde & my god] John 21:28.

207.5-7 comunyng ... contemplacion] N addition.

207.15-20 þere is ... ende *and note* Textus.] Matt. 28:19-20.

207.33-4 as þe gospel telleþ in processe] N addition. The reference is to John 21:1ff.

207.34-208.2 þe whiche ... in hem] N addition.

208.6-7 whereof ... Amen] N addition.

208.18 I wole ... come] John 21:22.

208.23-4 as þe apostle seiþ] Phil. 1:23.

208.28 Also oure lorde] This is the opening of B Caput XCVI.

208.29-30 as þe apostle poule witnesseþ] 1 Cor. 15:6.

208.31-3 neuerles ... hir side] N addition, paraphrasing material omitted elsewhere.

209.3 Þouh it so be] N returns to B.

209.9-10 is specifiede ... gospel] N addition, in place of references in B to the *Gospel of Nicodemus*, Jerome, and others.

209.15 seynt Austyn] N here seems possibly to be referring to the opening paragraphs of *Sermones* CCXXXIV and XXCCCV, *PL* 38, cols. 1115, 1117-18, which speak of the recording of the various appearances of Christ after the Resurrection in the various gospel accounts.

209.34 & vs in hem] N addition.

210.5] This is the opening of B Caput XCVII.

210.6-8 þou þat ... bydene þe] N addition.

210.22-4 & set ... in mynde þat] N addition.

211.19-20 þe priuytes ... likede] N addition.

211.42-212.2 Be not ... ȝowe *and note* Textus.] John 14:1, 28.

212.37 þe prophetes] B specifically cites Mic. 2:13.

212.38-40 þe psalmes ... ende] N addition, in place of a passage in B citing the psalms and hymns referred to here.

213.16-28 ȝe princes ... Alleluia Alleluia *and notes* Principes populorum &c. / Principes populi domini &c. / In domum domini letus.] Richard Pfaff has identified the first verse as from the first antiphon of the second nocturn of Matins on feasts of the Apostles. See C. Procter and F. Wordsworth, eds., *Breviarium ad Usum Sarum* (3 vols, Oxford: 1879-86): vol. 2, p. 366. The source of the second verse here is unknown. The third verse is from the first antiphon of Vespers on Tuesday: see Procter and Wordsworth, eds., *Breviarium*, vol. 2, p. 199.

213.30 as þe prophete Dauid seiþ *and note* Ascendit deus ...] Ps. 46:6.

213.40-1 Soþely ... didene] N addition.

214.2 & no wonder] N addition.

214.3-19 Wherfore ... before] N here paraphrases B. The first sentence is unique to N, and appears to reflect the treatment of the Ascension in Bernard of Clairvaux's *Sermo in Cantica Canticorum* XX.

214.25-7 Nowe ... erþely þinges] N addition, again reflecting Bernard.

214.39 & þerfore of þat þou askedest] N addition.

215.4-5 & hir ... drounede] N addition.

215.6-7 dawnsedene ... lovynge] N addition.

215.8-11 Also Dauid ... god] N compression of B.

215.15-25 Miche more ... lorde] N addition.

215.23-4 after þe prophecie of Thobie] Tb. 13:22.

216.1 as seynt gregour seiþ] The text referred to is from the "Exultet": see J. Wickham Legg, ed., *The Sarum Missal* (Oxford, 1916), p. 118-19.

216.14-15 þis is ... glade *and note* Haec dies ...] Ps. 117:24.

216.16 as seynt Austyn seiþ in a sermone] Augustine, *Sermo* CCLXI: *In Die Quadragesimo Ascensionis Domini*, *PL* 38, cols. 1202-07.

216.18-20 & þat ... erþe] N addition.

216.23-6 fro his ... þridde] N addition.

217.21-3 It is ... ȝowe] John 16:7.

217.23-4 seiþ seynt bernarde in a sermon of þis feste of þe Ascension] Bernard, *In Ascensione Domini Sermo* IV, *PL* 183, cols. 309-16 (citation from para. 1, col. 309).

217.27-8 after his manhede &c] N addition.

217.33-4 If 3e ... fadere *and note* Si diligeritis ...] John 14:28.

217.41-218.6 þat þoo ... telle] N addition.

218.19-30 Aftere þat ... þus] N addition, in place of the opening of B Caput XCVIII.

219.5] N here concludes his translation of B.

219.11-12 as seynt Bernard seiþ in a sermon of þe Ascension] Bernard, *In Ascensione Domini Sermo* V, *PL* 183, cols. 316-24 (citation from para. 13, col. 321).

219.20-1 Bot I go ... 3owe *and note* Nisi ego ...] John 16:7.

219.37 seynt Bernard concludeþ ... worlde] Bernard, *In Ascensione Domini Sermo* V (citation from para. 14, cols. 321-22).

220.36 perteynent to hem] This was probably the ending of the original form of *The Mirror of the Blessed Life of Jesus Christ*, which did not include the "Treatise on the Sacrament".

220.37-221.5 And for ... heritykes Amen] In echoing his earlier wording at 154.8-13, Love is here making the transition between the immediately preceding closure of the *Mirror* and the "Treatise on the Sacrament" that will follow. The final words of this transition also echo the verbal formula that he has used above, at 152.13-14 and 156.15, and that Arundel used in his approbation of the work.

TREATISE ON THE SACRAMENT

223.4-5 Memoriam ... se] Ps. 110:4-5.

223.24-224.38 For to begynne ... dreden him] This opening passage, with its argument that the Eucharist continues the work of the Incarnation, expands upon the briefer treatment above, 150.26-40.

224.8-9 Loo ... ende] Matt. 28:20.

224.21 þis ... mynde] Luke 22:19.

225.10-12 Aa lorde ... dreden þe *and note* Quam magna ...] Ps. 30:20. This verse, as noted above at 112.2-3 and 153.3-5, has a particular resonance in Love's Eucharistic devotion. He will also end his discussion of the miracles of the Eucharist with an echo of its phrasing: see below, 235.11-12.

225.18-19 þe drede ... sinne] Sir. (Ecclesiasticus) 1:27.

226.31-4 Touchinge ... merueile] Love here gives the same two reasons for Eucharistic miracles, that they strengthen belief and comfort the faithful, that he has mentioned above at 152.13-14.

228.17-229.37 In þat ... Amen] N is here translating from Aelred of Rievaulx's *Vita Edwardi Regis*, *PL* 195, cols. 737-90. The translated passage is from "Quomodo super altare Jesum Christum in sacramento cum quodam comite vidit", cols. 760-61.

228.33-4 þat was ... astate] N addition, revealing a typically late medieval concern with social stratification.

230.1-30 It befelle ... Amen] N is here translating from Adam of Eynsham's *Magna Vita Sancti Hugonis*. See Decima L. Douie and David Hugh Farmer, eds., *Magna Vita Sancti Hugonis: The Life of St Hugh of Lincoln*, second edn. (Oxford: Clarendon Press, 1985) (citation from Bk. 5, chap. 3: vol. 2, pp. 85-92).

230.36-231.13 Þere was ... Amen] N is here translating from the *Vita, auctore Paulo Diacono*

Monacho Cassinensi, PL 75, cols. 41-60 (citation from para. 23, cols. 52-53).

231.14-233.1 To þis ... siht] N is here translating from the *Magna Vita Sancti Hugonis*. See Douie and Farmer, eds., *Magna Vita* (citation from Bk. 5, chap. 4: vol. 2, pp. 92-95).

233.10 Si quis ... me] Luke 14:26.

233.11- 234.23 How ... soule] N is here translating from Gregory, *Dialogorum Libri* IV, *PL* 77, cols. 149-430 (citation from Bk. IV, cap. 57, cols. 424-25), *Homilia in Evangelia* XXXVII, *PL* 76, cols. 1274-81.

233.28-35 as þe self ... wike] N is here translating from Gregory, *Dialogorum Libri* IV (citation from Bk. IV, cap. 55, cols. 420-21).

234.39-235.12 For as þe self ... dreden him] N is here paraphrasing Gregory, *Dialogorum Libri* IV (Bk. IV, cap. 48, col. 425). Note also that the closing phrase of this passage echoes the text of Ps. 30.20 to which Love has repeatedly referred in his discussion of the Eucharist.

235.35-236.10 as seynt gregore ... tormentyng *and notes* Moralia ... *and* Surgent pseudo christi ...] N is here translating from Gregory, *Moralia in Job, PL* 76 (citation from Bk. XXXII, chap. 14, para. 24, col. 659). The scriptural citation is from Matt. 24:24.

237.18 after þe sentence of þe apostle Poule] Gal.1:8.

237.41-238.2 O þou ... ouercomyng *and note* O salutaris ...] N is here translating from the Eucharistic hymn, "O Salutaris Hostia". See Chevalier, *Repertorium Hymnologicum*, no. 13680.

238.10-239.2 Heyle holiest ... euerlastyng] As G. Schleich noted in 1930, "Über die Entstehungszeit und den Verfasser der mittelenglischen Bearbeitung von Susos Horologium", *Archiv* n.s. 57, pp. 26-34, N is here using a Eucharistic prayer from the *Seven Poyntes of True Love and Everlasting Wisdom*, the Middle English version of Henry Suso's *Horologium Sapientiae*. The passage of the *Seven Poyntes* paraphrased here is Horstmann, ed., "Orologium Sapientiae: or The Seven Poyntes of Trewe Wisdom, aus Ms. Douce 114", *Anglia* 10 (1898), pp. 323-89 (citation from 378.1-23). See also Elizabeth Zeeman (Salter), "Two Middle English Versions of a Prayer to the Sacrament", *Archiv* n.s. 194 (1957), pp. 113-21.

239.5-7 Jesu lorde ... complete] N conclusion.

SELECT GLOSSARY

The purpose of this Glossary is to define words the meanings of which will not be readily apparent to a reader with limited experience in Middle English. Some experience of the language is assumed, however, and certain spelling conventions will not be glossed: i.e. the letter "þ" for the "th" sound, "ʒ" for "gh", "g", "w", "y" according to position, "j" for "i" in word-initial and -final position, "i" for "j" medially, "y" sporadically for "i" or "j", "v" for "u" in word-initial and -final position, and "u" for "v" medially, and of "u" and "w", "g" and "j" for each other. Other minor spelling variations (e.g. variation – or, in some cases, absence – of unstressed vowels, occasional past participles of Latin-derived verbs without final "-d") are also assumed. Further, only difficult parts of some words (e.g. "kuoþe" from "can", "hem, hir" from "thei") are included, as are occasional difficult meanings of words (e.g. "kindly", "unkindly") that elsewhere have the same meanings as in Modern English. In the case of Middle English homonyms one of which does not survive into Modern English (e.g. "loue" meaning "praise", not "love"; "hel" meaning "cover, hide", not "heal"), only the obsolete word is glossed. Spellings of proper names that might be difficult to recognize are also included. The entries here are alphabetical, according to the most common actual spellings and forms in the text (i.e. spellings are not normalized, and head-word entries that do not occur in the text – infinitives for verbs that occur only in the past tense, singular forms of nouns that occur only in the plural – have not been inserted). "ʒ" is alphabetized after "g", and "þ" after "t"; entries under "i" and "j", "u" and "v", which were orthographic variants in the medieval period, rather than spelling variations, are alphabetized according to their Modern English forms. The first occurrence in the text of each glossed word, meaning or form is registered. Minor spelling variations (e.g. "i" for "y" and vice versa, doubled consonants, or final "e"), which are not separately registered, are included parenthetically in the head-word spelling (e.g. "turblet(e)", "wak(k)ely").

265

Abiectioun *n*, abjection.

Aboue-forþ *adv*, above.

Abregge *v*, abridge.

Abreydyng *v, pres part*, upbraiding, scolding; **obreydynges**.

Abydyng *v*, awaiting.

Abydyngly *adv*, abidingly, constantly.

Aconted *v*, accounted, counted; **acontyng** counting.

Acordyng *v, pres part*, agreeing.

A-done *adv*, down.

Aduoket(e) *n*, advocate.

Aferde *adj*, afraid.

Affectuesly *adv*, with earnest feeling.

After-warde *adv*, afterwards.

Agast *adj*, aghast, frightened.

Aȝeyn(e) *prep*, in return.

Aȝeynbigge *v*, redeem; **aȝeyn-bouht** redeemed.

Aȝeyn-comyng *n*, return.

Aȝeyn-seiden *v, past tense*, disagreed.

Aȝeyn-stand *v*, withstand.

Aȝeynus, aȝeyns *prep*, against, toward.

Aȝeynward *adv*, in return, on the other hand.

A-hungret *adj*, hungry.

Aisele *n*, vinegar.

Alday *adv*, every day, all the time.

Aleggeþ *v*, cites (in evidence); **aleggyng** citing; **alegged** cited.

Al-gate *adv*, always, constantly.

Alle-þer-whittest *adj*, whitest of all.

Alleggance *n*, alleging, allegiance.

Almesdede *n*, almsdeeds, acts of charity.

Alonly, al-only *adv*, uniquely, only.

Alrede *n*, Aelred.

Als *conj*, as.

Alþer-hiest *adj*, highest of all.

Alþere-priddest *adj*, proudest of all.

Alþere-werst *adj*, worst of all.

Al-þoh *conj*, although.

Amongis *prep*, amongst.

Anentes *prep*, towards; **as anentes** *prep*, concerning, with regard to.

Anentish *v*, annihilate, bring to nothing, abase; **anentyshede**.

Ankeres *n*, anchorites, hermits (usually female).

Anne *n*, Annas.

Anon(e) *adv*, immediately.

Anoyþer *pron*, another, any other.

Ansetrye *n*, ancestry, lineage.

Answeryng *v, pres part*, corresponding.

Apaiede *v, past part*, compensated, contented.

Apassed *adj*, past, ago.

Aposyng *v, pres part*, confronting, interrogating.

Apreuede *v, past part*, approved.

Apte *adj*, apt, appropriate.

Aray *n*, array, display or arrangement.

Arch *n*, ark, vessel or container.

Arette *v*, credit, attribute; **aretten** (*pl*); **aret** attributed. **aretted** attributed.

Artede *v, past part*, constrained, restricted.

Aseeþ *n*, satisfaction, reparation.

Askape *v*, escape.

Askes *n*, ashes.

Aspiyng *v*, spying; **aspied** spied.

Assoile *v*, absolve (in sacramental penance); **assoileþ** absolves; **assoiled** absolved.

Assoilyng *n*, absolution, cleansing.

Astate(s) *n*, estate(s), rank or position.

Astoned(e) *v, past part*, astonished.

Attentant *adj*, attentive.

Attyne *v*, attain.

Auansyng *n*, advancement.

Auctor *n*, author.

Auctorite, auctoritis *n*, citation of an author in support of a teaching.

Auisily *adv*, with deliberation.

Auoutrie, auoutre, auoutrye *n*, adultery.

Austyn *n*, Augustine.

Autere, autre, awtere *n*, altar.

Auyse *v*, consider [**auyse hem** let them consider 187.14].

Auysement *n*, consideration, thought.

Awmoneres *n*, almoners, distributors of alms.

Awne *refl adj*, own.

Awþere: see Owþere.

Bakbyteþ *v*, slanders.

Bandes *n*, bonds, fetters.

Bankere *n*, bench- or chair-covering.

Barme *n*, lap, bosom.

Bataile *n*, battle, struggle.

Bede *n*, prayer; **bedes** (rosary) beads.

Beden *v*, *past part*, bidden, commanded.

Begile *v*, beguile; **begileþ** beguiles; **bygilede** beguiled.

Behete *v*, promise; **byhetyng** promising; **behe3t, behey3t, beheyht, behei3t** promised.

Behoten *v*, *past part* promised.

Belaft *v*, *past part*, left, abandoned.

Benefice(s), benfete *n*, benefit(s).

Beneiþe-forþ *adv*, beneath.

Beneþen *adv*, beneath.

Benyng *adj*, benign.

Benyngly *adv*, benignly.

Bere *n*, bier.

Beseke *v*, beseech, beg; **bysouht** begged; **besouhten** (*pl*); **besekyng** beseeching.

Bethfage *n*, Bethphage.

Betoken *v*, mean, signify; **betokenneþ** signifies; **betokenet** intended, signified.

Betyme *adv*, soon.

Beþenk(e) *v*, consider.

Bewrye *v*, bewray, reveal.

Bewtye *n*, beauty.

Biddyng, byddyng *n*, commandment, behest.

Bigge *v*, buy; **biggyng** buying, redemption.

Biggeres *n*, buyers.

Bille *n*, legal petition [83.34]; letter [229.21].

Birþen *n*, burden.

Birye *v*, bury; **byriede** buried.

Birying *n*, burying.

Biseþ, bisieþ *v*, busies; **byside** busied; **bisidene** (*pl*).

Bisily *adv*, constantly, intently.

Bisinesse, besinesse, bisyness(es) *n*, occupation(s), care(s).

Bisy *adj*, constant, intent.

Blaberinge *v*, *pres part*, blabbering, speaking nonsense.

Blamyng *v*, chastising.

Blestful *adj*, blissful, most blessed.

Blewene *v*, *past tense*, played.

Blowyng *v*, *pres part*, uttering boastfully or angrily.

Bodily *adj*, physical.

Bodily *adv*, physically.

Borde *n*, table.

Bostesly *adv*, rudely, roughly (See Buystes).

Bot *conj*, unless, except.

Bouht *v*, bought, redeemed.

Bouredyng *n*, joking.

Boure-maidenes *n*, bower-maidens, ladies-in-waiting.

Bowe *v*, bend.

Brast *v*, *past tense*, burst.

Brede: see One-brede.

Brennyng *v*, burning; **brent** burnt.

Breþerne *n*, brothers.

Bridale, brydale *n*, bride-ale, marriage feast.

Brisour(e) *n*, bruise; **brisours** bruises.

Bukedene *n*, Buckden.

Buxum, buxom *adj*, obedient.

Buxumnesse *n*, obedience.

Buystes *adj*, boisterous, crude, savage.

Buystesnes *n*, crudeness.

Bygilet *v*, *past part*, beguiled, tricked.

By-3onde *prep*, beyond.

Byhest, byhost, behoste *n*, promise.

Byleue *n*, belief, faith, Creed.

Byquyst *n*, bequest.

Bytokenyng *v*, signifying.

By-twix *prep*, between.

Carpentary *n*, carpenter, carpentry.

Catel *n*, property.

Certified *v*, *past tense*, made certain; **certifiyng** making certain.

Cese *v*, cease; **cesed** ceased; **ceseden** (*pl*).

Chace, chase, chese *v*, *past tense*, chose.

Chaffarynges *n*, commerce, dealings.

Chanane *adj*, Canaanite.

Chargant *adj*, heavy, burdensome.

Charge *v*, account; **chargied, charget** weighed down, burdened; accounted, regarded; censured.

Charthous *n*, Charterhouse, Carthusians.

Chaulengeþ *v*, challenges, claims.

Chere *adj*, dear.

Chere *n*, appearance, expression.

Cheuete(y)nes *n*, chieftans.

Chewyng *n*, rumination.

Chikenes, chekynes *n*, chicks.

Choores *n*, chores, household duties.

Cicles *n*, shekels.

Citesenes *n*, citizens, inhabitants.

Clargye *n*, learning, clerisy.

Clene *adj*, clean, pure; **clennere** purer; **clannest** cleanest, purest.

Clennes(se), clannes *n*, purity.

Clepe *v*, call; **cleped(e)** named, called.

Cleppede, clippede *v, past tense*, embraced; **clippyng** embracing.

Clergiale *adj*, learned, scholarly.

Clergialy *adv*, in a scholarly manner.

Clergy *n*, learning.

Clerke *n*, scholar.

Cleþ *v*, clothe.

Cleuyng *n*, sticking.

Closere *n*, enclosure.

Closetes *n*, small, private rooms or enclosures.

Clouþe, cloþe *n* cloth, clothing.

Cofre *n*, coffer, reliquary chest.

Coloure *v*, disguise.

Combret, kombrede *v, past part*, encumbered.

Commend *v, past part*, commended, praised.

Commendynges *n*, commendations, praises.

Companye *n*, company, companion(s).

Complyn *n*, compline, the final canonical hour of the day.

Compuncte *v, past part*, goaded, prompted, moved by compunction.

Comunate *n*, commonalty, people in common.

Comunede *v, past part*, communicated (given the sacrament to); **comunyng** *v, pres part*, conversing.

Comunely *adv*, commonly.

Comunynges *n*, communications.

Conable *adj*, convenient, appropriate (See Couenable).

Concludet *v, past part*, overcame in argument.

Confondet *v, past part*, confounded, ruined.

Conget *v, past part*, taken leave of.

Contenance *n*, countenance, appearance.

Conteneþ *v*, contains; **contened(e), contynet, contyned** contained.

Contrarious *adj*, disagreeing, disagreeable.

Contraryte *n*, contrariety, repugnance.

Conuenient *adj*, appropriate.

Conuersacion, conuersatione *n*, association or intimacy.

Copye *n*, abundance.

Corn *n*, grain.

Coronede *v, past tense*, crowned; **cronyng** crowning.

Corporase *n*, corporal: the cloth spread under the communion vessels during the service, which is used to cover them afterwards.

Corse *n*, corpse.

Couenable *adj*, appropriate.

Couenably *adv*, appropriately.

Couertely *adv*, covertly, deceptively.

Coueyt *v*, covet, desire; **coueytest; coueteþ, coueiteþ** desires; **coueyten(e)** (pl); **coueyted, couaited** desired; **coueyting** desiring.

Coueytise, coueitise *n*, covetousness, greed.

Crach(e), cracche *n*, crèche, manger.

Creatour *n*, creature.

Credile *n*, cradle.

Crisostome *n*, (John) Chrysostom.

Cuntre, cuntrey *n*, country.

Cure *n*, care.

Curiosite *n*, fastidiousness, fineness; **curiositees** elaborate or fine works.

Curiouse, curyouse *adj*, elaborate, fine.

Currour *n*, courier.

Curtese *adj*, courteous.

Curteysly *adv*, courteously.

Customable *adj*, habitual.

Customably *adv*, habitually, regularly.

Dawnsede, daunsedene *v, past tense*, danced.

Deceyuable *adj* deceptive.

Deceyuet *v, past part*, deceived.

Dede *n*, death.

Ded(e)ly *adj*, mortal.

Dedeyn *n*, disdain.

Dedifiede *v, past part*, dedicated.

Defaut *n*, fault, failing, lack.

Defoylen *v*, defile; **defoylet, defuylet, defilede** defiled, polluted.

Dele with *v*, have relations with.

Demare *n*, deemer, judge.

Demeþ *v*, judges.

Demynges *n*, judgements, prejudices.

Departet, departed *v, past part*, divided, separated, individuated.

Departyng *n*, separation.

Dere *v*, harm.

Derelouede *adj*, dearly beloved.

Derworþ *adj*, dear.

Derworþly *adv*, dearly.

Descharget *v, past part*, unburdened.

Desert *n*, that which is deserved.

Desert(es) *n*, deserted, solitary place(s).

Deskaterede *v, past part*, scattered.

Despitesly, disputesly *adv*, spitefully.

Despoile *v*, despoil, strip, rob; **despoilete, despuylet** despoiled; [**dispoleþ him** undresses 67.3].

Desputese *adj*, spiteful.

Destruye *v*, destroy; **destrued** destroyed.

Dewe *adj*, due, appropriate.

Dewly *adv*, duly, appropriately.

Deynteþ *adj*, dainty, delicate.

Deynteþ *n*, dainty, delicacy [esteem, favour 220.28]; **deynteþes** delicacies.

Differre *v*, delay.

Diȝt, diht *v*, appointed, prepared, dressed; **diȝtyng, dihtyng** preparation.

Dike *n*, ditch.

Disconfyted *v, past part*, disconcerted.

Discriuede *v, past part*, described [**descryuet** counted 37.34].

Discriuyng *n*, describing, description.

Disese *n*, unease, trouble.

Disesed *v, past part*, made uneasy, troubled.

Disesy *adj*, uneasy, difficult.

Disparklet *v, past part*, dispersed.

Disputeson *n*, disputation, dispute.

Disturble, desturble *v*, trouble, disturb; **disturblet** troubled; **disturblyng** troubling.

Disturblyng *n*, distress.

Diuersorie *n*, a temporary lodging-place or shelter.

Doare: see Wikked-doare.

Doblere *n*, platter.

Doctour(s) *n*, teacher(s), Doctor(s) of the Church.

Doctrine *n*, teaching.

Dome *n*, doom, judgement.

Domesman(e), domesmen *n*, judge(s).

Done *adv*, down.

Dore *v*, dare.

Doufe, dowues, douf-briddes *n*, dove(s).

Doute *n*, doubt.

Drawen(e) *v*, drew, pulled; **drouȝe, drouhe, drowe, drowh** drew ; **drowen** pulled (*past part*); see also To-drawen.

Drawere-oute *n*, translator.

Drawynge-oute *n*, translation.

Dredde *v*, feared.

Dredde *adj*, afraid.

Drede *n*, fear, awe, reverence.

Dred(e)ful *adj*, fearful, apprehensive; to be feared.

Drenche *v*, drown.

Drouned(e) *v, past part*, drowned.

Dwere *n*, doubt.

Dymes *n*, tithes.

Edificatife *adj*, edifying, educational.

Effectuely *adv*, effectively, in fact.

Effrem *n*, Ephraim.

Eft *adv*, afterwards, again.

Eft-sones *adv*, again.

Elacione *n*, pride, vainglory.

Eld(e) *n*, (old) age.

Enclyne *v*, bow, accede; **enclynande, enclynyng** bowing.

Enflawme *v*, enflame; **enflaumede** enflamed.

Enfourme *v*, shape, instruct (in); **enfourmyng** shaping, instructing.

Enoke *n*, Enoch.

Ensaumple *n*, example.

Enuy(e) *n*, envy.

Enuyous *adj*, envious.

Erndes *n*, errands.
Eschew *adj*, disinclined, unwilling.
Estimede *v*, calculated, prized.
Esye *adj*, easy.
Euen(e) *n*, evening.
Euene-songe *n*, evensong, vespers.
Euentyde *n*, evening.
Euery-lastyng *adj*, everlasting, eternal.
Excitede *v, past part*, aroused.
Execucion *n*, execution, carrying out.
Exequyes *n*, exequies, funeral.
Expowneþ *v*, expounds; **expownet**
    expounded, explained.
Eyen(e) *n*, eyes.
Eyled *v, past tense*, ailed.

Fantasme *n*, fantasy, apparition.
Fast *adj*, firm.
Fecchyng *n*, fetching.
Feel, fele *adj*, many.
Feiþ, feþe *n*, faith.
Felashipe, felishipe, felashepe, felawship *n*,
    fellowship.
Felawe, felaghes *n*, fellow(s).
Felaweshipede *v, past tense*, associated,
    accompanied.
Felaweþ *v*, associates.
Felene *v*, feel, experience; **feldone** felt.
Fellye *adv*, cruelly.
Fenne *n*, muck, excrement.
Ferde-with *v, past part*, treated.
Ferr(e) *adj*, far.
Ferrene *adj*, foreign.
Ferþe *num adj*, fourth.
Fette *v*, fetch; **fet** fetched.
Feþere *n*, feather.
Feynyng *n*, feigning .
Ficching *v, pres part*, fixing.
Figure *n*, allegory, allegorical meaning.
Fleshly *adv*, carnally.
Fleshly *adj*, physical [**fleshly broþer** blood
    brother 81.10].
Flode *n*, river.
Flome *n*, river.
Fole *n*, foal.

Folily *adv*, foolishly.
Foly *n*, folly.
Foly *adj*, foolish.
Fondament, fondment *n*, foundation.
Fonden *v, past part*, found.
Foonde *v*, attempt.
For *conj*, because.
Fordo *v*, undo, destroy.
Foreyn *adj*, foreign, from without.
Forȝafe *v, past tense*, forgave.
Forȝete *v, past part*, forgotten.
Forȝiuenes *n*, forgiveness.
Forledars *n*, fore-leaders, predecessors.
Forloste *v, past part*, lost completely.
Formfadres, forme-fadres *n*, forefathers.
Forse *n*, force [**litel forse** of little importance
    141.10-11]; [**no forse** of no
    importance 183.4].
Fort *conj*, for to = to (causal).
Forþenkyng, forþinkyng *v, pres part;*
    gerund, regretting, contrition.
Forþi *conj*, therefore, for this reason.
Forwhi *conj*, therefore, because.
Fraction *n*, breaking (of the host in the
    communion service) [231.38].
Froteden *v, past tense*, rubbed.
Frowardly *adv*, unreasonably, perversely.
Fructuouse *adj*, fruitful, profitable.
Fruyt, fruite *n*, fruit, profit.
Ful *adv*, very.
Fulfilled *v, past part*, filled completely.
Fulsome *adj*, excessive.
Fureres *n*, garments trimmed or lined with fur.

Gate: see **Al-gate**.
Gate *v, past tense*, got.
Gederet *v, past part*, gathered.
Gedire (to-gedire) *adj*, together.
Gelouse *adj*, jealous.
Gentiles *n*, gentlemen, members of the
    aristocracy.
Gestes *n*, guests.
Girde *v, past part*, tied.
Gladed *v*, gladdened; **gladynge** gladdening.
Glotony, glotory(e) *n*, gluttony.

Gnarre *n*, knot, trap.
Goddusson *n*, The Son of God.
God3iue *n*, Godgifu (Godiva).
Godhed *n*, godhead, divinity.
Gostly *adj, adv*, spiritual, spiritually.
Gouernale, gouernaile *n*, governance.
Goyng: see 3ede.
Gracious *adj*, by or of grace.
Grauele *n*, gravel, sand.
Gregour(y), Gregore *n*, Pope Gregory the
 Great.
Grennyng *v, pres part*, grinning, drawing back
 the lips and showing the teeth, as of an
 animal.
Gret *v, past tense*, greeted.
Greuoustye *n*, grievousness, seriousness.
Gronde *n*, ground.
Grondet *v, past part*, grounded, established.
Grote *n*, groat, a silver coin worth four pence.
Grucche, gruch, grucchen *v*, complain;
 grucchede complained; **gruccheden**
 (*pl*); **grucching** complaining.
Gude *adj*, good.

3ede *v, past tense*, walked, went; **3edest**;
 3eden(e); goyng *gerund*, walking;
 went walked.
3ee, 3ei *interj*, yea.
3eldene *v*, yield, repay; **3elte** yielded.
3erde *n*, staff.
3he, 3e, 3owe, 3our *2nd pers pron (pl. and*
 polite form), ye, you, your.
3if, 3iue *v*, give; **3iueþ** gives; **3af(e)** gave;
 3eue (*imperative*); **3iuen** given.
3is *interj*, yes, truly.
3iuere *n*, giver.
3onde: see By-3onde.
3onge *adj*, young; **3ongere** younger.
3ouh *n*, youth.

Half(e) *n*, side, part.
Halowed *v, past part*, blessed.
Hardnesse *n*, difficulty.
Harlotes *n*, villains.

Hatte *v, past part*, heated.
Hauen *n*, haven, harbour.
Hauere *n*, possession.
Haueres *n*, possessors.
Hauyng *adj*, having, possessing property,
 wealthy.
Hees, hese *pron*, his; **hisene**.
Hele *n*, health, salvation.
Heled *v, past tense*, healed.
Heleful *adj*, healthful, healing.
Helefully *adv*, in spiritual health.
Helen, hil *v*, hide, cover; **heled, hiled(e)**
 covered, hidden.
Heltres *n*, halters.
Helye *n*, Elias.
Hem, hir, here *pron*, them, their; **heren**
 their(s).
Hempen *adj*, made of hemp, rope.
Hennys *adv*, hence.
Her *n*, hair.
Herbere, herburgh, herborgh, herbour *n*,
 lodging.
Herbored(e) *v, past tense*, lodged.
Herborgeres *n*, officials whose duty it is to
 arrange for lodging.
Herde *n*, shepherd.
Herdmen *n*, herdsmen, shepherds.
Herefore *conj*, for this (reason).
Hereof *adv*, of this.
Herneys *n*, harness, equipment.
Hest(es) *n*, commandment(s).
Heþen *adv*, hence, from here.
Heuy *adj*, grave, serious.
Heuyed *v, past part*, weighed down, burdened.
Heuyly *adv*, seriously, grievously.
Hey *n*, hay.
Heyenesse, hyenes *n*, elevation, honour.
Hie, hye *adj*, high; **hyest** highest.
Hiede *v, past part*, raised.
Hiely *adv*, highly, to a great degree.
Hillyng *n*, covering, roof.
Hirede *v, past part*, hired, mercenary.
Hole *adj*, whole, healthy.
Holely *adv*, wholly, entirely.
Holigost *n*, Holy Ghost, Holy Spirit.

Holp *v, past tense*, helped; **holpyng** helping;
    holpene helped (*past part*).

Holt (strong)hold, defence.

Homelich, homely *adv*, familiarly.

Homely *adj*, familiar, at home.

Homelynes *n*, familiarity.

Hondes *n*, hounds, dogs.

Honest *adj*, honourable, decent.

Honestly *adv*, honourably.

Hooste, hoste ooste: communion host.

Horriblete *n*, horribleness.

Hostery, hostrye *n*, hostelry, dwelling.

Hoys *adj*, hoarse.

Humanyte *n*, kindness, homage.

Hungret: see A-hungret.

Illudet *v, past tense*, made fun of, derided.

Illusiones *n*, derision.

Importable, *adj*, unsupportable.

Inconuenient *adj*, inappropriate.

Innede *v, past part*, lodged.

Inpertynent *adj*, inappropriate.

Instance *n*, plea, solicitation, urgency.

Inuariable *adj*, invariable, constant.

Inworchipede *v, past part*, unworshipped,
    dishonoured.

Iactance *n*, boasting.

Ianglere, iaunglere *n*, chatterer, gossip.

Iewes *n*, judgement, punishment.

Jewery (the) *n*, Judea.

Joye *n*, Joyeux.

Iurneye *n*, journey, daily work.

Jues, Jewes *n*, Jews.

Kareyn(e) *n*, carrion.

Kastene, casten, kast *v, past tense*, planned.

Keuerede *v, past part*, covered.

Knafe *n*, knave, servant.

Knawe *v*, know, acknowledge; **knoweþ**
    acknowledge; **knewen** acknow ledged.

Knen(e) *n*, knees.

Knowlech *v*, acknowledge; **knalechyng,**

    knowelechyng acknowledging.

Knowlech(es) *n*, personal acquaintance,
    intimacy with others.

Knyt *v, past part*, tied, united; **knittyng** union.

Koles *n*, coals.

Konnyng, konyng, kunyng *n*, knowledge.

Kosse *n*, kiss.

Kote *n*, coat, cloak.

Kowardely *adv*, in a cowardly manner.

Kuoþe, kowþen *v, past tense*, could.

Kynde(s) *n*, nature(s).

Kyndly *adj, adv* natural, by nature.

Kyngesdouhteres *n*, king's daughters.

Kyngessone *n*, king's son.

Lagheres *n*, laughers.

Lake *v*, lack, be lacking.

Lante *v, past tense*, lent.

Lawh, laghen *v*, laugh; **lawheþ** laughs; **lowh**
    laughed; **lawhyng** laughing.

Lawhtere *n*, laughter.

Lazare *n*, Lazarus.

Leche *n*, leech, doctor.

Leendes *n*, loins.

Lengh *v*, lengthen.

Lengire *adv*, longer.

Lerede *adj*, educated.

Lese *v*, lose; **leseþ** loses; **lesyng** losing.

Lesed(e) *v, past part*, let loose.

Lesyng *n*, lying, lies.

Let *v, trans*, hinder, delay; **letted** hindered;
    lettid delayed; **lettyng** inhibiting.

Let *v, intrans*, desist; **lettid** desisted.

Leue *v, trans and intrans*, leave, desist; **leuyng**
    leaving; **laften** desisted

Leue *v, intrans*, remain; **laft** remained.

Leue *v*, believe; **leueden** believed.

Leue *adj*, lief, willing.

Leueful *adj*, allowable, permissible.

Leuyng *n*, living.

Leveriche *n*, Leofric (Earl of Mercia).

Lewde, lewede *adj*, uneducated, ignorant.

Leyzere *n*, leisure.

Libelle *n* (legal) brief.

Liggyng *v, pres part*, lying.

Lightened, liȝtnet *v, past part*, lightened, delivered.

Liȝten *v*, shine, illumine [**liȝten into** impregnate 26.22]; **liȝtnet, liȝtnede** illuminated; **lihtynyng** illuminating.

Lihtere *adj*, lighter, easier.

Likenessis *n*, likenesses, comparisons.

Likenet *v, past part*, likened, compared.

Likeþ *v*, pleases; **liked** pleased.

Likyng *adj*, pleasant.

Likynges, lykyng *n*, pleasure(s).

Likyngly(e) *adv*, with pleasure.

Lofe *n*, loaf; **lofes** loaves.

Lokeres *n* (on)lookers.

Longeþ *v*, belongs; **longen** belong; **longyng** belonging.

Longyne *n*, Longinus.

Lore *n*, learning, doctrine.

Loth *n*, Lot.

Louely *adj, adv*, loving, pleasant; lovingly, amicably.

Louyng, loouyng *v*, praising; **louede** praised; **lowedon** praised.

Lowe *adj*, humble.

Lowe *v*, abase, humble; **loweþ** humbles; **lowed** humbled; **lowyng** abasement, submission.

Lowely *adv*, humbly.

Lowenes(se) *n*, humility, abjection.

Lowse *v*, loosen; **lowsede** loosened; **lowsyng** loosening.

Lowtyng *n*, bowing.

Lust(e) *v*, desire; desired.

Lya *n*, Leah.

Lymes *n*, limbs, agents.

Lyuelode *n*, livelihood.

Maggetales *n*, idle stories, chatter.

Magnifieþ *v*, magnifies, glorifies or extols; **magnifiede** glorified.

Maiden *n*, virgin.

Maidenhede, maydenhede *n*, maidenhood, virginity.

Maistrese *n*, mistress.

Mandment, maundment *n*, commandment.

Manere *n*, manner, mode or form.

Manhede *n*, humanity.

Matrimoyn *n*, matrimony, marriage.

Matyne *n*, matins, the canonical hour between midnight and dawn.

Maudleyn, Maudeleyn, Maugdeleyny, Mawdeleyn *n*, Magdalen.

Mawgreþ *n*, displeasure, ill-will.

Mawmentes *n*, idols.

Mawmentry *n*, idolatry.

Mede *n*, reward, payment.

Mede *v*, pay.

Medle *v*, mix, concern oneself; **medelet** mixed.

Mekeþ *v*, humbles; **mekede** humbled.

Mene(s), meyn *n*, mean, midpoint; conditions; mediators.

Meschefe *n*, mischief, harm.

Messes *n*, meals, courses.

Mete *n*, food, meal.

Meuede *v, past part*, moved.

Meyned(e) *v, past tense; pp*, mingled.

Meyny, meyne *n*, attendants, retinue, company.

Meynyng *n*, meaning.

Mich *adv*, much.

Middes *n*, midst.

Miȝtes *n*, powers, strength.

Ministres, mynistres *n*, servants.

Minutes *n*, mites.

Mirylye *adv*, merrily.

Mislikyng *n*, unpleasantness.

Mislyuyng *n*, evil living.

Mistere-menne *n*, craftsmen.

Mistery(e) *n*, hidden, supernaturally revealed teaching.

Mode *n*, mind, intention.

Moises *n*, Moses.

Moo *adj*, more.

Morowe *n*, morning.

Morteise *n*, mortise, hole dug to receive the foot of the cross.

Mowe, mowen *v*, may, be able; **maiþ, maiȝt, maist, maiht** (you) may; **mot(e)** (he/she) may; **mowyng** being able.

Mykel(l), mikel, mekyl *adj*, much, great.

Mynde *n*, memory, memorial.
Mynstralsye *n*, music, musicians.

Nam(e)ly *conj*, in particular.
Naym *n*, Naim.
Nedeful *adj*, necessary.
Nedeþ *v*, is necessary (*with indef obj*); **nedet** required, constrained.
Nedeþ *n* need.
Nedy *adj*, required, constrained.
Nehe, nyhe, nihe *adj*, near.
Neihe *v*, approach; **ney3hede** approached; **ne3hyng** approaching.
Neiþborh *n*, neighbour.
Neiþer *adj*, nether, lower.
Nekest, nekst *adj*, next.
Nelde *n*, needle.
Nemeþ *v*, names; **nemede** named; **nemyng** naming.
Nere *v*, were not.
Nerneste *n*, earnest, pledge.
Nerre *adj*, nearer.
Neueraftur *adv*, never-after, nevermore.
Neuereles, neuerles *conj*, nevertheless.
Nichodeme *n*, Nicodemus.
Nihten-tyme *n*, night-time.
No3t, no3ht, nouht, noght, nowht *n*, nought, nothing.
None *n*, nones ("noon"), the canonical ninth hour of sunlight (i.e. approximately three o'clock in the afternoon).
Notablete, notabilitees *n*, notable thing(s).
Notifiede *v*, *past part*, told, announced.
Nouelte *n*, novelty, new thing.
Nou3t *adv*, not.
Noumbre *v*, count.
Noyse *n*, trouble, annoyance.
Noyus, nuyes *adj*, vexatious, troublesome.
Nuye *v*, harm; **nuyene** (*pl*).
Nygunrye *n*, niggardy, stinginess.
Nyheby *adv*, nearly.

Obedience *n*, duty.
Obeschante, obeschaunt *adj*, obedient.

Obreyded *v*, *past tense*, upbraided, chastised.
Obreydynges: see Abreydyng.
Olyuete *n*, Olivet.
Omelye *n*, homily.
One-brede *adv*, abroad, wide.
Oned *v*, *past part*, united; **onyng** union.
Onelich, onlich *adj, adv*, only.
On-sidehalf *adv*, from the side.
Ooste: see Hoste.
Oponede *v*, *past part*, laid bare, made manifest.
Opune *adv*, open.
Or *adv*, before.
Os *adv*, as.
Oþerwhile *adv*, from time to time, sometimes.
Ouerest *adj*, top.
Ouerleide *v*, *past part*, covered, encumbered.
Ouersette *v*, overpower.
Ouht *n*, aught, anything.
Outake *prep*, except (for).
Outake *v*, *past part*, excepted.
Owen, oweþ, owht, ouhe, ouhen *v*, ought; **owhten** (*pl*).
Owhere *adv*, anywhere.
Owþere, ouþere, awþere *conj*, either.
Oynement *n*, ointment.

Palesye *n*, palsy, paralysis.
Paletyke, palatyk *adj*, paralytic.
Pap(pe) *n*, breast.
Parabole *n*, parable, proverb.
Parceyuede *v*, *past tense*, perceived.
Parens *n*, parents.
Parfourmet, perfourmede *v*, *past part*, performed.
Particleres *adj*, particular.
Partie *n*, part.
Paske *adj*, paschal.
Passyng *adj*, surpassing, exceeding.
Passyngly *adv*, surpassingly, exceedingly.
Patene *n*, paten: the shallow plate used in the communion service, which is placed over the chalice after communion.
Paye *n*, satisfaction, pleasure.
Payneme *n*, pagan.

Pees, pes *n*, peace.

Peisible *adj*, peaceful.

Penys *n*, pennies, coins of low denomination.

Perauentur(e), perauentere, perantre, perantere *conj*, perchance, by chance.

Perceyneres *n*, partners, sharers.

Perfite, parfite *adj*, perfect.

Perfitely, perfitly *adv*, perfectly.

Pers *v*, pierce; **persede(n)** pierced.

Perseuerant *adj*, constant.

Perseuerantly *adv*, constantly.

Pertynent *adj*, appropriate.

Pertynyng *v*, *pres part*, pertaining, appropriate.

Pilches *n*, a garment made from the skin or fur of an animal.

Pilere *n*, pillar.

Piteuous *adj*, pitying.

Pitte *n*, well.

Pleifere *n*, play-mate.

Plenerly *adv*, fully.

Plente *n*, plenitude, fullness.

Plenteuous *adj*, plentiful; possessing plenty, wealthy.

Plenteuously, plentyvously *adv*, plentifully.

Pleyne *adj*, full; plain.

Pleyned *v*, *past tense*, complained.

Pleynly *adv*, fully.

Pleys *v*, please.

Poruyoures *n*, purveyors, officials whose duty it is to provide food and supplies.

Potestates *n*, Powers.

Pouerte, pouert *n*, poverty.

Powle, poule *n*, Paul.

Preciosite *n*, preciousness, fineness.

Preconye *n*, praiseworthy example.

Predicacion *n*, preaching.

Prelacie *n*, prelacy, ecclesiastical office.

Prentede *v*, *past part*, (im)printed.

Prerogatife *n*, privilege.

Preue *v*, prove, test; **preueþ** proves; **preuet, preued** proven.

Preyne *v*, pray, beg.

Preysed *v*, *past tense*, appraised, commended.

Preysynges *n*, praisings, praises.

Priddest: see Alþere-priddest.

Prime *n*, prime, the canonical hour of dawn.

Principates *n*, Principalities.

Priue, pryue, priuey *adj*, private, secret.

Priuely *adv*, privately, secretly.

Priuyte(s), priuete(s) *n*, privity; interior, secret place; secret(s).

Processe *n*, narrative.

Profete *n*, prophet.

Profetyng, profityng *v*, *pres part*, progressing, increasing.

Proheme *n*, proem, introduction.

Propre *adj*, appropriate; personal.

Proprely *adv*, truly, appropriately.

Proprete *n*, propriety: the sin of private appropriation of goods by a member of a religious order.

Prouoste *n*, provost, chief officer.

Prys *n*, price, payment.

Pryued *v*, *past tense*, deprived.

Pryuest *adj*, most private, secluded.

Pryue-cloþes *n*, under-clothes.

Publyshede, puplyshede *v*, *past part*, made public.

Purposed *v*, intended, planned; **purposyng** intending.

Puruede *v*, *past tense*, purveyed, provided.

Putten *v*, push, drive [with his fyngere put pointing 75.13].

Pynede *v*, *past tense*, pained, tormented.

Quikene *v*, vivify.

Qwikke *adj*, alive; lively, attentive.

Qwischyn *n*, cushion.

Qwyte *v*, requite, repay.

Rablene *v*, speak in a rapid, confused manner, gabble.

Radde *adj*, well-advised.

Rauyshede, raueshede *v*, *past part*, ravished, taken in contemplative rapture.

Recched *adj*, wretched.

Recluse(d) *v*, *past part*, enclosed.

Reclusion *n*, enclosure, especially in the hermitic or religious sense.

Refeccion *n*, nourishment, feeding.

Refetede *v, past part,* fed.

Refute *n,* refuge, protection.

Regne, reigne *v,* reign.

Reherseden *v,* repeated *(pl);* **rehersede** told completely; **rehersyng** telling completely.

Reheteden *v,* cheered, entertained *(pl);* **rehetyng** cheering, entertaining.

Rekeuerde *v, past tense,* recovered.

Releuyng *n,* relieving, relief.

Religione *n,* religious orders.

Religiouse *adj,* in religious orders.

Rent: see To-rent.

Rentes *n,* income-yielding properties.

Renved *v, past part,* renewed.

Repleynyshede, repleneshede *v, past part,* filled.

Repreuene *v,* deny.

Reprouable *adj,* blameworthy.

Reproue *n,* reproof, blame.

Repsteres *n,* harvesters.

Reputacion *n,* conceit, (self)-consideration.

Reserue *v,* save.

Resonable *adj,* rational.

Reuele *v,* reveal; **reueled** revealed.

Reume, rewm(e) *n,* realm.

Revigorede *v, past part,* reinvigorated.

Rewarde *n,* regard, reward.

Ribaude *n,* a member of the lowest classes; **ribawdes.**

Richesse *n,* wealth, riches.

Riʒtwis, riʒtwisely *adj, adv,* righteous, righteously.

Riʒtwisman *n,* righteous man.

Riʒtwisnes(se) *n,* righteousness.

Rosted *v, past part,* roasted.

Rote *n,* root, source.

Rotede *v, past part,* rooted.

Rownede *v, past tense,* whispered (to).

Rudye *adj,* ruddy.

Ryuaws *n,* Rievaulx.

Sabbote-day, sabootday, sabbate-day, sabbat-day *n,* Sabbath Day, Saturday.

Sacringe *n,* consecration.

Sadde *adj,* grave, serious.

Sadly, saddely *adv,* gravely, seriously.

Saie, seih, sey, seyhe *v, past tense,* saw.

Salme *n,* Psalm.

Salomon *n,* Solomon; **Salomonus** Solomon's.

Saluede *v, past tense,* greeted, saluted.

Sathanas *n,* Satan.

Sauacion *n,* salvation.

Saue *v, past part* saved.

Saue *adj,* safe.

Sautre, sawter *n,* Psalter.

Sawht *adj,* soft.

Schamefastnes *n,* modesty.

Schamfast *adj,* modest.

Schrewes *n,* shrews, evil-doers.

Sclandre, sklandre(s) *n,* slander(s).

Sclandrede (were sclandrede), sklandret *v, past tense,* took occasion of slander.

Scole *n,* school.

Scourges *n,* whips.

Scourget *v, past part,* scourged, beaten.

Scourgyng *n,* scourging, beating.

Secretaries *n,* confidants.

Seculeres *n,* secular clergy (i.e. not members of religious orders).

Sees, sese *v,* cease.

Seih, sey, seyhe: see Saie.

Seke, seeke *adj,* sick.

Sekemen *n,* sick men.

Sekenes *n,* sickness.

Self *adj,* same.

Sely *adj,* holy.

Semblant, semblande *n,* face, appearance, expression.

Semely, semelich *adj,* seeming, apparent.

Semlynesse *n,* beauty.

Semyng *adj,* seeming, apparent.

Semyng *n,* appearance.

Senewes *n,* sinews.

Sentence *n,* meaning; legal judgement.

Sepulere *n,* sepulchre.

Serche *v,* search, examine.

Serchere *n,* seeker.

Settelyng *n,* setting.

Seuen-nyght *n,* week.

Seuerede *v, past tense*, severed, separated.

Seuerynges *n*, partitions, partitioned spaces.

Sexte *n*, sext, the canonical sixth hour of sunlight (i.e. approximately noon).

Seyson *n*, possession.

Shamefastly *adv*, modestly.

Shamfastnes *n*, modesty.

Shapt *v, past tense*, planned.

Shewede *v, past part*, shown.

Shild *v*, shield (from), forbid.

Shrewede *adj*, wicked, cursed.

Shrift *n*, sacramental penance.

Shryue *v*, shrive, confess; **shriuen** confessed.

Shyneþ *v*, is conspicuous.

Sich(e), sech(e) *adj*, such.

Sidehalf: see On-sidehalf.

Signede *v, past tense*, made the sign of the cross (over).

Sih(h)yng *v, pres part*, sighing.

Siker(e), sykere *adj*, sure, secure.

Sikerde *v, past tense*, assured.

Sikernesse *n*, security.

Sikurly *adv*, surely.

Singulere *adj*, unique.

Siþen *conj*, since, because.

Siþis *n*, times.

Skapped *v, past tense*, escaped.

Skiles, skilles, skylles *n*, reasons.

Skilful *adj*, reasonable, according to reason.

Skilfully *adv*, reasonably.

Skornynges *n*, derision.

Sleere *n*, slayer.

Sleght, sleyght *n*, sleight, treachery; **sleghtes** tricks.

Smitene *v*, strike; **smote** *v*, struck; **smyten** struck (*past part*).

Smyters *n*, those who strike.

Socour *n*, aid, relief.

Socour *v*, aid, help.

Sodene *v, past part*, boiled.

Sonde *adj*, sound, healthy.

Sore-eyed *adj*, blear-eyed.

Sorow *n*, pain.

Sory *adj*, pained.

Soteltye *adj*, subtlety, ingenuity.

Sotely *adv*, subtly.

Sotile *adj*, subtle, ingenious.

Soþ *n*, truth.

Soþely, soþly *adv*, truly.

Soþfast *adj*, true.

Soþfastnes *n*, truth, truthfulness.

Souereyn *adj*, true, absolute.

Souereyne(s) *n*, social (or religious) superiors.

Souereynly *adv*, principally, particularly.

Soupede *v, past tense*, supped.

Sowneþ *v*, sounds, appears.

Soyne *adv*, soon.

Spedeful *adj*, advantageous, sufficient.

Sperede locked.

Spicere *n*, seller of spices, apothecary.

Spices *n*, species, varieties.

Spiryng *v*, inspiring.

Spolede *v, past tense*, despoiled, stripped.

Spreynede *v, past part*, sprinkled.

Sqweymes *adj*, squeamish.

Stable *v*, make firm; **stableþ** makes firm; **stablet** established.

Stake *v, past tense*, closed, locked; **stoken** enclosed; **stekyng** closing.

Stat(e) *n*, estate, condition.

Stede *n*, place [**in þat stede** in place of that 43.2].

Stenede *v, past tense*, stoned.

Stenes *n*, stone water-vessels.

Steppes, steppus *n*, marks.

Steryng *v, pres part*, stirring.

Stey (vp) *v*, ascend, climb; **steyhen-vp** ascended; **steing (vp-steing, vp-steying)** rising up, ascending.

Stille *adv*, continually.

Stokkes *n*, stocks, alms-box.

Stonen *adj*, made of stone.

Straungenes *n*, alienation.

Strawyng *v*, strewing; **strewede** spread, prepared.

Streitly *adv*, strictly.

Strengh(e) *n*, strength.

Strengh, strenkeþ *v*, strengthen; **strenghþ** strengthens; **strenghede** strengthened.

Strenþing *n*, strengthening.

Streyht *v, past tense*, stretched.

Streynede *v, past part*, strained, stretched.

Streyt *adj*, straight.

Streytly *adv*, narrowly.

Stynte *v*, cease.

Subdite *adj*, subject.

Substances *n*, beings (in the philosophical sense).

Sudarie *n*, a cloth used to wipe sweat from the face.

Suffrable *adj*, capable of suffering.

Suget *adj*, subject.

Sume *adj*, some.

Sumeres *n*, sumpters, pack-animals.

Superflue *adj*, superfluous.

Suppoyle *n*, a prop or support.

Sustenance *n*, support.

Susteyn *v*, support; **susteneþ** supports.

Suynge, suwynge *v, pres part*, following.

Sweuen *n*, dream.

Swote *n*, sweat.

Swowhen *n*, swoon, faint.

Symond(e) *n*, Simon.

Take *v, past tense*, took.

Tapet *n*, rug, carpet.

Taryed *v, past part*, delayed, slow.

Telle *v*, count, account.

Temerarye *adj*, presumptuous.

Tempered *v, past tense*, moderated.

Temporel, temperele *adj*, temporal, secular.

Tent *n*, attention.

Tentyng(e) *v, pres part*, paying attention.

Termyne *v*, determine, make a legal ruling; **termynet** determined.

Terrestre *adj*, earthly.

Thefe(s) *n*, thief, thieves.

Thobie *n*, Tobias.

Tierce *n*, terce, the canonical third hour of sunlight (i.e. approximately nine o'clock in the morning).

Timpanes *n*, playing of drums or similar instruments.

Tite *n*, Titus.

Tiþinges, tydynges *n*, tidings, news.

To-beten *v, past part*, thoroughly beaten.

To-drawen *v, past part*, torn up.

To-fore *prep*, before, in front of.

To-gedire *adv*, together.

To-rent(e) *v, past part*, torn apart.

To-torn *v, past part*, torn apart.

To-wondet *v, past part*, thoroughly wounded.

Token *n*, sign; **tokynes** signs.

Tokeneþ *v*, signifies; **tokenet** signified; **tokened** represented.

Towel, tuwaile *n*, table cloth or napkin.

Traistyng *v, pres part*, trusting.

Trauaileres *n*, workers, travellers.

Trauaileþ *v*, travels, travails; **trauailyng** travelling; **traualeþ** travails, labours.

Trauailouse *adj*, troublesome.

Tre *n*, tree; **trene, trehen** trees.

Trechour *n*, traitor.

Trete, tretyse *n*, treatise, tract; **trettes, tretees** treatises, tracts.

Treuly *adv*, truly.

Trewe *adj*, true.

Trillyng *n*, twirling, fidgeting.

Tristily, tristely, tristly *adv*, trustingly.

Trowe *v*, believe; **trowest** you believe; **trowede, trouden** believed; **trowyng** believing.

Tryacle *n*, treacle, antidote.

Turblance *n*, troubling, disturbance.

Turblet(e) *v, past part*, troubled.

Turblynge *n*, disturbance.

Turtures *n*, turtle-doves.

Twey, tweyn *num adj*, twain, two.

Twinnede *v*, parted in two.

Twix: see By-twix.

Þaim *pron*, them.

Þee: see þoo.

Þei *conj*, though.

Þennus *adv*, thence, from there.

Þereat *adv*, there.

Þerfore *conj, adv*, for this (reason).

Þerinne *adv*, therein, in this.

Þerof *adv*, thereof, of this.

Þerþorh *adv*, therethrough, through which, through that.

Þerwiþ *adv*, therewith, furthermore.

Þiderwarde *adv*, thither-ward, in that direction.

Þoh: see Al-þoh.

Þoo, þo *pron adj*, those; [þee 175.39].

Þraldame, þraldom *n*, slavery.

Þralle *adj*, enslaved.

Þralle *n*, slave.

Þrestye, þristy *adj*, thirsty.

Þridde *num adj*, third.

Þrist(e) *n*, thirst.

Þrestede, þristede *v*, thirsted.

Þristyng *v, pres part*, thrusting, pushing.

Þruȝe, thorgh, þrowe, þorow, þorh *prep*, through.

Vnbeden *adj*, unasked.

Vnbonden *v, past part*, unbound.

Vnclannes *n*, impurity, filth.

Vnderfong *v*, receive; **vndurfongyng** reception.

Vnderlynge *n*, social inferior.

Vndirnyme *v*, receive.

Vndoynge *n*, undoing, destruction.

Vnfelable *adj*, insensible.

Vnhilede *v, past part*, uncovered.

Vnkeþ, vncouh, vnkede *v, past part*, unknown, foreign.

Vnknowyng *n*, ignorance.

Vnkonnyng, vnkonyng, vnkenyng *v, pres part*, unknowing, ignorant.

Vnkonyng *n*, ignorance.

Vnkyndly *adv*, unnaturally, ingratefully.

Vnkyndnes *n*, unnatural ingratitude.

Vnlettrede *adj*, illiterate, uneducated.

Vnleueful *adj*, forbidden.

Vnmiht *n*, inability.

Vnmihty *adj*, unable.

Vnneþ *adv*, barely.

Vnpraiede *v, past part*, unasked.

Vnresonable *adj*, without reasoning ability.

Vnsauory *adj*, tasteless.

Vnseily *adj*, unfortunate, unhappy.

Vnskilfully *adv*, unreasonably.

Vntrowyng *n*, disbelief.

Vntyme *n*, inappropriate time.

Vnwirchipyng *n*, dishonour, disrespect.

Vnwityng *adj*, ignorant, not knowing.

Vp-on, *prep*, upon.

Vtturly *adv*, outwardly, openly.

Vaynes *n*, veins.

Venge *v*, avenge.

Veniance *n*, vengeance.

Venkisched, vnkeshede *v, past part*, vanquished.

Verdeit *n*, verdict.

Verrei, verray, verrey *adj*, true.

Vertue *n*, strength, power.

Vertues(ly) *adj, adv*, virtuous(ly).

Vesseil *n*, vessels, serving-ware.

Vikeres *n*, vicars, deputies.

Vileynsly *adv*, villainously.

Voide *adj*, empty.

Vouch-saue *v*, vouchsafe, graciously bestow or grant.

Waggyng *n*, animated movement, (of lips) mumbling.

Wakeþ *v*, keeps vigil, remains awake; **wakyng** keeping vigil.

Wak(k)ely *adj*, vigilant.

Wakyng(es) *n*, watch(es), vigil(s).

Want *v*, lack, need.

Warre *adj*, wary, prudent.

Wawes *n*, waves.

Waxed *v*, grew; **waxen** grown.

Wedur *n*, weather.

Weike *adj*, weak.

Weke, wike *n*, week.

Wele-willede *adj*, benevolent.

Wel-nere *adv*, nearly.

Wemme *n*, stain, spot.

Wench(e) *n*, child, girl.

Wend(e) *v, past tense*, thought, believed; **wendust** (you) believed.

Wenge *n*, wing.

Werie *adj*, weary.

Weried *v, past part*, worried, seized and torn with the teeth.

Werke *n*, work.

Werned *v*, refused or denied a request.

Weshe, woshe *v*, washed; **weshene** washed.

Weuyng *n*, weaving.

Wey *n*, way, road.

Whame *pron*, whom.

Wherefore, wherfore *conj*, for which (reason).

Whereof *adv, conj*, of which.

Where-wiþ *prep*, wherewith, with which.

Whose *pron*, whosoever, one who.

Whye *n*, recompense, purpose.

Wikkid-doare *n*, wicked-, evil-doer.

Wircestre *n*, Worcester.

Wirchipe *v*, worship, honour; **wirchipeþ** worships; **wyrchipynge** worshiping.

Wirchipe *n*, worship, honour.

Wirchipful *adj*, worthy, estimable.

Wise *n*, way.

Withinne-forþ *adv*, within, inwardly.

Without-forþ *adv*, outside, outwardly.

Wit *v*, know; **wote** (I) know; **wist** (he) knew; **witteþ** (*imperative pl*) know.

Wit(te) *n*, intelligence, mental faculty; **wittes** senses.

Witty *adj*, knowledgeable, intelligent.

Wode *adj*, mad.

Wodely *adv*, madly.

Wodenes(se) *n*, madness.

Wonde(s) *n*, wound(s).

Wondet *v, past part*, wounded.

Wondryng *v, pres part*, amazing.

Wonne *v*, dwell.

Wont *v, past part*, accustomed.

Worldly *adj*, worldly, secular.

Wrightes, wryhtes *n*, carpenter's.

Wrongwisely *adv*, wrongfully.

Wrouht *v, past tense*, wrought, worked.

Ydul(e) *adj*, idle.

Ydulnes(se) *n*, idleness.

Yle *n*, isle.

Ymaginacion(s) *n*, object(s) of imagin- ation, imagined scene(s).

Ympnes *n*, hymns.

Ynogh, ynowh *adv*, enough.

Yryn *n*, iron.